车用替代燃料技术及评价

胡志远 主编

同濟大學出版社
TONGJI UNIVERSITY PRESS

图书在版编目(CIP)数据

车用替代燃料技术及评价 / 胡志远主编. —上海：同济大学出版社，2021.12
ISBN 978-7-5608-9853-7

Ⅰ. ①车… Ⅱ. ①胡… Ⅲ. ①汽车燃料—研究 Ⅳ. ①U473

中国版本图书馆 CIP 数据核字(2021)第 160279 号

车用替代燃料技术及评价

胡志远 **主编**

责任编辑 朱 勇 **责任校对** 徐春莲 **封面设计** 陈益平

出版发行 同济大学出版社 www.tongjipress.com.cn
(地址:上海市四平路 1239 号 邮编:200092 电话:021-65985622)
经 销 全国各地新华书店、网络书店
印 刷 常熟市大宏印刷有限公司
开 本 787 mm×1092 mm 1/16
印 张 15
字 数 374 000
版 次 2021 年 12 月第 1 版 2021 年 12 月第 1 次印刷
书 号 ISBN 978-7-5608-9853-7

定 价 68.00 元

前言

preface

我国正大力发展甲醇、乙醇、天然气、生物柴油等车用低碳替代燃料。其中，天然气汽车已覆盖全国，是全球天然气汽车保有量最多的国家；乙醇汽油在11个省份推广使用，并计划逐渐在全国基本实现全覆盖；甲醇汽油也在山西等12个省份试点，工信部、科技部等八部门提出“坚持因地制宜、积极稳妥、安全可控，在具备应用条件的地区发展甲醇汽车”；生物柴油在上海已进入中石化、中石油产品销售体系；煤/天然气制油、二甲醚替代燃料汽车研发备受关注。同时，混合动力、纯电动、氢能等新型汽车研发成为各大车企的重点。培养我国节能与新能源汽车研发人才成为十分紧迫和重要的任务。

本书入选“同济大学2019年研究生教材建设项目”，面向不同专业基础、专业背景的研究生，讲授包括甲醇、乙醇、天然气、生物柴油、煤/天然气制油、二甲醚、氢气等车用低碳替代燃料理化特性，替代燃料汽车特点、关键技术、应用现状，混合动力汽车及纯电动、燃料电池等新型动力汽车关键技术，以及车用低碳替代燃料生命周期评价方法、过程及结果。拓展研究生专业视野，加深其对车用低碳替代燃料特点、替代燃料汽车和新型动力汽车关键技术等的认识和理解。本书也可为车用低碳替代燃料和新型动力汽车行业相关从业人员提供技术基础。

本书共分11章，胡志远编写第1，6，7，11章；夏孝程参与编写第2，3章；张旭阳参与编写第4章；付佳铭参与编写第5章；章昊晨参与编写第8章；赵心语参与编写第9，10章；付佳乐、王卓、罗军、陆张颖、徐杨、王子洲等对本书进行了数据、图表处理和校对。书中引用了大量国内外研究者公开发表的学术成果，在此向他们表示衷心的感谢！

由于编者水平有限，书中如有不妥之处，敬请读者批评指正！

胡志远

2020年12月16日于上海

Contents 目录

第1章 绪　　论

汽车是世界上最重要的交通工具之一，它的发明极大地影响了人们的生活。汽车工业具有产业链长、关联度高、就业面广、消费拉动大等特点。经过100多年的发展，汽车工业已成为美国、日本、德国、法国等国的国民经济支柱产业。

随着我国经济持续快速增长和城市化进程逐步加快，汽车产销量、保有量一直呈高速增长态势。2009年，我国汽车产销量超1 300万辆，成为世界产销第一大国；2013年，我国汽车产销量超2 000万辆；2018年，我国汽车产销量分别达2 780.9万辆和2 808.1万辆；2020年，我国汽车产销量分别为2 522.2万辆和2531.1万辆，占全球汽车产销的三分之一，我国连续12年位列全球汽车产销第一大国。我国汽车产业贡献了约9%的GDP，在国民经济和社会发展中发挥着重要作用。2019年底，我国汽车保有量达2.6亿辆，成为仅次于美国的世界第二大汽车保有国；2020年我国汽车保有量达2.81亿辆。1999—2020年我国汽车产销量和保有量变化如图1-1所示。

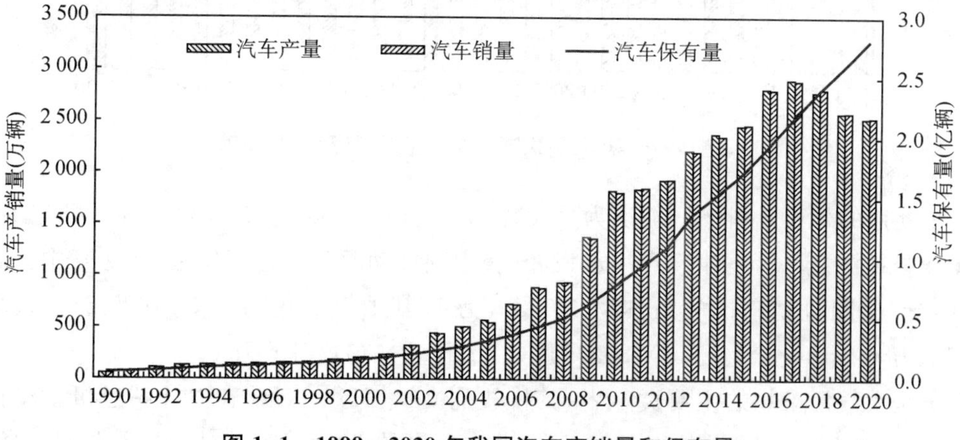

图1-1　1999—2020年我国汽车产销量和保有量

汽车常用燃料是以汽油和柴油为代表的传统石油燃料，由于目前汽车对传统石油燃料的绝对依赖，汽车发展在给人们带来交通便利的同时，也带来了能源、环境等问题，面临着石油供应安全、大气环境保护和温室气体排放控制等重大挑战。

据国际能源署预测，未来20年全球能源消费体系仍是以化石能源为主，其中石油消费比例到2035年仍维持在24.7%～27.4%。目前，交通运输业产生的石油消耗量约占全球石油消耗总量的60%，其中汽车是石油消耗的主力之一。我国自1993年开始成为石油净进口国，石油对外依存度在2009年增至51%，第一次突破国际公认50%的国家能源安全警戒线。据统计，2020年中国的石油产量为1.95亿t，表观消费量达7.36亿t，进口石油5.41亿t，石油对外依存度超过70%。预计到2035年，我国石油对外依存度将超过80%。我国石油进口主要来自中东、俄罗斯和西非。这些进口的石油除俄罗斯可大部分依靠管道输送外，其余绝大部分均通过远洋油轮远距离输送。由于主要石油供应地和输送必经地区地缘政治情况复杂，这对我国的石油供应安全是很大挑战。另外，根据预测，2020—2030年我国汽车将会接近后发达国家水平。如果人均汽车保有量按欧洲的一半计，即每千人300辆计算，汽车总保有量将达4.5亿辆。若按每辆汽车年消耗燃油1 t计算，共需要4.5亿t燃油。我国未来石油年产量将维持在2.0亿t，汽车用油存在巨大缺口，汽车的发展面临着石油供应安全问题。1999—2020年我国石油产量、消耗量和对外依存度变化如图1-2所示。

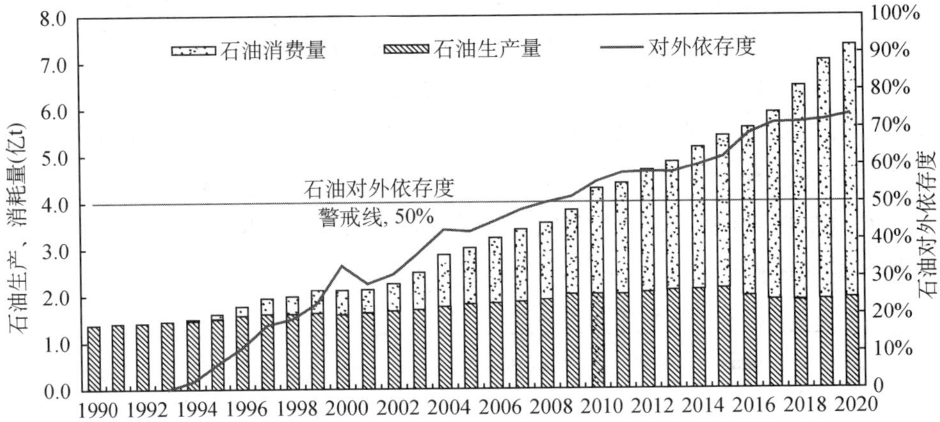

图1-2　1999—2020年我国石油产量、消耗量和对外依存度

汽车使用的化石燃料燃烧被认为是大气NO_x、$PM_{2.5}$等有害污染物的主要贡献者，也是CO_2主要排放源之一。据生态环境部发布的《中国移动源环境管理年报(2020)》中公布的数据，2019年，全国机动车排放污染物1 603.8万t，其中氮氧化物(NO_x)635.6万t、颗粒物(PM)7.4万t、碳氢化合物(HC)189.2万t、一氧化碳(CO)771.6万t。

汽车是大气污染物的主要贡献者，其排放的CO、HC、NO_x和PM超过机动车排放总量的90%。柴油车NO_x排放量超过汽车排放总量的80%，PM排放量超过90%；汽油车CO排放量超过汽车排放总量的80%，HC排放量超过70%，这些有害排放物会给人体健康带来危害。例如$PM_{2.5}$对空气质量和人体健康影响极大，是造成雾霾天气的主要元凶。由于其粒径细小，在环境空气中持续的时间长，具有很强的吸附能力，其表面吸附着有机碳和多种致癌物质，可以渗透进人体支气管和肺泡内，具有很强的沉积作用，也可以穿透人体肺泡进入血液，引起哮喘、肺癌和心血管机能障碍等疾病。生态环境部发布的《2019中国生态环境状况公报》显示，全国337个地级及以上城市中，180个城市环境空气质量未达标，占全部城市数的53.4%，$PM_{2.5}$含量超标是造成城市环境空气质量超标的主要原因。根据生态环境部发布的《中国机动车环境管理年报(2018)》,我国完成的第一批城市大气细颗粒物($PM_{2.5}$)源解析结果显示,大多数城市 $PM_{2.5}$ 浓度的来源仍以燃煤排放为主,部分城市机动车排放已成为 $PM_{2.5}$ 的首要来源。北京、上海、杭州、济南、广州和深圳的移动源排放为首要来源,占比分别达到 45.0%、29.2%、28.0%、32.6%、21.7%和 52.1%。南京、武汉、长沙和宁波的移动源排放为第二大污染排放源,分别占 24.6%、27.0%、24.8%和 20.0%。机动车等移动源排放对城市大气 $PM_{2.5}$ 浓度的贡献如图 1-3 所示。

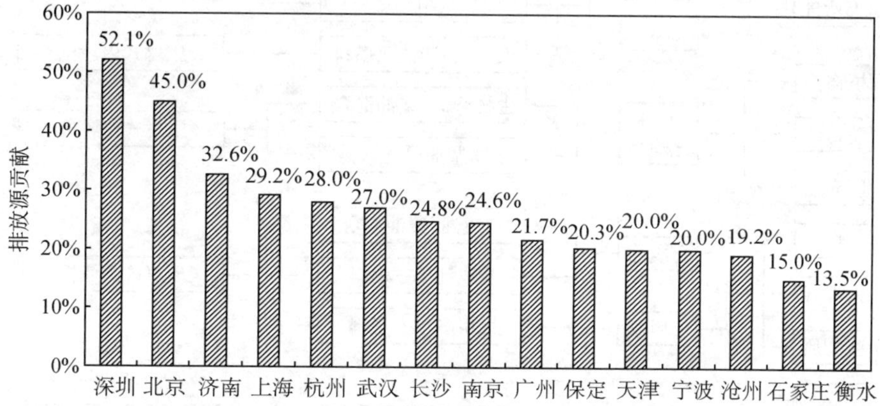

图 1-3 移动源排放对城市大气 $PM_{2.5}$ 浓度的贡献

另外,CO_2 被认为是引起全球变暖的重要温室气体,为控制温室气体排放,联合国气候变化框架公约要求缔约国作出相应的减排承诺。我国在 2008 年超过美国成为 CO_2 年排放第一大国。我国承诺到 2020 年单位 GDP 二氧化碳排放比 2005 年下降 40%~45%,力争于 2030 年前实现碳达峰,2060 年实现碳中和。汽车的发展面临大气环境保护和温室气体排放控制等重大挑战,汽车工业的节能减排显得尤为紧迫和重要。

为应对上述挑战,石油燃料节能减排、车用低碳替代燃料开发利用、新型动力技术开发是汽车重要研发方向。对于传统汽油机和柴油机,核心是发展汽车节能减排技术。对于醇类燃料、气体燃料、生物燃料、煤基合成液体燃料、电力、氢等低碳替代燃料,关键是开发灵活燃料汽车技术、双燃料汽车技术、混合燃料汽车技术以及单一低碳替代燃料技术,增大车用低碳替代燃料市场占有率,以高效清洁新能源替代石油。对于新型动力技术,关键是研发混合动力汽车、纯电动汽车、燃料电池汽车等。图 1-4 为低碳替代燃料和新型动力汽车关系示意图。

图 1-4　低碳替代燃料和新型动力汽车关系示意图

第2章 甲　　醇

甲醇(Methanol, CH_3OH)是结构最简单的饱和一元醇,由甲基和羟基组成,为无色透明液体,有刺激性气味,具有毒性。分子量32,沸点64.7 ℃,热值20.083 MJ/kg。甲醇因在干馏木材中首次发现,又称“木醇”或“木精”。成品甲醇通常由一氧化碳与氢气反应制得,可以煤、天然气、焦炉气为原料制取,成本低廉。甲醇用途广泛,可用作清洗去油剂、分析试剂和溶剂,用于生产氯甲烷、甲胺、醋酸、甲酸甲酯、硫酸二甲酯、碳酸二甲酯、乙二醇、甲醇蛋白等多种有机产品,是农药、医药的重要原料。

甲醇是性能优良的能源和车用燃料。甲醇可以与异丁烯反应得到甲基叔丁基醚(Methyl Tert-Butyl Ether, MTBE),用作汽油辛烷值改进添加剂,也可以按一定比例与汽油混合或直接用作汽车燃料;甲醇可以用于生产压燃式内燃机燃料二甲醚的原料,也可以与柴油按一定比例混合或采用缸内喷射柴油+进气道喷射甲醇的柴油-甲醇组合燃烧技术直接在压燃式内燃机上使用。

2.1 甲醇理化指标及特点

甲醇的辛烷值高于汽油,可以用作点燃式内燃机燃料。与汽油比较,甲醇具有热值低、汽化潜热大、沸点高、蒸汽压低、闪点高等特点。甲醇高比例应用时,需要对点燃式内燃机燃料供给系统、点火系统、燃烧系统等进行匹配。例如,甲醇的汽化潜热大于汽油,可降低内燃机缸内温度,有利于降低 NO_x 排放;甲醇高辛烷值的特点使其比汽油更适合高压缩比内燃机,但其热值低的特点使行驶同样距离消耗更多的燃料,需要更大的油箱。

甲醇的十六烷值非常低,不能直接用在压燃式内燃机上。当采用甲醇与柴油按一定比例混合等方式把甲醇应用到压燃式内燃机时,甲醇含氧、密度低的特点有利于改善柴油喷雾和缸内燃烧,降低碳烟排放;而且甲醇汽化潜热大的特点也有利于降低压燃式内燃机缸内温度,降低 NO_x 排放。甲醇、汽油和柴油的理化指标如表2-1所示。

表2-1　甲醇、汽油和柴油理化指标

指标		甲醇	汽油	柴油	指标	甲醇	汽油	柴油
分子式		CH_3OH	C_4~C_{12}	C_{10}~C_{21}	20 ℃蒸汽压(kPa)	12.3	36.4	37.1
元素组成	C	37.5	85	86	理论空燃比	6.5	14.7	14.5
	H	12.5	15	14	理论混合气热值(kJ/m^3)	3 906	3 810	—
	O	49.9	—	—	层流燃烧速度(cm/s)	52	35~47	—

（续表）

指标	甲醇	汽油	柴油	指标		甲醇	汽油	柴油
20 ℃密度(kg/L)	0.79	0.73～0.79	0.81～0.85	辛烷值	研究法(R)	112	84～97	—
沸点(℃)	64.7	32～210	180～370		马达法(M)	92	70～84	—
闪点(℃)	11	45～38	≥60		(R+M)/2	102	70～90	—
自燃温度(℃)	500	350～468	270～350	十六烷值		—	5～25	49～60
汽化潜热(kJ/kg)	1 109	293～315	230～250	热值(MJ/kg)		20.1	44.4	42.5

2.1.1 甲醇与汽油/柴油相溶性

甲醇可溶解于汽油中，在汽油中的溶解度随温度升高而增加，呈二次函数关系，当温度高于某一临界点后，甲醇与汽油可完全互溶。汽油辛烷值越高，甲醇和汽油的相溶性越好。水对甲醇与汽油之间的相溶性破坏很大，助溶剂能增加甲醇与汽油的相溶性。甲醇与 90 号和 92 号汽油完全互溶的临界温度如图 2-1 所示。当甲醇在汽油中的混合比例≤20%（低比例）和≥60%（高比例）时，甲醇与汽油完全互溶临界温度显著低于中比例（20%～60%）混合，且甲醇与 92 号汽油中的完全互溶临界温度明显低于 90 号汽油。

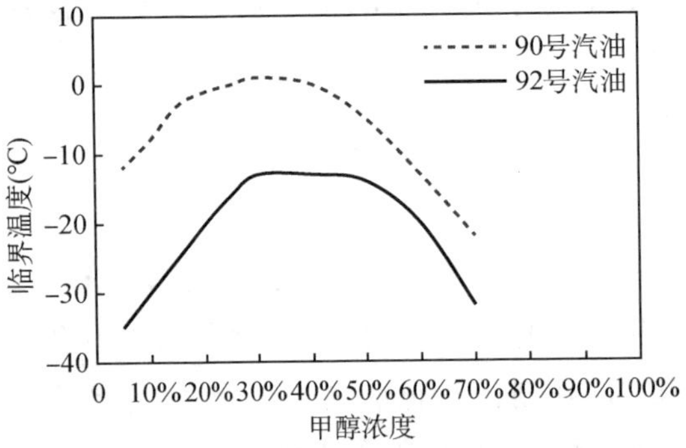

图 2-1 甲醇-汽油相溶临界温度

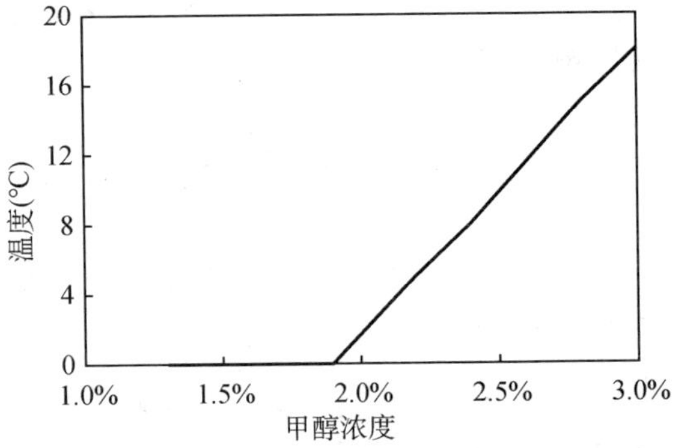

图 2-2 甲醇在柴油中的溶解度

甲醇是极性燃料，柴油是非极性燃料，根据相似相溶原理，甲醇和柴油难以互溶。常温下，柴油中能溶解大约 3%的甲醇；当甲醇含量超过 3%时，不论是靠外部压力，还是加入一定量的助溶剂，都不能保证甲醇和柴油的均匀混合。甲醇在柴油中的溶解度如图 2-2 所示。

目前，常采用添加高碳醇辛醇作为助溶剂增加柴油和甲醇的相溶性，配制出柴油醇燃料；也可以把甲醇、柴油在乳化剂和表面活性剂的作用下，辅以高速搅拌或者超声振荡等手段乳化，制成微乳化甲醇柴油，应用于压燃式内燃机。从甲醇和柴油的理化性质来看，压燃式内燃机在结构不作变化和调整的情况下，甲醇只能通过与柴油掺烧的方式使用，且掺烧比例不能过大。当采用缸内直喷柴油＋进气道喷射甲醇两套燃油供给系统时，甲醇的掺烧比例可突破甲醇与柴油互溶性不良的限制。

2.1.2 甲醇汽油/柴油馏程特性

汽油的馏程指把汽油加热蒸发到一定比例时的温度。10%馏出温度指汽油蒸发出10%体积的温度,该指标与汽油机的冷起动性能相关,此温度越低,内燃机越容易起动;50%馏出温度指汽油蒸发出50%体积的温度,表明汽油中间馏分蒸发性的好坏,此温度越低,汽车的加速性能和工作稳定性越好;90%馏出温度指汽油蒸发出90%体积的温度,可用于判定汽油中难以蒸发重质成分的含量,此温度越低,有利于可燃混合气均匀分配到气缸,也可使汽油燃烧更完全。

甲醇是由碳氢氧元素组成的纯净物,沸点为64.7 ℃;汽油是由C_4~C_{14}组成的混合物,沸点为32~210 ℃;甲醇沸点为定值的特点对甲醇-汽油混合燃料的馏程特性产生影响。当甲醇含量不大于15%时,甲醇-汽油混合燃料的10%馏出温度普遍低于92号汽油,这将使内燃机的冷起动性能有所改善,但发生气阻的倾向性增加;在50%馏出量附近,甲醇-汽油混合燃料的馏出温度显著低于92号汽油,这将为内燃机带来较好的加速性能和更好的运转平稳性;在90%馏出量附近,甲醇-汽油混合燃料与92号汽油并无明显区别。当甲醇在汽油中的含量超过一定比例后,甲醇-汽油混合燃料的10%馏出温度将高于汽油,影响内燃机的冷起动性能。甲醇、92号汽油和甲醇混合体积比15%的甲醇-汽油混合燃料(M15)的馏程如图2-3所示。

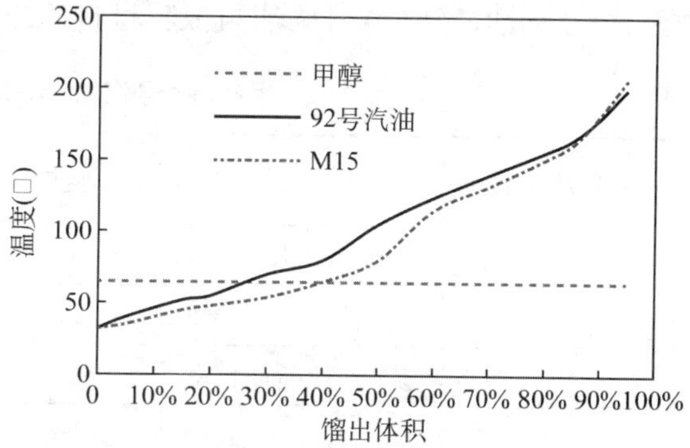

图2-3 甲醇、92号汽油和M15的馏程

加入甲醇对柴油的馏程有一定的影响,主要影响低温区的蒸发特性。甲醇-柴油混合燃料蒸发过程中,随着温度的升高,甲醇-柴油混合燃料的馏出温度始终低于基础柴油,温度越高,混合油与柴油的蒸馏曲线越靠近,甲醇-柴油混合燃料的终馏点与柴油基本相同。甲醇-柴油混合燃料初馏点、10%馏出温度低于柴油,蒸发性优于柴油,有利于改善缸内混合气的均匀度。

2.2 甲醇对内燃机的影响

2.2.1 甲醇汽油/柴油材料兼容性

甲醇与汽油、柴油的理化性质差异较大,对内燃机燃料供给系统零件材料的兼容性与汽油/柴油不同。甲醇是良好的极性溶剂,对内燃机燃料供给系统的弹性胶体、密封件等有不同程度的溶胀作用。另外,甲醇-汽油混合燃料在燃烧过程中会产生甲酸等有机酸,易对内燃机燃烧系统造成腐蚀与磨损。因此,需开展甲醇对内燃机燃料供给系统的非金属零件溶胀性、金属零件腐蚀性以及燃烧系统金属零件腐蚀性影响分析。

1. 橡胶和塑料

甲醇分子量小，分子结构简单，比汽油更容易渗透到塑料和橡胶等非金属零件中，发生溶胀。甲醇对塑料的溶胀影响相对较小，当甲醇含量小于5%时，可忽略甲醇对橡胶件和塑料件的溶胀影响；当甲醇含量大于15%时，对橡胶垫的溶胀现象较为明显。硅橡胶、三元乙丙橡胶等非耐油橡胶在甲醇-汽油混合燃料中的溶胀较为严重；丁腈橡胶、氢化丁腈橡胶、氟橡胶和氟硅橡胶四种耐油橡胶在甲醇-汽油混合燃料中的抗溶胀性较好；在甲醇-柴油混合燃料（M10）中，丁腈橡胶最大溶胀程度与市场上广泛应用的乙醇汽油（E10）基本相近。甲醇、92号汽油、M15、0号柴油与橡胶材料的兼容性如表2-2所示。

表2-2　甲醇、92号汽油、M15、0号柴油与橡胶材料的兼容性

油品及序号	项目		丁腈橡胶	氢化丁腈橡胶	氟橡胶	硅橡胶	聚丙烯酸酯橡胶
甲醇 (70 ℃×70 h)	1	邵氏硬度(度)	62	63	60	60	67
	2	拉伸强度(MPa)	26.6	209	8.9	9.0	9.4
	3	拉断伸长率	520%	480%	220%	230%	120%
92号汽油 (70 ℃×70 h)	1	邵氏硬度(度)	46	51	53	48	54
	2	拉伸强度(MPa)	5.3	18.2	4.0	3.0	3.2
	3	拉断伸长率	270%	490%	160%	130%	60%
	4	体积变化率	26.9%	6.67%	13.0%	26.4%	60%
M15 (70 ℃×70 h)	1	邵氏硬度(度)	42	38	49	33	53
	2	拉伸强度(MPa)	2.4	11.2	2.4	1.7	2.4
	3	拉断伸长率	160%	350%	110%	150%	50%
	4	体积变化率	60.2%	22.8%	35.0%	36.8%	109.8%
0号柴油 (70 ℃×168 h)	1	邵氏硬度(度)	50.7	—	74	50.3	—
	2	拉伸强度(MPa)	4.04	—	9.5	6.2	—
	3	拉断伸长率	102.5%	—	349.3%	239.7%	—
	4	体积变化率	153.5%	—	1.5%	47.2%	—

2. 金属

甲醇对内燃机铝、铜和铁零件有一定的腐蚀性。其中，甲醇对铁的腐蚀性相对较小，对铜和铝存在较严重的腐蚀。采用添加剂可改善甲醇对内燃机铝、铜、铁等金属零件的腐蚀。如图2-4所示，M15对铁存在轻微的腐蚀，对铜和铝存在较严重的腐蚀；使用添加剂后，腐蚀现象明显改善。

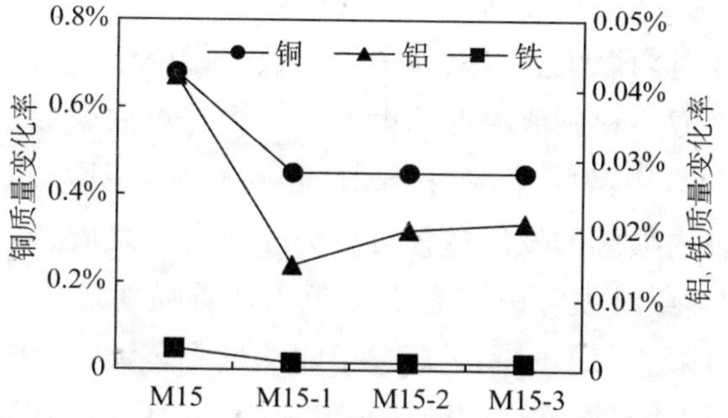

图 2-4 M15 对铝、铜和铁的腐蚀性

2.2.2 甲醇汽油/柴油喷雾及燃烧特性

甲醇含氧，热值比汽油低。当内燃机压缩比、点火提前角、供油量等参数不作调整时，在汽油中掺入一定比例的甲醇后，内燃机缸内最大爆发压力、压力升高率峰值随着甲醇的掺烧比例增大而略有增加，且最高爆发压力和压力升高率峰值对应的曲轴转角与上止点间的差值减少，即更靠近压缩上止点，有利于改善内燃机热效率。另外，甲醇汽化潜热约是汽油的 4 倍，着火温度也比汽油高 200 ℃左右，因此随着甲醇掺烧比的增大，应适当调整点火提前角，以提高内燃机的热效率，使内燃机获得较好的动力性能。某汽油机掺烧甲醇后的燃烧特性如图 2-5 所示。

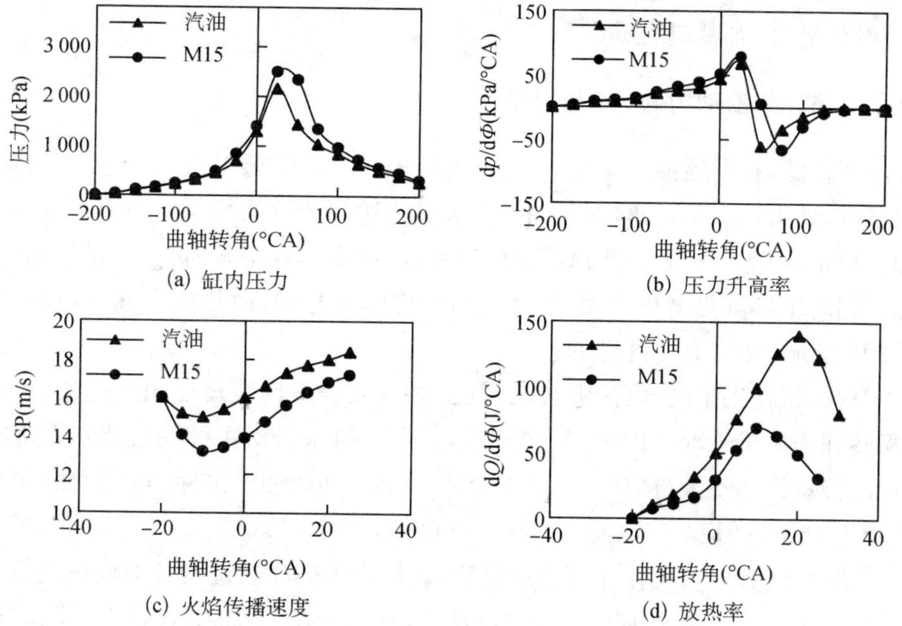

图 2-5 某汽油机掺烧甲醇后的燃烧特性

当甲醇混合比例超过一定值后(例如 15%)，甲醇含氧和热值较低的特点将导致内燃机最大爆发压力明显降低，动力性变差。这种情况下，为获得与汽油相当的功率，驾驶员需调整油门，增大供油量，以获得与汽油相同的最大爆发压力，即动力性，但会导致内燃机油耗增加，缸内燃烧温度、排气温度升高。因此，为保证内燃机掺烧甲醇后的性能，当甲醇掺烧比例超过某个值后，一般需要对内燃机点火提前角等参数进行调整。当甲醇-汽油混合燃料应用于缸内直喷汽油机时，甲醇燃料旋流喷射油束外形结构与汽油类似，甲醇与汽油旋流喷雾贯穿距曲线基本重叠在一起，甲醇喷雾锥角、SMD相对较大，甲醇-汽油混合燃料雾化良好。当采用纯甲醇时，甲醇缸内喷雾的发展过程可分为喷雾自由发展、喷雾撞壁后将空气分隔和喷雾隔层消失三个过程。甲醇喷雾的气态贯穿距离随着喷射压力的增大非线性增加，喷射压力越大，使得喷雾层分隔空气的时间越短。甲醇蒸发率越大，上止点前甲醇混合气浓度分布均匀性越好。环境温度通过影响甲醇液滴蒸发速率进而影响甲醇喷雾气态贯穿距离。甲醇高压喷雾锥角受环境条件（温度、压力）的影响较大，对喷射压力变化不敏感。

当甲醇与柴油掺混使用时，在不改变柴油机结构的情况下掺烧15%的甲醇后，燃料的喷雾贯穿距离缩短，破碎能力增强，油滴索特平均直径有所降低，表明掺烧甲醇后具有较好的喷雾均匀性，燃油浓度场均匀性得到改善，与空气混合效果更好。在柴油中掺入甲醇后，甲醇密度比柴油低的特点使缸内喷雾存在一定的“微爆”现象，有利于促进柴油雾化，缩短滞燃期，改善燃烧。同时，甲醇含氧的特点也有利于改善柴油机缸内混合气浓区的缺氧现象，改善燃烧，降低柴油机碳烟排放。甲醇汽化潜热大于柴油，对甲醇-柴油混合燃料缸内雾化和燃烧产生不利影响。因此，甲醇和柴油掺烧时对柴油机燃烧性能的影响受掺混比例和内燃机工况的影响。有研究表明，当负荷较小时，喷油量较小，缸内温度低，影响滞燃期的主要因素是甲醇汽化潜热，甲醇-柴油混合燃料的滞燃期变长；大负荷时，喷油量大且缸内温度较高，喷雾“微爆”显著，滞燃期缩短。

2.2.3 甲醇汽油/柴油动力性、燃油经济性

甲醇热值较低，相同喷油量下甲醇-汽油混合燃料总热值低于汽油，循环放热量减少，内燃机功率下降，动力性变差。车辆行驶时，驾驶员为达到与汽油相同的动力性，需调整油门，油耗增加。但是，甲醇的火焰传播速度比汽油快，内燃机热效率有所提高，燃油消耗率减小，油耗降低。同时甲醇汽化潜热较大，导致最高燃烧温度降低，散热损失减少，对热效率的提高带来了积极影响，也有利于降低油耗。

点燃式内燃机使用甲醇-汽油混合燃料的动力性、经济性表现受甲醇热值、火焰传播速度、汽化潜热和内燃机工况等因素综合影响。在内燃机未针对甲醇的燃烧特点进行任何调整时，若甲醇掺烧比例不大（例如15%），内燃机动力性和燃油经济性变化不大。某汽油机使用混合比例为15%的甲醇-汽油混合燃料时全负荷速度特性如图2-6所示。值得注意的是，甲醇的辛烷值高于汽油，可适用于更高压缩比，若结合甲醇的燃烧特性对内燃机进行增大压缩比、优化喷油和改变点火提前角等针对性调整，使用甲醇-汽油混合燃料的内燃机的动力性和经济性完全可以与仅使用汽油相当，甚至优于汽油。

当甲醇与柴油掺混使用时，在不改变柴油机参数的前提下，甲醇热值低的特点将导致柴油机动力性有所降低，受甲醇有利于提高燃烧效率的影响，柴油机掺烧甲醇后的燃油消耗率变化不大。某柴油机使用甲醇-柴油混合燃料后的动力性和燃油经济性如图2-7所示。当

对柴油机的参数针对甲醇进行相应调整后，例如采用缸内直喷柴油＋进气道喷射甲醇两套燃油供给系统的柴油-甲醇组合燃烧技术，内燃机动力性能与原机（柴油机）比较没有变化，使用成本大幅度降低。

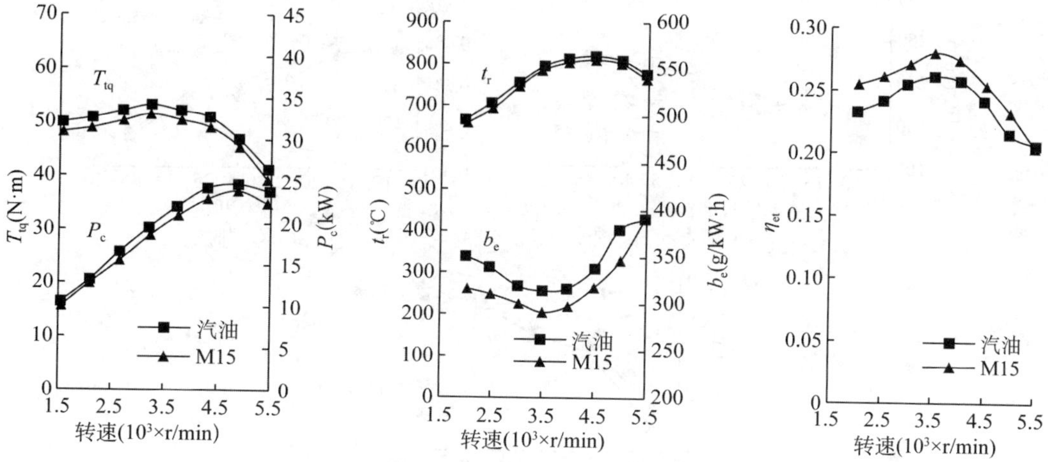

图 2-6　M15 对汽油机全负荷速度特性的影响

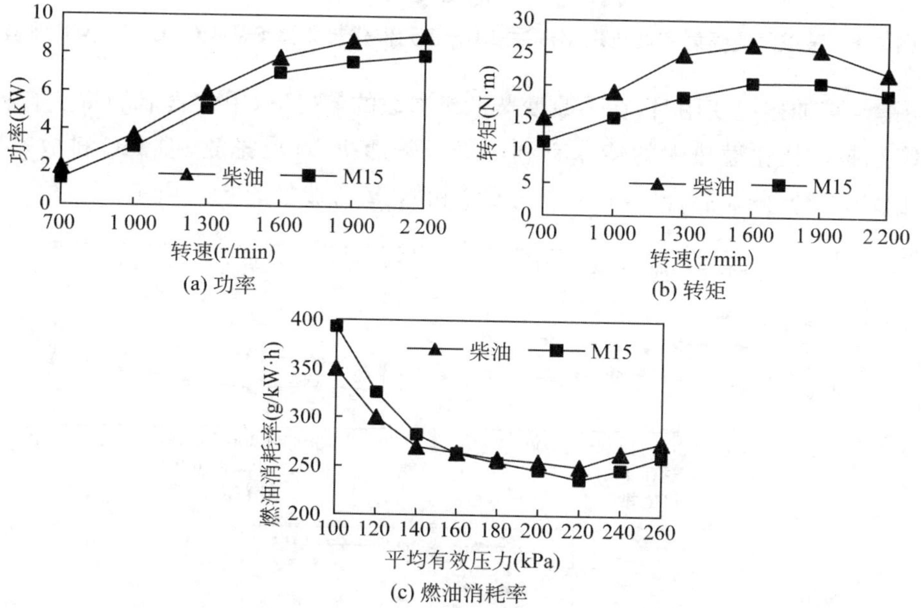

(a) 功率　(b) 转矩　(c) 燃油消耗率

图 2-7　某柴油机使用甲醇-柴油混合燃料后的动力性和燃油经济性

2.2.4　甲醇汽油/柴油排放特性

1. HC、CO 和 NO_x 排放

甲醇含氧 50% 的特点提高了混合燃料的含氧浓度，增加了混合气的氧含量，使燃烧更加充分，有利于 CO 与 HC 的氧化，三元催化转化器前的 CO 与 HC 排放均有所降低。当汽油机使用甲醇-汽油混合燃料时，一方面甲醇的低热值和高汽化潜热降低了缸内最高燃烧温

度，有利于抑制 NO_x 的生成；另一方面，甲醇含氧量高，燃烧速度快，又促进 NO_x 的生成。两种效果综合作用，导致甲醇-汽油混合燃料排气中的 NO_x 与汽油基本相当。某进气道喷射汽油机燃用汽油、M15 三元催化器前的 HC、CO 和 NO_x 排放如图 2-8 所示。

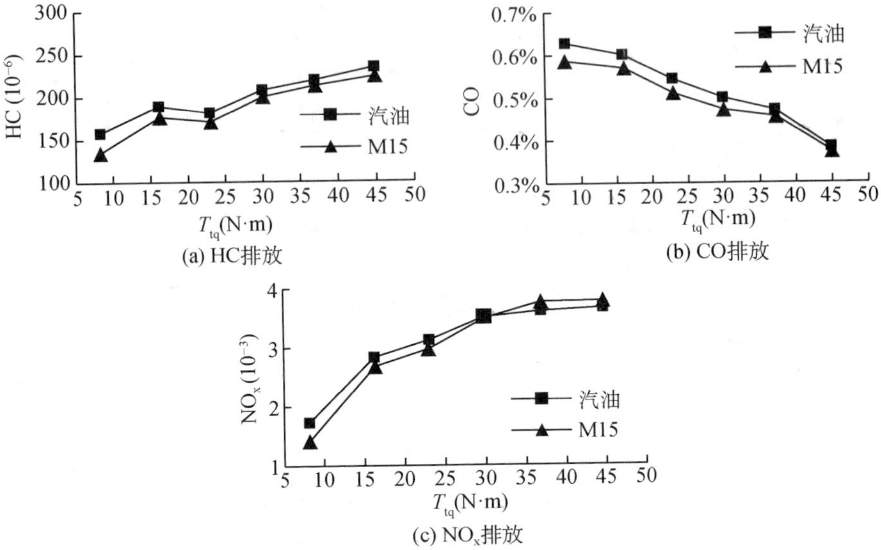

图 2-8　某进气道喷射汽油机燃用汽油、M15 三元催化转化器前的 HC、CO 和 NO_x 排放

当甲醇与柴油掺混使用时，在不改变柴油机参数的前提下，甲醇含氧的特点有利于降低柴油机 CO 排放，汽化潜热大的特点有利于降低柴油机 NO_x 排放，但 HC 排放略有增加。某柴油机燃用甲醇-柴油混合燃料的 HC、CO 和 NO_x 排放如图 2-9 所示。

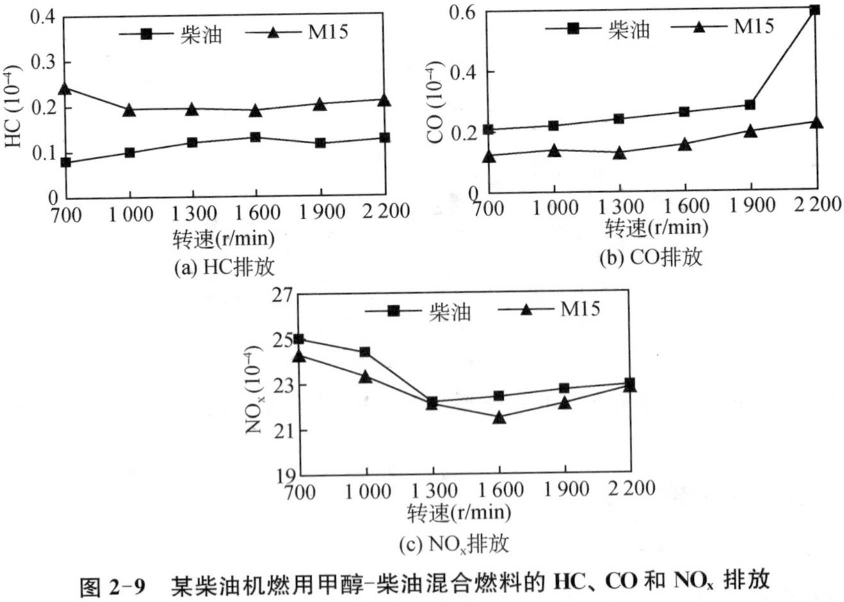

图 2-9　某柴油机燃用甲醇-柴油混合燃料的 HC、CO 和 NO_x 排放

2. 颗粒物排放

对于缸内直喷汽油机，有研究表明，在典型运行工况下，燃用甲醇-汽油混合燃料的颗粒数浓度主要集中在核膜态区域，颗粒质量浓度主要集中在积聚态区域。随着甲醇混合比例的增加，排气颗粒质量浓度降低，燃用纯甲醇（M100）几乎不产生颗粒排放。喷油时刻和点火时刻对缸内直喷汽油机燃用甲醇-汽油混合燃料的颗粒排放产生影响，颗粒数浓度、质量浓度随着点火定时的提前有所升高；随着喷油定时的提前，颗粒数浓度逐步降低，质量浓度显著升高。在甲醇-汽油混合燃料中添加一定比例的苯胺可改善内燃机的颗粒排放。某缸内直喷汽油机燃用甲醇-汽油混合燃料的颗粒排放如图 2-10 所示。

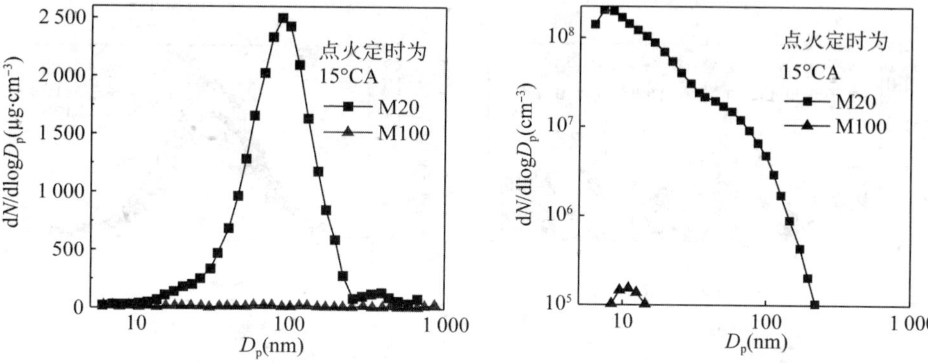

(a) 颗粒数浓度　　(b) 颗粒质量浓度

图 2-10　某缸内直喷汽油机燃用甲醇-汽油混合燃料的颗粒排放

当甲醇与柴油掺混使用时，在不改变柴油机参数的前提下，甲醇含氧的特点将有利于降低柴油机颗粒物排放。某柴油机燃用甲醇-柴油混合燃料的碳烟排放如图 2-11 所示。

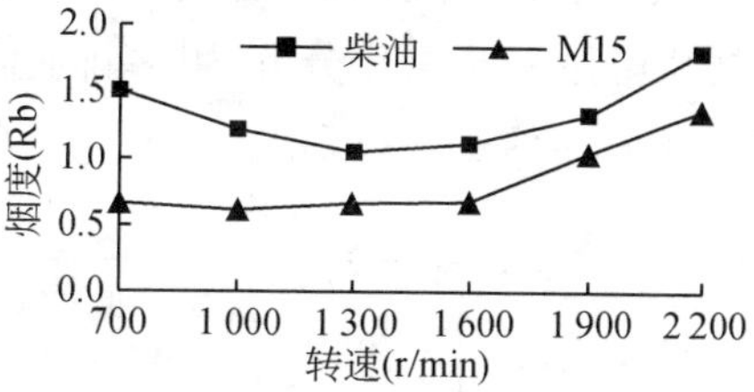

图 2-11　某柴油机燃用甲醇-柴油混合燃料的碳烟排放

当采用缸内直喷柴油＋进气道喷射甲醇两套燃油供给系统的柴油-甲醇组合燃烧技术时，这种柴油-甲醇组合燃烧方式可降低柴油机颗粒质量排放，但会增加颗粒的可溶性有机组分（Soluble Organic Fractions，SOF）。同时，柴油-甲醇组合燃烧方式可大幅度降低内燃机尾气中各粒径颗粒数量排放，但不影响颗粒的粒径分布和几何平均直径。加装柴油氧化催化器（Diesel Oxidation Catalyst，DOC）可进一步降低柴油机的颗粒物质量、数量和 SOF 排放。某柴油-甲醇组合燃烧柴油机的颗粒物排放如图 2-12 所示。

3. 未燃甲醇及醛类排放

点燃式内燃机实际工作过程中，很难保证燃料完全燃烧，必然会产生少量未燃 HC 排放。同时，未燃 HC 部分氧化生成甲醛排放。对于汽油机而言，其产生的甲醛排放非常少，在国家相关排放法规中没有限制。当汽油机燃用掺入甲醇的汽油后，将产生一定数量的未燃甲醇排放。另外，甲醇开始氧化的温度在 1 000 K 左右，HC 在温度高于 1 500 K 时才会发生氧化，当排气中同时存在未燃 HC 和甲醇时，甲醇更容易氧化生成甲醛，使汽油机的甲醛排放增加，且随甲醇掺烧比例的增加而增大。汽油机使用甲醇后的甲醛生成量与缸内燃

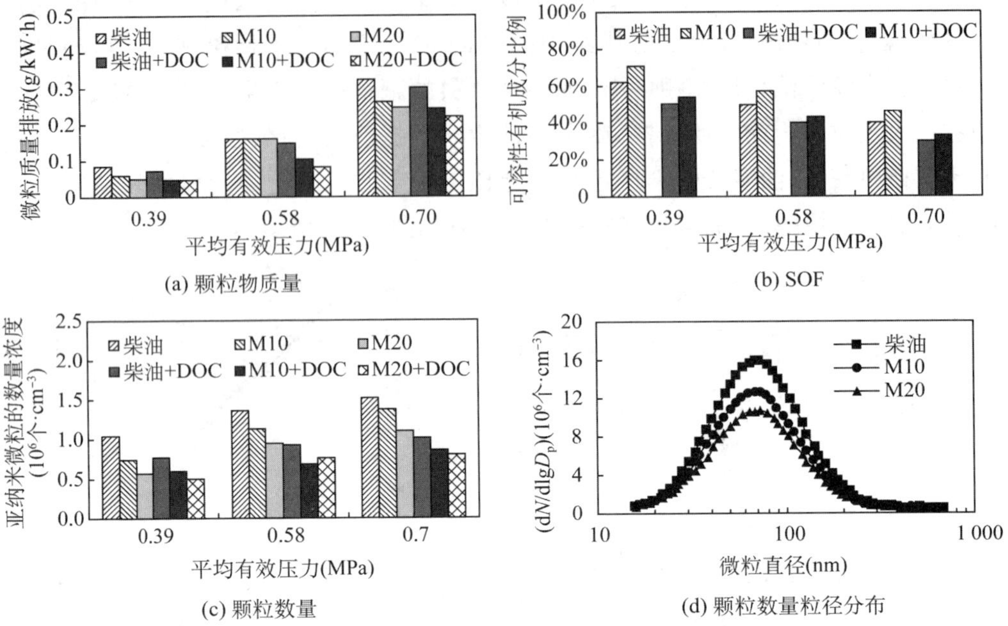

图 2-12 某柴油-甲醇组合燃烧柴油机的颗粒物排放

烧温度和混合气含氧量强相关。小负荷时，排气温度较低，排气中的未燃甲醇和 HC 基本不会氧化生成甲醛；而随着负荷的增大，燃烧温度升高且热损失减少，排气温度较高，有助于未燃甲醇进一步氧化分解，甲醇排放降低。某汽油机燃用甲醇-汽油混合燃料的未燃甲醇和醛类排放如图 2-13 所示。

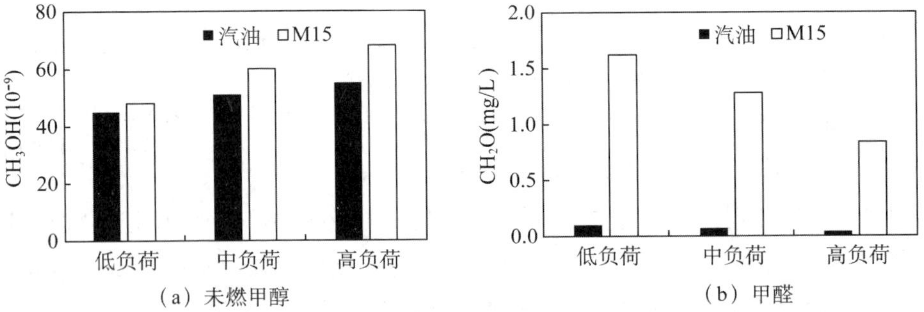

图 2-13 某汽油机燃用甲醇-汽油混合燃料的未燃甲醇和醛类排放

广泛应用于汽油机的三元催化转化器对排气中的未燃甲醇和醛类排放有很好的催化效果，可以解决甲醇汽油的未燃甲醇和醛类排放增加的问题。当排气温度达到三元催化转化器的起燃温度后，排气中的未燃甲醇和醛类可以被控制到接近零的水平。另外，优化汽油机冷机起动过程中的点火正时和燃油喷射正时也可以降低起动过程中催化器前的未燃甲醇和醛类排放。某汽油机燃用甲醇-汽油混合燃料后冷机起动 400 s 催化前后的未燃甲醇和醛类排放如图 2-14 所示。

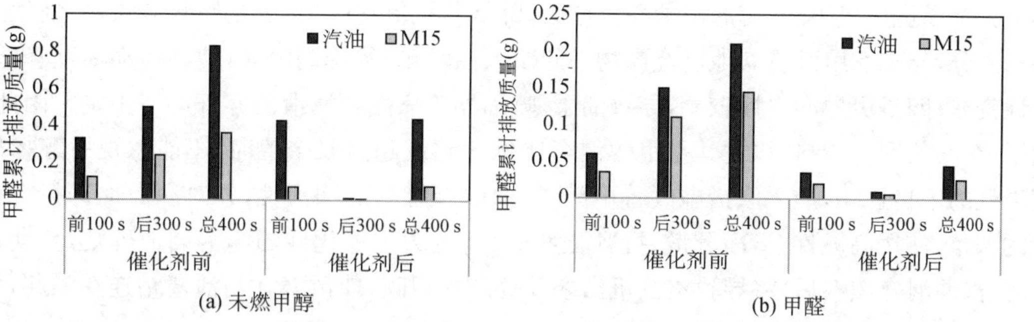

图 2-14 某汽油机燃用甲醇-汽油混合燃料后冷机起动前 400 s 催化前后的未燃甲醇和醛类排放

当采用缸内直喷柴油＋进气道喷射甲醇两套燃油供给系统的柴油-甲醇组合燃烧技术时，柴油-甲醇组合燃烧模式下的甲醛、未燃甲醇、1，3 -丁二烯与纯柴油模式比较均有不同程度的增加，且均随着甲醇替代率的增加而增大。DOC 可有效控制柴油机产生的甲醇、甲醛等非常规排放。有研究表明，满足国Ⅴ排放标准的柴油机采用柴油-甲醇组合燃烧技术后，非常规排放物主要为甲醇、甲醛、1，3 -丁二烯、苯、甲苯。ESC 循环非常规排放物加权比排放为 19.532 g/kW · h。其中，甲醇为 11.395 g/kW · h、甲醛为 5.927 g/kW · h。DOC 处理后的非常规排放物减少到 0.115 g/kW · h，降幅为 99.41%。DOC 对甲醇、1，3 -丁二烯、苯和甲苯的净化率为 100%，对甲醛的净化率为 99.04%。

2.2.5 甲醇汽油冷起动性能

甲醇具有较低的蒸汽压和较高的汽化潜热，且甲醇沸点为定值(64.7 ℃)的特性导致使用纯甲醇为燃料的点燃式内燃机具有较差的冷起动性能，尤其是在冬季低温环境使用时，必须采取燃料加热、使用汽油起动等方式改善纯甲醇内燃机的低温冷起动性能。

当甲醇与汽油掺烧使用时，在不对内燃机参数进行任何调整的前提下，冷起动过程中混合气的形成变差，内燃机起动过程中出现失火的可能性变大，达到最大转速的循环数增加，循环波动变大，起动性能变差。随着环境温度的降低，掺烧甲醇后内燃机的起动时间延长，起动难度增大。有研究表明，在不改变汽油机结构的前提下，掺烧比例为 15%的甲醇汽油对汽油机的起动性能影响不大。某汽油机掺烧甲醇时冷起动过程缸内压力波动情况如图 2-15 所示。

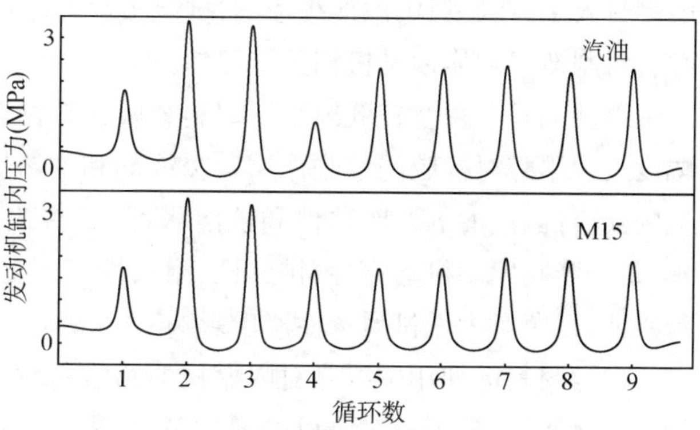

图 2-15 某汽油机掺烧甲醇时冷起动过程缸内压力波动

2.2.6 甲醇对汽油机润滑性能的影响

汽油机掺烧甲醇后，一是甲醇雾化不良，沿汽缸壁窜入曲轴箱，导致润滑油乳化；二是甲醇不完全燃烧生成甲酸，使润滑油酸值增大，降低其抗氧化能力；三是甲醇含氧，燃烧生成更多的水分，与未燃甲醇及其他燃烧产物一起窜入曲轴箱，稀释润滑油，使其运动黏度降低，润滑性变差；四是甲醇润滑性较差，导致油泵、喷油器等靠燃料润滑的零件润滑不良。因此，使用甲醇-汽油混合燃料时，尤其是甲醇混合比例达到或超过某个值时，不能忽视甲醇掺烧对润滑性的不良影响，应采取措施改善甲醇-汽油混合燃料的润滑性，并对润滑油进行有针对性的调整，使用高碱性、清净分散、抗乳化性好、高抗磨抗氧化性的润滑油。否则，长期使用甲醇-汽油混合燃料后，将导致汽油机活塞环处严重积碳，使活塞环与活塞粘连在一起，失去弹性，发生活塞环折断、拉缸等严重故障。

2.3 高比例甲醇内燃机技术

目前，山西、陕西、新疆、辽宁、四川、浙江、黑龙江、福建、江苏、甘肃、贵州、河北 12 个省份出台了低比例甲醇-汽油地方标准，例如：山西省的《M5、M15 车用甲醇汽油》(DB14/T 92—2008)、陕西省的《车用 M15 甲醇汽油》(DB61/T 352—2004)、河北省的《M15 车用甲醇汽油通用技术要求》(DB13/T 1303—2017)、浙江省的《车用甲醇汽油　第 1 部分：M15》(DB33/T 756.1—2019)等。低比例甲醇汽油标准中，M5、M15 理化指标与车用汽油基本一致，一般不需要对汽油机进行调整即可正常使用。

甲醇高比例使用时，因甲醇腐蚀性强、溶胀性高、润滑不良、冷起动困难、非常规排放高等缺点将对内燃机性能产生严重不良影响，必须对内燃机进行必要的调整和针对性研发。

2.3.1 缓蚀剂、抗溶胀剂及耐醇材料的使用

解决高比例甲醇-汽油混合燃料腐蚀性强、溶胀性高的常用方法主要有两种：一是从甲醇燃料入手，在燃料中添加缓蚀剂、抗溶胀剂等，减缓甲醇给内燃机带来的腐蚀；二是采用耐醇材料制造或替换内燃机相关零部件。

缓蚀剂是一种在较低浓度下抑制金属在腐蚀介质中腐蚀过程的物质，抗溶胀剂可以大幅度改善甲醇对橡胶的溶胀作用。缓蚀剂和抗溶胀剂使用时，需注意其是否影响甲醇与汽油的互溶性、汽油的抗腐蚀性和抗溶胀性，是否改变甲醇-汽油混合燃料的蒸汽压、汽化潜热，是否影响发动机动力性、排放性、耐久性等。复合添加剂的选配必须经过长时间整车运行验证，以免对内燃机耐久性产生影响。

耐醇材料的使用主要是对内燃机油路进行耐醇设计。例如：把燃油泵从有刷电机调整为无刷电机，避免甲醇对电机电刷的腐蚀；采用耐醇油路和耐醇液位传感器；喷油器内部件材料采用耐腐蚀性的金属部件；喷油器密封圈采用耐醇橡胶圈等。与使用缓蚀剂和抗溶胀剂的方法比较，在内燃机上采用耐醇材料的成本相对较高。

2.3.2 喷射参数优化

甲醇与汽油/柴油最大的区别是甲醇含氧，其理论空燃比(6.45)远低于汽油(14.7)。在同等进气量情况下，内燃机掺烧高比例甲醇时需要供给更多的燃料；否则，会造成混合气过稀，导致内燃机功率下降、加速无力、故障灯报警等现象发生。另外，甲醇汽化潜热大、火焰传播速度快等特点也需要对内燃机喷油参数进行相应的调整。因此，使用高比例甲醇时，必须对发动机喷油提前角、喷油量等喷射参数进行调整。

在汽油机基础上开发高比例甲醇内燃机时，由于甲醇空燃比仅为汽油的一半，若进气量相同，当量比燃烧条件下甲醇喷射量应该是汽油的2倍。为避免喷油脉宽过长，需要改进喷油器，提高喷油速率。如果在柴油机基础上开发高比例甲醇内燃机，为保证甲醇内燃机具有原柴油机的标定功率，甲醇循环供应量比柴油大，机械泵式柴油机则应增大喷油泵柱塞直径，电控高压共轨柴油机应增大喷油脉宽。

对于在缸内直喷汽油机或柴油机基础上开发的高比例甲醇内燃机，除采取措施增大喷油量外，还需增大喷油提前角，采用多次喷射策略等避免甲醇雾化和汽化时间长对混合气形成的不利影响，改善燃烧，降低排放。

2.3.3 点火系统优化

甲醇的自燃温度高于汽油，只能采用点燃方式。当基于柴油机开发高比例甲醇内燃机时，需要增加一套点火系统。对于基于汽油机开发的高比例甲醇内燃机，甲醇汽化潜热大、火焰传播速度快的特点需要适当减小点火提前角。同时，甲醇的缸内燃烧温度较高，火花塞的热负荷较大，电极及中心陶瓷套的温度较高，出现炽热点并引发早燃的可能性增大，应采用低一个等级的冷型火花塞。对于在缸内直喷汽油机或柴油机基础上开发的高比例甲醇内燃机，应适当增大点火提前角，使缸内混合气得到较充分燃烧，减少未燃甲醇排放。

2.3.4 提高压缩比

甲醇的研究法辛烷值为112，抗爆性比汽油好；同时甲醇的汽化潜热大，在理论空燃比条件下甲醇混合气的温度可降低147 ℃，降低了压缩上止点的缸内温度，使发生爆震的可能性降低；理论空燃比甲醇混合气的层流火焰传播速度高于汽油，可缩短火焰传播时间，降低爆震概率。因此，可以通过提高压缩比来提高甲醇内燃机的热效率。

2.3.5 低温冷机起动系统设计

汽车低温起动时，受起动阻力变大和混合气不容易着火的综合影响，容易出现起动困难的现象。对于高比例甲醇内燃机，甲醇的汽化潜热大，蒸发时吸收的热量多，使内燃机进气道及气缸温度下降。高比例甲醇内燃机低温起动时，喷射的大量甲醇无法雾化而吸附在进气管上，导致混合气过稀，无法起动。需要采用专门的起动系统或者起动方法，改善高比例甲醇内燃机的低温冷机起动性能。高比例甲醇内燃机低温冷机起动性能改善措施主要包括加入燃油添加剂、点火系统优化和起动辅助措施三类，具体有以下几种方案。

1. 乙醚引燃

乙醚具有易挥发、易燃的特点。高比例甲醇内燃机低温冷机起动时，将乙醚喷入进气管中，随进气吸入气缸，帮助高比例甲醇内燃机实现低温冷机起动。这种方案的优点是结构简单、安装方便、成本低；缺点是无法检查密封罐剩余乙醚容量，当乙醚耗尽时会导致内燃机无法起动。内燃机低温冷机起动时需要对乙醚的喷入量进行控制，防止出现喷入量少不能成功起动，喷入量大引起回火、放炮等现象。

2. 燃料添加剂

在高比例甲醇-汽油混合燃料中添加少量丁烷、戊烷、己烷、二甲醚等易挥发、高热值、与甲醇互溶性好的可燃化工产品与甲醇燃料混合，可改善高比例甲醇内燃机所有温度环境下的冷机起动性能。这种方案的优点是可不对内燃机进行特别的低温冷机起动性能设计，通过添加易挥发的可燃化工产品作为高比例甲醇燃料的添加剂，保证甲醇内燃机的低温冷机起动性能。

3. 高能点火

高能点火火花塞间隙内的电离区域及能量密度远大于普通火花塞，可以扩展混合气着火浓度极限，适用于内燃机混合气稀薄时点火。对于甲醇低温时不易挥发、混合气浓度过稀而引起的起动困难，高能点火在有效混合气浓度范围内会起到一定的改善作用。

4. 汽油辅助起动

目前很多具备高比例甲醇汽车生产能力的厂家，如本田、奇瑞、陕汽等，多采用在车辆上安装汽油辅助起动系统的方法，改善高比例甲醇内燃机的低温冷机起动性能。这种方案是通过增加一套包含副油箱、油泵及独立油压调节系统的汽油供油系统，在进气总管上安装单独的汽油喷油器，在温度较低的情况下起动时，由附加 ECU 自动识别并控制使用汽油起动，起动成功后切换为燃用甲醇燃料。

5. 燃料加热

提高燃油温度可以提高甲醇燃料的蒸发量，也可以改善甲醇内燃机的冷机起动性能。

6. 进气加热

提高进气初始温度也是一种提高内燃机低温起动性能的有效办法。按照加热进气方式，可分为电热进气预热和火焰进气预热两种。电热进气预热方法是在进气管内安装电热塞或加热器，直接加热进气，这种方案不消耗进气中的氧气，也不污染进气，但对蓄电池电能消耗量较大，需要增大电池容量或增加新的附带电池。火焰进气预热是利用火焰加热进气的方法，它利用电热塞将燃油点燃进而加热进气管内的气体，这种方案消耗的电能相对较少，加热温度高，但消耗一部分氧气且产生废气，导致功率损失，因此需要对燃烧器的供油量进行较精确地控制和调节，避免耗氧量过多和产生过多废气。

7. 甲醇裂化制氢

甲醇在一定条件下可以裂解生成 CO 和 H_2。H_2 可辅助甲醇内燃机冷起动，这样不仅可以解决内燃机冷起动困难的问题，也能有效地降低内燃机的低温起动排放。这种冷起动系统结构如图 2-16 所示。该系统在车辆正常行驶时便开始启动，催化器包裹在车辆尾气管上，利用车辆排气热能将一部分燃料甲醇裂解为 CO 和 H_2，作为冷起动用燃料。为避免 CO 在冷起动时造成污染，需对裂解后的混合气进行过滤和分离，将分离后较为纯净的 H_2 储存在气瓶中。当气瓶压力达到上限时，则停止甲醇裂化制氢。低温冷机起动需要辅助燃料供给时，氢气瓶自动向进气管内供给氢气，直至内燃机顺利起动。

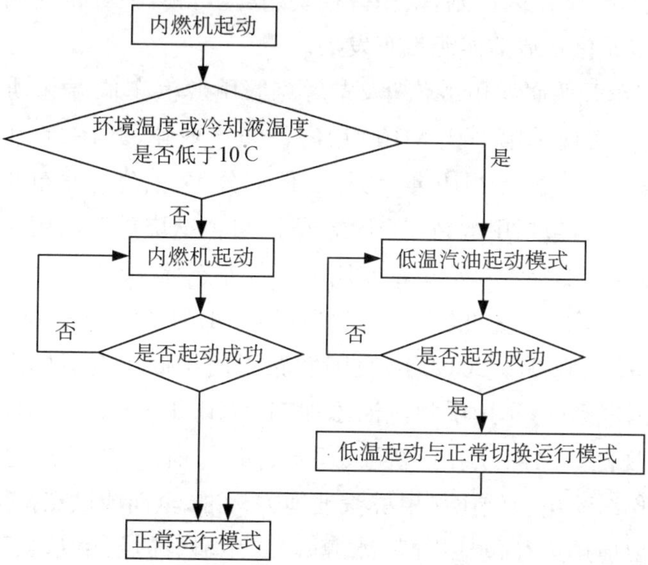

图 2-16　甲醇裂化制氢冷起动系统

8. 机体预热

采用进气加热或者燃料加热的方法属于快速、局部增温方法。内燃机作为一个整体，机体也参与换热，局部增温之后机体温度过低也会迅速降温，难以保证甲醇燃料的蒸发性。而且当机体温度、冷却液温度、润滑油温度都很低时，气体压缩过程中散热量增多，摩擦损失增大，起动困难。因此，在低温起动前，对内燃机整体进行预热也可以很好地改善内燃机的冷机起动性能。

2.3.6　甲醇-柴油组合燃烧内燃机

除将甲醇与柴油混合外，将甲醇应用在压燃式柴油机上的另一种方式是采用甲醇-柴油双燃料供给方式，即在内燃机上另外加装一套供醇及控制系统，通过在缸内喷射柴油，在进气道喷射甲醇，实现甲醇-柴油的组合燃烧。应用这种燃烧技术的内燃机可有效提升甲醇在柴油中的掺烧比例，实现甲醇和柴油的共置燃烧。甲醇-柴油组合燃烧技术可以突破柴油机 NO_x 和碳烟的 trade-off 关系，在控制柴油机 NO_x 的同时大幅度降低碳烟排放。有研究表明，甲醇-柴油组合燃烧技术具有柴油替代率高、污染物排放低、燃油经济性好等特点。

2.4 燃料甲醇的应用与发展

我国早在20世纪70年代就开始在汽车上试用甲醇，山西省1970年起试验M5/M15/M85/M100燃料。2012年，工信部先后在山西、上海、陕西、贵州、甘肃等省份开展甲醇汽车试点。2019年3月，工信部、科技部等八部门联合发布《关于在部分地区开展甲醇汽车推广应用的指导意见》，提出"坚持因地制宜、积极稳妥、安全可控，在具备应用条件的地区发展甲醇汽车"，加快能源多元化和清洁能源汽车发展。

2005年，吉利汽车开始研发甲醇汽车，先后克服甲醇汽车低温起动、腐蚀、磨损、排放、灵活控制等技术难点，实现了第一代M100甲醇汽车产业化，并在2010—2014年间开发了第二代、第三代甲醇汽车。截至2019年3月，工信部分17批公告发布9家甲醇汽车生产企业和32款甲醇汽车产品，包括甲醇轿车、甲醇-柴油组合燃烧重型商用车、微型车、城市客车等系列车型，基本形成了甲醇汽车整车及专用零部件制造体系。

2009年，我国发布了国家标准《车用燃料甲醇》(GB/T 23510—2009)和《车用甲醇汽油(M85)》(GB/T 23799—2009)。2017年，我国发布了用于低比例甲醇汽油(M15)和高比例甲醇汽油(M85)的国家标准《车用甲醇汽油添加剂》(GB/T 34548—2017)，对掺入汽油中的甲醇理化指标进行规范。山西、陕西、新疆、辽宁、四川、浙江、黑龙江、福建、江苏、甘肃、贵州、河北等12个省份纷纷出台低比例甲醇汽油地方标准，全面或试点推广燃料甲醇。

我国甲醇的主要应用途径包括甲醛、冰醇酸、二甲醚、烯烃、甲基叔丁基醚、二甲基甲酰胺、车用燃料等。2019年，我国甲醇产能达8 802万t，表观消费量6 008.8万t，推广使用燃料甲醇替代石油具有充足的产能和产量支撑，应用前景广阔。

第3章　乙　　醇

乙醇(Ethanol，CH_3CH_2OH)是由乙基和羟基组成的化合物，是一种无色透明、易挥发、易燃液体，分子量为46，沸点78.2 ℃，热值26.778 MJ/kg。乙醇又称为“酒精”，易燃，具有特殊香味，微甘，低毒性，并伴有刺激性辛辣味。乙醇能与水以任意比互溶，并能与氯仿、乙醚、甲醇、丙酮和其他多数有机溶剂混溶。乙醇一般由谷类、甘蔗等任何含淀粉或糖类作物以及纤维素类原料通过生物发酵制备，也可以通过乙烯直接水合制成，或以煤基合成气为原料，经甲醇、二甲醚羰基化、加氢合成。乙醇可用作消毒剂、制备染料、涂料、合成橡胶、医药、洗涤剂、化妆品等，在国防化工、医疗卫生、食品工业、工农业生产中都有广泛的应用。

乙醇是性能优良的能源和车用燃料，可制备乙基叔丁基醚(Ethyl Tert-Butyl Ether，ETBE)，用于汽油辛烷值改进添加剂，也可以按一定比例与汽油混合用作点燃式内燃机燃料。乙醇也可以通过与柴油按一定比例混合或缸内喷射柴油＋进气道喷射乙醇的乙醇-柴油组合燃烧两种方式用于压燃式内燃机。

3.1　乙醇理化指标及特点

乙醇的辛烷值高于汽油，可以用作点燃式内燃机燃料。乙醇的十六烷值远低于柴油，不能直接应用于压燃式内燃机。表3-1为乙醇、汽油和柴油的理化指标。

表3-1　乙醇、汽油和柴油的理化指标

指标		乙醇	汽油	柴油	指标		乙醇	汽油	柴油
分子式		CH_3CH_2OH	C_4～C_{12}	C_{10}～C_{21}	20 ℃蒸气压(kPa)		5.67	36.4	37.1
元素组成	C	52.2	85	86	理论空燃比		8.5	14.7	14.5
	H	13.0	15	14	理论混合气热值(kJ/m^3)		3 779	3 810	—
	O	34.8	—	—	层流燃烧速度(cm/s)		45	35～47	—
20 ℃密度(kg/L)		0.789	0.73～0.79	0.81～0.85	辛烷值	研究法(R)	111	84～97	—
沸点(℃)		78.4	32～210	180～370		马达法(M)	91	70～84	—
闪点(℃)		13	−45～−38	≥60		(R+M)/2	101	70～90	—
自燃温度(℃)		420	350～468	270～350	十六烷值		8	5～25	49～60
汽化潜热(kJ/kg)		854	293～315	230～250	热值(MJ/kg)		26.8	44.4	42.5

与汽油、柴油比较，乙醇具有以下物性特点：

(1) 从分子结构角度看，乙醇含氧，有利于促进燃料的完全燃烧，改善内燃机尾气 CO、HC 等排放。

(2) 从密度角度看，乙醇的密度和汽油差别不大，混合燃料的密度相近，混合后分离倾向小。

(3) 从沸点角度看，乙醇沸点(78.4 ℃)在汽油沸点(32～210 ℃)温度范围内，但乙醇是单一组分，缺少低沸点、高挥发性组分，对内燃机冷机起动不利。

(4) 从闪点角度看，乙醇的闪点高于汽油，运输安全性优于汽油，但乙醇的闪点远低于柴油。

(5) 从汽化潜热角度看，乙醇的汽化潜热远大于汽油，导致内燃机进气温度降低，增加了内燃机冷机起动难度。

(6) 从低热值角度看，虽然乙醇的低热值比汽油低 40%，但乙醇的理论混合气的热值与汽油非常相近，内燃机燃用乙醇-汽油混合燃料的动力性和油耗变化不大。

(7) 从着火温度角度看，乙醇的着火温度高于汽油，更难以点燃，这也从另一方面增加了燃用含醇汽油内燃机的起动难度，必要时需要对点火系统进行调整。

(8) 从理论空燃比角度看，乙醇的理论空燃比低于汽油和柴油。

(9) 从抗爆性角度看，乙醇辛烷值高，抗爆性强，可采用高压缩比，提高内燃机功率，降低油耗，可抵消因热值低导致耗油量大的不足。

(10) 从十六烷值角度看，乙醇十六烷值低，着火性能差，不能在柴油机中直接使用。当采用乙醇与柴油按一定比例混合应用到压燃式内燃机时，乙醇含氧、密度低的特点有利于改善柴油喷雾和燃烧，降低碳烟排放；而且乙醇汽化潜热大的特点也有利于降低压燃式内燃机缸内温度，降低 NO_x 排放。

3.1.1 乙醇与汽油/柴油相溶性

乙醇作为一种低碳醇，可以任意比例与汽油互溶，乙醇和汽油中烷烃类组分的调和效果好于烯烃类和芳烃类组分。乙醇具有很强的亲水性，水会影响乙醇-汽油混合燃料的储存稳定性，发生乙醇相与汽油相的分离。有研究表明，随着乙醇汽油中含水量的增加，乙醇和汽油相分离明显提高。当乙醇汽油中水含量小于 300 μg/g 时，相分离温度为 −30 ℃；当水含量增加到 5 000 μg/g 时，相分离温度提高到 1 ℃。在乙醇汽油中加入正丁醇、异丁醇等助溶稳定剂，醇醚及酸酯类表面活性乳化稳定剂及助溶稳定＋乳化稳定复合添加剂，可解决乙醇汽油吸水后的不稳定问题。例如，添加正丁醇和异丁醇等可提高含水乙醇汽油的相分离温度，增加乙醇汽油的稳定性。图 3-1 所示为添加剂对含水乙醇汽油相分离温度的影响。

柴油属于烃类燃料，乙醇中含有烃基和羟基，说明柴油和乙醇在结构上具有一定的相似性，在一定条件下能够相溶。乙醇与柴油的互溶性受温度的影响，高温条件下，乙醇和柴油的相溶性较好；温度降低，乙醇和柴油易分离。一般条件下，乙醇和柴油大比例掺混

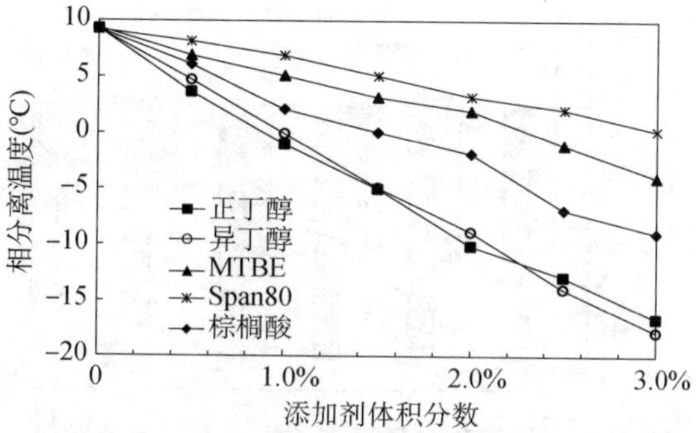

图 3-1 添加剂对含水乙醇汽油相分离温度的影响

困难,且乙醇-柴油混合物的性质不稳定,少量的水就会引起分层。

在乙醇-柴油混合燃料实际应用中,吸水性问题成为限制乙醇-柴油混合燃料推广应用的主要问题之一。无水乙醇与柴油在室温下能相溶,但只要有微量水存在就极易导致乙醇与柴油分离。在乙醇柴油中添加助溶剂可很好地改善乙醇和柴油之间的相溶性,常用助溶剂种类和作用如表 3-2 所示。乙醇和柴油混合物中的乙醇含量越低,柴油中芳烃和轻组分含量越高,温度越高,水含量越低,助溶剂表面活性越强,则乙醇与柴油的相溶性越好。总体而言,当乙醇掺混体积分数小于 10%时,添加助溶剂的乙醇柴油相分离温度明显降低,满足使用要求。图 3-2为助溶剂对乙醇柴油相分离温度的影响。

表 3-2 常用乙醇柴油助溶剂种类和作用

助溶剂类型	主要作用	作用机理	已研究助溶剂
醇类	增大互溶度,提高乙醇柴油的稳定性	具有亲油和亲水基团,利用表面活性使乙醇柴油形成稳定均相体系	C_3～C_6 基醇、1-辛氨基-3-辛氨基-2丙醇
酸类	抑制相分离,保持低温稳定性,提高十六烷值	与乙醇及柴油都能互溶	二甲基碳酸酯、大豆甲(乙)酯、可可油甲酯、油酸甲酯、油酸异丙酯、醋酸乙酯、硝酸异辛酯
植物油(脂肪酸类)	增强稳定性,弥补黏度损失,改善润滑性	含有烃基和羧基,与柴油的碳原子数、密度相近	蓖麻油(含—OH)、油酸、副产妥尔油
胺类	提高十六烷值,一定程度上提高互溶性	燃烧时较易分解出自由基和氧化物,利于提高十六烷值	N-(2-硝基-3辛氧基丙烷)、N-辛基二硝胺、油酸二乙基胺
其他	提高相溶性,提高自燃能力	与乙醇和柴油都能互溶,较易分解出自由基,降低自燃温度	粗汽油、2-叔丁基过氧化物

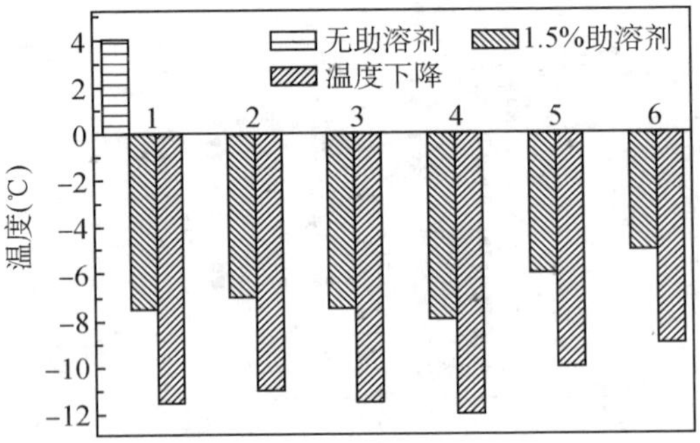

图 3-2 助溶剂对乙醇柴油相分离温度的影响

3.1.2 乙醇汽油/柴油馏程特性

汽油的馏程范围为 30～210 ℃，无水乙醇的沸点为 78.5 ℃，乙醇汽油的沸点介于乙醇与汽油沸点之间，加入乙醇对汽油馏程有一定的影响。一是乙醇汽油初馏点、5%馏出温度高于汽油，且随着乙醇体积含量的增大而增加，影响汽油机起动性能；二是乙醇汽油 50%馏出温度低于汽油，说明乙醇汽油蒸发性好于汽油，有利于改善气缸中混合气均匀度，使燃烧更充分，改善汽车加速性和工作稳定性；三是乙醇汽油 90%馏出温度较低，有利于降低汽油机油耗。汽油和乙醇汽油混合燃料的馏程如表 3-3 所示。

表 3-3 汽油与乙醇汽油混合燃料的馏程

比例/温度	汽油	E5	E10	E15	E20	E30	E50	E85
0%/℃	35.00	38.60	38.30	38.60	45.00	43.60	46.30	61.00
5%/℃	49.80	50.20	50.30	51.30	55.20	45.90	57.70	72.90
10%/℃	56.00	53.30	54.00	55.40	58.10	58.40	61.90	74.80
20%/℃	66.00	58.20	59.00	60.40	63.70	63.70	67.50	76.20
30%/℃	75.40	65.50	63.10	64.60	67.30	68.00	69.80	77.20
40%/℃	84.30	80.40	66.40	68.20	71.20	70.40	73.80	77.90
50%/℃	93.80	92.60	73.80	71.40	73.30	73.40	75.60	77.90
60%/℃	104.30	103.20	100.00	89.20	76.20	74.50	76.80	78.00
70%/℃	116.30	114.60	112.40	112.80	108.90	76.50	77.60	78.40
80%/℃	128.50	127.90	125.70	128.00	125.90	119.80	78.70	78.90
90%/℃	147.00	146.20	144.60	147.40	146.30	143.20	79.90	79.80
95%/℃	165.10	162.20	159.20	163.90	162.00	161.40	144.30	80.00

加入乙醇对柴油的馏程影响较大，乙醇柴油初馏点降到约 77 ℃，且前 10%馏出温度变化很小。在低温区，混合油的馏出曲线距离柴油馏出曲线较远，温度越高，混合油与柴油蒸馏曲线越靠近，最终收敛到相同的终馏点。从整体趋势看，前 30%馏出量曲线差别较大，且乙醇柴油馏出曲线始终低于柴油馏出曲线。柴油、乙醇柴油的馏程曲线如图 3-3 所示。

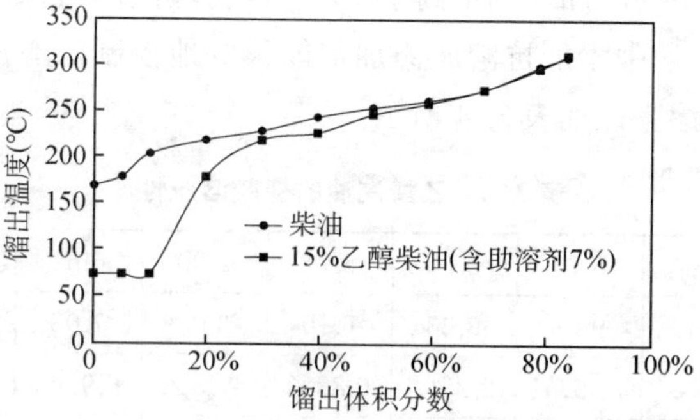

图 3-3　柴油、乙醇柴油的馏程曲线

3.2　乙醇对内燃机的影响

3.2.1　乙醇的自洁性及其对内燃机进气系统沉积物的影响

乙醇是一种有机溶剂，能溶解汽车油箱及油路系统中的燃油胶质，消除油箱和油路杂质的沉淀和凝结物，具有一定的油路疏通作用。值得注意的是，当汽车使用时间较长，汽车油箱及油路中可能已经积累了大量的胶质杂质时，如果直接切换为乙醇汽油，乙醇将溶解油箱中的杂质，并带入汽车油路，堵塞燃油滤清器，导致出现汽车不能正常起动等故障。这种情况，应先对汽车油路进行清洗，再切换为使用乙醇汽油。另外，使用乙醇汽油能有效消除火花塞、燃烧室、气门、排气消声器等部位积碳的形成，可避免这些部位由于积碳而导致的故障。在乙醇汽油中添加清洁剂，可以清除内燃机进气系统沉积物。

3.2.2　乙醇汽油/柴油材料兼容性

乙醇与汽油、柴油在理化性质方面存在差异，其对内燃机燃料供给系统零件材料的兼容性与汽油/柴油不同。①乙醇对燃料供给系统的燃油胶管、燃油压力调节器中的膜片、排放系统中的胶管等弹性胶体、密封件的溶胀作用与汽油不同；②乙醇具有较强的亲水性，将导致金属的酸腐蚀和电化学腐蚀，对油路中铜等金属零件产生腐蚀；③乙醇在燃烧过程中生成乙酸，对汽车内燃机金属，特别是铜有腐蚀作用。因此，需分析乙醇对内燃机燃料供给系统非金属零件的溶胀性、金属零件的腐蚀性以及燃烧系统金属零件的腐蚀性影响。

1. 橡胶和塑料

内燃机燃料供给系统中许多部件都是由橡胶、塑料材料制成的。塑料制品在乙醇燃料中会溶胀、变黏，橡胶制品在乙醇燃料中也会发生溶胀、变硬、变脆或软化等现象，使垫片逐渐软化而导致漏油。例如，乙醇汽油对目前各种车辆上使用的耐油丁腈橡胶部件具有溶胀作用，使其体积增大、重量增加、弹性减小，以致失效，影响内燃机的正常工作。有研究表明，不同橡胶的耐油顺序为：聚氯醚（氯橡胶）/氯化聚醚＞氟橡胶/氯丁胶＞丁腈胶＞氯化丁腈胶＞顺丁胶＞乙丙胶/丁苯胶＞天然橡胶＞硅橡胶＞丁基胶。乙醇对不同橡胶的溶胀性影响不同。当乙醇在汽油中的添加比例不高于10%时，乙醇汽油对橡胶零件溶胀性影响与汽油基本相同，且在乙醇汽油中添加抗溶胀添加剂能很好地控制乙醇汽油对橡胶零件的溶胀影响。乙醇汽油的橡胶溶胀性如表3-4所示。

表3-4 乙醇汽油的橡胶溶胀性

长度(mm)	原始	8.70	3.55	5.71	2.90	6.62	2.90	6.13	2.82
	3周后	9.62	3.63	6.10	3.03	7.08	3.08	6.38	3.08
	变化率	10.57%	2.25%	6.83%	4.48%	6.95%	5.21%	4.08%	9.22%
加力长度(mm)，3 kg	原始	7.53	8.78	6.59	5.76	7.72	6.70	8.09	6.18
	3周后	8.31	9.70	7.05	6.32	8.15	7.00	8.54	6.70
	变化率	10.36%	10.48%	6.98%	9.72%	5.57%	4.48%	5.57%	8.41%

从表3-4中可以看出：

(1) 乙醇汽油和汽油对橡胶件都有一定程度的溶胀作用，汽油的溶胀作用相对较小，乙醇汽油的溶胀性相对较大。

(2) 从质量变化角度看，乙醇汽油中橡胶油管质量增加为6.74%，比汽油大。

(3) 从长度方面看，乙醇汽油对橡胶的增量是4.48%，长度变化率为9.72%，大于汽油。

(4) 添加抗溶胀的添加剂后，乙醇汽油对橡胶件的溶胀作用明显减少。

制备耐醇橡胶材料是解决乙醇汽油橡胶溶胀性的有效措施。例如，通过提高丁腈橡胶中的丙烯腈含量可提高其耐乙醇汽油性能，提高硫化剂用量有利于降低乙醇汽油对氟橡胶硬度的影响；采用耐乙醇汽油的丁腈橡胶/聚氯乙烯共混胶胶管；选用合适的丁腈橡胶、氯化聚醚用量以及增塑剂DOS用量获得耐乙醇汽油良好的氯化聚醚丁腈橡胶等。

2. 金属材料

在汽油中添加0～15%乙醇后，乙醇浓度对金属腐蚀基本上没有影响。随着乙醇添加比例增加，对紫铜等金属的腐蚀性增加。有研究表明，常温(20 ℃)条件下，乙醇对紫铜的腐蚀性随乙醇含量的增加明显增大，对其他金属的腐蚀影响不大；在40 ℃条件下，乙醇对黄铜的腐蚀性有所增加，严重腐蚀紫铜，对其他金属的腐蚀影响不大；当乙醇含量超过70 μg/g后，乙醇汽油对紫铜的腐蚀性迅速增加。乙醇对金属的腐蚀性影响原因主要为：①乙醇亲水性很强，乙醇汽油中的水分将激活金属的酸腐蚀和电化学腐蚀问题，使铜等活泼金属的酸腐蚀加剧，并激活其他腐蚀行为；②乙醇在储存时会被氧化生成少量有机酸，乙醇本身及其燃烧中间游离基反应，生成的氧化产物乙酸乙醛等对环带金属表面造成腐蚀；③由于乙醇蒸发潜热大，汽化不良而流入气缸壁，使得润滑油膜被冲刷而造成摩擦磨损，或与润滑油、添加剂反应，导致润滑油失去防腐蚀作用，加快活塞和气缸壁的腐蚀磨损。

在乙醇汽油中加入金属腐蚀抑制剂可有效抑制乙醇汽油对金属的腐蚀。有研究表明，50～200 μg/g的金属腐蚀抑制剂可有效抑制乙醇汽油对黄铜、紫铜的腐蚀。添加腐蚀抑制剂的乙醇汽油的腐蚀性如表3-5所示。

表 3-5　添加腐蚀抑制剂的乙醇汽油的腐蚀性

燃料油类型	汽油	乙醇汽油(E30)	乙醇汽油(E50)
腐蚀级别	1	1b	1b

3.2.3　乙醇汽油/柴油喷雾及燃烧特性

乙醇具有热值低、汽化潜热大、燃烧速度快、燃烧持续期短等特点。在不修改控制参数的前提下，内燃机燃用乙醇燃料的最大爆发压力、压力升高率、缸内温度、平均有效指示压力降低，CA50 时刻延迟且更靠近上止点，指示热效率和指示燃油消耗率有所改善。此外，乙醇含氧，有利于混合气形成，改善了燃油与空气的混合质量，提高燃烧反应速度，使燃烧持续期缩短，有利于改善燃烧热效率并降低油耗。同时，针对乙醇蒸发潜热大及辛烷值高的特点，实际使用时可通过增大点火提前角提高内燃机的最大爆发压力，改善内燃机的动力输出，且内燃机点火提前角增加幅度应随燃料中乙醇比例的提高而增大。某内燃机电控参数调整前后燃用乙醇汽油的缸内最大爆发压力、CA50 和燃烧持续期等参数的变化情况如图 3-4所示。

当乙醇汽油应用于缸内直喷汽油机时，混合燃料中乙醇比例增大导致乙醇汽油密度、运动黏度增大，喷雾贯穿距随着乙醇汽油密度和运动黏度的升高而减小。在相同喷油脉宽条件下，乙醇汽油和汽油的喷雾贯穿距差别不大。同时，乙醇汽油喷雾的汽化速度高于汽油喷雾。减小喷孔锥角或者增大喷孔入口处液腔厚度，有助于提高喷雾雾化效果。

当乙醇与柴油掺混使用时，乙醇的密度比柴油低，影响混合燃料的雾化效果。乙醇及乙醇柴油混合燃料的喷雾贯穿距小于柴油，喷雾锥角略大于柴油，喷雾形态的分布范围较大，与空气混合更好。同时，乙醇喷雾较柴油喷雾具有更小的索特平均直径(SMD)，且其空间分布比柴油更均匀，随着乙醇含量的增加，乙醇柴油混合燃料喷雾的 SMD 减小。例如，混入 20%体积乙醇的乙醇柴油的雾化特性与柴油相当，由于乙醇含氧，混合特性优于柴油。喷油压力越高，乙醇柴油的雾化混合效果越好。

乙醇柴油的喷雾特性好、可压缩性强、十六烷值低、汽化潜热大、含氧等因素综合作用，使得乙醇-柴油混合燃料滞燃期、燃烧持续期、最大爆发压力等燃烧指标区别于柴油。

(1) 乙醇的体积模量约为柴油的 3/4，乙醇-柴油混合燃料的体积模量随着乙醇掺混比例的增加而减小，可压缩性增加，喷油提前角则随着乙醇掺混比例的增加而减小，燃烧始点延迟。

(2) 乙醇的十六烷值仅为 8，远低于柴油，随着乙醇掺混比例的增加，乙醇-柴油混合燃料的十六烷值下降，着火性变差，滞燃期延长。

(3) 乙醇的汽化潜热约为柴油的 3.4 倍，乙醇-柴油混合燃料汽化吸收的热量增加，燃料在缸内发生物理和化学变化的时间增加，滞燃期延长。

(4) 乙醇含 34.8%的氧，增加了燃烧过程中活性氧的浓度，加快了燃烧反应速率，燃烧

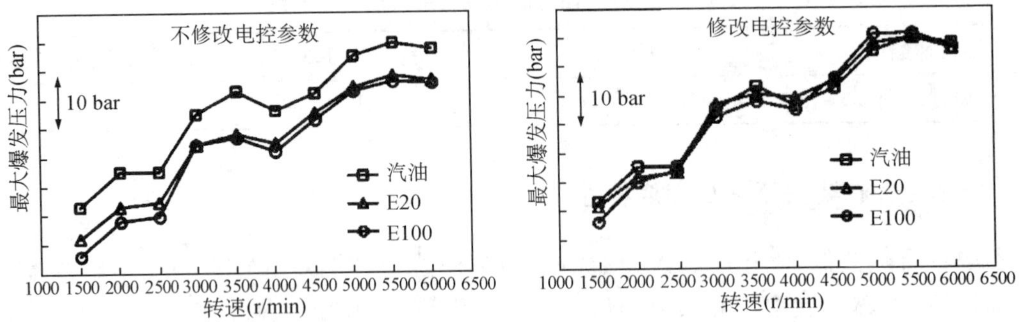

(a) 最大爆发压力

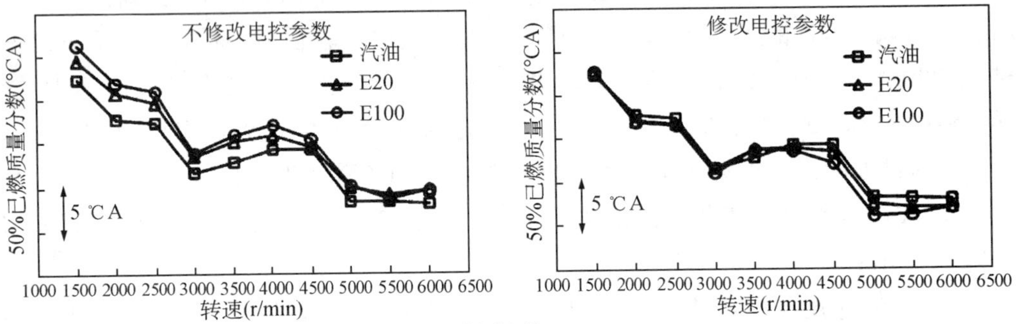

(b) CA50

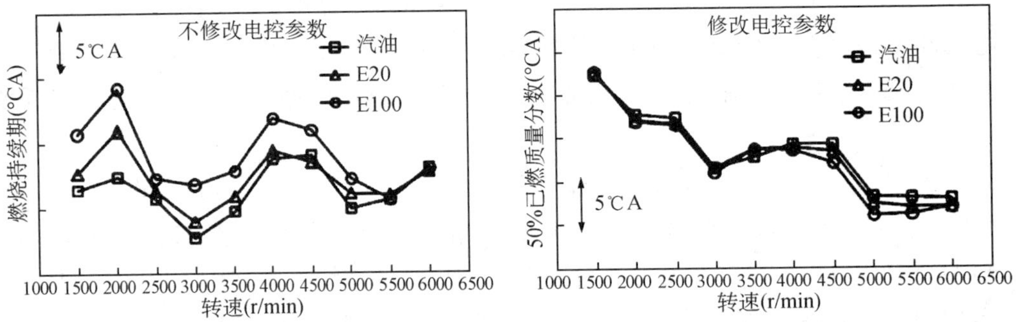

(c) 燃烧持续期

图 3-4 某内燃机电控参数对乙醇汽油燃烧特性的影响

终点提前,燃烧持续期缩短。

(5) 乙醇具有较小的表面张力和运动黏度,乙醇-柴油混合燃料喷雾的索特平均直径(SMD)随着乙醇掺混比的增加而减小,且空间分布更均匀,有利于改善混合燃料的雾化混合过程,燃烧持续期缩短。

在上述因素综合作用下,随着柴油中乙醇掺混比例的增加,混合燃料燃烧滞燃期延长,燃烧始点推迟,燃烧终点提前,燃烧持续期缩短。全负荷时,表现为预混燃烧放热率峰值升高;小负荷时,表现为扩散燃烧放热率峰值升高。乙醇对滞燃期的影响随内燃机负荷的增加而减弱,小负荷(10%和 25%)时,掺混乙醇对乙醇-柴油混合燃料着火延迟的影响明显;随着负荷的增加,乙醇对着火延迟的影响减弱。某柴油机燃用乙醇-柴油混合燃料的滞燃期和燃烧持续期的影响如图 3-5所示。

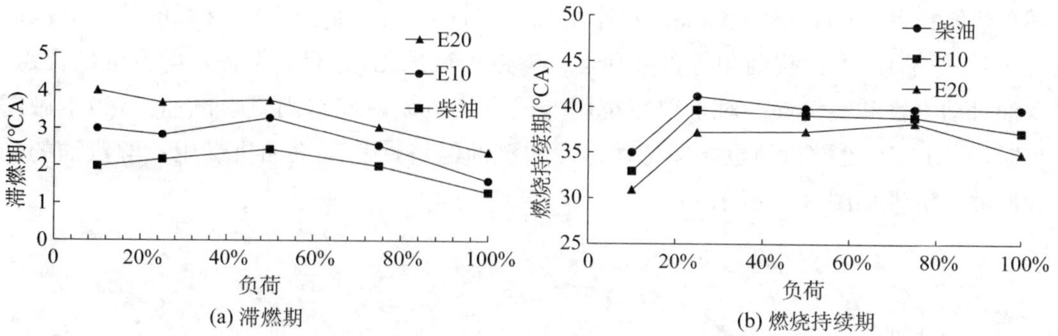

图 3-5　某柴油机燃用乙醇-柴油混合燃料的滞燃期和燃烧持续期的影响

乙醇汽化潜热大、热值低、含氧、运动黏度低等特性在影响燃烧始点、燃烧终点的同时影响缸内压力和放热率。当乙醇掺混比例不大时，缸内最大爆发压力与柴油相当。随着乙醇在柴油中掺混比例的增加，滞燃期增长导致燃烧始点延迟，进一步导致缸内放热率峰值升高，峰值对应的曲轴转角滞后。某柴油机燃用乙醇-柴油混合燃料的缸内放热率如图 3-6 所示。

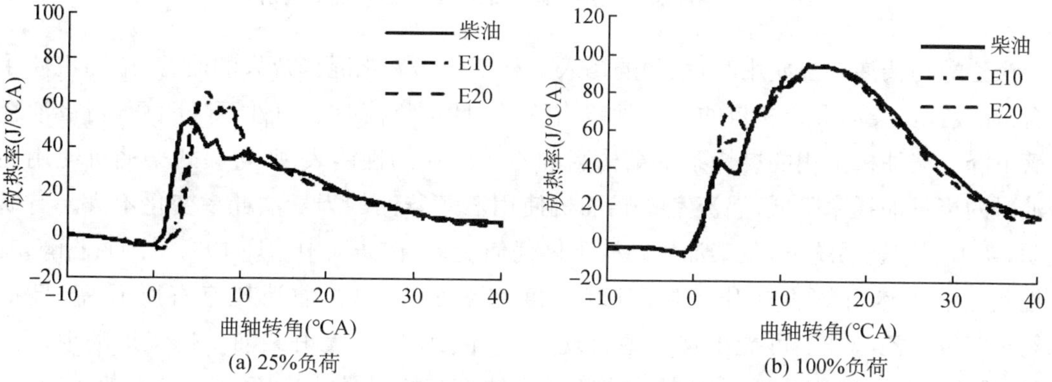

图 3-6　某柴油机燃用乙醇-柴油混合燃料的缸内放热率

除在柴油中直接掺混乙醇外，也可采取措施将乙醇直接用于压燃式内燃机。例如，在缸内直喷柴油，进气道喷射乙醇，利用柴油引燃乙醇的乙醇-柴油组合燃烧技术；通过进气预热的方法实现乙醇的 HCCI 燃烧；通过 HCCI 和 SI 两种燃烧方式扩展内燃机的工作区域等。

3.2.4　乙醇汽油/柴油动力性、经济性

乙醇热值低，使内燃机动力性和燃油经济性变差。同时，乙醇含氧，有利于完全燃烧的特点又使内燃机动力性和燃油经济性变好，而且乙醇汽化潜热大的特点有利于降低进气温度，增加进气量，提升内燃机动力性。因此，汽油机燃用乙醇汽油后的动力性和燃油经济性表现与其技术水平相关。

如不对内燃机进行任何调整，单缸汽油机燃用乙醇汽油的动力性和经济性下降，且掺醇比例越大，下降越明显。对于电控进气道燃油喷射多缸汽油机，在化学计量空燃比工况下，燃用乙醇-汽油混合燃料可提高充量系数，输出转矩和功率相较燃用汽油略有增加，但因混

合燃料热值较低，汽油机有效燃油消耗率增加。如针对乙醇高辛烷值、含氧的特点对汽油机配气正时、压缩比、点火提前角等参数和运行参数进行优化，可充分发挥乙醇汽油的优点，改善汽油机动力性和经济性。对于现在车用电控进气道喷射和缸内直喷汽油机，当不做任何调整时，使用 E10 乙醇汽油也能保持动力性和燃油经济性。某汽油机燃用乙醇汽油的动力性和燃油经济性如图 3-7 所示。

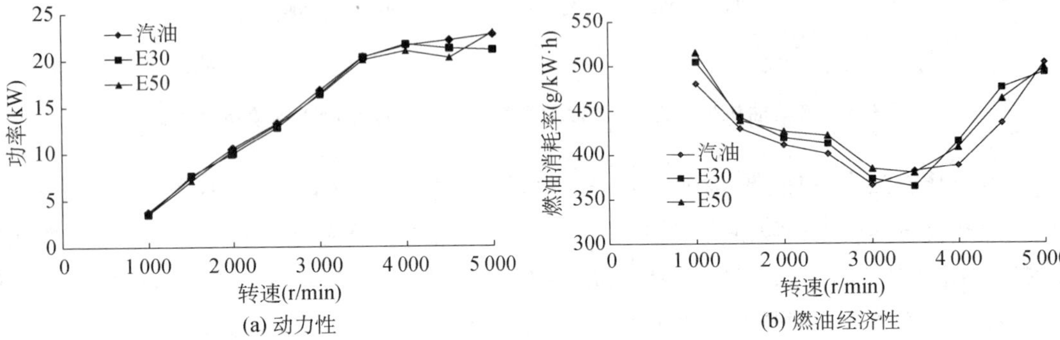

图 3-7　某汽油机燃用乙醇汽油的动力性和燃油经济性

当乙醇与柴油掺混使用时，乙醇的掺入有利于柴油雾化混合效果的改善，柴油机使用低醇含量的乙醇-柴油混合燃料的动力性略有降低，且小负荷时动力性下降明显，当量油耗率显著下降。柴油机采用的燃烧系统结构影响乙醇柴油的性能表现，直喷式柴油机使用乙醇柴油时的当量油耗率降低，涡流室式柴油机使用乙醇柴油的当量油耗率变化不大。有研究表明，在不同燃烧系统下，某柴油机结构不做任何变动，在柴油中掺烧 10%～20%乙醇，其动力性能比单纯燃用柴油有升有降，升降幅度在 8%以内，燃油消耗率有所升高，且掺烧 10%～20%的乙醇柴油可能出现热熄火现象。当采用缸内喷射柴油＋进气道喷射乙醇的乙醇-柴油组合燃烧技术时，在维持内燃机动力性不变的同时，燃油经济性有所改善，且存在一个最佳运行区间，在该运行区中内燃机有效热效率提高了 6.16%。

3.2.5　乙醇汽油/柴油排放特性

1. HC、CO 和 NO_x 排放

乙醇含氧、汽化潜热大、燃烧速度快等特点使乙醇汽油的 HC、CO 和 NO_x 排放与汽油不同。

乙醇汽油对内燃机 HC 排放产生影响的主要因素有：①乙醇的汽化潜热比汽油高，燃用乙醇时进入气缸的混合气温度下降，造成内燃机冷起动困难；②乙醇是单沸点化合物，而汽油是多种烃类混合物，其沸点范围较宽，在常温下有很好的挥发性；③一旦着火，乙醇的着火速度快，燃烧后的污染程度较小，其所含的氧原子也可参与燃烧，改善燃烧过程，降低未燃 HC 排放；④燃用含有乙醇的汽油时气缸内最高压力较燃用汽油时低，改善未燃 HC 排放。当乙醇体积分数低于 20%时，后两个因素占优，未燃 HC 排放降低；随着乙醇体积分数的增大，前两个因素影响的表现更明显，怠速时失火次数增加，导致未燃 HC 排放增加。当内燃机进入正常工作状态后，乙醇含氧，在改善燃烧中起主要作用。在整个负荷范围内，乙醇汽

油的 HC 排放降低。某汽油机燃用乙醇汽油的 HC 排放如图 3-8 所示。

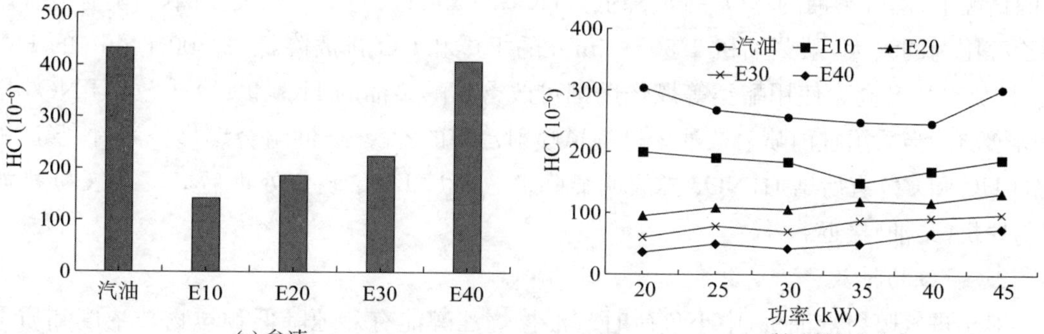

(a) 怠速　　(b) 4 200 r/min

图 3-8　某汽油机燃用乙醇汽油的 HC 排放

对于 CO 排放，乙醇为含氧燃烧，有利于燃烧过程中生成 CO 的氧化，乙醇汽油的 CO 排放降低。某汽油机燃用乙醇汽油的 CO 排放如图 3-9 所示。

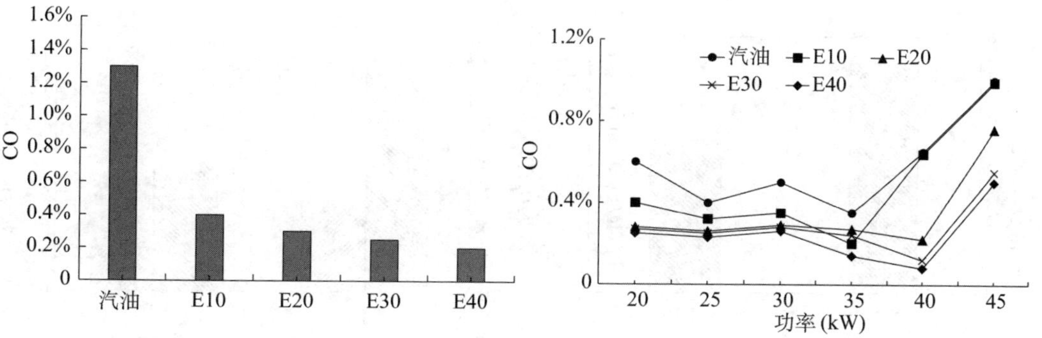

(a) 怠速　　(b) 4 200 r/min

图 3-9　某汽油机燃用乙醇汽油的 CO 排放

NO_x 的生成条件为高温、富氧和高温持续时间。乙醇的汽化潜热大，使进气温度降低，滞燃期较长，缸内最高燃烧温度也较低，抑制了 NO_x 的生成。当乙醇体积分数小于 20%时，随着乙醇体积分数的增加，NO_x 下降明显；当乙醇体积分数超过 20%后，随乙醇体积分数增加，NO_x 排放下降幅度变缓。某汽油机燃用乙醇汽油的 NO_x 排放如图 3-10 所示。

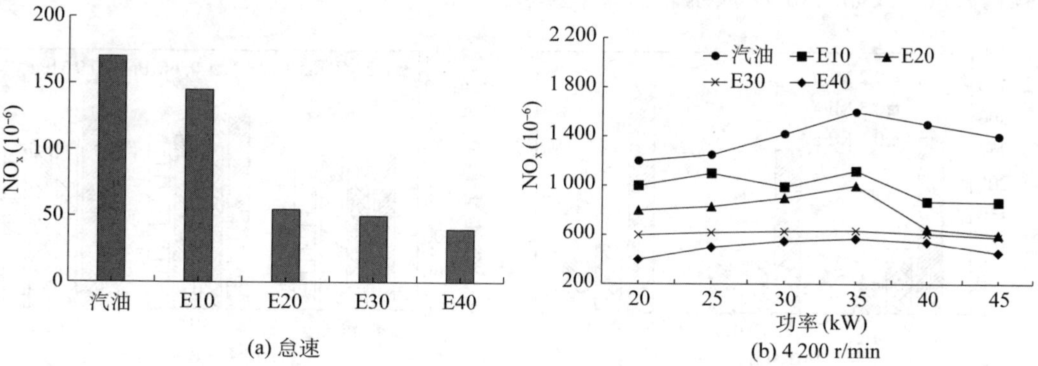

(a) 怠速　　(b) 4 200 r/min

图 3-10　某汽油机燃用乙醇汽油的 NO_x 排放

当乙醇与柴油掺混使用时，燃烧始点滞后，滞燃期变长，在不加任何助溶剂和着火改进剂的情况下，乙醇柴油的 NO_x 排放降低。HC 和 CO 排放与工况相关。例如，随着混合燃料中乙醇比例的增大，某柴油机 1 500 r/min 的 HC 和 CO 排放降低，2 300 r/min 的 HC 和 CO 排放有所升高。使用酯类等燃烧助剂可改善乙醇柴油的 HC 和 CO 排放，但 NO_x 排放有所增加。当采用缸内喷射柴油＋进气道喷射乙醇的乙醇-柴油组合燃烧技术时，柴油机排放的 HC 和 CO 有所增加，NO_x 排放明显降低。经过 DOC 装置处理后，HC 和 CO 排放水平与原机(柴油)接近。

2. 颗粒物排放

对于进气喷射汽油机，中小负荷时汽油掺烧乙醇能有效地降低颗粒物数浓度和质量浓度，且乙醇掺混比增加使颗粒数浓度峰值向小粒径方向移动。减小点火提前角、增大负荷、浓混合气均使颗粒数浓度峰值向大粒径方向偏移。车辆燃用 E10 乙醇汽油后，颗粒数浓度、表面积浓度和体积浓度均降低。某进气道喷射汽油车燃用乙醇汽油的颗粒物排放如图 3-11 所示。

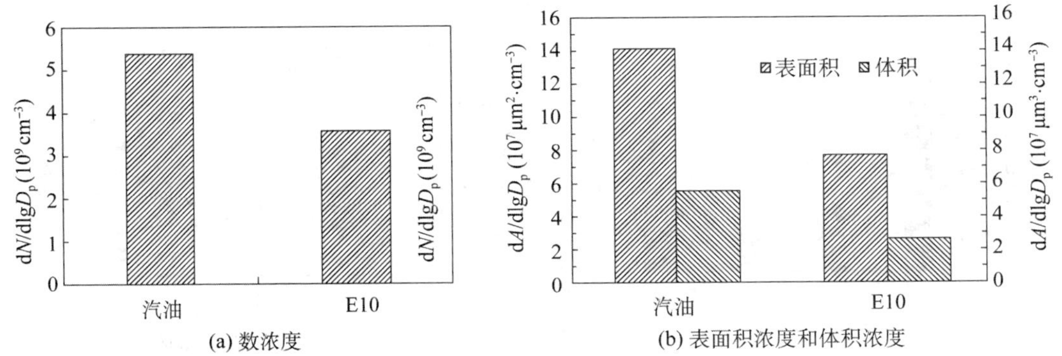

图 3-11　某进气道喷射汽油车燃用乙醇汽油的颗粒物排放

对于缸内直喷型汽油机，乙醇的添加导致燃油雾化变差，缸内混合气不均匀，低负荷、低转速工况的颗粒峰值浓度和颗粒数浓度明显增加。高速高负荷工况，乙醇添加对燃油雾化效果影响较小，同时乙醇含氧有利于颗粒的氧化，乙醇的添加对颗粒排放影响不大，并且乙醇汽油生成的颗粒氧化起燃温度较低，氧化活化能低于汽油。某直喷汽油机燃用乙醇汽油的颗粒数量排放如图 3-12 所示。

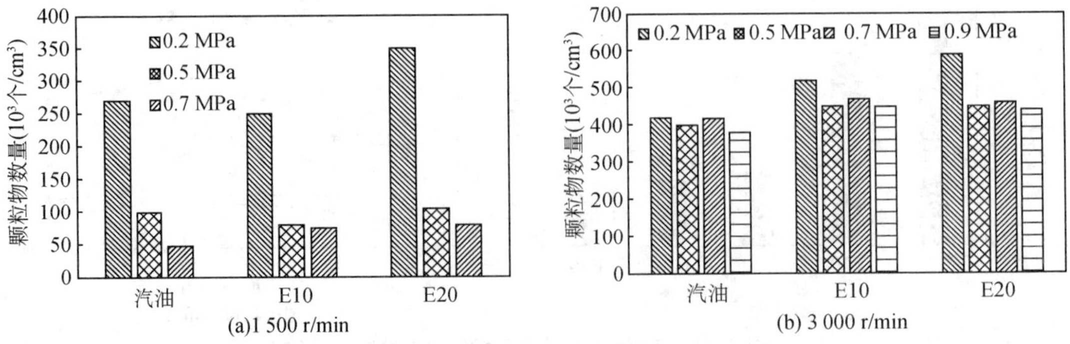

图 3-12　某直喷汽油机燃用乙醇汽油的颗粒数量排放

当乙醇与柴油掺混使用时，乙醇含氧等特点明显降低柴油机的碳烟排放。乙醇柴油排气颗粒数量浓度呈上升趋势，但颗粒质量浓度减少。颗粒分级采样结果表明，掺混乙醇后，0.78～1.40 μm 的颗粒数量减少，0.25 μm 的颗粒增加，颗粒粒径尺寸分布峰值向小粒径方向移动。随着乙醇掺混比例的增加，颗粒组分中 Soot 成分较少，可溶性有机物 SOF 比例升高，硫酸盐比例下降。同时，乙醇柴油颗粒物易黏结积聚，排入大气后易沉降，有利于减小其对大气环境及人体健康的危害。从微观结构来看，乙醇柴油颗粒呈聚合、内核-外壳无序结构。与柴油比较，乙醇柴油的颗粒粒径大，排列松散，呈珠状、块状分布。某柴油机燃用乙醇柴油的颗粒排放如图 3-13 所示。当采用缸内喷射柴油＋进气道喷射乙醇的乙醇-柴油组合燃烧技术时，柴油机产生的碳烟排放显著降低。

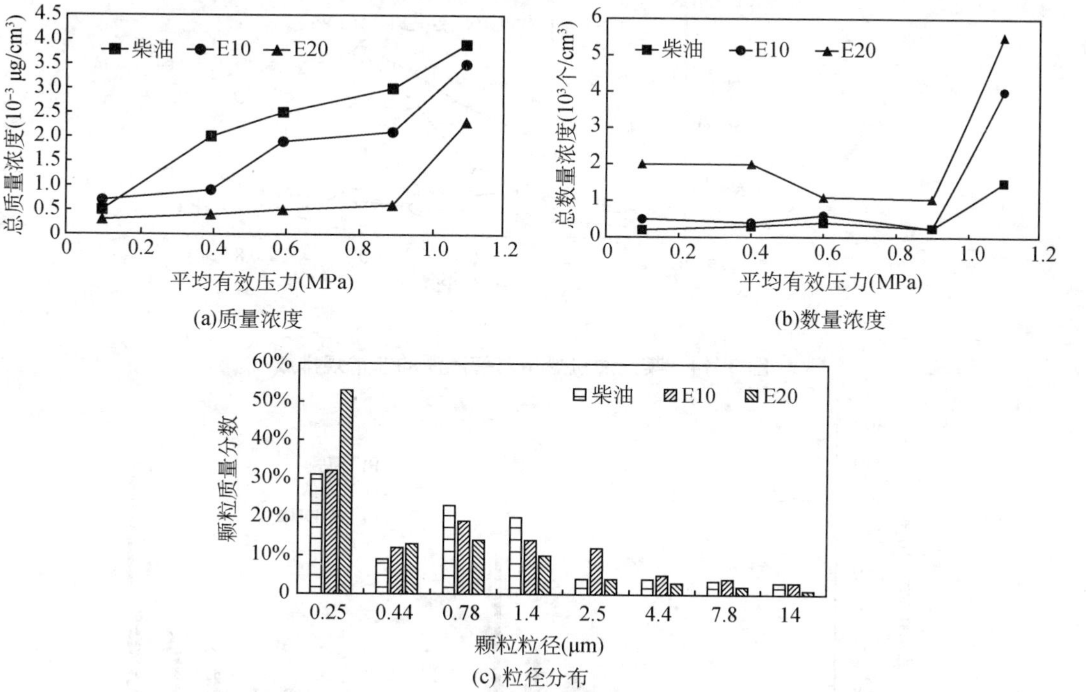

(a)质量浓度　(b)数量浓度

(c) 粒径分布

图 3-13　某柴油机燃用乙醇柴油的颗粒排放

3. 醛类等非常规排放

汽油机使用掺入乙醇的汽油燃料后，将产生一定数量的未燃乙醇、芳香族碳氢、戊烷、乙烯、乙醛、甲醛等污染物排放。随着乙醇比例的增加，排放的芳香烃和戊烷数量降低，未燃乙醇、醛类数量增大。总体来看，乙醇汽油产生的未燃乙醇、醛类等较少，且排放量随内燃机转速、负荷的增大而降低，对大气影响较小。某汽油机燃用乙醇汽油的非常规排放如图 3-14 所示。

当汽油机采用进气道喷射(PFI)＋缸内直喷(GDI)的双喷射供油系统时，加入乙醇能有效降低内燃机产生的乙烯、1，3-丁二烯、苯和甲苯排放量，抑制效果为 PFI 模式优于双喷射模式，GDI 模式抑制量最低；乙醇将导致醛类排放升高，双喷射模式有效抑制了甲醛排放的增加。某双喷射汽油机燃用乙醇汽油的非常规排放如图 3-15 所示。

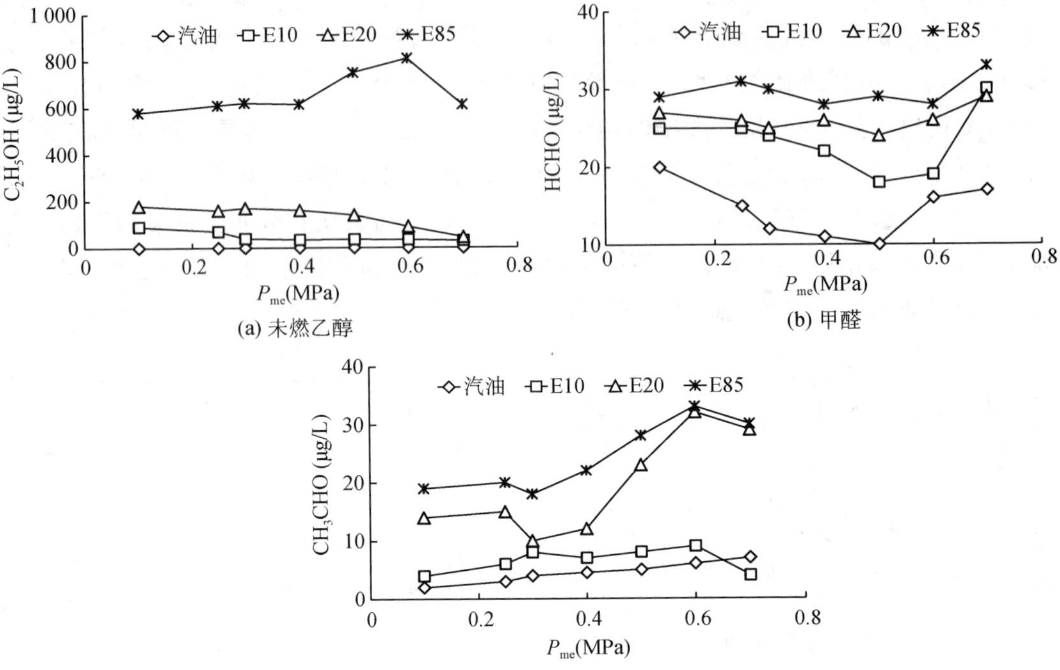

(a) 未燃乙醇　(b) 甲醛　(c) 乙醛

图 3-14　某汽油机燃用乙醇汽油的非常规排放

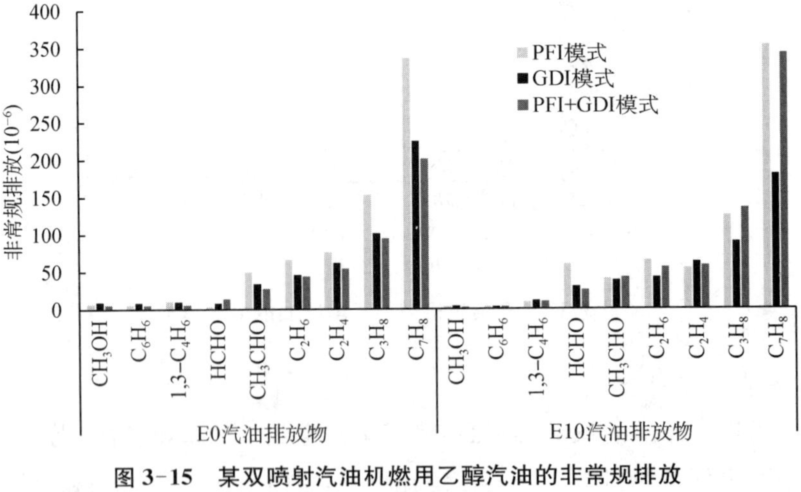

图 3-15　某双喷射汽油机燃用乙醇汽油的非常规排放

三元催化转化器对乙醇汽油产生的醇醛类排放具有良好的催化净化效果，经过三元催化转化器后，乙醇汽油的醇醛在大部分工况下可以实现零排放。三元催化转化器对乙醇汽油醇醛类排放的净化效率如图 3-16 所示。

当乙醇与柴油掺混使用时，其醛类排放升高，不同工况、不同乙醇添加比例对醛类排放的影响存在差异。在乙醇柴油混合燃料中添加十六烷值改进剂能显著改善乙醇带来的负面影响，明显降低乙醇、乙醛排放。当采用缸内喷射柴油＋进气道喷射乙醇的乙醇-柴油组合

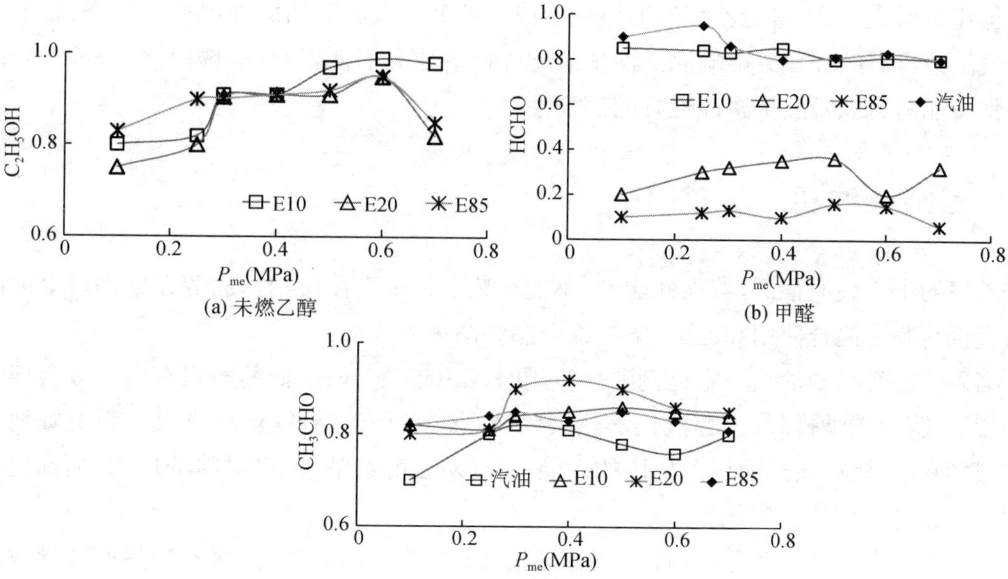

(a) 未燃乙醇 (b) 甲醛 (c) 乙醛

图 3-16 三元催化转化器对醇醛类排放的净化率

燃烧技术时，柴油机排放的甲醛和乙醛相对于燃用纯柴油(原机)有所增加，经过 DOC 装置处理后，排放水平与柴油(原机)接近。

3.2.6 乙醇对汽油机点火正时的影响

当乙醇在汽油中的添加比例不超过 10%时，即 E10 乙醇汽油，不需要对汽油机点火正时进行调整。当乙醇在汽油中的添加比例增加时，由于乙醇和汽油的理化性质存在差异，使乙醇汽油的混合气温度、压力、燃烧速率发生变化，导致最佳点火时刻发生变化，需对点火提前角进行调整，改善汽油机性能。

3.2.7 乙醇对汽油机冷起动性能的影响

无水乙醇沸点为 78.5 ℃，乙醇汽油初馏点高于汽油。另外，乙醇的汽化潜热较大，汽化过程吸收热量较多，在汽油中添加乙醇影响汽油机的低温起动性能，导致汽车低温起动困难。一般情况下，当乙醇的添加比例不超过 10%时，不影响汽油机的起动性能。当乙醇添加比例较高时，须采取措施改善起动性能。例如，加入少量均相催化复合添加剂，在进气管上加装快速空气加热器等。

3.2.8 乙醇对汽油机润滑性的影响

汽油机在工作过程中，极少量未燃乙醇汽油会沿汽缸壁窜入曲轴箱，混入润滑油中，影响润滑油的抗锈蚀性、极压抗磨性、清净性和碱值保持性，进而影响润滑性能。E10 乙醇汽油对汽油机的润滑性影响不大。有研究表明，某汽油机使用乙醇汽油以低、中、高速及在山区道路行驶 8 万 km，润滑油氧化性能、表面沉积物形成、主要零部件磨损与汽油相当。当乙醇添加比例增大时，应考虑乙醇汽油燃烧生成的乙酸导致润滑油碱性保持力下降、腐蚀活塞环和气缸壁，稀释润滑油、影响润滑油抗氧化和抗磨性等不良影响，应选用清洁分散性好、高碱值保持能力、抗磨性、抗腐蚀性好的润滑油。

3.3 乙醇柴油机

乙醇的十六烷值很低，着火性能差，不能在柴油机中直接使用。乙醇在柴油机上的应用包括直接与柴油混合使用和乙醇-柴油组合燃烧两种方式。

当采用乙醇与柴油按一定比例混合应用时，乙醇含氧、密度低的特点有利于改善柴油喷雾和燃烧，降低碳烟排放；乙醇汽化潜热大的特点也有利于降低 NO_x 排放。为更好地改善乙醇-柴油混合燃料在柴油机上使用的性能，需针对乙醇柴油特点，对喷油压力、喷油提前角等喷射参数进行调整和优化。

(1) 从喷油压力角度看，喷油压力提高有利于改善燃油雾化，克服乙醇热值低导致动力性变差的缺点，恢复动力性。同时，喷油压力增加会导致低速 HC 和 CO 排放增加，碳烟排放降低。应综合考虑动力性、HC 及 CO 排放，适当增大乙醇柴油的喷油压力。

(2) 从喷油提前角角度看，改变供油提前角对动力性基本没影响，燃油消耗率随着供油提前角的增大先降低再升高，NO_x 排放随喷油提前角的增大而增加，HC 和 CO 排放随喷油提前角增大先增加后降低，碳烟排放略有降低。

当采用缸内喷射柴油＋进气道喷射乙醇的乙醇-柴油组合燃烧技术时，燃油经济性存在一个高效运行区。中高转速、中高负荷可获得较低的当量油耗和较高的醇柴替代率，热效率提高 4%以上。采用乙醇-柴油组合燃烧技术，内燃机具备国Ⅴ甚至更低排放标准的潜力，提供了一种非 SCR 思路和技术路线。

当采用缸内喷射微量柴油＋进气道喷射乙醇的乙醇-柴油组合燃烧技术时，即通过进气道喷射乙醇方式在缸内形成均质可燃混合气，采用直喷方式喷入微量柴油来引燃之前导入的低活性预混合气体。这种燃烧技术主要以预混合燃烧方式进行，能量主要来自乙醇燃烧。喷射微量柴油作为引火源可以提供高于传统火花塞放电数千倍的点火能量，实现高效清洁的稀薄燃烧。它具有以下特点：

(1) 柴油微引燃乙醇燃烧为预混合燃烧或部分预混合燃烧，不存在扩散燃烧。燃烧有两阶段放热特征，提前引燃柴油喷射时刻使燃烧向单一阶段放热发展。

(2) 柴油微引燃乙醇中高负荷工作稳定性好，有效避免了均质压燃难以控制的情况。

(3) 柴油微引燃乙醇能实现极低的碳烟排放，所有工况点的碳烟排放均低于 0.0032 g/kW · h。

(4) 柴油微引燃乙醇能实现较低的 NO_x 排放；高负荷时，NO_x 排放与指示热效率之间存在 trade-off 关系，一般来讲，指示热效率高的工况，NO_x 排放水平较高。

(5) 柴油微引燃乙醇存在较为严重的 HC 与 CO 排放，适当增大引燃柴油的喷射时刻，可以减少 HC 与 CO 排放。

3.4 含水乙醇汽油/柴油

与无水乙醇汽油/柴油相比，含水乙醇汽油/柴油具有明显的价格优势，其对燃料的储存和运输密封性要求也可以降低。应用微乳化技术研制含水乙醇汽油/柴油，增强含水乙醇汽油/柴油的稳定性，是目前的研究热点之一。

3.5 燃料乙醇的应用与发展

燃料乙醇是 20 世纪初面市的传统产品，是一种很好的汽车替代燃料，是可持续的绿色能源之一。它可以增加汽油的含氧量，使燃烧更充分，降低 CO_2 净排放。后因石油的大规模、低成本开发，燃料乙醇因经济性较差而被淘汰。随着一些先进农业国劳动生产率的大幅度提高，20 世纪 70 年代中期以来四次较大的“石油危机”以及可持续发展观念的深入，目前，燃料乙醇在世界许多国家得以迅速发展。全球共有 66 个国家和地区推广使用乙醇汽油，其中欧洲 29 个、美洲 14 个、亚太地区 12 个、非洲和印度洋地区 11 个，年消费乙醇汽油约 6 亿 t，占全球汽油消费总量的 60%左右。美国和巴西燃料乙醇年产量和消费量位列世界前两位，占世界总量的 80%以上。

美国是世界上燃料乙醇的主要生产国之一。20 世纪 70 年代的“石油危机”时期及 1990 年 11 月美国国会通过空气清净法修正案(Clean Air Act Amendments, CAAA)后，是美国燃料乙醇两个主要发展时期。1978 年，含 10%无水乙醇的乙醇-汽油混合燃料(E10)在内布拉斯加州大规模使用。1979 年，美国国会为减少对进口石油的依赖，从寻找替代能源的角度出发，建立了联邦政府“乙醇发展计划”(使用 E10，减免联邦消费税)，开始大力推广 E10 乙醇汽油。美国于 2006 年超越巴西，成为全球第一大燃料乙醇生产国和乙醇汽油消费国，2019 年全美燃料乙醇总产量达 4 700 万 t 以上，约占全球燃料乙醇产量的 43%，乙醇汽油(以 E10 为主，乙醇添加比例为 10%)基本实现美国全境覆盖，并逐步开始使用 E15 乙醇汽油(乙醇添加量为 15%)，部分地区引进了灵活燃料(Flex Fuels，乙醇掺混比例在 51%～83%)汽车。美国燃料乙醇主要生产原料为玉米，产地和使用地主要集中在中北部和西部地区。除玉米外，农业和森林废物、城市固体垃圾、工业废物和能量作物等，也被用来生产燃料乙醇。

巴西燃料乙醇的应用始于 20 世纪初，1930 年，乙醇-汽油混合燃料的使用曾达到一定的规模。20 世纪 70 年代，巴西政府设立了 ProAlcool 计划(用生物质原料制备乙醇来代替汽油)和 ProOleo 计划(用植物油代替柴油)，以防止国内能源消耗的衰退，尽快利用国内资源代替石油进口，保持经济的发展。现在，巴西的燃料乙醇产量居世界第二，2019 年产量达 2 569 万 t，约占全球燃料乙醇产量的 32%。出于多种原因，甘蔗几乎成为巴西燃料乙醇的唯一生产原料，玉米原料仅占巴西燃料乙醇产量的约 3.8%。

中国的燃料乙醇产业发展相对较晚，2001 年步入起步阶段，发展燃料乙醇最初的动力来自利用燃料乙醇消化积压的大量陈化粮。2001 年，国家五部委颁布了《陈化粮处理若干规定》，规定陈化粮的用途主要为生产燃料乙醇、饲料等，并批准吉林燃料乙醇有限责任公司、河南天冠燃料乙醇公司、安徽丰原生物化学股份有限公司和黑龙江华润酒精有限公司 4 家燃料乙醇试点企业生产陈化粮燃料乙醇，其中河南天冠燃料乙醇公司主要以小麦为原料，其他 3 家都以玉米为原料。2001 年 4 月 2 日，国家标准《变性燃料乙醇》(GB 18350—2001)和《车用乙醇汽油》(GB 18351—2001)正式颁布，于 2001 年 4 月 15 日开始实施，并在吉林、河南和黑龙江开始进行乙醇汽油试点。

除陈化粮之外，我国坚持燃料乙醇“不与民争粮，不与粮争地”的发展路线，积极发展木薯、纤维素燃料乙醇。2007 年底，第一个以木薯为原料的非粮燃料乙醇项目在广西北海成立，标志着中国燃料乙醇“非粮化”的发展路线。2010 年，国家能源局正式批准中粮集团设立国家能源生物液体燃料研发中心，推动纤维素燃料乙醇发展。2012 年，中国《可再生能源“十二五”发展规划》专门附有《生物质能源专项发展规划》，明确提出“十二五”期间生物质能源发展目标——到 2015 年底，生物质燃料乙醇利用量达到 350 万 t 到 400 万 t，航空生物燃料利用量将达 10 万 t。

2017 年之前，我国共有 11 个省份使用乙醇汽油。其中，辽宁、吉林、黑龙江、河南、安徽和广西 6 个省份为“全封闭式”推广，所有加油站仅销售乙醇汽油；江苏、湖北、河北、山东和广东 5 个省份则是“半封闭式”推广，我国的乙醇汽油标准经 2004 年、2010 年、2015 年和 2017 年几次修订，于 2017 年 9 月发布国家标准《车用乙醇汽油(E10)》(GB 18351—2017)和《车用乙醇汽油调合组分油》(GB 22030—2017)。2017 年 9 月 13 日，《关于扩大生物燃料乙醇生产和推广使用车用乙醇汽油的实施方案》发布，将在全国范围推广使用车用乙醇汽油。燃料乙醇具有广阔的应用前景。

第4章　天　然　气

天然气(Natural Gas)通常指产生于油田、煤田和沼泽地带的天然气体，基本由82%～98%的甲烷(Methane，CH_4，分子量16)和不多的乙烷(Ethane，C_2H_6，分子量30)、丙烷(Propane，$CH_3CH_2CH_3$，分子量44)和丁烷(Butane，$CH_3CH_2CH_2CH_3$，分子量58)组成。另外，天然气还含有一些硫化氢(Hydrogen Sulfide，H_2S)、二氧化碳(Carbon Dioxide，CO_2)、氮(Nitrogen，N_2)和水汽(Steam)，少量的一氧化碳(Carbon Monoxide，CO)及微量的氦(Helium，He)、氩(Argon，Ar)等稀有气体。天然气的组成因气田或油田地理位置和矿床地质结构不同，存在一定的差异。天然气在常温常压下为气态，沸点约−161 ℃，热值35～48 MJ/m^3。天然气主要用作城市燃料、工业燃料、发电和汽车燃料，也用于制造乙醛、乙炔、氨、碳黑、乙醇、甲醛、烃类燃料、氢化油、甲醇、硝酸、合成气和氯乙烯等化学物的原料。

天然气的甲烷含量一般在90%以上，是一种良好的汽车燃料，具有来源丰富、燃料经济性好、污染物排放量少、安全性好等优点。天然气可以通过天然气/汽油两用燃料、天然气-柴油双燃料、天然气单一燃料三种方式应用于内燃机，是世界车用低碳燃料的重要发展方向，天然气汽车在世界范围内得到广泛应用，已成为发展最快、使用量最多的低碳燃料汽车。

4.1　天然气理化指标及特点

天然气经脱水、脱烃、脱硫等净化处理，可以作为车用燃料使用。国家标准《车用压缩天然气》(GB 18047—2017)中规定，车用压缩天然气的高位发热量应大于31.4 MJ/m^3，总硫不超过100 mg/m^3，硫化氢不超过15 mg/m^3，二氧化碳摩尔含量不超过3.0，氧气摩尔含量不超过0.5，压力不大于25 MPa和环境温度不低于−13 ℃时水含量不大于30 mg/m^3。表4-1为天然气、汽油和柴油的理化指标。

表4-1　天然气、汽油和柴油的理化指标

项目		天然气	汽油	柴油
分子式		CH_4	C_4～C_{12}	C_{10}～C_{21}
理论空燃比	质量比	17.3	14.7	14.5
	体积比	9.5	8.6	9.4
着火温度(常压下)(℃)		540	390～420	230

（续表）

项目	天然气	汽油	柴油
火焰传播速度(cm/s)	34～37	35～47	
混合气热值(MJ/m³)	3.39	3.73～3.83	3.79
辛烷值(RON)	130	89～97	20～30
十六烷值	<10	14	49～60
着火极限	5%～15%	1.3%～7.6%	1.5%～8.2%
低热值(MJ/kg)	50.1	44.4	42.5

与汽油、柴油比较，天然气具有以下特点：

(1) 从抗爆性角度看，天然气的辛烷值很高，这意味着天然气的抗爆能力远好于汽油，因此天然气内燃机可以使用较高的压缩比。

(2) 从发火性角度看，天然气的十六烷值远低于柴油，不能直接用于压燃式内燃机。

(3) 从热值角度看，天然气低热值分别比汽油、柴油高 13%和 18%，但天然气与空气形成混合气的热值比汽油/柴油与空气形成混合气热值分别低约 14%和 12%。进入气缸，混合气热值下降可导致内燃机的功率下降，动力性变差。

(4) 从空燃比角度看，1 kg 天然气完全燃烧需要 17.3 kg 空气。与 1 kg 汽油完全燃烧需要 14.7 kg 空气比较，天然气内燃机在相同化学当量比的情况下，气缸总能量减少，导致输出功率下降。

(5) 从着火温度角度看，天然气常压下的着火温度为 540 ℃，远高于汽油和柴油，需要更高的点火能量，一般不能采用压燃方式。

(6) 从火焰传播速度角度看，相比于汽油，天然气火焰传播速度下降了 10%～20%，对缸内燃烧带来不利影响，使后燃严重，功率降低，排温升高。

4.2 天然气汽车分类

4.2.1 按照燃料种类和使用情况划分

天然气汽车按照燃料种类和使用情况分为两用燃料天然气汽车、双燃料天然气汽车和单一燃料天然气汽车三种，如表 4-2 所示。

表 4-2 天然气汽车种类

形式	结构	优点	缺点	应用
汽油/天然气两用燃料汽车	在保留原供油系统基础上，增加一套天然气专用供给装置，可使用天然气或汽油	技术成熟，已广泛应用	动力性能略有下降	适用于运行路线多变、行程较长的车辆，如城市出租车

(续表)

形式	结构	优点	缺点	应用
柴油-天然气双燃料汽车	以柴油为着火剂，以天然气为主燃料的油气混燃方式	动力性不变，甚至还略有增大，在气态燃料用完后可方便地转换为纯燃柴油	低负荷 CH_4 排放较高，结构复杂	适用于行程较长的车辆，如大型长途运输客货车
单一天然气燃料汽车	改变内燃机压缩比、点火提前角等参数，只使用天然气为燃料	能充分发挥天然气抗爆性好的特点，只有一套供给系统，结构简单	行驶距离较短、成本高	适用于运行路线固定、行程较短的车辆，如城市公交车

(1) 两用燃料天然气汽车(Flexible Fuel Vehicle)：具有两套燃料供给系统，能燃用天然气运行或燃油运行。控制系统一般不同时控制两套燃料供给系统同时工作，而是根据不同的运行工况进行燃料切换。

(2) 双燃料天然气汽车(Dual-fuel Vehicle)：具有两套燃料供给系统，能够同时以天然气和另外一种燃料运行。控制系统能够同时控制两路燃料的喷射，也能够单独控制任何一路，比如液化天然气-柴油双燃料汽车。结构复杂、成本较高是这类汽车的缺点。

(3) 单一燃料天然气汽车(Mono-fuel Vehicle)：只使用天然气作为燃料，天然气采用进气道喷入、缸内直喷等形式进入气缸，在压缩接近上止点时，通过火花塞点燃天然气与空气形成的混合气，使混合气燃烧，推动活塞向下运动，实现做功。单一燃料天然气汽车供气系统设计是根据燃气的理化特性进行的，并且只能以压缩天然气(Compressed Natural Gas，CNG)或液化天然气(Liquefied Natural Gas，LNG)为燃料运行。

天然气具有不同于汽油或柴油等的理化特性，因此天然气内燃机的燃烧方式、进气相位、点火时刻和能量、供气方式、增压系统以及排放控制等与汽油机或柴油机有显著差异。目前国Ⅴ及以前的天然气内燃机大都使用稀薄燃烧进气道喷射方式，原因在于：相比于当量空燃比天然气内燃机，采用稀燃技术，经济性更好，抗爆性更强，可以使用更高的压缩比来提高热效率。但国Ⅵ的 NO_x 和 HC 排放限值在国Ⅴ的基础上分别下降了 77%和 55%，稀薄燃烧模式下无法通过机内优化在国Ⅴ基础上进一步降低 NO_x 排放，而采用选择性催化还原转化器(Selective Catalytic Reduction，SCR)系统转化 NO_x 会大大增加成本和整车使用成本。因此，国内外大多数厂家在开发国Ⅵ天然气内燃机时都选择了当量燃烧路线，使用 TWC 同时转化 NO_x 和 HC 等排放物，成本远低于稀薄燃烧路线。但与稀薄燃烧比较，缸内热负荷和爆震风险大大增加，燃气消耗率也略差。

目前，市场上天然气汽车车型中，基本可以分成单一燃料天然气汽车和汽油/天然气两用燃料汽车两种类型，且主要为汽油/天然气两用燃料汽车。天然气汽车保有情况如图 4-1所示。

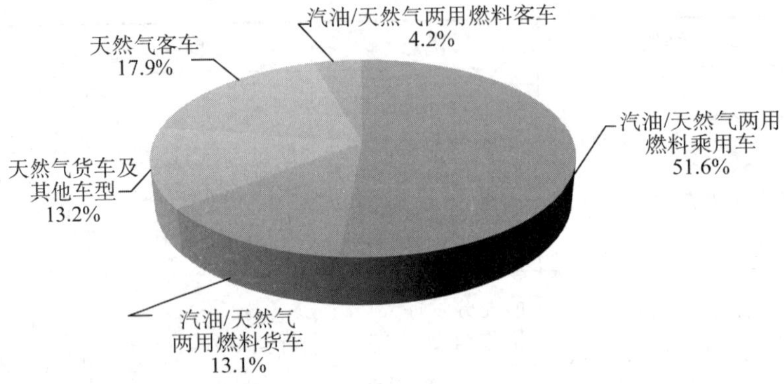

图 4-1 天然气汽车保有情况

4.2.2 按照燃料种类和储存方式划分

按照燃料种类和储存方式，可以将天然气细分为压缩天然气（CNG）、液化天然气（LNG）、吸附天然气（Adsorbed Natural Gas，ANG）和近临界流体天然气（Near Critical Fluid，NCF）四大类。

1. 压缩天然气汽车

压缩天然气汽车（Compressed Natural Gas Vehicle，CNGV）是以 20 MPa 压力将气态天然气储存在储气瓶中并作为燃料使用的汽车。CNG 储气量有限，储存过程中要求高压压缩（20～25 MPa）或多级压缩，加压后天然气以气体形态储存在制造工艺要求较高的 CNG 钢瓶中。压缩天然气的能量密度低，约为汽油的 26%，影响了汽车续航里程和汽车载荷。

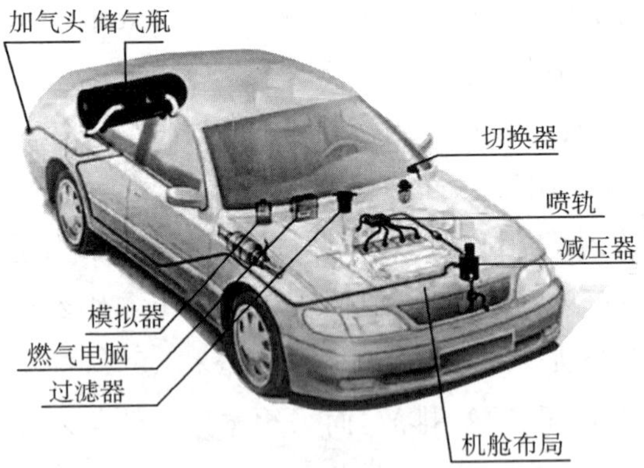

图 4-2 汽油/CNG 两用燃料汽车供气系统组成及安装位置

CNGV 燃气供给系统由高压储气瓶、减压调节器、加充气口、截止阀、高频电磁阀、安全限流装置、高压滤清器和电磁喷射阀等组成。其中，点火提前角调节器、天然气控制单元和模拟器、喷气阀等组成燃气供给控制系统，控制天然气供给系统工作；储气瓶、高频电磁阀组、充气/供气阀体、供气管路及减压器等部件组成燃气供给系统，为内燃机运转输送需要的燃料。汽油/CNG 两用燃料汽车的供气系统组成及安装位置如图 4-2 所示。

1）储气瓶

CNG 储气瓶外壳由钢或铝合金制成，质量主要取决于内衬材料，轻质气瓶生产成本高，安装位置要求严格。内衬通过缠绕树脂浸渍长纤维加固，价格比较便宜，容积效率高，外形尺寸不易发生变化，但这种气瓶耐腐蚀性差并且质量比较大。塑料内衬加“整体缠绕”树脂浸渍长纤维加固的复合材料气瓶耐腐蚀性好、重容比小、重量轻、外形尺寸灵活、安全性好，但价格昂贵。

2）减压器

减压器是天然气供给系统中的重要部件，由加温部分、配剂部分和三级减压部分三部分组成，其外形如图 4-3 所示。加温部分是为了防止天然气中的水因温度下降凝结造成阀口冰堵节流而设计的。因此，减压器需要吸收热量来缓解冰堵节流现象，加温水腔引入内燃机循环水，对一级室和二级室进行加热。同时，减压器上还带有恒温装置，以确保减压器正常工作。内燃机暖机时，不能为减压过程提供充足的热量，低温容易产生堵塞，不能正常工作。部分天然气汽车为了限制减压器低温工作，安装了温度传感器来防止减压器引起供气系统故障。天然气减压器通常为三级减压，也可以是二级减压，输出 1.0～2.5 kPa 压力的气流，压力保持稳定并通过压力表显示。

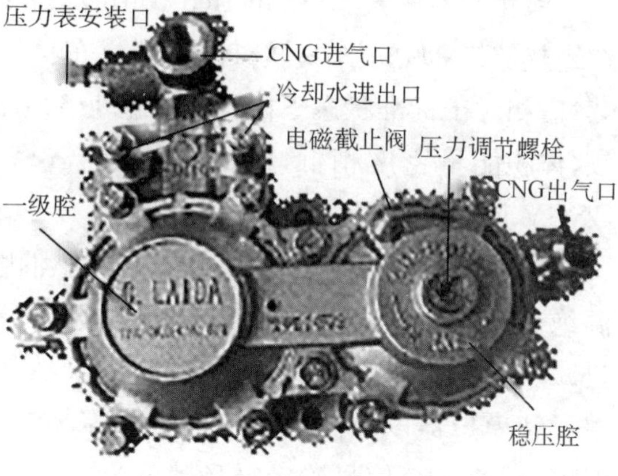

图 4-3 CNG 减压器

3）高频电磁阀组

高频电磁阀组有多个高频电磁线圈，控制分配气管开闭，工作时减压器出口和它的低压气管接口连通，内燃机控制单元接收曲轴和凸轮轴转速信号确定喷气时刻，通过控制高频电磁阀打开完成喷气始点的控制。高频电磁阀组是燃料供给的执行部件，高频电磁阀阀口的密封性、电磁线圈的响应性以及进出气接口的压力差直接影响混合气的制备，从而影响内燃机燃气模式下运行的各项性能指标。其结构如图 4-4 所示。

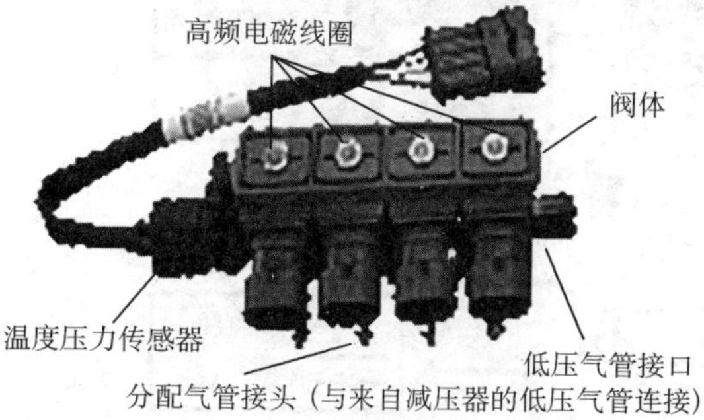

图 4-4 天然气汽车高频电磁阀组

4）混合器

混合器是燃气系统和内燃机的直接连接件，也是天然气汽车制备混合气的组件。文丘里管式混合器是目前常用的混合器之一，此外还有一种比例调节式混合器。混合器主要作用是跟随转速和负荷的变化将适量的天然气喷入进气歧管。文丘里管式混合器在进气状态下，管内天然气流速与截面存在一定的关系。利用这个特点，供气系统可以通过自然吸气的方式实现天然气进气预混。

CNGV 燃气供给系统除了上述供气组件外，还包括高压管线、压力表以及充气阀和手动截止阀等布置在储气瓶上的阀体。用来连接气瓶和减压器的高压管线爆破压力要大于

3.5 倍工作压力，以防止高压气管破裂。压力表用来显示储气瓶或管路的压力，有时也会通过天然气流量计的流速情况反映管路压力。

2. 液化天然气汽车

液化天然气汽车（Liquefied Natural Gas Vehicle，LNGV）是将低温液化的天然气储存在绝热储气瓶中并作为燃料使用的汽车。天然气在常压和－162 ℃下呈液态，形成液化天然气，相对于标准状态下体积缩小至 1/600，能量储存密度和储存成本较高。LNG 与汽油比较，体积能量密度稍低，为汽油的 72%，密度是甲烷的 625 倍，因此 LNGV 续航里程比 CNGV 长，气罐工艺要求高。

LNGV 供气系统可以与原柴油机燃油喷射系统协同工作，主要组成元件包括 LNG 低温绝热储气瓶、混合器、气轨总成以及 LNG 汽化器等。气轨总成的功能是稳压和储存来自减压器的天然气，减小供气管路内天然气的冲击和波动。燃气供给控制系统包括控制单元和模拟器以及内燃机各传感器等，燃气供给控制过程需要根据真空度信号、燃气压力温度、转速负荷信号确定循环喷气量。LNGV 燃气供给系统和控制系统如图 4-5 所示。

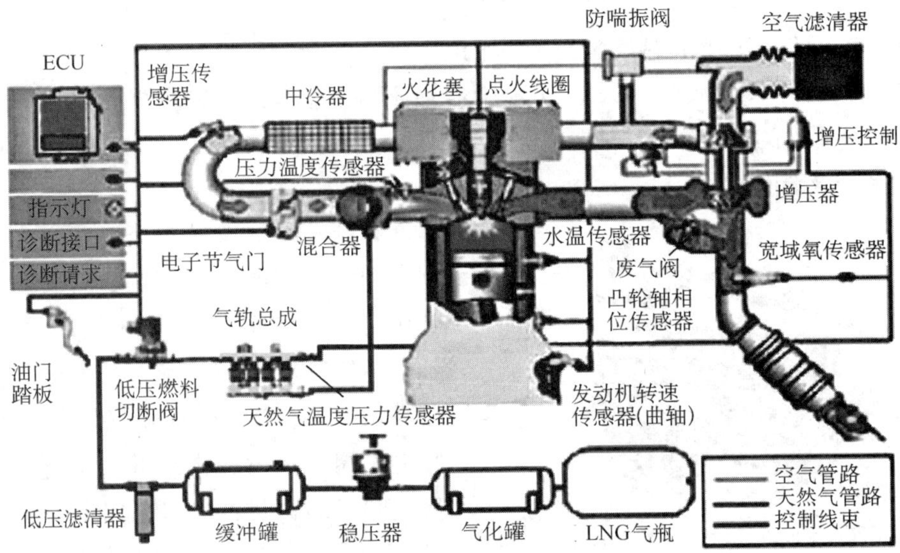

图 4-5　LNGV 燃气供给系统和控制系统

1) LNG 气瓶

车用 LNG 气瓶是绝热低温耐压容器，是 LNGV 供气系统的重要组成部分，为双层结构，中间为真空，主要由内胆、外壳、绝热结构、内部支撑系统和附件组成。内胆主要功能是储存低温 LNG，与 LNG 直接接触，承受 LNG 压力，具有良好的气密性、防腐蚀性和耐低温性。外壳对内胆起到保护作用，对整体起支撑作用，主要功能是承受 LNG 运输和装载过程中的外力。LNG 车载气瓶外观及各阀体布置如图 4-6 所示。

LNG 气瓶之所以具有很强的隔热能力，是由于密闭的夹套间被填充了绝热材料，这些隔热材料为具有高绝热性能的玻璃棉和低热导率的铝箔。如果内胆破裂，夹套空间压力会

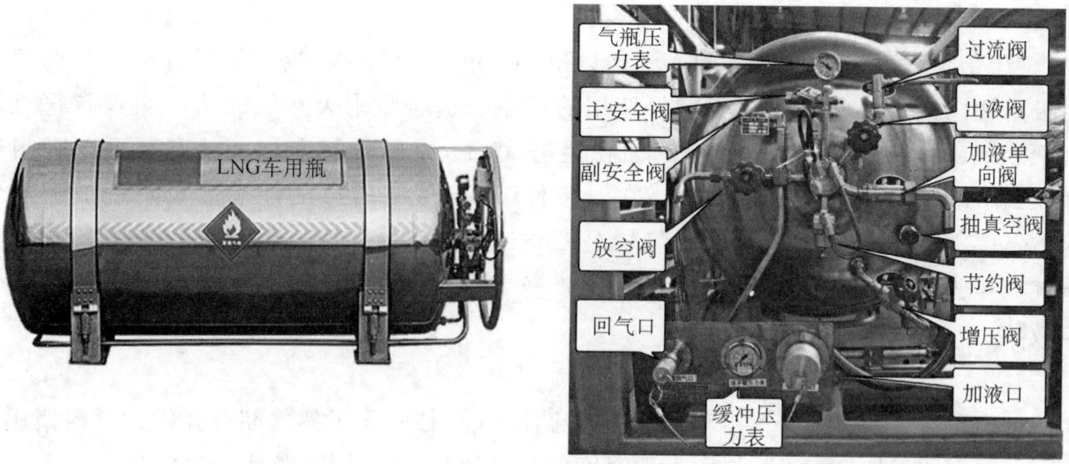

图 4-6 LNG 车载气瓶外观及各阀体布置

升高，当升高至大气压之上时，外壳可能发生爆裂，此时抽真空阀打开，对夹层空间泄压。当抽真空阀关闭不严或被外力破坏时，外壳和气瓶管路上会凝结水珠或出现结霜现象。

LNG 气瓶还带有很多功能不同的阀体和气液管路，阀体包括放空阀、安全阀、用气阀、液体进出口阀、抽真空阀和增压阀等。LNG 车载气瓶出厂时需进行跌落试验、振动试验、水压试验以及火烧试验，对气瓶的技术指标和安全性进行标定。

2）LNG 汽化器

LNG 汽化器为管壳式结构，是 LNG 供给系统中重要组成部件，一般布置在内燃机和 LNG 气瓶之间。LNG 汽化器一般是水浴式的，它利用对流换热原理并根据内燃机的传热情况自动改变汽化量。低温 LNG 与内燃机高温循环水进行对流换热，经汽化器汽化的天然气随内燃机水温的变化而变化。

3）喷气阀

LNG 喷气阀是供气系统重要组成部分，LNG 喷气阀安装在供气系统的气轨上。双燃料 ECU 接收内燃机各传感器信号后通过运算控制具有良好动态响应性喷气阀的喷气时刻和喷气脉宽。为了使内燃机在最优标定 MAP 图运行，ECU 根据各传感器信号对燃气喷射量进行实时修正和精确控制。

4）混合器

LNG 混合器安装在中冷器和进气管之间，按照一定比例将天然气与空气均匀混合。天然气汽车供气系统通过高频电磁阀组开闭来调节喷入的天然气量，根据转速和负荷等变化确定电磁阀打开时间，使天然气在混合器中形成可以满足工况需求的可燃混合气。

除以上部件外，供气系统还包括供气管、管路压力表、缓冲罐、气轨总成等的其他部件。其中，气轨总成可以减小供气管路内的天然气波动，对来自减压器的天然气进行稳压和储存。

3. 吸附天然气汽车

吸附天然气汽车(Adsorbed Natural Gas Vehicle，ANGV)指天然气以中压状态储存在吸附罐内的活性炭中并作为燃料使用的汽车。适合吸附天然气的活性炭颗粒每克表面积约 3 000 m^2,与气体可接触的面积足够大,1 m^3 活性炭在标准状态下可以吸附储存约170 m^3 的天然气。在 4 MPa、常温条件下,天然气通过活性炭等吸附剂被吸附储存,ANG 在压力 3.4 MPa 下的储气量是 CNG 在压力 20 MPa 下储气量的 50%。ANG 储气瓶压力一般为 3.5～6.0 MPa,不仅减轻了储气瓶的重量,而且提高了天然气的储存效率。

4. 近临界流体天然气汽车

近临界流体天然气汽车指利用近临界流体 NCF 技术将天然气储存并作为燃料使用的汽车。它利用天然气溶于临界压力和温度的某种流体这一特性,将天然气收集在具有极强溶解能力的流体中,使用时通过调节储存条件使之释放。目前这种技术还不成熟,处于理论研究阶段。

4.2.3 按照点火方式划分

天然气辛烷值比汽油高,可直接应用于点燃式内燃机。同时,天然气着火温度高、十六烷值低的特点导致其不能直接应用到压燃式内燃机上。按照天然气缸内着火方式,可以将天然气内燃机分为火花塞点火式和柴油引燃式两种。

(1) 火花塞点火式天然气内燃机与传统汽油机类似,天然气采用进气道喷射、缸内直喷等形式进入气缸,在压缩接近上止点时,通过火花塞点燃天然气与空气形成的混合气,使混合气燃烧,推动活塞向下运动,实现做功。

(2) 柴油引燃式天然气内燃机按照引燃需要的喷油量,又可以分为常规柴油-天然气双燃料汽车和微引燃柴油-天然气双燃料汽车两种。常规柴油-天然气双燃料汽车一般以柴油机为基础开发,在保留原柴油机喷油系统的基础上加装天然气供气系统,为保证内燃机正常起动和大负荷时转矩输出,最小引燃喷油量不可能太少,一般为内燃机为纯柴油模式时最大喷油量的 5%以上。微引燃柴油-天然气双燃料汽车同样包括柴油和天然气两套供油系统,与常规柴油-天然气双燃料汽车不同的是其引燃喷油量可以减少到原机最大喷油量的 1%以下,需要专门设计安装独立的喷油器。

4.3 汽油/天然气两用燃料汽车

汽油/天然气两用燃料汽车具有汽油和天然气两套燃料供给系统,能够分别使用汽油或天然气运行,是目前保有量最多的天然气汽车。

4.3.1 动力性和燃料经济性

从动力性角度看,天然气混合气热值低、缸内充气量低等导致汽油/天然气两用燃料汽车由汽油切换为使用天然气后的动力性下降13%～18%，尤其是大负荷工况。改善汽油/天然气两用燃料汽车使用天然气时动力性下降的措施主要包括适时切换为汽油、进气和燃烧参数标定、可变压缩比等。

为改善汽油/天然气两用燃料内燃机使用天然气时的动力性，早期采取的控制措施是适时切换回汽油。也就是说，大负荷工况时，使内燃机由天然气切换回汽油可以使其动力性得到恢复。某汽油/天然气两用燃料内燃机采取动力改善措施前后的动力性对比如图4-7所示。

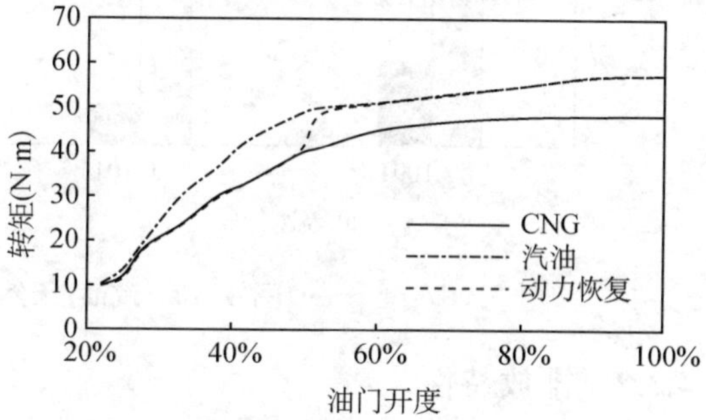

图4-7 某汽油/天然气两用燃料内燃机采取动力改善措施前后的动力性对比

随着电控技术的发展，针对天然气燃烧特点，对汽油/天然气两用燃料内燃机进气参数和燃烧参数进行匹配标定，优化点火提前角、喷气脉宽、增大进气量等，改善内燃机燃用天然气时的动力性，是目前电控汽油/天然气两用燃料内燃机经常采用的方法。例如，某电喷汽油机通过优化点火提前角和喷气脉宽，与燃用汽油比较，燃用天然气外特性转矩可以达到燃用汽油时的87%(图4-8)。随着可变压缩比和可变增压技术的发展，燃用天然气时，可以通过增大压缩比、增加进气量等方式实现内燃机的性能优化，使其动力性完全恢复到与汽油相当，甚至优于汽油。

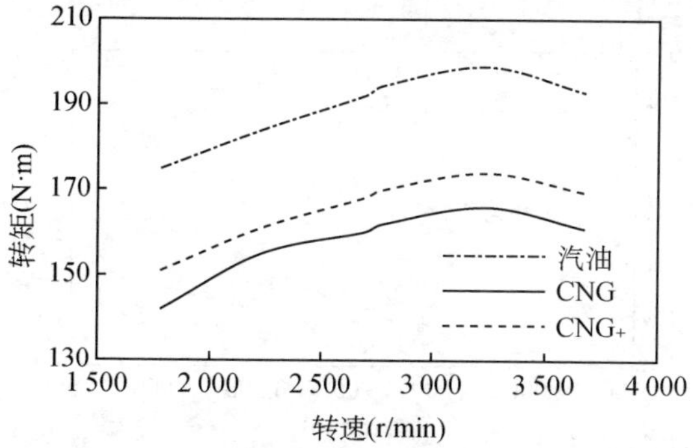

图4-8 某汽油/天然气两用燃料内燃机动力性

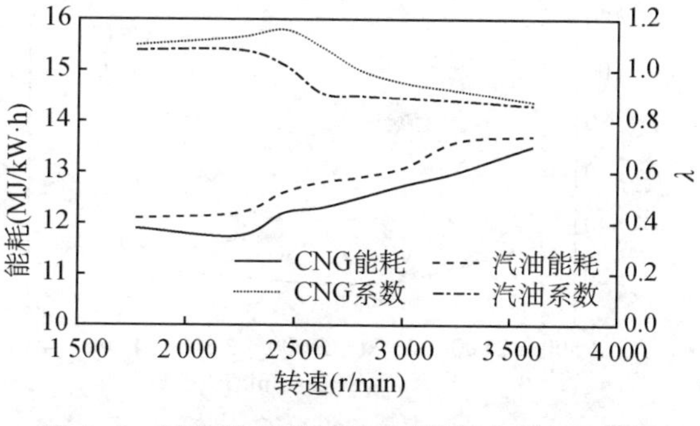

图4-9 某汽油/天然气两用燃料内燃机经济性

从燃料经济性角度看，天然气辛烷值高于汽油，可通过提高压缩比使天然气内燃机的理论循环热效率提高7%～12%。采用汽油/天然气两用燃料方式时，第一，虽然压缩比受汽油辛烷值限制不能提高，但可通过增大点火提前角使内燃机燃用天然气时的热效率有所提高；第二，天然气以气态方式进入气缸，混合气均匀性好，燃烧完全，也有利于热效率的提高，改善内燃机的经济性(图4-9)。

从车辆的燃料消耗成本角度来看，天然气价格低于汽油，尤其是在西部地区，导致汽油/天然气两用燃料汽车燃用天然气的燃料成本降低(图4-10)。

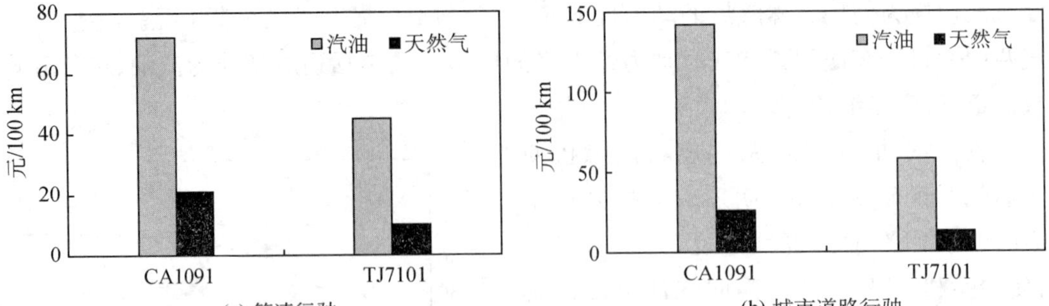

(a) 等速行驶　(b) 城市道路行驶

图 4-10　汽油/天然气两用燃料汽车燃料成本

4.3.2　排放特性

1. HC、CO 和 NO_x 排放

从排放角度看，燃用天然气后，消除了燃用汽油时缝隙效应和壁面激冷层对混合气的影响，使混合气更均匀，燃烧更完全，HC 和 CO 排放降低。NO_x 生成量主要受缸内温度、混合气浓度和高温持续时间三个因素的影响。一般情况下，天然气燃烧最高温度比汽油低，NO_x 排放相对较低；另外，天然气混合气火焰传播速度慢，常采用增大点火提前角来改善动力性，导致高温燃烧时间变长，NO_x 生成量增加。以上两个因素导致汽油/天然气两用燃料内燃机燃用天然气时的 NO_x 排放存在不确定性，与内燃机转速和匹配相关。某汽油/天然气两用燃料内燃机的 HC、CO 和 NO_x 排放如图 4-11 所示。

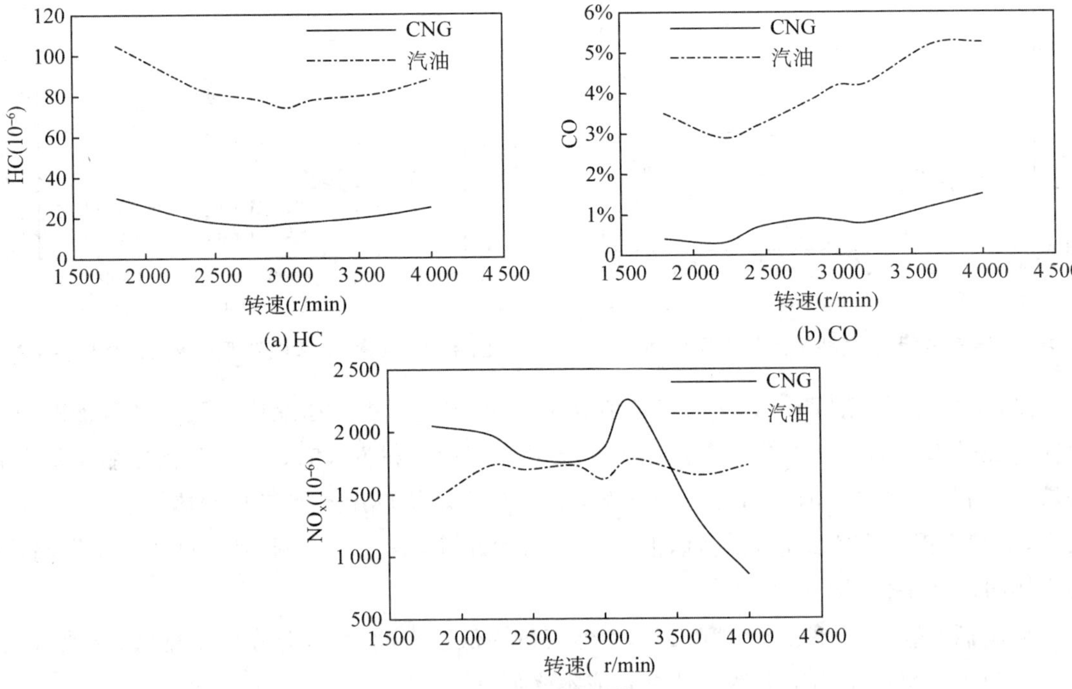

(a) HC　(b) CO　(c) NO_x

图 4-11　汽油/天然气两用燃料内燃机的 HC、CO 和 NO_x 排放

市场上的汽油/天然气两用燃料汽车受车辆标定技术、三元催化技术等影响，实验室转鼓试验和实际道路试验得到的 HC、CO 和 NO_x 排放效果与内燃机台架试验结果存在差异。例如，某汽油/天然气两用燃料内燃机实验室转鼓试验结果表明，该车燃用天然气的 CO 和 HC 排放降低，NO_x 排放增加。中国环境科学研究院 2010 年在济南、廊坊、阳泉和重庆 4 个城市对 25 辆国Ⅰ～国Ⅳ两用燃料出租车的实际道路试验表明，汽油/天然气两用燃料汽车燃用天然气时，CO 排放平均降低 24%，NO_x 和 HC 排放平均增加 27% 和 22%。对于现代车用汽油/天然气两用燃料内燃机，可采用废气再循环（Exhaust Gas Recirculation, EGR）技术改善其 NO_x 排放，采用针对 CH_4 排放的高效催化剂配方，解决 NO_x 和 HC 升高的问题。

2. 颗粒物排放

在改善燃料经济性的同时，汽油/天然气两用燃料汽车燃用天然气后混合气更均匀、燃烧更完全的特点有利于改善汽车的颗粒物排放。有研究表明，燃用天然气时产生的颗粒排放中粒径小于 70 nm 的颗粒约占总颗粒数量的 90%，颗粒数量排放随车速增加而增加，当车速大于 70 km/h 后，颗粒数量排放急剧增加。与燃用汽油比较，天然气汽车产生的颗粒数量排放明显降低。某汽油/天然气两用燃料汽车颗粒数量排放如图 4-12 所示。

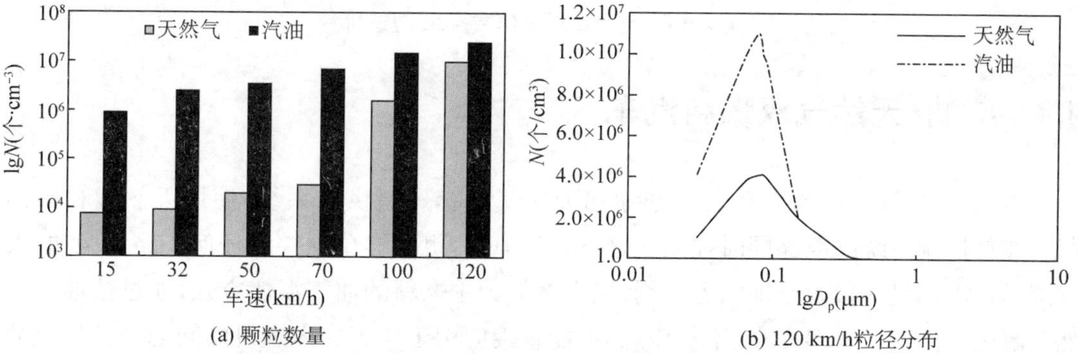

图 4-12　汽油/天然气两用燃料汽车颗粒数量排放

3. CO_2 和 CH_4 排放

CO_2 和 CH_4 是重要的温室气体。汽油/天然气两用燃料汽车燃用天然气后热效率高、燃料经济性好的特点导致其 CO_2 排放降低。例如，某汽油/天然气两用燃料汽车在高原道路上燃用天然气行驶时，1 100～2 000 m 高原环境下，其 CO_2 排放与海拔呈较好的线性关系，海拔每上升 100 m，CO_2 排放升高 3.38 g/km，总行驶里程 CO_2 排放比燃用汽油时平均降低 20.3%。

汽油/天然气两用燃料汽车燃用天然气后的 CH_4 排放增加。例如，中国环境科学研究院相关研究表明：国Ⅰ～国Ⅳ阶段轻型汽油车 CH_4 平均排放因子为 0.017～0.064 g/km，天然气汽车 CH_4 排放平均值为 1.11 g/km，明显高于汽油车（图 4-13）。因此，对于汽油/天然气两用燃料汽车，应调整三元催化器中催化剂贵金属比例，控制 CH_4 排放。

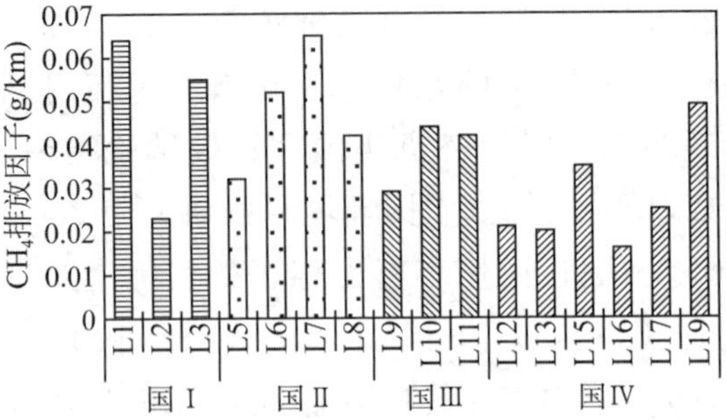

(a) 汽油车

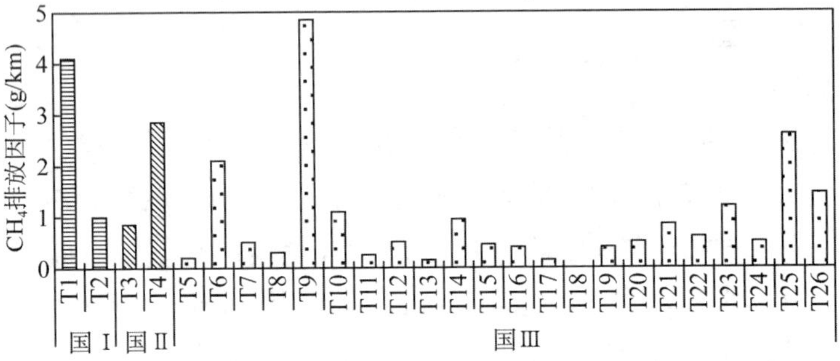

(b) 天然气汽车

图 4-13　汽油车和天然气汽车 CH_4 排放

4.4　柴油-天然气双燃料汽车

柴油-天然气双燃料汽车具有柴油和天然气两套燃料供给系统，使用天然气和柴油运行。燃料控制系统既能够同时控制两路燃料的喷射，也能够单独控制任何一路。柴油-天然气双燃料内燃机一般以柴油为着火剂，以天然气为主燃料的油气混燃方式，通过柴油引燃天然气解决天然气着火温度高、不易压燃、不能直接应用于压燃式内燃机的问题；同时，充分利用天然气与空气混合均匀性好、燃烧完全的特点，实现超低颗粒排放。按照引燃需要的喷油量，柴油-天然气双燃料内燃机可分为常规柴油-天然气双燃料内燃机、微引燃柴油-天然气双燃料内燃机两类。按照天然气的喷射方式，又可分为天然气气道喷射柴油引燃式和天然气缸内直喷柴油引燃式两类。

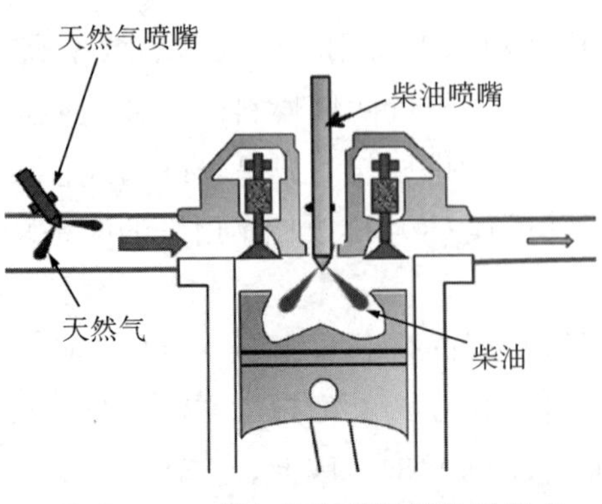

图 4-14　天然气气道喷射柴油引燃式内燃机结构原理

1. 天然气气道喷射柴油引燃式

天然气气道喷射柴油引燃式内燃机一般是在原柴油供给系统的基础上加装一套天然气喷射装置（图 4-14），既可以运行原柴油模式，也可以运行柴油-天然气双燃料模式。这种类型内燃机的优点之一是对内燃机结构改动小，改装容易且成本低。由于原机结构与柴油引燃天然气燃烧模式不匹配，导致某些工况下无法获得较高的天然气替代率。对于天然气气道喷射柴油引燃式内燃机，引燃柴油相当于火花塞，其工作过程为：进气冲程，天然气通过进气歧管随空气一起进入气缸；压缩冲程，混合气被压缩，缸内温度和压力上升，引燃柴油自燃，引燃缸内天然气-空气混合气。

2. 天然气缸内直喷柴油引燃式

天然气缸内直喷柴油引燃式内燃机按喷射压力可分为低压直喷和高压直喷两类。天然气低压直喷的喷射压力一般为0.2～10 MPa，天然气高压直喷的喷射压力为12～30 MPa。

天然气低压直喷柴油引燃式内燃机天然气的喷射时刻一般控制在进气冲程末期或压缩冲程初期，天然气以0.2～10 MPa的喷射压力喷入气缸，在气缸内完成混合。在压缩上止点附近喷入引燃柴油，引燃天然气-空气混合气，完成燃烧过程。由于采用天然气直喷的燃料供给方式，内燃机充量系数较高，内燃机做功能力相应提高。然而，由于天然气喷入气缸的时间较早，混合时间长，燃烧模式依然以预混燃烧为主，压缩比受爆震限制。同时，由于混合时间短、混合气浓度不均匀，HC和CO排放比气道喷射方式高。

天然气高压直喷柴油引燃式内燃机在压缩冲程接近上止点时，前期以200 MPa喷入的柴油压缩着火，引燃后续以12～30 MPa喷入的天然气，主要燃烧阶段类似直喷柴油机的扩散燃烧。天然气-空气混合气在缸内分层分布，燃烧效率有所提高。而且，高负荷时可通过控制天然气喷射时刻及喷射速率实现燃烧放热速率的控制，控制爆震的发生。天然气高压直喷柴油引燃式内燃机的柴油和天然气可以采用两套或同一套喷射系统，柴油-天然气双燃料喷射装置复杂且成本高，对燃料的喷射控制精度也有很高要求。天然气高压直喷柴油引燃式内燃机喷射系统如图4-15所示。

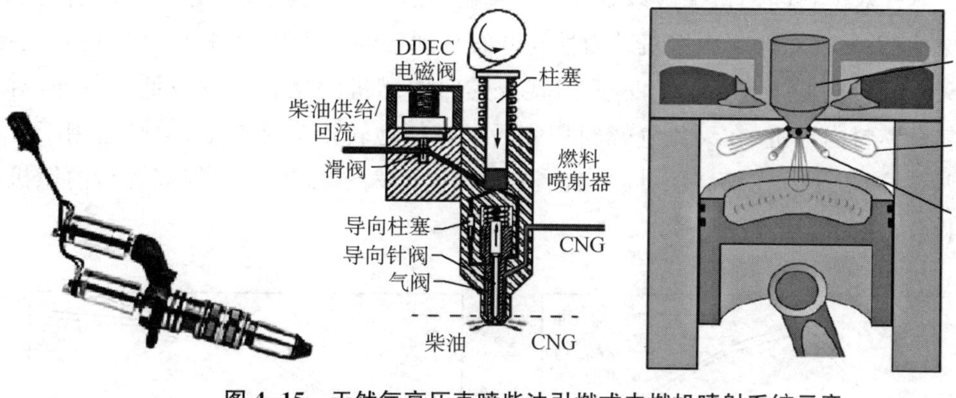

图4-15 天然气高压直喷柴油引燃式内燃机喷射系统示意

4.4.1 燃烧特性

柴油-天然气双燃料内燃机缸内燃烧具有压燃式内燃机和点燃式内燃机双重燃烧特点，燃烧过程包括柴油预混合压缩燃烧、天然气预混合燃烧和剩余燃料扩散燃烧等。柴油-天然气双燃料内燃机工作时，具有较高辛烷值的天然气-空气混合气进入传统柴油机气缸并被压

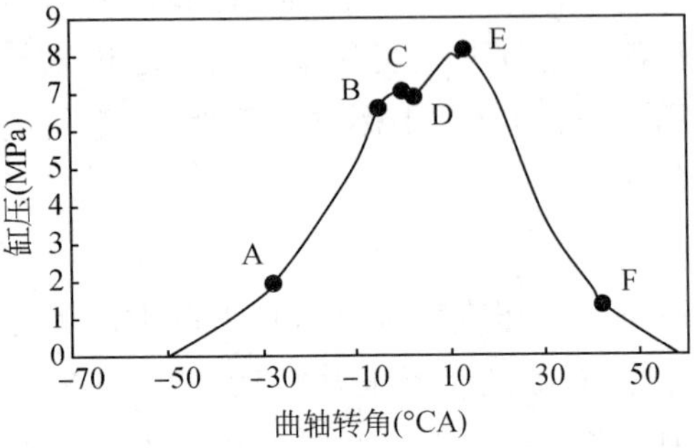

图 4-16　天然气-柴油双燃料内燃机缸内压力

缩，由于天然气自燃温度很高，缸内温度不足以使其自燃，在压缩接近上止点时，向缸内喷入高十六烷值柴油来引燃。

柴油-天然气双燃料内燃机缸内压力如图 4-16所示。AB 为引燃柴油滞燃期，BC 为引燃柴油速燃期，CD 为天然气滞燃期，DE 为天然气主燃期，EF 为天然气扩散燃烧阶段。与柴油机比较：①由于天然气以气体形式进入气缸，混合气中氧浓度下降，相同喷油提前角下，引燃柴油滞燃期增大；②引燃柴油量非常少，BC 段压力升高较小；③天然气滞燃期较长，自燃温度较高，再加上活塞下行，造成 CD 段压力略有降低；④DE 段燃烧始于引燃柴油点燃，燃烧不稳定，且此时活塞下行，缸内压力升高较慢；⑤天然气燃烧速率较低，且引燃柴油燃烧产生的废气稀释了缸内混合气浓度，天然气扩散燃烧 EF 段始于最高压力时刻，并持续到排气冲程。

总体而言，受天然气燃烧火焰传播速度较慢影响，柴油-天然气双燃料内燃机的燃烧速率较低、燃烧持续期较长、最高爆发压力较低、压力升高率较低，燃烧情况变差，尤其是在内燃机低速低负荷时更为突出。改善天然气燃烧前的缸内热氛围是改善柴油-天然气双燃料内燃机缸内燃烧的主要手段，例如增加引燃柴油量、增大喷油提前角、提高进气温度等。柴油-天然气双燃料内燃机需要协调控制天然气量、空气量和柴油量，以实现最佳稳定燃烧。

4.4.2　动力性和燃料经济性

柴油-天然气双燃料内燃机一般以柴油机为基础，在保证内燃机动力性不变的前提下开发。因此，柴油-天然气双燃料内燃机动力性与开发基础柴油机相当，燃料经济性得到改善。同时，由于天然气价格低于柴油，柴油-天然气双燃料内燃机的燃料成本较低。另外，对于柴油-天然气双燃料内燃机，在天然气燃料用完后可方便地转换为纯柴油工况，适用于行程较长的大型运输客货车。在某高压共轨柴油机基础上开发的柴油-天然气双燃料内燃机动力性和燃料经济性如图 4-17 所示。

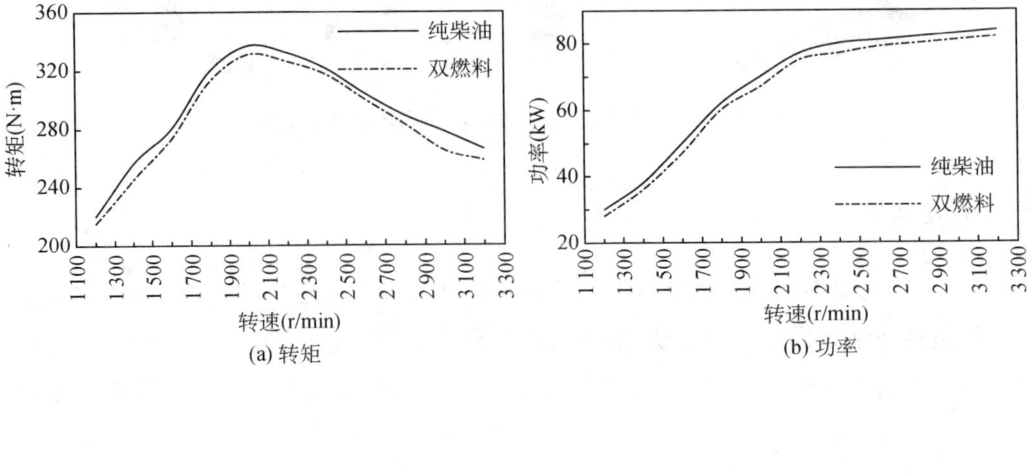

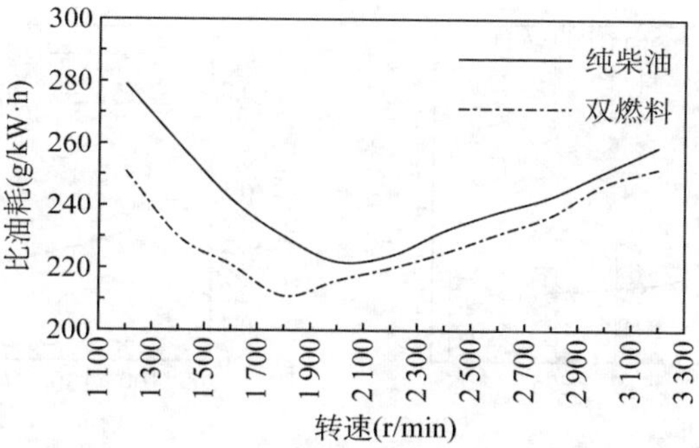

(c) 比油耗

图 4-17　柴油-天然气双燃料内燃机动力性和燃料经济性

4.4.3 排放特性

天然气与空气混合均匀度好的特点有利于降低柴油-天然气双燃料内燃机的 CO 排放。但是,天然气点燃比较困难,火焰传播速度慢,小负荷缸内燃烧状态不良,CO、HC 和未燃 CH_4 增加,导致柴油-天然气双燃料内燃机小负荷 CO、HC 和未燃 CH_4 排放高于纯柴油模式,并且 HC 中甲烷含量占据了绝大部分。随着负荷的增加,缸内温度上升,混合气燃烧状况变好,CO 排放降低,且大部分未燃 CH_4 被完全燃烧,HC 排放降低。同时,柴油-天然气双燃料内燃机的 CO、HC 和未燃 CH_4 排放与引燃柴油量、引燃柴油正时、进气温度等参数相关。在柴油-天然气双燃料内燃机上安装针对 CH_4 设计的柴油氧化催化转化器(DOC),可以有效控制柴油-天然气双燃料内燃机的 CO、HC 和未燃 CH_4 排放。受天然气燃烧火焰传播速度较慢、缸内氧浓度降低等影响,柴油-天然气双燃料内燃机 NO_x 排放较低。柴油机的颗粒物排放是柴油与空气混合不均匀、柴油缺氧燃烧条件下形成的。天然气-空气混合气均匀度较好,导致柴油-天然气双燃料内燃机的碳烟排放明显降低。某柴油-天然气双燃料内燃机的排放特性如图 4-18 所示。在柴油-天然气双燃料内燃机上采用 EGR 技术,引入部分废气进入气缸,使混合气变稀,火焰传播速度加快,可在改善 CO、HC 排放的同时降低 NO_x 排放。

柴油-天然气双燃料内燃机排放的颗粒数量浓度和质量浓度均呈单峰分布。颗粒数量浓度峰值粒径在 100 nm 附近,质量浓度峰值粒径在 200 nm 附近。引燃柴油量、喷射正时影响柴油-天然气双燃料内燃机的颗粒数量排放。从颗粒数量角度看,柴油-天然气双燃料燃烧方式在降低内燃机颗粒物质量排放的同时,增加了细颗粒(粒径$\leqslant 2.5\ \mu$m,即 $PM_{2.5}$)数量排放。随着引燃柴油喷射时刻和引燃油量的变化,柴油-天然气双燃料内燃机的颗粒数量排放分布形态没有变化;随着引燃柴油喷射时刻提前,纳米级颗粒数量浓度显著增加。在柴油中添加碳酸二甲酯(DiMethyl Carbonate, DMC)含氧燃料可同时降低柴油-天然气双燃料内燃机的颗粒数量和质量排放。某柴油-天然气双燃料内燃机的颗粒数量排放如图 4-19 所示。

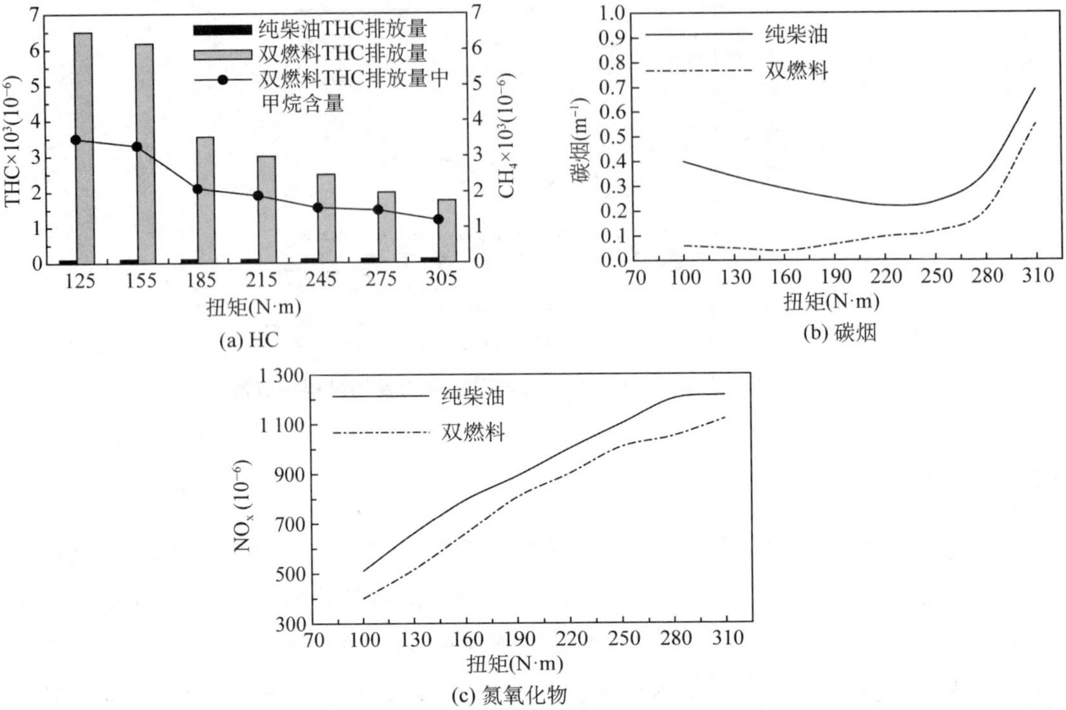

图 4-18　某柴油-天然气双燃料内燃机的排放特性

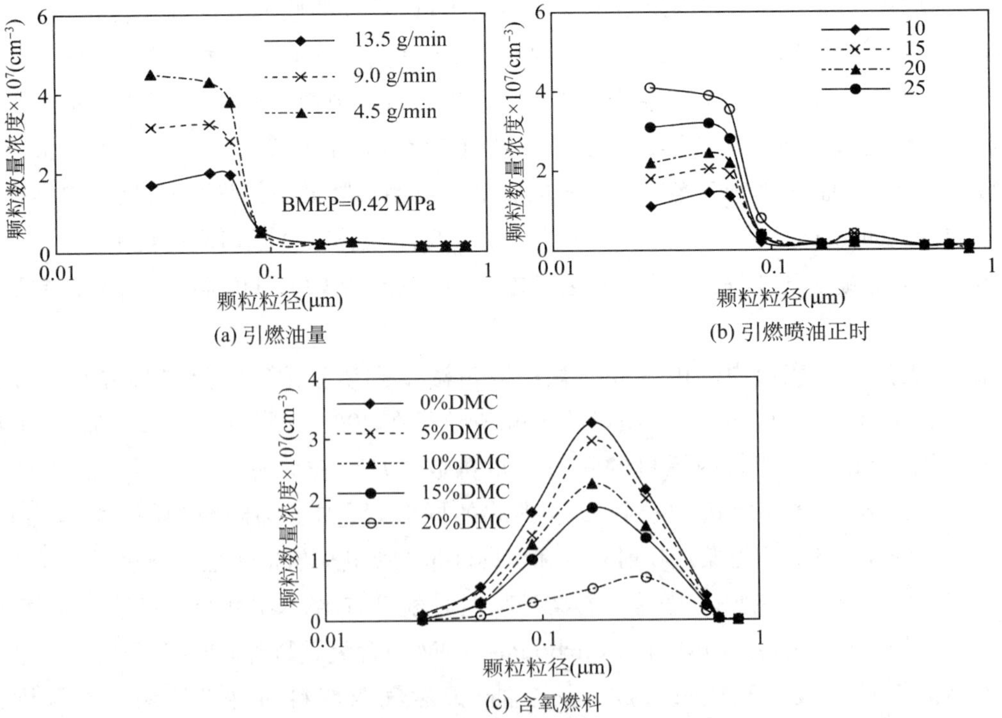

图 4-19　某柴油-天然气双燃料内燃机的颗粒数量排放

4.4.4 柴油替代率

柴油-天然气双燃料内燃机柴油替代率计算方法为:在保持原柴油机转矩不变情况下,计算原柴油机柴油消耗和双燃料内燃机柴油消耗的差值,再计算柴油消耗差值与原柴油机柴油消耗的比值,记作柴油-天然气双燃料内燃机柴油替代率。在维持原机转矩不变的情况下,柴油-天然气双燃料内燃机各工况点均可达到88%~97%的替代率。某柴油-天然气双燃料内燃机的柴油替代率如图4-20所示。

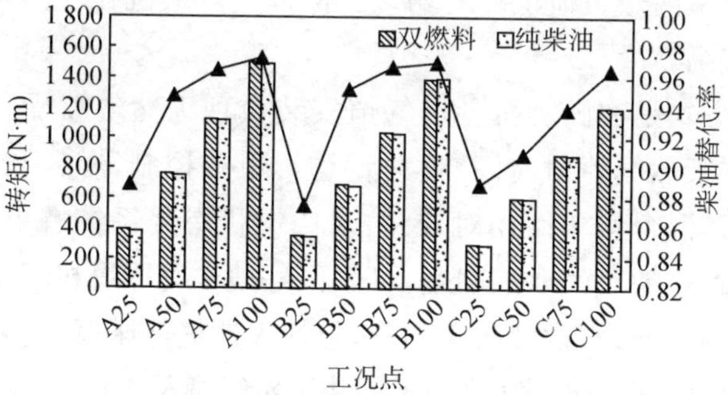

图4-20 某柴油-天然气双燃料内燃机的柴油替代率

4.4.5 微引燃柴油-天然气双燃料内燃机

微引燃柴油-天然气双燃料内燃机的燃烧是一种接近均质预混燃烧,引燃喷油量可以减少到原机最大喷油量的1%以下。当柴油微引燃技术用于天然气缸内直喷柴油引燃式内燃机时,采用喷射微量柴油的方式引燃高压喷入气缸的天然气,湍流扩散燃烧为其主要燃烧模式。与点燃式天然气内燃机比较,采用较大的压缩比,在保持与柴油机相当的热效率和动力性情况下,可大幅度降低各项污染物排放。与常规柴油-天然气双燃料内燃机比较,可实现更高的柴油替代率。设计柴油-天然气组合式喷射器,合理控制柴油和天然气双燃料喷射,是此类内燃机的重点和难点。

4.5 单一燃料天然气汽车

单一燃料天然气汽车仅使用天然气作为燃料,天然气可采用进气总管喷入、进气道喷入或缸内直喷的形式进入气缸,在压缩接近上止点时,通过火花塞点燃天然气-空气混合气,使混合气燃烧做功。单一燃料天然气汽车针对天然气特点对供气系统、点火系统等进行设计,可实现高效率、低排放。

单一燃料天然气内燃机可以在汽油机或柴油机基础上开发。在汽油机基础上开发的单一燃料天然气内燃机主要采用当量混合气方案,并使用三元催化器净化尾气,动力性相对较好,零部件热负荷也相对较高。在柴油机基础上开发的单一燃料天然气内燃机可采用当量混合气、稀薄燃烧和当量混合气+稀薄燃烧三种方案。

4.5.1 喷嘴安装位置

根据天然气喷嘴安装位置，单一燃料天然气内燃机可分为进气总管单点喷射、进气道多点喷射和缸内直喷三种类型。

进气总管单点喷射方式是将天然气喷入进气总管，在进气总管中与空气混合，以混合气形式通过各进气歧管进入气缸。这种安装方式的优点是天然气与空气从进气总管即开始混合，经历的混合时间较长，易形成均匀的混合气，有利于缸内充分燃烧，且燃烧时各方向火焰传播一致性较好，燃烧室内热负荷也相对均匀。但该类内燃机在气门重叠扫气时，存在部分燃气泄漏，甲烷排放偏高。

进气道多点喷射方式是在内燃机各进气道安装单独天然气喷嘴，向各缸进气歧管单独喷入天然气，使得各缸天然气喷射时间、喷射量均可单独控制，燃料和空气自进气道开始混合，混合时间相对较短，混合均匀性相对较差，对内燃机燃烧系统有更高的要求。该系统克服了使用混合气扫气存在的燃气泄漏问题，可以很好地改善内燃机经济性和排放性。

缸内直喷方式是直接在气缸内喷入天然气，包括天然气低压喷射和天然气高压喷射两种。天然气低压喷射是在进气冲程或压缩冲程开始时将天然气喷入气缸，在着火前与气缸内的空气混合，形成均质混合气，燃烧过程中火焰向各个方向传播速度，燃烧室热负荷相对均匀。天然气高压喷射是在压缩冲程后期活塞接近上止点时，向缸内喷射高压燃气，形成分层混合气，内燃机经济性有所改善。而且，天然气高压喷射机型气缸壁附近的混合气相对较稀，可有效降低爆震。

4.5.2 燃烧方式

从燃烧方式角度，单一燃料天然气内燃机可分为稀薄燃烧和当量比燃烧两种方式。稀薄燃烧方式指参与燃烧的混合气浓度小于当量比的燃烧方式。稀薄燃烧方式的主要优势在于：

(1) NO_x 排放低。稀薄燃烧时缸内燃烧温度低，对 NO_x 生成有抑制作用，可实现低 NO_x 排放。

(2) 具有较高的热效率和经济性。稀薄燃烧时，节气门的节流损失少，混合气空燃比大，爆震倾向降低，可采用相对高的压缩比，热效率高、气耗低，燃料经济性好。

(3) 具有较高的可靠性。稀燃的燃烧温度低，热负荷低，内燃机关键零部件使用寿命长。

(4) 对天然气品质要求较低，燃料应用灵活性好。设计良好的稀燃天然气内燃机可以应用甲烷浓度高于50%的不同气源天然气，燃料灵活性好。

稀薄燃烧方式主要不足为：

(1) 火焰传播速度慢，对点火系统要求高。为了达到较低的 NO_x 排放，内燃机需要在接近失火极限的空燃比范围内运行，火焰传播速度远低于当量比混合气。为了保证可靠点火和提高燃烧速率，需要采用高能点火装置，特别是对于大缸径天然气内燃机，常需采用预燃室、预燃室火花塞或者是微量柴油引燃技术，增加了机构复杂性和生产成本。

(2) 循环变动和各缸均匀性较差。天然气浓度越稀，点火或引燃难度越高，对点火装置或引燃装置附近混合气成分敏感性越高，各缸进气不均匀及混合气质量循环差异导致各缸不均匀性和循环变动增大。

(3) 达到国Ⅵ排放难度大、成本高。为满足严格的国Ⅵ标准中对HC、CO、NO_x及甲烷排放限值要求,需安装甲烷催化氧化装置(Methane Oxidation Catalyst, MOC)、选择性催化还原装置(Selective Catalytic Reduction, SCR)以及氨催化氧化装置(Ammonia Slip Catalyst, ASC)并且要配合更强的缸内气流运动、米勒循环和高增压等技术满足超稀薄(过量空气系数高于1.7)燃烧的需要,后处理装置复杂、成本高。

单一燃料天然气内燃机可选的另外一种燃烧方式是当量比燃烧,内燃机运行时采用化学当量比天然气-空气混合气,相比于稀薄燃烧方式,主要优点为:

(1) 火焰传播速度快,节气门负荷调节响应快,内燃机瞬态响应性好。

(2) 尾气后处理系统简单,只需三元催化转化器即可满足国Ⅵ排放。

当量比燃烧方式主要缺点为:

(1) 缸内燃烧温度较高,内燃机关键零部件热负荷较高,需要应用耐热性好的材料来提升内燃机可靠性,内燃机本体成本较高。

(2) 排气温度较高,特别是在大转矩满负荷工况,易导致三元催化转化器过热,催化剂涂层和载体损坏,降低催化转换器使用寿命。

(3) 压缩比不能过高,限制了热效率和经济性的改善。

(4) 受抗爆性限制,对天然气中甲烷含量比较敏感,对气源要求高。

(5) 采用冷EGR可以提高抗爆性、降低热负荷及排气温度,但增加内燃机结构和控制系统复杂性,也增加了循环变动。

稀薄燃烧和当量比燃烧的对比如表4-3所示。

表4-3 稀薄燃烧和当量比燃烧比较

		当量比燃烧+三元催化转化器+EGR	稀薄燃烧+氧化催化+SCR
设计参数	空燃比	$\lambda=1$	$\lambda=1.5\sim1.6$
	点火系统	对于点火系统要求低	需要设计高能点火,考虑线圈可靠性和EMC
	增压度	最高2.0	最高2.5
	压缩比	受爆震限制,不高于10.5	10.5~12
	后处理	三元催化转化器满足国Ⅴ、国Ⅵ	氧化催化,国Ⅵ需增加SCR
	本体设计	强化冷却、燃烧、排气	原机上适当强化
动力性	功率	与原机相当,低速转矩好	与原机相当,增压限制低速转矩
	瞬态响应	快	慢
经济性	内燃机	最低比气耗较高	最低比气耗较低
	整车	低速转矩好,实际气耗并不高	低速转矩不足,气耗无明显优势
可靠性	热负荷	高(整机强化设计)	低
	燃烧稳定性	稳定	易失火

国内玉柴、潍柴等内燃机企业大多采用稀薄燃烧方式达到国Ⅴ标准，NO_x 控制主要依靠机内净化，过量空气系数 1.5～1.55，接近天然气稀燃极限(1.7)，采用超高能点火系统保障燃烧稳定性，通过高贵金属含量氧化型催化器(DOC)控制甲烷等 HC 排放。与国Ⅴ标准比较，国Ⅵ标准 NO_x 降低 77%、颗粒物(PM)降低 67%、HC 降低 71%。若采用稀薄燃烧方式达到国Ⅵ排放，需采用选择性催化还原后处理(SCR)来控制 NO_x，导致系统成本和使用成本的增加。

采用当量比燃烧方式的天然气内燃机具有良好的动力性和瞬态响应性能，可结合类似汽油机的三元催化转化器器将 NO_x、HC 和 CO 同时净化并满足国Ⅵ标准，点火系统也无须采用超高能点火设计，系统成本可大幅降低。但内燃机热负荷较高，需强化燃烧系统、冷却系统等设计。

国外康明斯、菲亚特、沃尔沃、五十铃等企业多采用“当量比燃烧＋冷却 EGR＋三元催化转化器”的技术方案。例如，康明斯开发的排量 8.9 L、额定功率 205 kW 的 ISL G320 单一燃料天然气内燃机满足 EPA2010 标准，通过电控系统和三元催化转化器优化，已实现氮氧化物排放 0.03 g/kW・h 的近“零排放”。目前国内市场上几款满足国Ⅵ排放的单一燃料天然气内燃机如表 4-4 所示。从目前认知来看，基本上选择当量比燃烧方案，某几款内燃机为了进一步降低燃烧温度，配置了 EGR 方案。

表 4-4　国内市场国Ⅵ单一燃料天然气内燃机技术路线

公司	内燃机	排量	技术路线	备注
玉柴	YCK15N	15 L	当量比燃烧＋三元催化转化器＋EGR	
	YCK13N	13 L		
	YCK11N	11 L		
重汽	MT13.48-60	12.5 L	冷却 EGR＋三元催化转化器	11.5∶1 的压缩比和连续流燃气供给
上菲红	Cursor 9 系列	9 L	当量比燃烧＋三元催化转化器(无 EGR)	奥托循环 12∶1 的压缩比
潍柴	WP13NG460E60	12.5 L	当量比燃烧＋三元催化转化器＋高 EGR	
	WP10HNG380E60	9.5 L	SPI＋ER＋EGR＋三元催化转化器	
	WP8NG240E60	7.8 L		

4.5.3　点火方式

1. 天然气进气道喷射火花点燃

天然气进气道喷射火花点燃适用于当量比燃烧和稀薄燃烧两种方式。

天然气进气道喷射当量比燃烧火花点燃式内燃机主要采用进气道喷射天然气，当量比燃烧结合 EGR 控制内燃机热负荷，使用三元催化转化器(TWC)控制 HC、CO 和 NO_x 排放，需严格控制过量空气系数和 EGR 率，确保 TWC 具有较高的催化转化效率。

天然气进气道喷射稀薄燃烧火花点燃式内燃机使用稀混合气，降低了混合气燃烧温度，提高抗爆燃能力，并可适当增大压缩比，提高热效率，改善经济性。同时，内燃机 NO_x 排放较低，采用氧化型催化器控制 CO 和 HC 排放。

2. 天然气缸内直喷火花点燃

天然气缸内直喷火花点燃式内燃机的充气效率高，适用于当量比燃烧和稀薄燃烧两种方式。

天然气缸内直喷当量比燃烧火花点燃式内燃机在进气冲程或压缩冲程开始时向缸内喷入天然气，天然气喷射结束时刻（End of Injection，EOI）是影响天然气和空气混合程度的关键参数。一是，EOI 推迟时，缸内压力较高导致天然气喷雾锥角及喷射贯穿距较小，燃料与空气混合时间缩短，混合均匀性变差，不利于着火和燃烧。二是，EOI 推迟时，虽然喷射流能量耗散增加了缸内湍流强度，有利于提高燃烧速率，但小于混合不充分产生的不利影响，导致内燃机循环变动增大，并使燃烧恶化，CO 和 HC 排放升高。三是，EOI 提前则会导致充量系数降低，使燃料更容易进入燃烧室内狭缝间隙处，HC 排放增加。因此，对于天然气缸内直喷当量比燃烧火花点燃式内燃机，应选择一个最佳的 EOI 时刻，既保证混合气充分混合，又改善内燃机充气效率。

天然气缸内直喷稀薄燃烧火花点燃式内燃机在压缩上止点附近向缸内高压喷入天然气，与天然气缸内直喷当量比燃烧火花点燃式内燃机类似，亦存在一个最佳的燃气喷射时刻，过迟或过早喷射都会对内燃机性能造成不良影响。

与天然气进气道喷射比较，由于天然气缸内喷射可增加缸内湍流流动，降低稀薄燃烧方式的循环变动。例如，当过量空气系数为 1.67 左右时，天然气进气道喷射内燃机循环变动大于 10%，天然气缸内直喷内燃机则小于 5%。另外，通过优化燃烧室形状、合理布置火花塞和喷嘴安装位置、选择合理的燃气喷射时刻等都可以获得理想的混合气分层，改善天然气缸内直喷内燃机的燃烧及性能。

3. 激光点火

激光点火系统主要应用于稀薄燃烧方式。此类内燃机为获得较低的 NO_x 排放，需要燃用很稀的混合气。为保证混合气稳定着火和燃烧，需要提高点火能量，实现超高能点火。对于火花塞式点火系统，提高点火能量会增加成本，并且很高的击穿电压容易导致火花塞电极烧蚀，影响点火系统可靠性及耐久性。

激光点火是一种性能良好的超高能点火方式，点火过程大致分为热作用、光化激发、谐振分解和非谐振分解四个基本过程。在高能激光作用下，混合气发生分解反应，并伴随着热量释放，当达到一定条件时即开始发生快速燃烧。激光点火系统在提高点火能量的同时保证了较好的工作稳定性，通过设计激光点火系统可以将激光束直接引入气缸，实现激光点火。与火花塞点火比较，激光点火由激光束产生的等离子明显较强，可拓宽内燃机稀燃极限，获得更低的 NO_x 排放。火花塞和激光点火对比如图 4-21 所示。

图 4-21　火花塞和激光点火对比示意

4. 压缩着火

压缩着火式天然气内燃机按照缸内混合气分布状态，分为当量比混合气压缩着火和分层混合气压缩着火两类，前者通过天然气气道喷射实现，后者通过天然气缸内直喷实现。

天然气进气道喷射压缩着火式内燃机在着火前已在缸内形成均匀分布的混合气，且依靠压缩着火，因此该类型内燃机属于均质混合气压缩着火（Homogeneous Charge Compression Ignition，HCCI）内燃机中的一种。天然气主要成分是甲烷，与其他燃料比较，使用天然气运行 HCCI 方式时，内燃机所需要的进气温度和压缩比更高。为了达到着火所需要的温度，一是需要采用高压缩比，二是需要进气加热或采用机内 EGR 实现压缩初始温度的提高。天然气 HCCI 内燃机最突出的特征是具有较高的热效率和较低的 NO_x 排放，稳定运转过量空气系数一般在 2～3，甚至高达 6.2。与其他燃料 HCCI 内燃机类似，天然气 HCCI 内燃机也存在着工作区域窄、不同转速和负荷着火时刻和燃烧速率如何精确控制、冷起动性能差、低负荷 HC 和 CO 排放高等问题。

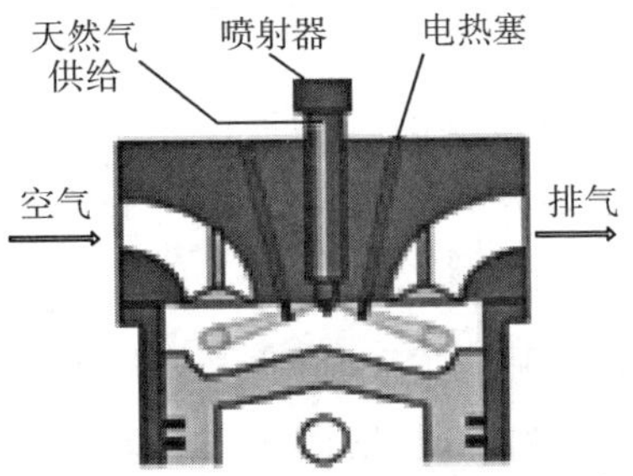

图 4-22　电热塞辅助加热压燃着火式天然气缸内直喷内燃机结构示意

天然气缸内直喷压缩着火式内燃机使用分层充气燃烧方式，控制燃烧放热速率，降低爆燃倾向。由于缸内混合气分布不均匀，压缩着火时只有一部分混合气首先着火，其他区域的混合气会在温度及浓度适宜时陆续燃烧放热。与当量化混合气压缩着火式天然气内燃机比较，分层充气压缩着火式天然气内燃机着火需要的温度条件更高，为确保稳定着火，需要采用非常高的压缩比及进气加热，且需要采用电热塞等助燃措施。电热塞辅助加热压缩着火式天然气缸内直喷内燃机结构如图 4-22 所示。

当天然气缸内直喷压缩着火式内燃机运行高负荷区域时，天然气扩散燃烧增加，缸内混合气浓度分层明显，燃烧室内局部高温区会产生大量的 NO_x 排放，局部缺氧区域也会促进碳烟生成。当内燃机运行在低负荷时，靠近燃烧室壁面的混合气，特别是浓混合气会导致 HC 及 CO 排放增加。

4.5.4　压缩比和燃烧室

单一燃料天然气内燃机选择压缩比时，应在充分考虑效率、避免爆震和失火三者的安全余量之间协调。目前，单一燃料天然气内燃机压缩比通常为 10.5～12。较高的压缩比会提高气缸内最高燃烧压力和燃烧放热率，改善动力性，但是 NO_x 排放增加，HC 排放降低。稀薄燃烧天然气内燃机可以选择较高的压缩比，提高内燃机热效率，补偿稀燃天然气湍流强度较高造成的壁面损失。

燃烧室形状对稀薄燃烧天然气内燃机燃烧稳定性有显著影响。为提高燃烧稳定性，避免燃烧循环变动，需要缩短火焰发展期和燃烧持续期，提高燃烧速度和点火可靠性。有研究者提出了多种天然气内燃机用燃烧室，图 4-23(a)为 FEV 公司提出的偏心布置型燃烧室，该燃烧室适用于压缩比 13∶1 的稀薄燃烧天然气内燃机，提高了火焰传播速度。该燃烧室具有较小的挤气面积，接近 50%的挤气比，降低了爆震敏感性且有利于减少 HC 排放，采用该燃烧室的天然气内燃机可以在过量空气系数 1.95 的稀混合气状态下稳定燃烧，内燃机功率较高，HC 排放降低。图 4-23(b)为 Richard Tilagone 提出的薄垂直椭圆型燃烧室，该燃烧室适用于压缩比为 12.5∶1 的天然气内燃机，工作过程中，燃烧室将涡流运动撕碎，形成接近 35 m/s 的高紊流，并保持火花塞位置处气体运动速度小，有利于形成火核，实现可靠点火，并有利于提高气缸内火焰传播速度。图 4-23(c)为 R L Evans 发明的挤气喷气型燃烧室。当活塞接近上止点时，活塞顶部的四个凸起与平底气缸盖将混合气分割开来，随着活塞上移接近上止点，凸起间形成的外部通道使混合气被挤出并喷向中部的燃烧室。通过选择外部通道尺寸，可以控制紊流大小和强度。当采用较小的外部通道时，形成高喷气速度，使燃烧速度提高。图 4-23(d)为里卡多公司专为气体机设计的 NEBULA 型燃烧室。该燃烧室设计能利用进气道产生的涡流并在接近上止点时在燃烧室内分为两股气流，这两股气流互相冲击使大的气流分解成小的紊流，高强度紊流使燃烧迅速、稳定进行。

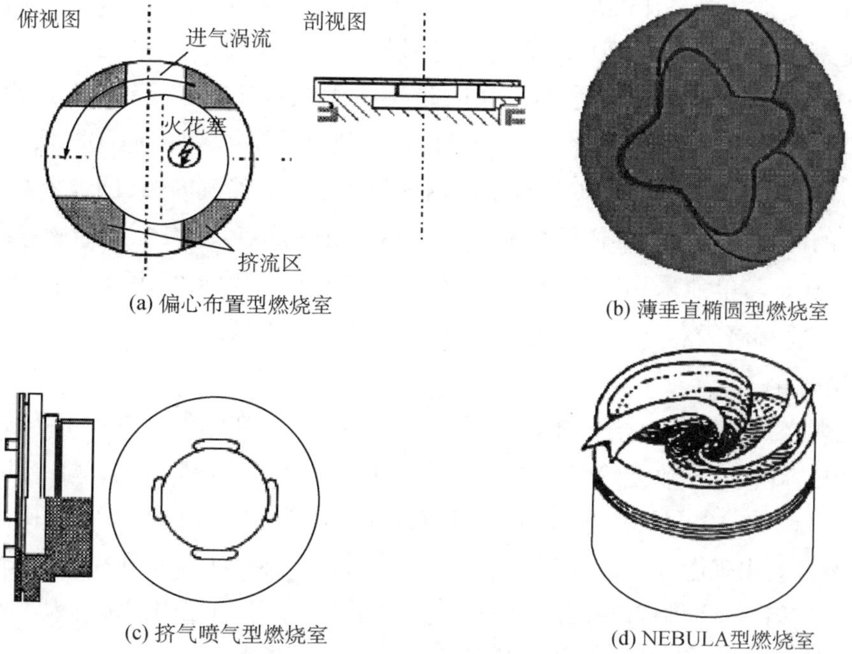

(a) 偏心布置型燃烧室　(b) 薄垂直椭圆型燃烧室

(c) 挤气喷气型燃烧室　(d) NEBULA型燃烧室

图 4-23　稀燃天然气内燃机燃烧室

Lund 工程学院热能动力系对天然气的燃烧室进行了综合性研究。在一台自然吸气内燃机上对比了 10 种不同燃烧室在气体流动、燃烧和排放方面的区别，进行了 6 种燃烧室对增压天然气内燃机影响研究。研究结果表明，燃烧室对燃烧速率影响较大，在过量空气系数小于 1.5 时，燃烧速度快的燃烧室产生较多的 NO_x 排放和较少的 HC 排放；具有高湍流强度及较大表面积的燃烧室使指示效率降低，高放热率燃烧室适用于稀薄燃烧，同时燃烧室设计对防止敲缸和发生失火现象也有很大作用。

4.5.5 混合气稀释控制及燃烧优化

1. 混合气稀释方式

为改善内燃机燃料经济性并降低 NO_x 排放，混合气向着更稀的方向发展。目前常见的稀释方式主要有空气稀释、EGR 稀释以及空气＋EGR 双重稀释三种。采用高稀释混合气是改善内燃机经济性的有效途径之一。采用该技术的天然气内燃机通过缸内措施控制 NO_x 排放，并通过氧化型后处理装置控制 HC 及 CO 排放。

空气稀释通过增加进气量来增加天然气-空气混合气的空燃比。火花点燃式稀燃天然气内燃机混合气的过量空气系数可达 1.7，空气供给量远大于天然气完全燃烧所需要的理论空气量。内燃机采用稀燃技术时，缸内混合气具有较高的比热比、较低的燃烧温度及较小的节流损失，可获得较高的有效热效率。而且稀混合气抗爆燃能力强，可使用较高的压缩比，进一步改善内燃机燃料经济性。

EGR 稀释是改善当量比燃烧天然气内燃机燃烧温度高负荷时高、爆燃倾向增加、部分负荷泵气损失大的有效措施。EGR 稀释是将部分尾气引入气缸，稀释缸内混合气，降低燃烧温度。在火花点燃式天然气内燃机上使用 EGR 稀释的作用有：①降低部分负荷的泵气损失；②降低缸内燃烧温度和传热损失；③降低内燃机热负荷及爆燃倾向；④降低 NO_x 排放。

EGR＋空气双重稀释是将 EGR 技术应用到稀薄燃烧天然气内燃机上，主要目的是获得稀释度更高的混合气，综合 EGR 稀释和空气稀释各自的优点，获得更好的燃料经济性及更低的 NO_x 排放。与单独采用空气稀释比较，在内燃机燃料消耗率基本相同条件下，采用 EGR＋空气双重稀释天然气内燃机的 NO_x 排放可进一步降低约 50％。

2. 燃烧优化

天然气燃烧初期层流火焰传播速率很低，而 EGR 稀释在降低了缸内氧浓度的同时，使缸内混合气热容增加，导致天然气火焰传播速率进一步降低，对天然气燃烧产生不利影响。当内燃机使用 8％～10％的 EGR 率时，EGR 对内燃机经济性影响较低；当 EGR 率超过某一限值时，内燃机会出现燃烧循环变动增加甚至失火、HC 及 CO 排放升高、经济性恶化等现象。同样，空气稀释也面临着相同的问题。优化点火时刻、增加缸内湍流流动和分层燃烧是优化高稀释火花点燃式天然气内燃机燃烧过程常用的手段。

1）优化点火时刻

当内燃机在某一工况运行时，通过优化点火时刻，可使内燃机燃烧循环变动维持在最低水平。该最优点火时刻就是内燃机在该工况下的最大转矩点（Maximum Brake Torque, MBT）。点火过早，点火时缸内温度及火花附近燃料浓度较低，很难形成稳定的火核；点火过迟会使更多的燃料在做功冲程燃烧，缸内未燃烧区域温度随着活塞下移而降低，导致燃烧不稳定。当量比燃烧受到爆燃限制，MBT 较为滞后，相比之下，内燃机采用稀薄燃烧时爆燃倾向得到改善，因此 MBT 较大；大负荷下由于缸内燃烧压力及温度较高，会使得火焰传播速率加快，因此 MBT 较小。

2）增加缸内湍流流动

火花点火时其附近过稀的混合气会增加内燃机失火概率，导致燃烧不稳定，有害排放物增加，热效率下降。燃烧室内较高的湍流强度可以明显加快火花点燃式天然气内燃机的燃烧速率，降低燃烧循环变动，并补偿在稀燃状态下燃烧效率低的缺点，从而提高热效率。但较高强度的涡流可能会完全扑灭火焰，特别是在高EGR率时该现象更明显。在进气道中安装涡流控制阀（图4-24）或改变燃烧室形状都可以控制湍流流动，进而改善内燃机燃烧过程。

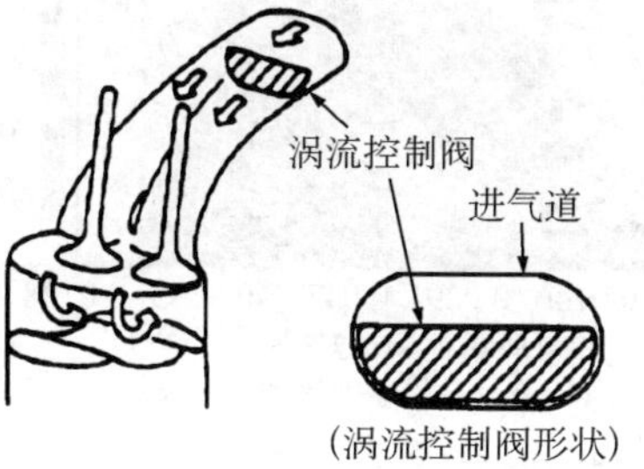

图4-24 涡流阀控制示意

图4-25 火花点燃式天然气内燃机四个不同进气区域

3）分层燃烧

在缸内实现自火花塞开始上浓下稀的混合气分层可以改善内燃机的着火特性，降低燃烧循环变动。实现缸内混合气分层最直接的方式是采用天然气缸内直喷技术。但天然气缸内直喷需要专门设计燃气喷射装置，且结构复杂，开发和使用成本较高。采用天然气进气道喷射时，也可以获得理想的混合气分层。通过改变燃料在进气道中的喷射位置，可以改变缸内混合气分布，如图4-25所示。当燃料喷射位置在A或B区域时，火花塞附近可以形成浓混合气，加强了燃料着火稳定性，并扩展了稀燃极限。

4.5.6 增压器匹配

采用增压中冷技术，可提高进气密度，增加内燃机平均有效压力，从而满足提高整车功率的需求。天然气内燃机排气温度较高、燃烧循环变动大、各缸间的排温差别较大，增压器需要选用水冷中间壳的废气涡轮增压器。另外，稀燃天然气内燃机的空燃比较高，为满足空燃比控制要求，高负荷时需要很高的进气增压，而低负荷则需要进气真空。

通常来说，在柴油机基础上开发天然气内燃机，需要对增压器进行重新匹配。需要匹配一个小涡壳涡轮，使内燃机在低速段也能达到空气流量指标。在高速段，可以通过控制废气阀开启压力提高增压压力，实现更大的空气流量。

天然气内燃机进气增压匹配需注意以下几个问题：

（1）当选择质量流量较小的涡轮时，涡轮低速性能比较好，但内燃机高速时的性能会变差，可通过调节增压压力达到目标值，但增压压力的提高将带来缸内爆发压力升高，要校核缸内最大爆发压力不超过限值。

(2) 增压器涡轮最高温度需低于涡轮最高允许温度限值。

(3) 一般来说,天然气内燃机增压接近或略高于原柴油机,使用原柴油机压气机常出现喘振现象,需将原压气机质量流量降低到新压气机特性曲线。原柴油机和天然气内燃机增压器匹配如图 4-26 所示。

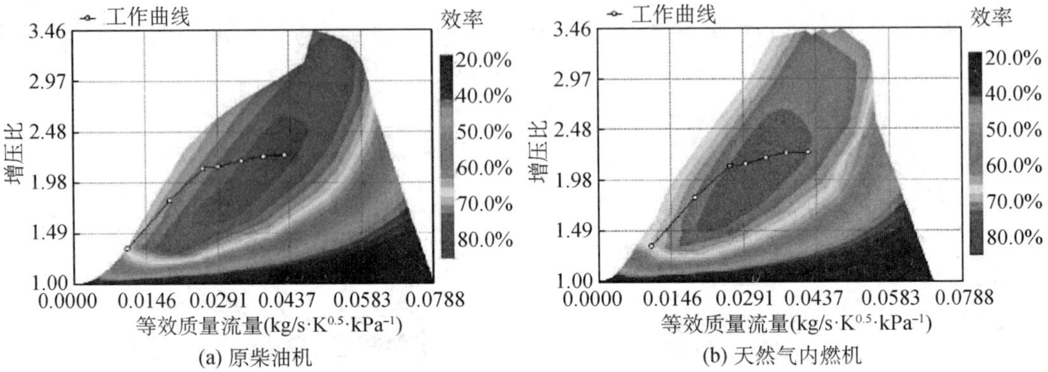

图 4-26 原柴油机和天然气内燃机增压器匹配

重型天然气内燃机的一个普遍问题是在负荷降低瞬态工况压气机喘振。瞬态压气机喘振可造成增压器止推轴承损坏,使内燃机可靠性降低。为防止压气机喘振现象的发生,在内燃机瞬态工况,必须保证通过压气机的空气流量足够大,使压气机不在喘振线上运行。可在内燃机进气接管上安装一个防喘振阀,由 ECU 判断内燃机瞬态工况,通过一个电磁阀控制放气阀开启,以避免瞬态压气机喘振发生。

4.5.7 排放控制

不同燃烧方式需要相应的排放后处理设备实现更低的排放。目前,对天然气内燃机超低排放的研究主要基于稀薄燃烧和当量比燃烧两种燃烧方式,国内企业国Ⅴ之前的天然气内燃机基本上采用稀薄燃烧+DOC 的技术方案,国Ⅵ天然气内燃机主要采用当量比燃烧+冷却 EGR+三元催化转化器的技术方案。TWC 与 SCR 两种后处理装置的对比如表 4-5 所示。

表 4-5 TWC 与 SCR 对比

	TWC	SCR	备注
起燃温度	250～300 ℃	350～400 ℃	拥堵城市 SCR 效率受限
反应剂	Pt/Pd/Rh 促进 HC+NO_x, CO+NO_x 等反应,同时解决三者排放物	NH_3	SCR 需补充尿素,控制故障或使用不当会造成二次污染
OBD 解决方案	前后氧传感器	NO_x 传感器	传感器价格差 10 倍以上
可靠性	好	管路、尿素泵易堵塞	
应用现状	大量用于汽油机	大量应用于柴油机	TWC 技术成熟度很高
系统成本	低	高	价格相差超过 1 万元

4.5.8 关键零部件

1. 减压器

与汽油或柴油在油箱中常压储存方式不同，压缩天然气以 20 MPa 左右的压力储存在气瓶中，液化天然气以 4 MPa 的压力储存，天然气进入气缸之前，需要对其进行减压处理。而且，天然气内燃机工作过程中，储气瓶中压力随燃气的消耗变化，导致减压器输出压力也随之变化，燃气喷嘴喷射压力不稳定，影响内燃机性能。因此，采取措施以保证减压器输出压力的稳定性是重要指标。设计平衡腔室结构减压器，使减压器输出压力不受输入压力的影响，基本保持恒定，是解决天然气内燃机喷射压力稳定的有效方案之一。某平衡腔室减压器结构如图 4-27 所示。

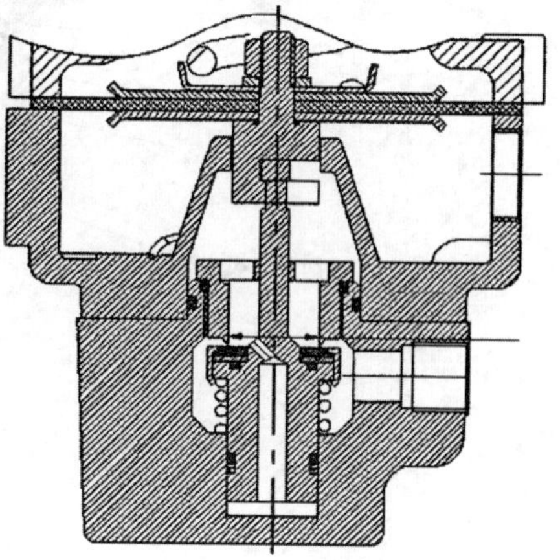

图 4-27 减压器结构示意

2. 混合器

天然气内燃机采用进气总管单点喷射方案时，为保证进气总管中天然气与空气混合均匀，一般需要安装混合器，增加混合器内及之后管路中的气流扰动，增大天然气与空气的混合机会及强度，尽可能实现混合均匀。天然气混合器的一种实现方案是将天然气喷管垂直插入混合器腔体中，通过喷管两侧小孔从喷管两侧把天然气以垂直于空气流的方向喷入，并在混合器后端设计一段剧烈收缩的管路，组织强烈的气流扰动，促进天然气与空气混合。某混合器结构如图 4-28 所示。

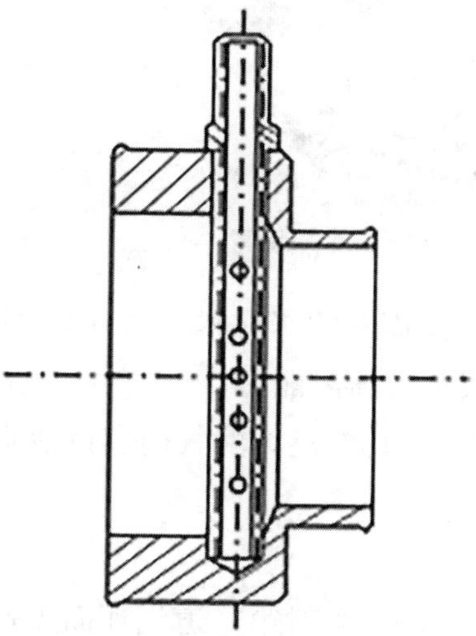

图 4-28 混合器结构示意

3. 燃气喷嘴

燃气喷嘴是天然气内燃机重要零件，应具有流量大、流量控制精度高、驱动功率小、频响特性与脉宽流量控制一致性好等特点，以实现内燃机燃料精确计量。对燃气喷嘴进行高频电磁线圈、软磁动芯结构设计、磁电特性优化匹配是实现燃气喷嘴精确控制的常用手段。某天然气燃气喷嘴如图 4-29 所示。

4. 缸盖及活塞冷却设计

当量比燃烧天然气内燃机采用火花点燃，需要在缸盖上安装火花塞，由于缸盖的热负荷较大，需要加大冷却，防止鼻梁区开裂，影响缸盖可靠性。采用双层水套是控制气缸盖热负荷的常用方法。该方法在气缸盖排气道上下两个层面设计水套，上层水套重点冷却排气道等关键区域，使缸盖冷却良好，防止气缸盖鼻梁区开裂。双层水套如图 4-30 所示。同时，提高气门座圈材料性能，也是应对天然气内燃机座圈恶劣工作环境，提高天然气内燃机可靠性的措施之一。

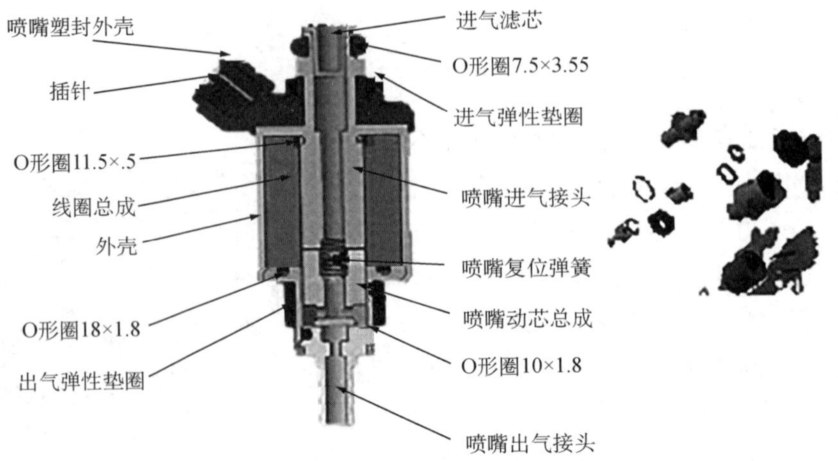

图 4-29　燃气喷嘴示意

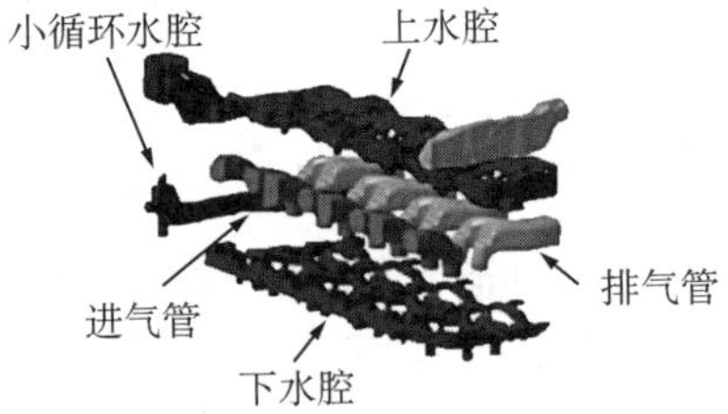

图 4-30　气缸盖双层水套示意

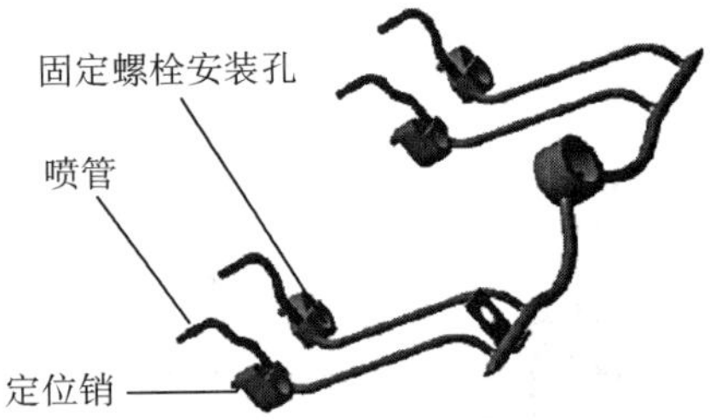

图 4-31　活塞喷油冷却示意

为解决当量比燃烧天然气内燃机活塞热负荷高的问题，一是需对活塞材料进行升级，使用耐高温铝合金材料；二是对活塞销座进行专门设计，增强其承受高温能力；三是在活塞上设计冷却油道，对活塞进行喷油冷却，加强活塞散热能力。某当量比燃烧天然气内燃机活塞喷油冷却如图 4-31 所示。

5. 活塞环

为解决天然气内燃机低速小负荷向缸内窜机油问题，对于气环，可对第一道气环面进行铬基陶瓷复合镀层处理，增加吸油能力；也可取消原柴油机第二道气环扭曲结构，增加活塞环径向弹力 15%。对于油环，一是增加撑簧弹力，二是将刮油刃宽度减小 35%，提高油环与缸套的接触面压，增加油环刮油能力。天然气内燃机活塞环改进如图 4-32 所示。

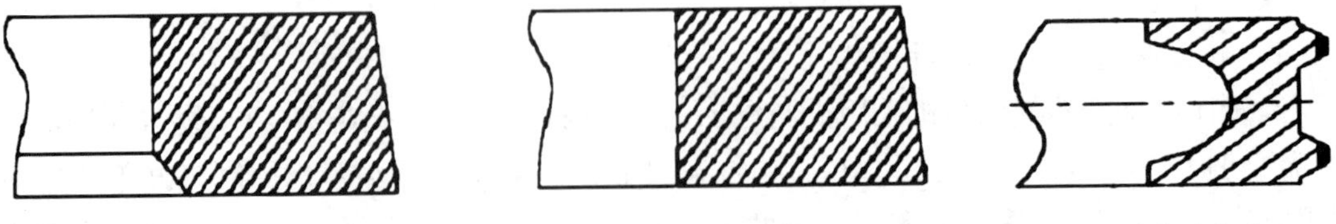

(a) 原柴油二环　　(b) 改进后二环　　(c) 改进后油环

图 4-32　天然气内燃机活塞环改进示意

6. 润滑油设计

天然气内燃机润滑油特性由以下方面决定：①天然气 C—H 键比热高于汽油或柴油的 C—C 键，且天然气燃烧室吸热较少，导致当量比燃烧天然气内燃机缸内工作温度和排气温度均较高，要求内燃机润滑油具有很好的抗氧化性能及抗硝化性能；②天然气没有重组分，对进、排气门的润滑较差，因此天然气内燃机润滑油灰分要求与汽油机或柴油机不同，要求润滑油灰分起到润滑进、排气门的作用；③天然气含硫较低，润滑油不需要高碱值中和硫燃烧产生的酸性物质；④天然气内燃机通常高负荷连续运行，要求润滑油具有很好的可靠性。

天然气内燃机润滑油灰分主要来自两部分，一部分来自作为清净剂的钙盐，另外一部分来自作为抗磨剂的锌盐。在排气门上积累的润滑油灰分燃烧后形成沉积物，可以起到减少气门与气门座之间磨损的作用。润滑油灰分与气门沉积物有密切关系：第一，如果气门沉积物太少，则导致磨损加剧，出现气门嵌入现象[图 4-33(a)]，特别是稀薄燃烧天然气内燃机，由于尾气含氧量较高，氧化磨损比当量比燃烧内燃机更严重；第二，如果气门上沉积物太多，将导致气门沉积物局部剥落形成高温气体窜气通道，出现气门熔损[图 4-33(b)]；第三，过多的活塞沉积物也会导致提前点火，活塞沉积物增加也导致磨损等问题[图 4-33(c)]。因此，选择合适灰分含量的润滑油对天然气内燃机正常运行非常重要，一般推荐使用 0.35%灰分润滑油。

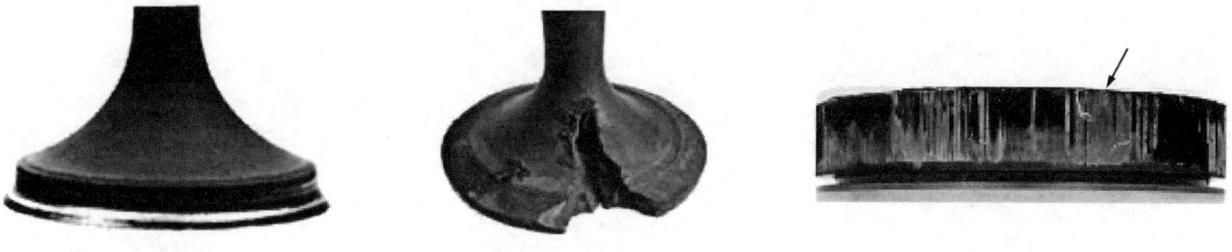

(a) 气门嵌入 (b) 气门熔损 (c) 活塞磨损

图 4-33 天然气内燃机排气门故障示意

4.6 天然气的应用与发展

天然气是良好的车用低碳清洁燃料，自 1931 年在意大利使用以来，经过 60 多年的漫长岁月，至 1997 年全球天然气汽车达 100 万辆。此后，天然气汽车进入快速发展期。截至 2019 年 7 月，世界上天然气汽车保有量已过 2 776.53 万辆，其中亚太地区保有量为 1 984.17 万辆，拉丁美洲保有量为 541.71 万辆，欧洲保有量为 201.37 万辆，非洲保有量为 26.83 万辆，北美保有量为 22.45 万辆。目前，天然气汽车前十位保有量排名中，发展中国家占比达 90%以上，前六个国家的天然气汽车保有量占比超过汽车保有量的 10%。

我国的天然气汽车发源于 1966 年，批量推广于 1989 年。2011 年以来，在国家政策扶持下，天然气汽车产业得到了长期、快速发展，产量增长迅速。2019 年，中国天然气汽车产量为 8.98 万辆，保有量为 679 万辆，天然气加气站总数超过 9 000 座，位列世界第一，是天然气汽车生产和应用大国。

我国拥有相对丰富的天然气资源。根据有关资料显示，当前我国常规天然气储量约为55万亿 m^3，其中陆地储量约38万亿 m^3，非常规天然气储量预计200万亿～380万亿 m^3。青藏高原内侧天然气水合物(可燃冰)就有350亿t标准油，页岩气100万亿 m^3，再加上低渗透气100万亿 m^3、常规天然气38万亿 m^3、煤层气36.8亿 m^3，天然气可采储量比较丰富。2019年我国天然气产量1 761.7亿 m^3，天然气消费量3 065.7亿 m^3，对外依存度约42.5%。预计我国天然气产量到2060年将达到5万亿 m^3，预见天然气消费将于2030年超越煤炭、2040年超越石油，进入天然气时代。天然气汽车发展前景广阔。

第5章　生物柴油

生物柴油(Biodiesel)是以油料作物油脂、野生油料植物油脂、水生植物油脂、动物油脂以及餐厨废弃油脂等脂肪酸甘油酯为原料,与甲醇或乙醇经酯交换反应制成的脂肪酸甲酯或乙酯;或经过加氢脱氧及临氢异构化制成的可代替柴油的可再生燃料。酯交换法制备的生物柴油主要成分是 $C_{14}\sim C_{20}$ 混合脂肪酸甲酯或乙酯,密度 820～900 kg/m^3,低热值约 38 MJ/kg。加氢裂化法制备的生物柴油理化特性与柴油基本相同,硫、芳烃、十六烷值等指标甚至优于柴油,酯交换法制生物柴油的冷滤点等理化特性与原料相关。

生物柴油是性能优良的车用燃料,可用于柴油十六烷值改进剂、低硫低芳烃柴油润滑改进剂,也可以按一定比例与柴油混合,甚至以100%纯生物柴油方式用作内燃机燃料。另外,酯交换法制备的生物柴油用途广泛,除用作内燃机和锅炉燃料外,也可以用作清洗去油剂、工业溶剂、工业润滑剂,还可以用于制备脂肪酸甲酯磺酸盐、脂肪醇等表面活性剂,羟基脂肪酸脂、环氧化脂肪酸酯、脂肪酸酯硫酸盐、磺基脂肪酸脂等工业化学品,肥料、杀虫剂、除草剂活性组分增效剂,谷物干燥剂、增塑剂、黏合剂等。

5.1　生物柴油理化指标及特点

生物柴油的十六烷值高于柴油,可以用作压燃式内燃机燃料。表5-1为生物柴油、柴油的元素组成、密度、运动黏度和十六烷值等理化指标。

表5-1　生物柴油、柴油的理化指标

指标		生物柴油	柴油	指标	生物柴油	柴油
分子式		$C_{14}\sim C_{20}$	$C_{10}\sim C_{21}$	机械杂质	无	无
元素组成	C	76.5	86	硫酸盐灰分(质量分数)	≤0.02%	0.01%(灰分)
	H	11.9	14	游离甘油含量(质量分数)	≤0.02%	—
	O	11.6	—	总甘油含量(质量分数)	≤0.24%	—
20 ℃密度(kg/L)		0.82～0.90	0.81～0.85	单甘酯含量(质量分数)	≤0.8%	—
运动黏度(mm^2/s)		1.9～6.0 (40 ℃)	3.0～8.0 (20 ℃)	一价金属 Na+K 含量(mg/kg)	≤5	—
闪点(℃)		≥130	≥60	二价金属 Ca+Mg 含量(mg/kg)	≤5	—

（续表）

指标	生物柴油	柴油	指标	生物柴油	柴油
冷滤点(℃)	报告	≤4	磷含量(mg/kg)	≤10	—
凝点(℃)	—	≤0	酯含量(质量分数)	≥96.5%	≤1.0%
氧化安定性(110 ℃/h)	6	≤2.5[以总不溶物计/(mg/mL)]	润滑性(60 ℃校正磨痕直径 μm)	—	460
酸值(mgKOH/g)	≤0.5	≤7[酸度，以 KOH 计(mg/100 mL)]	90%回收温度(℃)	≤355	≤360
十六烷值	≥56	49～60	多环芳烃(质量分数)	—	7%
水含量(mg/kg)	≤500	痕迹	低热值(MJ/kg)	38.0	42.5
硫含量(mg/kg)	≤10	≤10	理论空燃比	12.5	14.5
残碳(质量分数)	≤0.05%	0.3%(10%蒸余残碳)	三星期后的生物降解率	98%	70%

与柴油比较，生物柴油具有以下特点：

(1) 生物柴油来自动植物油脂，热值相对较低，约为柴油的 90%。

(2) 生物柴油十六烷值比柴油高，着火性能更好。

(3) 生物柴油含约 11%的氧，有利于燃烧，降低 HC、CO 和 PM(颗粒物)排放。

(4) 生物柴油闪点高于柴油，运输安全性好。

(5) 生物柴油润滑性好，有利于压燃式内燃机油泵、喷油器等零部件的润滑。

(6) 生物柴油密度和运动黏度相对较高。

(7) 生物柴油冷滤点和生产原料相关，低温流动性相对较差。

(8) 生物柴油可降解性好，对土壤和水的污染较少。

(9) 生物柴油具有良好的可再生性，从碳的生物循环来看，植物生长过程中吸收的 CO_2 远多于植物油燃烧所释放的 CO_2，可以缓解温室效应。

5.1.1 碳链组成

生物柴油原料来源广泛，包括菜籽油、大豆油、玉米油、棉籽油、花生油、葵花籽油、棕榈油、椰子油等栽培植物油脂，麻疯树油、光皮树油、黄连木油等野生植物油脂，工程微藻等水生植物油脂，鱼油、猪油、牛油、羊油等动物油脂，以及煎炸废油、酸化油、地沟油、泔水油、餐厨废弃油脂等。不同原料制脂肪酸甲酯/乙酯的碳链长度、支链个数、不饱和度以及不饱和脂肪酸甲酯/乙酯的立体构型不同，大豆油、菜籽油、棕榈油、废弃油脂等不同原料通过酯交换法制生物柴油的组分构成如表 5-2 所示。

表 5-2 不同原料制生物柴油组分构成

项目	豆蔻酸酯(C14：0)	棕榈酸酯(C16：0)	棕油酸酯(C16：1)	硬脂酸酯(C18：0)	油酸酯(C18：1)	亚油酸酯(C18：2)	亚麻酸酯(C18：3)	花生酸酯(C20：0)	花生油酸酯(C20：1)
大豆油		8%～13.5%		2.5%～5%	18%～28%	50%～59%	5%～11%	1%～3%	
菜籽油					74%～87%	7%～14%			
玉米油		8.5%～16.5%		<2.5%	20%～42%	34%～65%	2%	0.5%～1%	0.2%～0.6%
葵花籽油		5%～7.6%	<0.3%	2.7%～6.5%	14%～39.4%	48.3%～74%	<0.3%	0.1%～0.5%	
花生油		8.0%～14.0%	<0.2%	1%～4.5%	35%～67%	13%～43%	<0.3%	1%～2%	0.7%～1.7%
棕榈油		40%～48%		4.5%	36%～41%	10%			
棉籽油		22%～28%		2%	14%～22%	45%～58%			
芝麻油		7.9%～12%	<0.2%	4.5%～6.7%	34.4%～45.5%	36.9%～47.9%	0.2%～1%	0.3%～0.7%	
橄榄油		7.5%～20%	0.3%～3.5%	0.5%～5%	55%～83%	3.5%～21%	<0.1%		
稻米油	0.4%～1.0%	12%～18%	0.2%～0.4%	1%～3%	40%～50%	29%～42%	<1%		
红花籽油		5.3%～8%	<0.2%	1.9%～2.9%	0.4%～21.3%	67.8%～83.2%	<0.1%	0.2%～0.4%	0.1%～0.3%
麻疯树油		18%		2%	47%	33%			
废弃油脂		20.4%～27.3%		5.7%～6.9%	28.9%～32.4%	24.7%～27.3%			

5.1.2 低温流动性

冷滤点是规定条件下 20 mL 试样开始不能通过过滤器时的最高温度，凝点指在规定冷却条件下液态流体停止流动的最高温度。冷滤点和凝点都用来衡量燃料的低温流动性能，它们不仅关系柴油机燃料供给系统低温下能否正常供油，而且与生物柴油低温环境储存、运输、装卸等作业能否进行密切相关。不同原料制生物柴油的碳链长度、不饱和度不同，碳链长度较短、不饱和度较低的生物柴油冷却点和凝固点较高，低温流动性较差。常用原料酯交换法制生物柴油的冷滤点和凝点如表 5-3 所示。

表 5-3　常用原料制生物柴油冷滤点和凝点

项目	大豆油	菜籽油	玉米油	葵花籽油	花生油	棕榈油	棉籽油	芝麻油	稻米油	椰子油	麻疯树油	废弃油脂
冷滤点（℃）	−1	−7	−3	1	14	11	5	1	4	−5	5	−1～5
凝点（℃）	−6	−16	−6	−6	9	7	2	−3	1	−14	1	−4～2

酯交换法制生物柴油运动黏度、冷滤点、凝点等理化指标和原料油存在一定的对应关系。其中，原料油和生物柴油在黏度和凝点方面存在着显著线性关系。也就是说，原料油黏度和凝点对相应生物柴油的运动黏度和凝点起决定性作用。原料油与生物柴油运动黏度、凝点和冷滤点之间的拟合曲线如图 5-1 所示。

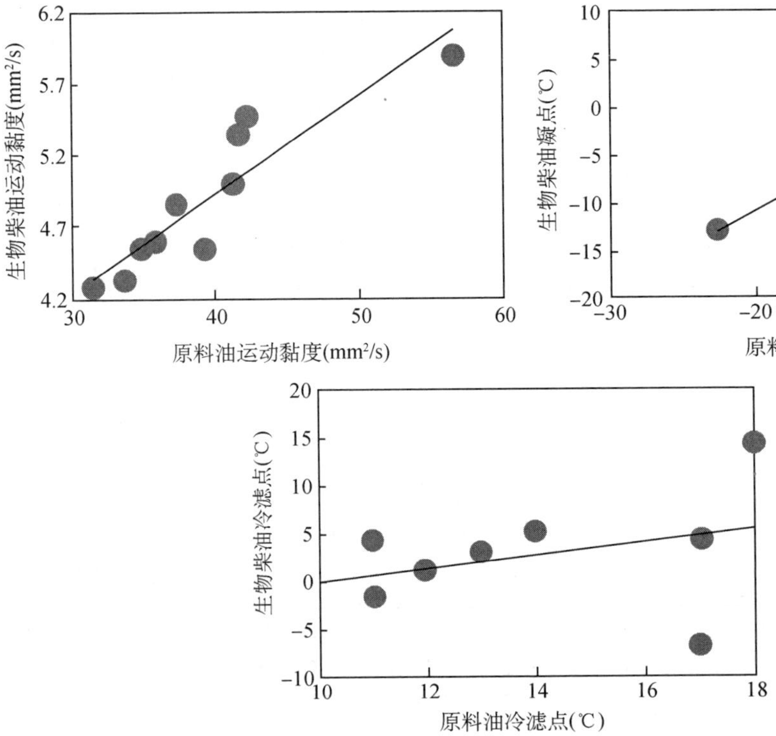

图 5-1　原料油与生物柴油运动黏度、凝点和冷滤点拟合曲线

生物柴油的低温流动性决定生物柴油能否在低温条件下正常使用，低温流动性差的燃料会导致内燃机供油管路堵塞。改进低温流动性的方法主要有以下三类。

1．混合降凝

该方法是在生物柴油中加入一定量柴油使其冷滤点和凝点降低。虽然该方法对生物柴油的冷滤点和凝点基本没有影响，但在生物柴油中加入柴油后，柴油对混合燃料产生稀释效应，当生物柴油混合比例较低时，混合燃料冷滤点和凝点主要由柴油的冷滤点和凝点决定。

例如，当生物柴油混合比例不超过20%时，采取该方法可以使柴油-生物柴油混合燃料冷滤点达到与柴油基本相当的水平，保证混合燃料的正常使用。

煤油与生物柴油掺混时，一般情况下，煤油的掺入将导致生物柴油冷滤点和凝点降低。例如，大豆油制生物柴油与煤油混合时，可使其冷滤点降至−16 ℃。值得注意的是，煤油的混入将对柴油机的挥发性有机物(Volatile Organic Compounds, VOCs)等非常规排放物产生不良影响，一般不建议使用。

2. 添加降凝剂

该方法是在生物柴油中加入少量降凝剂，包括根据吸附理论、成核理论、共晶理论和改善蜡的溶解性理论等研制的甲基丙烯酸高碳酯、聚丙烯酸酯、聚甲基丙烯酸酯、脂肪酸异丙酯。通过加入降凝剂降低生物柴油冷滤点和凝点，改善其低温流动性。

3. 改变生物柴油碳链结构

改变生物柴油酯基碳链丙基和2-丁基大豆酯结晶温度，可使生物柴油凝点分别降低7～11 ℃和12～14 ℃。同时，含支链大豆酯的结晶温度随着柴油的加入也会显著降低。

值得注意的是，采用加氢裂化法制备生物柴油的冷滤点和凝点与柴油相当，不存在低温流动性问题。

5.1.3 氧化安定性

氧化安定性是衡量生物柴油稳定性的重要质量指标，表示其抵抗由于空气(或氧气)作用而引起性质发生永久性改变的能力。生物柴油氧化安定性与生产原料化学组成以及抗氧剂有关，并受到产品水分、酸值以及光照、加热等外界因素的影响。酯交换法制生物柴油含不饱和脂肪酸甲酯(Unsaturated Fatty Acid Methyl Esters, UFAMEs)，不饱和脂肪酸甲酯中碳碳双键易发生氧化，导致生物柴油储存时间变短。

原料油饱和脂肪酸(Saturated Fatty Acids, SFAs)含量、脂肪酸分子构成及结构是影响生物柴油氧化安定性的重要因素，碳链越长、饱和度越高的生物柴油氧化安定性越好。同时，储存条件也是影响生物柴油氧化安定性的另一个因素，高湿、强光环境下，生物柴油氧化安定性会明显降低。此外，金属离子对生物柴油的氧化有一定催化作用，在一定程度上加快了生物柴油氧化，不利于生物柴油储存。

氧化安定性是生物柴油重要质量指标，直接影响生物柴油的应用。氧化安定性差的生物柴油易生成一些不溶性聚合物(胶质和油泥)、可溶性聚合物、老化酸、过氧化物等，这些都会对内燃机零部件产生一定的损害。为保证生物柴油的推广使用，需要对生物柴油氧化安定性指标进行限制，保证其储存稳定性。我国采用油脂稳定指数法评价生物柴油的氧化安定性，测量时，测定生物柴油样品在高温条件下从初始到氧化产物开始迅速增加所经历的时间，即诱导期。国家标准《B5柴油》(GB 25199—2017)规定生物柴油氧化安定性(110 ℃/h)不少于6 h。

在生物柴油中添加抗氧化剂是改善酯交换法制生物柴油抗氧化能力的常用手段。一般情况下，大部分植物油通过酯交换法生产生物柴油的氧化安定性较差，在添加适量抗氧剂后，可满足不少于 6 h 的限值要求。未添加抗氧剂的不同原料酯交换法制生物柴油的氧化安定性结果如表 5-4 所示，抗氧剂对典型原料制生物柴油氧化安定性的改善效果如图 5-2 所示。

表 5-4　不同原料酯交换法制生物柴油的氧化安定性(未添加抗氧剂)

项目	大豆油	菜籽油	玉米油	葵花籽油	花生油	棕榈油	棉籽油	稻米油	麻疯树油	废弃油脂
氧化安定性(110 ℃/h)	0.39	0.40	3.52	1.30	6.70	2.40	0.78	2.40	5.00	0.17～3.42

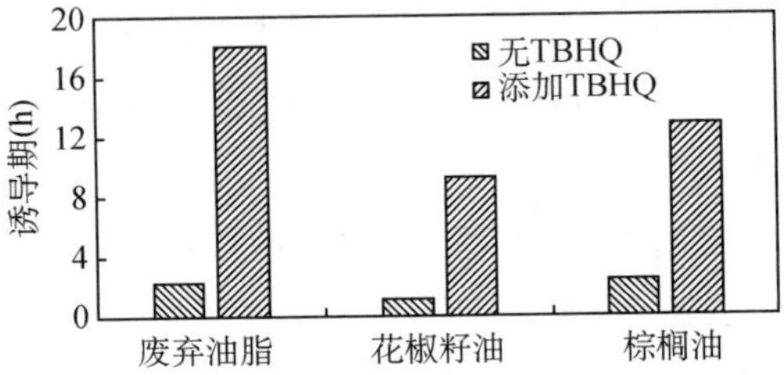

图 5-2　抗氧剂对典型原料制生物柴油氧化安定性的效果

5.1.4　生物柴油与柴油相溶性及混合燃料理化特性

生物柴油与柴油互溶性良好，可以任意比例互溶。柴油-生物柴油混合燃料密度、运动黏度、馏程、闪点、十六烷值等指标随生物柴油混合比例的增加而增大。柴油-生物柴油混合燃料密度、运动黏度、90%回收温度等典型理化指标随生物柴油混合比例的变化情况如图 5-3 所示。

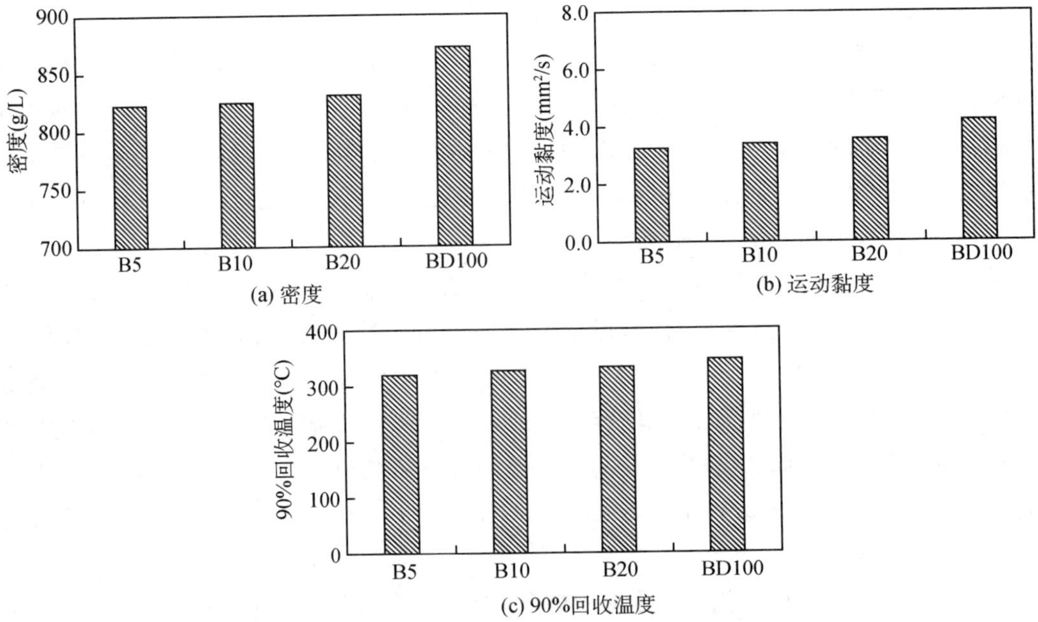

图 5-3　柴油-生物柴油混合燃料的典型理化指标

5.2　生物柴油对柴油机及柴油车的影响

5.2.1　生物柴油材料兼容性

酯交换法制生物柴油主要由饱和、不饱和脂肪酸甲酯或乙酯组成，其碳链构成、游离甘油含量、总甘油含量等理化指标与柴油不同，在柴油机上应用时可能会造成内燃机供油系统橡胶和塑料部件老化、金属材料腐蚀从而导致燃料渗漏等问题，影响柴油机的可靠性和耐久性。因此，在应用生物柴油时，必须考察其对柴油机材料溶胀性和腐蚀性的影响，分析生物柴油材料兼容性问题。

1. 橡胶和塑料溶胀性

柴油机燃油供给系统中有很多橡胶和塑料部件。例如，用于制造油管内皮、油封和密封圈的丁腈橡胶和氟橡胶，用于制造燃油管外皮的三元乙丙橡胶，用于高温零件的硅橡胶，用于制造油箱的聚乙烯，用于制造油泵、油箱盖、油箱加料管的聚甲醛等塑料。一般情况下，柴油机使用的橡胶部件都会吸收柴油或生物柴油中的芳香烃成分而膨胀，生物柴油的溶剂效应也可以分解橡胶并形成油箱沉积物，导致燃油滤清器和喷油器堵塞等。因此，生物柴油与柴油机常用的橡胶和塑料的兼容性，在很大程度上影响内燃机使用生物柴油的耐久性和可靠性。

大量研究表明，用于制造柴油机油箱、油泵、油箱盖、油箱加料管的聚乙烯、聚甲醛等塑料具有良好的生物柴油材料适用性。当生物柴油混合比例不超过 20%时，柴油机上使用的三元乙丙橡胶、氟橡胶、丁腈橡胶、硅橡胶浸泡在混合燃料一定时间之后的质量、体积、硬度、拉伸强度等性能变化与柴油基本相当，不会导致燃油系统的渗漏；当生物柴油混合比例超过 20%后，三元乙丙橡胶的物理和力学性能显著变差；丁腈和硅橡胶在 100%纯生物柴油中的溶胀性优于柴油，适合在 100%纯生物柴油内燃机上使用。值得注意的是，氟橡胶在所有混合比例生物柴油中均表现出很好的适用性。橡胶材料室温(25 ℃)条件下在不同比例柴油-生物柴油混合燃料的溶胀性如图 5-4 所示。

柴油机工作过程中，燃油从油箱到喷油器的燃油温度逐渐升高，如果油箱中的燃油温度假定为 25 ℃，则高压油管、喷油器处的燃油温度分别为 50 ℃和 70 ℃，除室温(25 ℃)外，还应考察橡胶材料在不同温度下与生物柴油之间的材料兼容性。当燃油温度从 25 ℃升高到 50 ℃时，橡胶材料在生物柴油中的溶胀性变化增大；当温度进一步从 50 ℃升高到 75 ℃时，橡胶材料在生物柴油中的溶胀性和 50 ℃基本相当。温度对丁腈橡胶和三元乙丙橡胶在生物柴油中的溶胀性的影响如图 5-5 和图 5-6 所示。

当未对柴油机油路橡胶材料进行任何调整时，建议生物柴油混合比例不超过 20%。当生物柴油混合比例超过 20%后，需采取选用氟橡胶等生物柴油兼容性好的橡胶材料、对橡胶进行耐生物柴油设计或在生物柴油中添加抗溶胀添加剂等措施，改善柴油机油路橡胶材料的适用性。

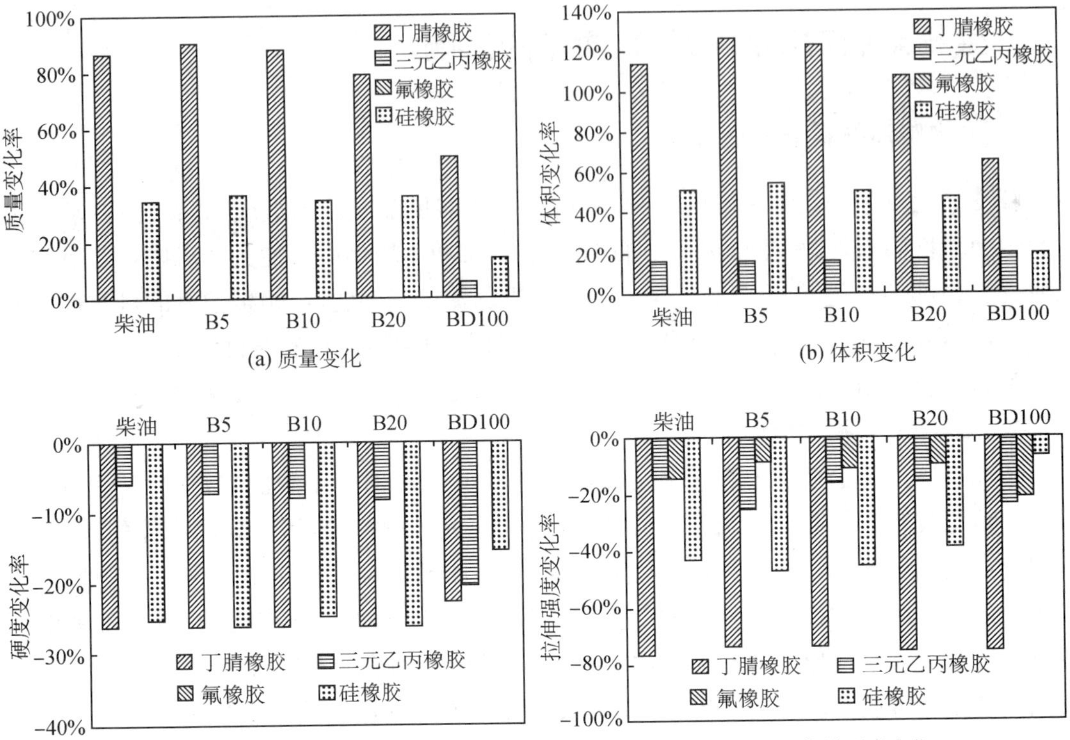

(a) 质量变化 (b) 体积变化

(c) 硬度变化 (d) 拉伸强度变化

图 5-4　橡胶在柴油-生物柴油混合燃料中的溶胀性

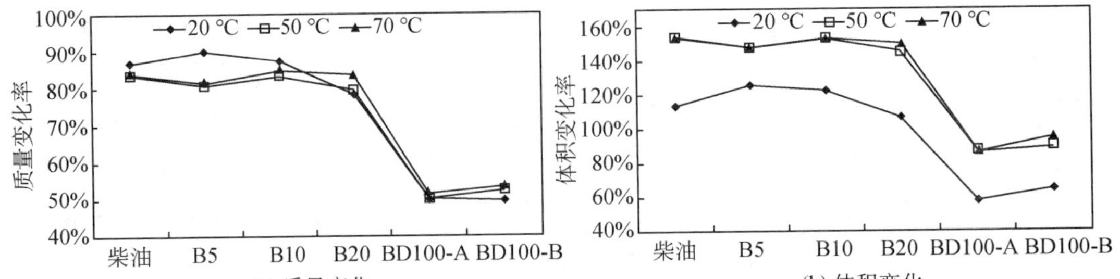

(a) 质量变化 (b) 体积变化

图 5-5　温度对丁腈橡胶溶胀性的影响

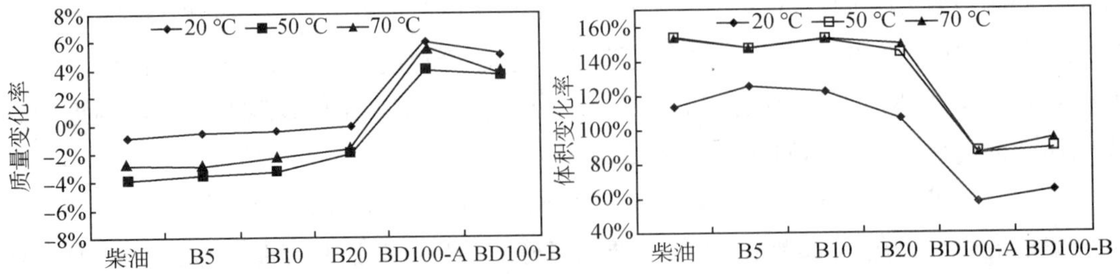

(a) 质量变化 (b) 体积变化

图 5-6　温度对三元乙丙橡胶溶胀性的影响

2. 金属腐蚀性

柴油机与燃料接触的零部件包括油箱、供油泵、低压油管、燃油滤清器、高压油泵、高压油管、喷油器、气缸、活塞组件和排气系统。这些零件的材料为铁、铜、铝等金属。例如,用于制造油箱、阀门的铁,用于制造高压燃油管、滤网、量孔、浮子的铜,用于制造油泵、气缸盖等零件的铝合金。这些铁、铜、铝金属零件长期暴露在柴油或生物柴油中,柴油或生物柴油对金属的氧化和硫化作用导致这些金属材料被腐蚀。一般情况下,当油品对金属零件的腐蚀变化小于 0.5‰时,认为此油品对金属材料的腐蚀性可以接受。

与柴油比较,生物柴油中的亚油酸成分将导致金属零件氧化,使这些零件在生物柴油中的腐蚀程度大于柴油。铁、铜、铝等金属材料在生物柴油中的腐蚀状态不同,铜更易于被腐蚀。生物柴油生产原料、混合比例、燃油温度及油品中金属离子、燃油储存过程中光照及氧气环境等因素都会影响生物柴油对金属的腐蚀性。另外,金属的腐蚀也将导致生物柴油水含量、氧化安定性、运动黏度等指标退化。铁、铜、铝在不同比例生物柴油中浸泡 21 天后的腐蚀性变化如图 5-7 所示,对应的质量变化率如图 5-8 所示。

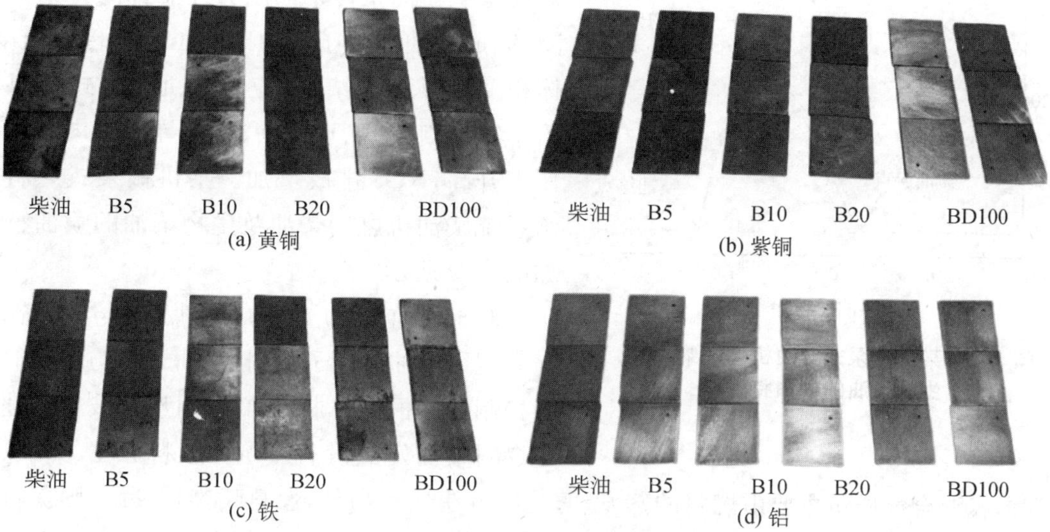

图 5-7 铁、铜、铝在不同比例生物柴油中的腐蚀性

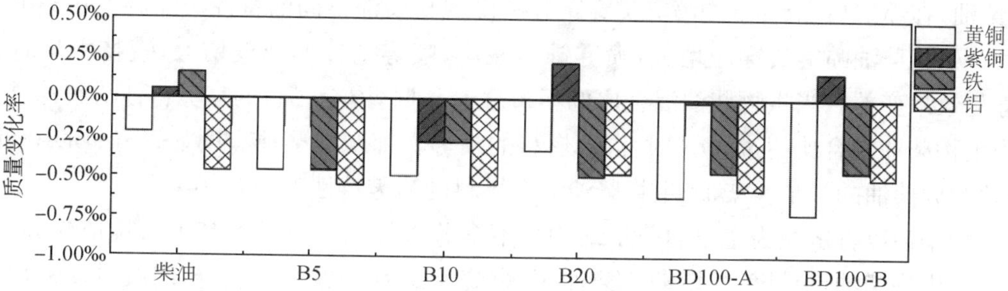

图 5-8 铁、铜、铝在不同比例生物柴油中的质量变化率

铁、黄铜、紫铜和铝四种金属中，生物柴油对铁、紫铜和铝的腐蚀性影响小于 0.5‰，对铝的腐蚀性影响与柴油基本相当，这说明生物柴油对铁、紫铜和铝的腐蚀性影响可以接受，但生物柴油对黄铜的腐蚀性影响明显大于柴油，其质量变化率超过了 0.7‰，应用时应考虑在生物柴油中添加乙二胺（ethylenediamine，EDA）、正丁胺（N-diamine，NBA）、叔丁胺（tert-butylamine，TBA）等腐蚀抑制剂，降低生物柴油对燃油供给系统金属零件的腐蚀性。

5.2.2 生物柴油喷雾与燃烧特性

对于压燃式内燃机，燃料在压缩上止点附近以高压喷射方式进入气缸，在气缸内雾化、蒸发、与缸内高温高压空气混合，燃烧做功。燃料雾化质量直接决定着燃料在缸内与空气的混合质量，进一步决定燃料在气缸内燃烧过程的好坏。生物柴油密度、运动黏度等理化指标和柴油不同，其燃料喷射与雾化特性也与柴油存在一定的差异，影响生物柴油及其混合燃料的喷射与雾化质量以及燃料在缸内的燃烧质量。

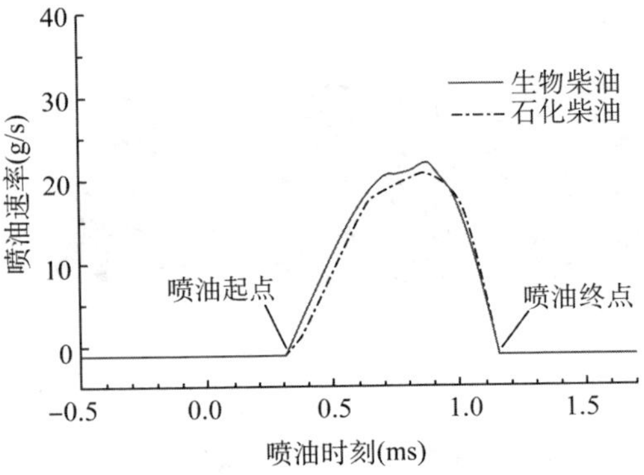

图 5-9　某机械泵式柴油机燃用柴油及生物柴油的喷油特性

对于机械泵式燃料供给系统，机械式喷油器根据从喷油泵传来的压力控制针阀打开和关闭，完成喷油。由于生物柴油压力波传递速度、体积模量等大于柴油，应用于机械泵式燃料供给系统时，喷油始点提前，进而导致缸内温度和压力升高，NO_x 排放增加。某机械泵式燃料供给系统柴油机燃用柴油及生物柴油的喷油特性如图 5-9 所示。

对于目前普遍应用的电控燃料供给系统，由于实现了喷油器电子控制，喷油开始与结束时间由控制单元根据需求控制，燃料压力波传递速度对燃料喷油始点没有影响。燃料雾化、蒸发、与空气形成混合气质量主要由燃料的蒸发、雾化特性决定。另外，燃料喷雾贯穿距、喷雾锥角及液滴破碎时间等与燃料密度、运动黏度、表面张力等理化特性密切相关。与柴油相比，生物柴油的喷雾特性在规律上与柴油基本一致，受燃料密度和运动黏度的影响，不同掺混比的生物柴油，在喷射后 0.8 ms 的喷雾贯穿距开始出现与柴油不同的特性。随着生物柴油掺混比增大，生物柴油喷雾贯穿距增大，喷雾锥角减小，喷雾前锋面速度增大，索特平均直径增加，雾化效果变差。当生物柴油混合比例不超过 10%时，混合燃料的喷雾特性与柴油基本相当；当生物柴油混合比超过 50%时，混合燃料的喷雾贯穿距与柴油有明显差异；BD100 的喷雾锥角约为柴油的一半。柴油-生物柴油混合燃料的喷雾特性如图 5-10 所示。

生物柴油以直链酯为主要的分子结构且不含芳香烃的特点导致其十六烷值较高，在相同工况下生物柴油更易燃，滞燃期比柴油短，燃烧始点有所提前，燃烧初期放热峰值出现时刻对应的曲轴转角有所提前。同时，生物柴油运动黏度大、雾化效果较差的特点导致滞燃期内形成的混合气较少，预混燃烧阶段放热率低、扩散燃烧阶段放热率高，缸内最高燃烧压力

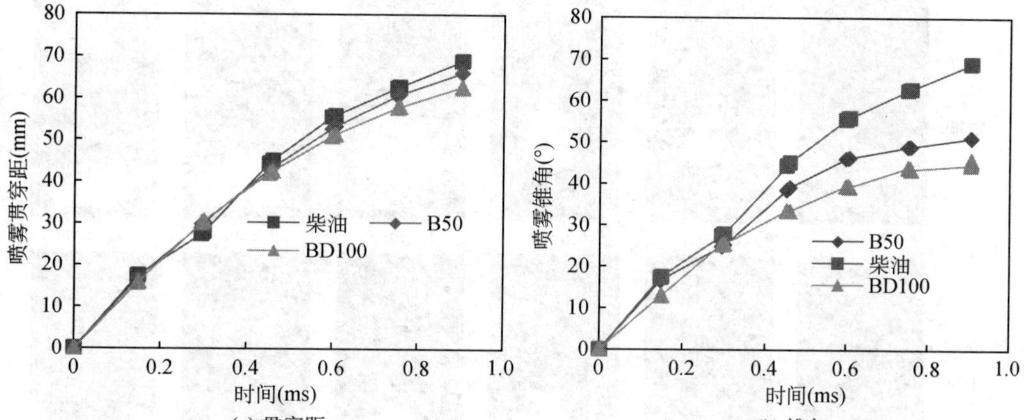

(a) 贯穿距 (b) 锥角

图 5-10 柴油-生物柴油混合燃料喷雾特性

增大，且对应的曲轴转角提前，内燃机的热效率有所提高，在中等负荷时尤为明显。不同比例柴油-生物柴油混合燃料的滞燃期、预混燃烧放热峰值和扩散燃料放热峰值对应的曲轴转角以及热效率等特征如图 5-11 所示。

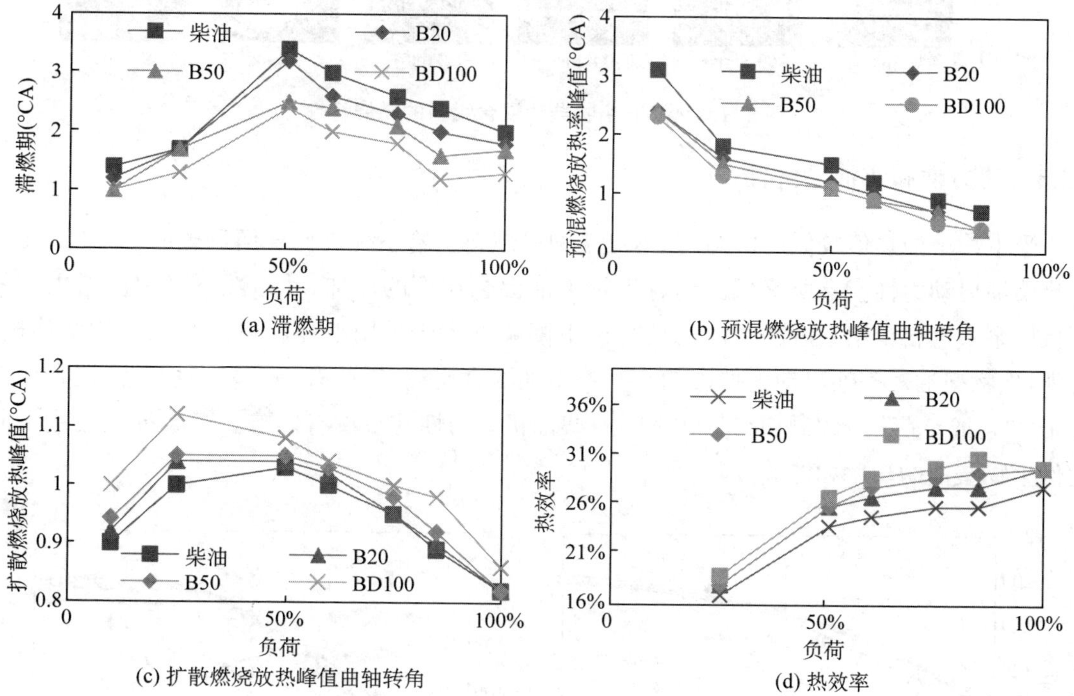

(a) 滞燃期 (b) 预混燃烧放热峰值曲轴转角
(c) 扩散燃烧放热峰值曲轴转角 (d) 热效率

图 5-11 柴油-生物柴油混合燃料燃烧特征

生物柴油含氧，氧原子在燃料燃烧过程中起助燃作用，特别是在混合气浓区，使燃烧相对完全，降低碳烟排放。不同比例柴油-生物柴油混合燃料的燃烧特性如图 5-12 所示。

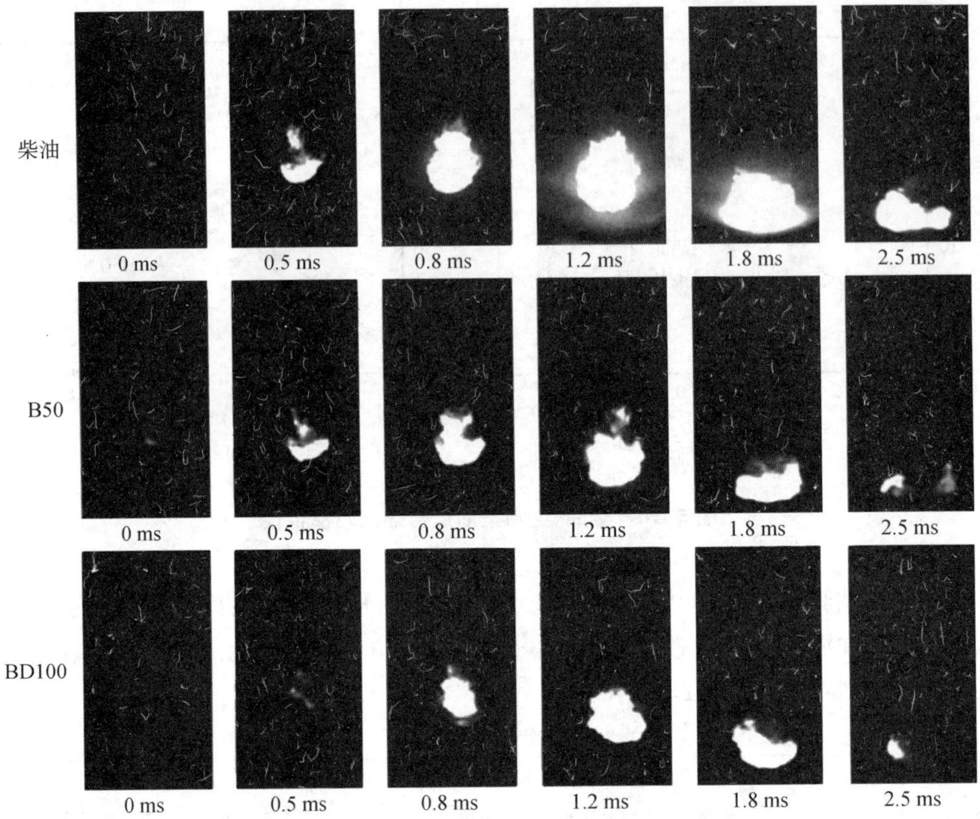

图 5-12　柴油-生物柴油混合燃料的燃烧特性

5.2.3　动力性和燃油经济性

受生物柴油热值较低的影响，在不对柴油机燃料供给系统进行任何调整时，柴油机使用生物柴油后动力性能有所降低。随着生物柴油混合比例的增加，动力性下降幅度增大。采用机械泵式燃料供给系统的柴油机动力性下降幅度大于采用电控燃料供给系统的柴油机。另外，生物柴油对柴油机动力性影响与生物柴油混合比例、负荷有关。当生物柴油混合比例低于 20%或负荷低于 75%时，生物柴油对柴油机动力性几乎没有影响。某柴油机燃用不同比例生物柴油的功率如图 5-13 所示。

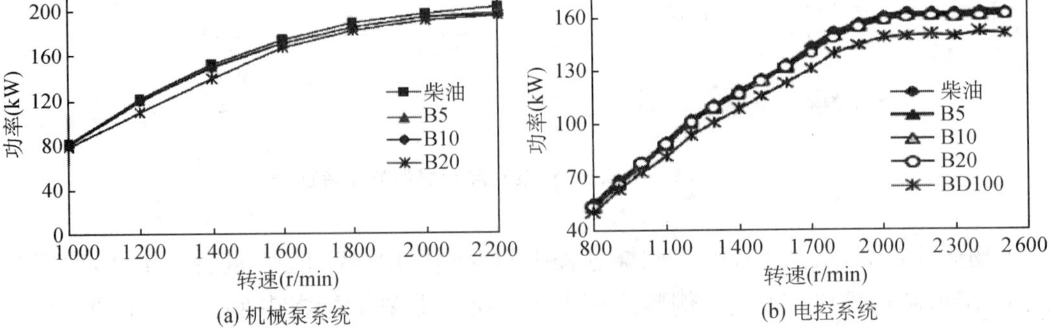

(a) 机械泵系统　(b) 电控系统

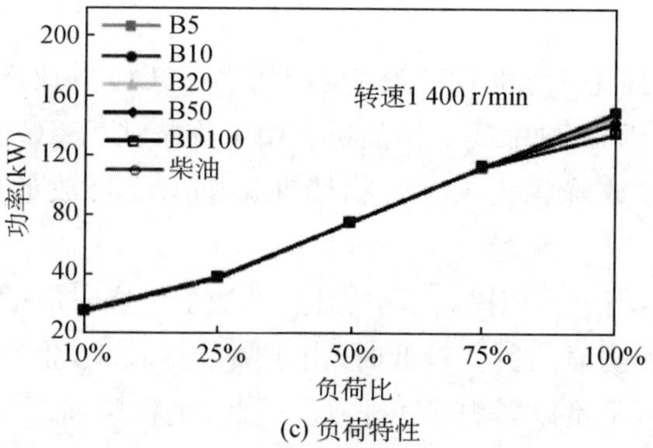

(c) 负荷特性

图 5-13　某柴油机燃用不同比例生物柴油的动力性

受生物柴油热值较低、含氧以及中等负荷热效率较高的综合影响，当生物柴油混合比例不超过 20%时，柴油机的燃油经济性和燃用柴油基本相当；当生物柴油的混合比例进一步升高时，柴油机的燃油经济性明显变差。某柴油机燃用不同混合比例生物柴油的燃油经济性如图 5-14 所示。

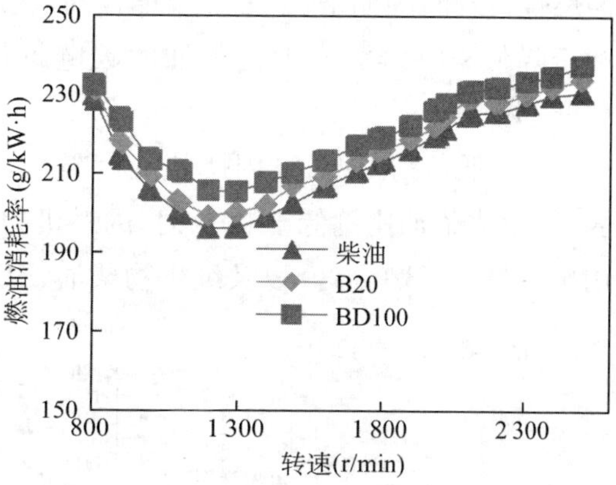

图 5-14　某柴油机燃用不同混合比例生物柴油的燃油经济性

柴油车使用生物柴油的燃油经济性受车辆匹配技术、使用工况以及生物柴油物性综合影响。例如，某柴油轿车使用 B50 和 BD100 的百公里油耗分别比柴油增加 9%和 17%；某轻型客车使用 B20 和 BD100 的百公里油耗分别比柴油增加 1.75%和 2.4%，40～90 km/h 范围内，B20 和 BD100 的百公里油耗分别比柴油增加 1.0%～4.0%和 3.0%～8.0%；某公交车使用 B5 的百公里油耗与柴油基本相当，使用 B10 的百公里油耗增加约 3%等。

5.2.4　排放特性

柴油机的污染物排放主要为 HC、CO、NO_x 和颗粒物(PM)排放。一般情况下，认为柴油机使用生物柴油后的 HC、CO 和 PM 排放降低，NO_x 排放升高。美国环境保护局(Environmental Protection Agency，EPA)根据大量试验结果得出的生物柴油混合比例与柴油机 HC、CO、NO_x 和 PM 排放变化幅度统计关系如图 5-15 所示。当生物柴油混合比例为 20%时，与柴油比较，PM、HC、CO 分别降低 10.1%、21.1%和 11.0%，NO_x 增加 2.0%。

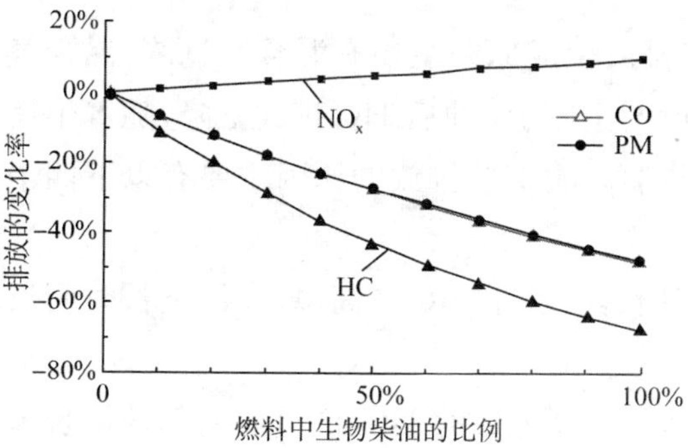

图 5-15　生物柴油对柴油机常规排放的影响

1. CO 排放

CO 是碳或烃类燃烧中间产物和不完全燃烧产物之一，CO 排放产生的原因包括可燃混合气温度过低、可燃混合气局部缺氧等。柴油机燃用生物柴油后 CO 排放下降，随着生物柴油混合比例的增加，CO 排放降幅增大。生物柴油影响 CO 排放的原因主要有以下三个方面：

(1) 生物柴油含氧，相当于变相提高了空燃比，增加了燃烧时氧的供给，有利于降低 CO 排放，尤其是高负荷时更加明显。负荷较低时，由于喷油量较小，生物柴油带入的氧元素总量与进气氧气相比非常小，不足以影响 CO 排放。因此，生物柴油对内燃机低负荷 CO 排放基本没有影响。

(2) 生物柴油的十六烷值较高，着火性好，滞燃期较短，喷油始点提前的特征使生物柴油燃烧持续时间期增长，燃烧温度较高，促进了燃料的充分燃烧，降低了燃烧不完全程度，有利于降低 CO 排放。生物柴油的碳链越长、不饱和度越低，则其十六烷值越高，CO 排放越低。

(3) 低负荷工况，缸内燃烧温度较低，生物柴油较大的运动黏度使其扩散燃烧效率减弱，当生物柴油比例低于 20%时，内燃机的 CO 排放增加。某直喷自然吸气式四缸柴油机燃用柴油、B10、B20、B30 以及纯生物柴油(BD100)的 CO 排放特性如图 5-16 所示。

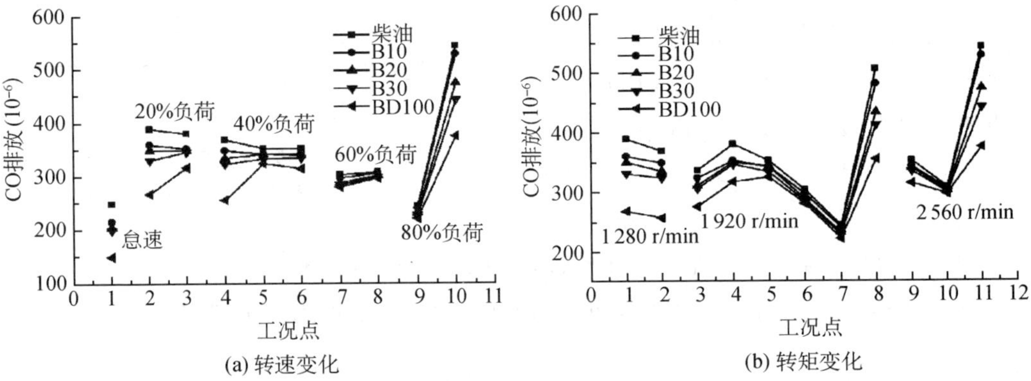

图 5-16 生物柴油对柴油机 CO 排放的影响

2. HC 排放

HC 包括无氧碳氢和有氧碳氢，柴油机的 HC 排放生成原因主要有混合气过浓、混合气过稀、燃烧温度过低以及反应时间过短等。柴油机燃用生物柴油后 HC 排放下降，随着生物柴油混合比例的增加，HC 排放降幅增大。生物柴油影响 HC 排放的原因主要有以下四个方面：

(1) 生物柴油燃烧始点提前使燃烧持续时间延长，有利于 HC 在高温、高压下长时间反应，促使 HC 排放降低。

(2) 生物柴油含约 11%的氧，对高负荷低空燃比缺氧生成的 HC、低负荷局部淬熄现象产生的 HC 都有较好的抑制作用。

(3) 生物柴油十六烷值高,易于燃烧,不利于 HC 生成。

(4) 生物柴油芳烃含量较少,HC 排放降低。

某直喷自然吸气式四缸柴油机燃用柴油、B10、B20、B30 以及 BD100 的 HC 排放特性如图 5-17 所示。

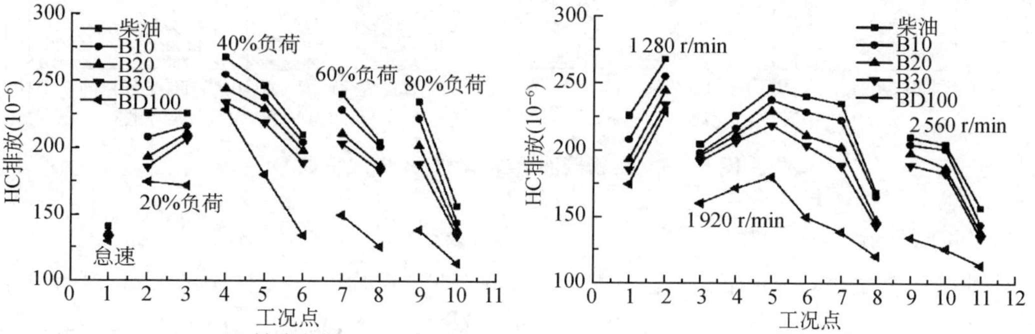

(a) 转速变化　　(b) 转矩变化

图 5-17　生物柴油对柴油机 HC 排放的影响

在柴油机排放的 HC 中,挥发性有机污染物(Volatile Organic Compounds, VOCs)越来越受到关注。国内外源解析结果表明,机动车排放的 VOCs 分别占美国墨西哥州、洛杉矶阿苏萨地区、泰国曼谷、伊朗德黑兰城市大气 VOCs 的 58.7%、22%、26%和 61%,占上海、天津及南京市的北郊夏季空气 VOCs 的 34%、25.1%和 33.1%,并对北京市大气环境影响显著。机动车排放的 VOCs 中含有大量烷烃、烯烃、芳香烃等有毒有害物质,低碳数烷烃、烯烃具有大气化学反应活性,是形成光化学烟雾的重要前体物,也是二次有机气溶胶的重要前体物。

柴油车排放的 VOCs 成分谱中包括烷烃、烯烃、卤代烃、芳香烃和含氧化合物,含氧化合物比例相对较高。随着排放标准的加严,VOCs 成分谱中的烷烃、烯烃、卤代烃、芳香烃和含氧化合物等均降低,VOCs 大气反应活性降低 56%,臭氧生成潜势降低,对二次有机气溶胶的生成潜势减弱。当柴油车使用 B10 时,与 HC 排放类似,柴油车燃用生物柴油的 VOCs 排放总量及含氧化合物降低,但 VOCs 成分谱中的烯烃排放增加,导致 B10 排放 VOCs 的大气反应活性增强。某国Ⅲ、国Ⅴ柴油公交车使用柴油、B10 的 VOCs 排放如图 5-18所示。

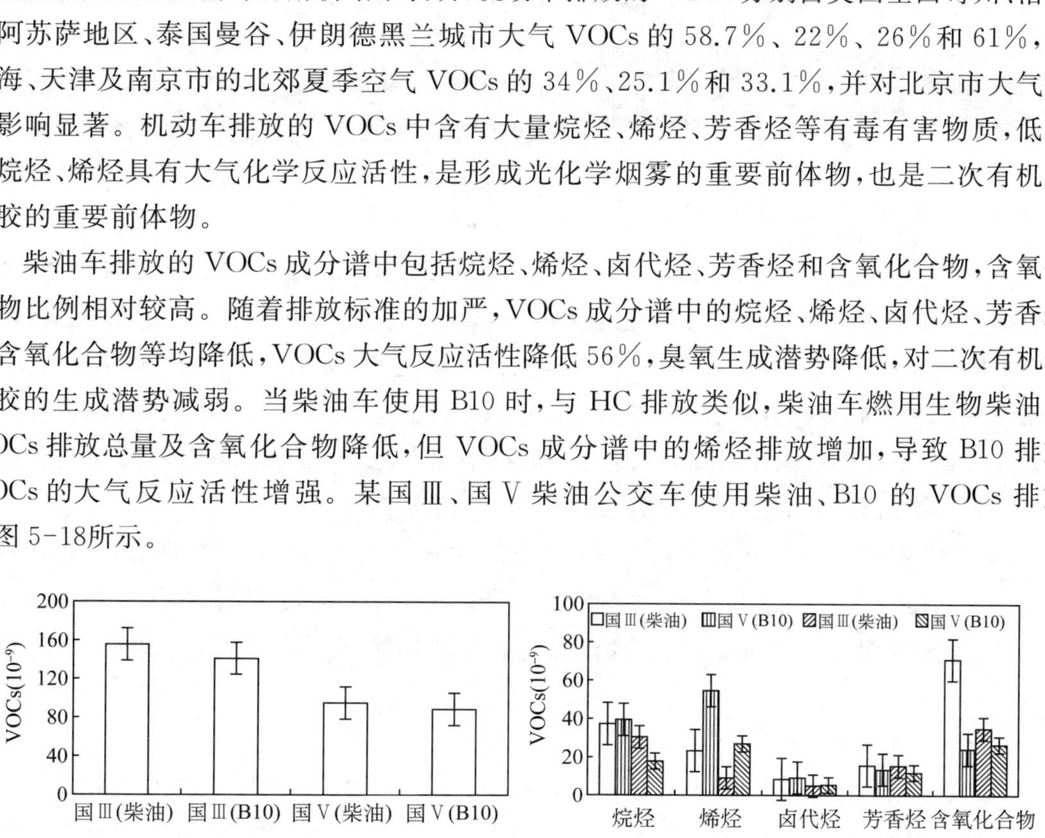

(a) VOCs排放　　(b) VOCs分类排放

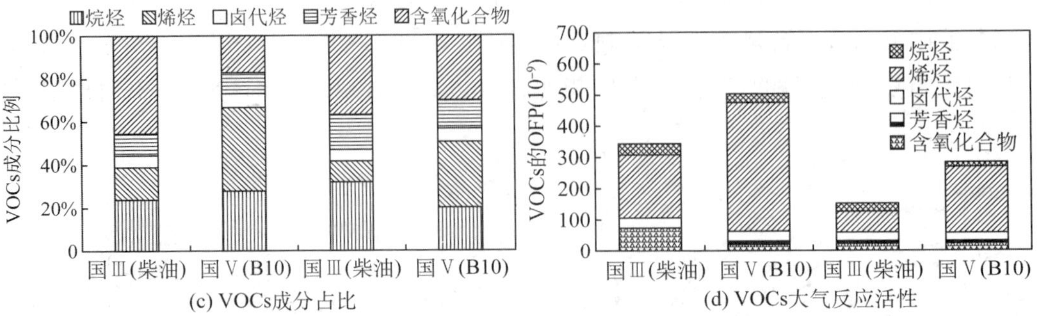

图 5-18　生物柴油公交车 VOCs 排放特性

3. NO_x 排放

柴油机排放的 NO_x 是在高温富氧环境下，混合气中的氮气、燃料中的 CH、氮等和氧反应生成的 NO、NO_2 和 N_2O 总称，以 NO 为主。NO_x 生成机理为热反应 NO、瞬发 NO 和燃料 NO 等。以热反应 NO 为主，受燃烧温度、氧浓度和停留时间影响，缸内温度越高、氧浓度越大、高温持续时间越长，则 NO_x 生成量越多。柴油机燃用生物柴油后 NO_x 排放升高，随着生物柴油混合比例的增加，NO_x 排放增幅增大。某直喷柴油机燃用生物柴油的 NO_x 排放特性如图 5-19 所示。

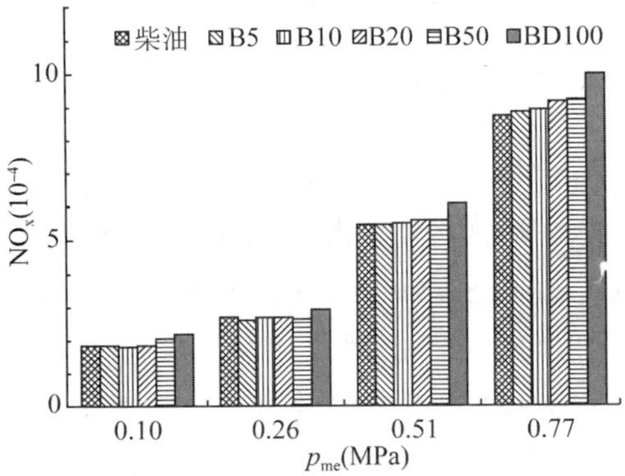

图 5-19　某直喷柴油机燃用生物柴油的 NO_x 排放特性

生物柴油影响 NO_x 排放的原因主要有以下三个方面：

(1) 机械泵式燃料供给系统，生物柴油喷油始点提前，且生物柴油的滞燃期较短，使得生物柴油的燃烧始点提前，导致更多的燃料在上止点附近燃烧，燃烧压力、温度更高，燃烧持续时间更长，有利于 NO_x 产生；高压共轨燃料供给系统，生物柴油热值低的特点使得高压共轨燃料系统 ECU 根据运行状态自行将喷油始点提前，最高燃烧温度升高，同时由于生物柴油燃烧产生的碳烟较少，火焰辐射损耗热量降低，绝热温度升高，增加了燃烧过程 NO_x 的生成。

(2) 生物柴油含约 11%的氧，在燃烧过程中，生物柴油具备"自供氧"能力，一是促进了燃烧速度的提高，缸内燃烧更充分，燃烧温度上升；二是形成"富氧"条件，NO_x 生成量增加。

(3) 生物柴油十六烷值较高、芳烃含量低，滞燃期短，使得燃烧始点提前，导致 NO_x 增加。

4. 颗粒物排放

颗粒物是柴油机重要污染物排放之一，也是大气 $PM_{2.5}$ 主要来源之一。柴油机颗粒物的形成包括热解、成核、表面生长、集聚与凝结、氧化五个阶段。热解指碳氢燃料在缺氧或无氧条件下发生裂解反应，形成 C_2H_2、C_2H_4、C_3H_6、C_6H_6 等碳烟前驱体的过程。温度越高，火焰中氧含量越低，形成的碳烟前驱体越多。成核指燃料热解生成的各种不饱和烃类通过脱氢反应形成碳粒子，并逐渐聚合成长链和环芳烃的过程。表面生长指乙炔等气相烃在形成的碳粒子晶核表面沉积导致碳烟质量增加，表面积变大的过程。表面生长是碳烟质量增加的关键因素，颗粒物粒径增大主要发生在表面生长过程中，但颗粒数量保持不变。集聚与凝结指生成的小颗粒因颗粒间碰撞导致团聚、合并的过程。团聚颗粒大小主要取决于柴油机工况、喷油类型和喷油条件等。氧化指在碳烟生成过程中，在温度高于 1 300 K 环境中，碳或碳氢化合物发生氧化反应形成燃烧产物的过程。颗粒氧化反应贯穿从热解到凝结的整个形成进程，反应速率主要取决于反应阶段和混合气状态，对颗粒表面生长和凝结反应影响不大。燃料成分和结构、缸内温度、混合气含氧量等因素对颗粒物形成有重要影响。

柴油机排放的颗粒物主要由碳烟、可溶性有机物(Soluble Organic Faction, SOF)和少量硫酸盐类物质组成。SOF 中包含烷烃、多环芳烃(Polycyclic Aromatic Hydrocarbons, PAHs)、酸、酯等多种有机物化学成分。其中，PAHs 以可吸入颗粒物为载体存在于大气环境中，具有很强的毒性、致癌性和致畸性。

从环境角度来看，柴油车排放的颗粒物主要由有机碳(Organic Carbon, OC)、元素碳(Elemental Carbon, EC)、水溶性离子(Water Soluble Ions, WSI)及微量元素构成。气溶胶中的 OC 和 EC 质量分数达到 20%～50%，机动车尾气颗粒物排放是城市大气 OC 和 EC 主要来源之一，OC 和 EC 主要吸附在空气中的细颗粒物上，被人体吸入后产生毒害。柴油车排放的 WSI 主要包括氯离子(Cl^-)、硫酸根离子(SO_4^{2-})、硝酸根离子(NO_3^-)、亚硝酸根离子(NO_2^-)、钠离子(Na^+)、铵根离子(NH_4^+)、钙离子(Ca^{2+})等，对柴油机排气成核以及颗粒物初始吸湿性有着重要影响，并进一步影响气溶胶吸湿性。

1) 烟度

碳烟生成基本条件是高温、高压、缺氧、裂解并脱氢。另外，反应时间短，烃类没足够时间充分反应也是原因之一。某直喷柴油机燃用生物柴油的碳烟排放特性如图 5-20 所示。

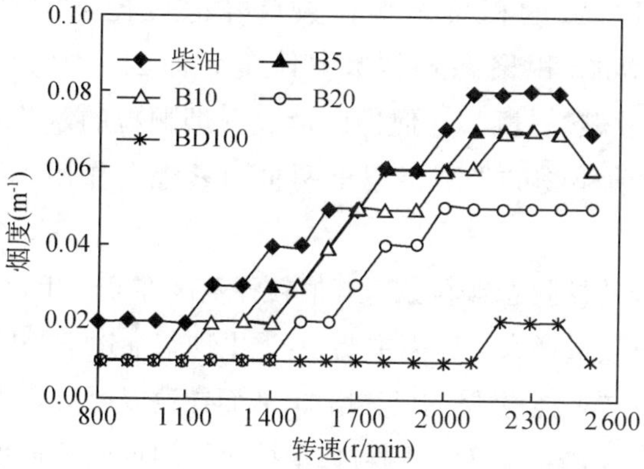

(a) 外特性

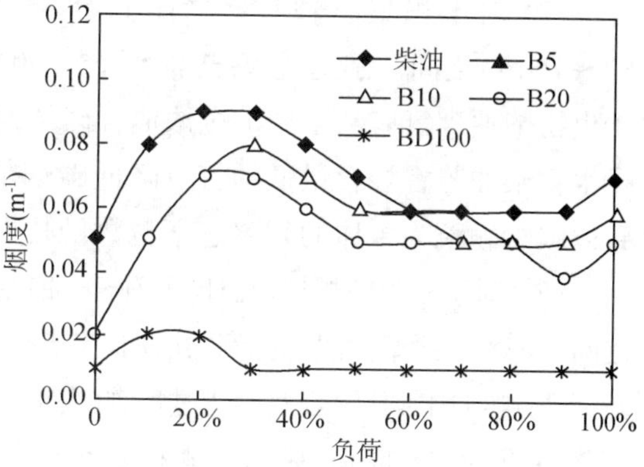

(b) 负荷特性

图 5-20 某直喷柴油机燃用生物柴油的碳烟排放特性

内燃机燃用生物柴油排放的碳烟降低，生物柴油影响碳烟排放的原因主要有以下四个方面：

（1）生物柴油含氧，在燃料燃烧时起到了助燃作用，特别是喷雾核心等燃料浓度较高区域，减少了燃料的缺氧燃烧。

（2）生物柴油中芳香烃含量较少，减少了燃料燃烧高温裂解组分，抑制了碳烟的形成。

（3）生物柴油硫含量较低，可减少颗粒的产生。

（4）生物柴油十六烷值高，有助于减少碳烟的产生。

2）颗粒质量和数量

颗粒物质量和数量是评价柴油机颗粒物排放特性的重要指标。运行工况、燃烧特性、油品理化指标等都对柴油机排放的颗粒物产生影响。燃用生物柴油后，受生物柴油含氧、芳烃含量低、十六烷高等有利因素影响，颗粒物质量和固态颗粒数量排放降低。表 5-5为某国Ⅴ柴油公交车燃用生物柴油的颗粒物质量和固态颗粒数量排放。

表 5-5　某国Ⅴ柴油公交车燃用生物柴油的颗粒物质量和固态颗粒数量排放

项目	柴油	B5	B10	B20	BD100
颗粒物质量(mg/km)	0.034	0.031	0.028	0.024	0.017
固态颗粒数量(个/km)	7.30×10^{13}	6.91×10^{13}	6.72×10^{13}	6.20×10^{13}	4.52×10^{13}

3）颗粒数量粒径分布

柴油机排气颗粒按尺寸分布，可分为积聚态颗粒和核膜态颗粒。积聚态颗粒的粒径较大，主要成分为聚集形态的 Soot 及其吸附物；核膜态颗粒的粒径较小，主要与可溶有机组分 SOF 和硫酸盐类有关。柴油机排气颗粒数量的尺寸分布呈明显单峰或者双峰对数分布，各工况下试验燃料表现出不同的宏观分布形态。柴油机燃用生物柴油后，积聚态颗粒数量降低，核膜态颗粒数量增加。随着负荷的增加，柴油机排放的核膜态颗粒数量增大。当柴油机燃用 BD100 时，其核膜态颗粒数量峰值超过积聚态颗粒数量峰值的几倍甚至几十倍。某直喷柴油机燃用生物柴油的颗粒数量粒径分布如图 5-21 所示。

（1）对于积聚态颗粒。总体上看，柴油机排放的积聚态颗粒数量峰值粒径范围在 39～61 nm之间。随着生物柴油混合比例的增加，积聚态颗粒数量降低。原因主要为：①生物柴油含氧有利于局部过浓混合区域的扩散燃烧过程，并促进已形成碳烟颗粒的氧化；②生物柴油芳香烃含量低的特点降低碳烟颗粒前驱物的形成。以上两种因素综合作用，导致以碳烟颗粒为主体的积聚态颗粒数量减少。

（2）对于核膜态颗粒。总体上看，柴油机排放的核膜态颗粒数量峰值粒径范围在 6～11 nm之间。随着生物柴油混合比例的增加，核膜态颗粒数量增大。原因主要为：①生物柴油运动黏度较高，影响缸内雾化混合及燃烧过程，缸内未燃或者未完全燃烧的烃类增加，从而导致以可溶有机组分 SOF 为主要成分的核膜态颗粒数量上升；②生物柴油积聚态颗粒数量排放低的特点导致积聚态颗粒对挥发性组分的吸附能力减弱，使颗粒成核作用增强，促使核膜态颗粒数量上升；③生物柴油分子内氧促使部分大粒径碳烟颗粒向小粒径碳烟颗粒转化，使核膜态颗粒数量上升。

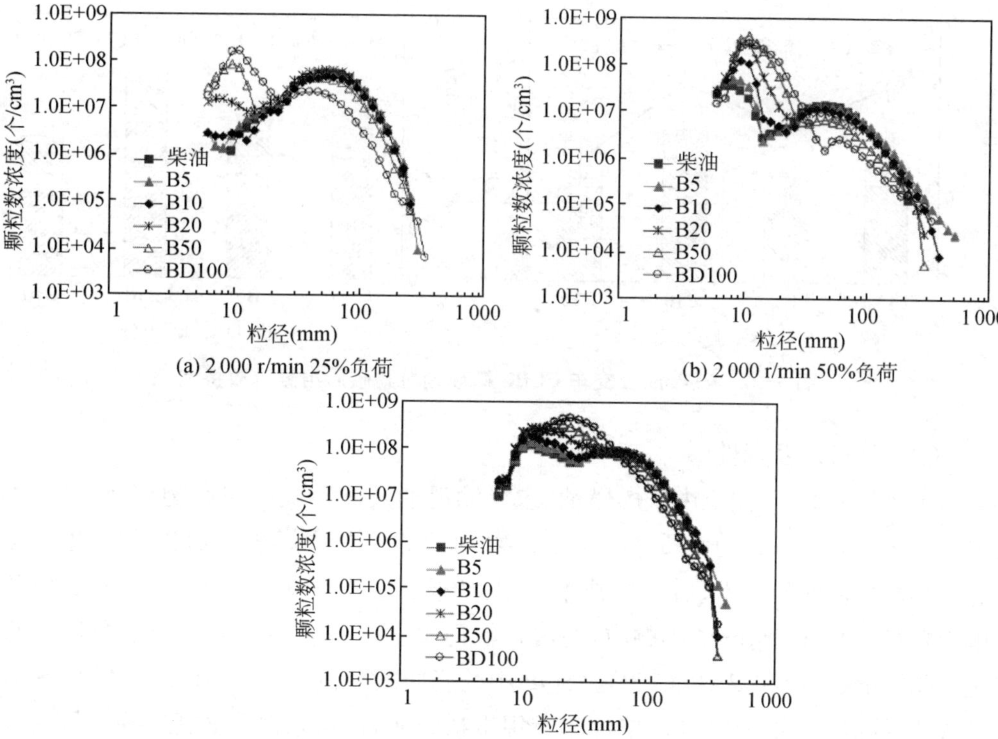

(a) 2 000 r/min 25%负荷

(b) 2 000 r/min 50%负荷

(c) 3 200 r/min 50%负荷

图 5-21 某直喷柴油机燃用生物柴油的颗粒数量粒径分布

4）颗粒碳质组分

机动车尾气颗粒物排放是城市大气 OC 和 EC 主要来源之一。柴油机的颗粒 OC 排放主要取决于燃油品质，且与负荷相关。负荷较低时，混合气空燃比偏高使燃料挥发性占主要影响因素；负荷较高时，油品成为主要影响因素。柴油机排放的 EC 主要形成于缸内高温、高压、浓区，燃油喷射量较大的高负荷工况产生的 EC 排放明显。根据形成条件不同可将 EC 分为 Char-EC（焦炭）和 Soot-EC（烟碳）两种形态。其中，Char-EC 主要为 EC1，通过燃料的裂解形成，一般在燃烧温度较低时生成；Soot-EC 主要为 EC2＋EC3，在较高的缸内燃烧温度下由气粒转化而成。Char-EC 的氧化速率明显高于 Soot-EC。

柴油车排放的碳质组分主要为 OC，占颗粒物排放的 73%～82%。OC 主要组分是 OC2 和 OC3，分别占 OC 排放的 83%和 17%，随着生物柴油混合比例的增加，排放的 OC 降低，但 OC 组成比例基本没有变。另外，柴油车排放的 EC 组成受油品的影响，随着生物柴油比例的增加，排放的 EC 降低。当车辆负荷较低时，例如公交车常用的中国典型城市公交循环（CCBC 循环），生物柴油对车辆 EC 排放的改善效果不明显。柴油机排放的 OC/EC 可用来衡量二次有机气溶胶在颗粒物中所占的比例，可在一定程度上反映大气环境的二次污染，颗粒物的 OC/EC 值越高，则颗粒物在大气进程中的作用时间越长。柴油车的 OC/EC 约为 1.17～4.49，生物柴油的 OC/EC 较小，在大气中生成二次气溶胶的潜力减弱。某柴油公交车 CCBC 循环颗粒物碳质组分排放特性如图 5-22 所示。

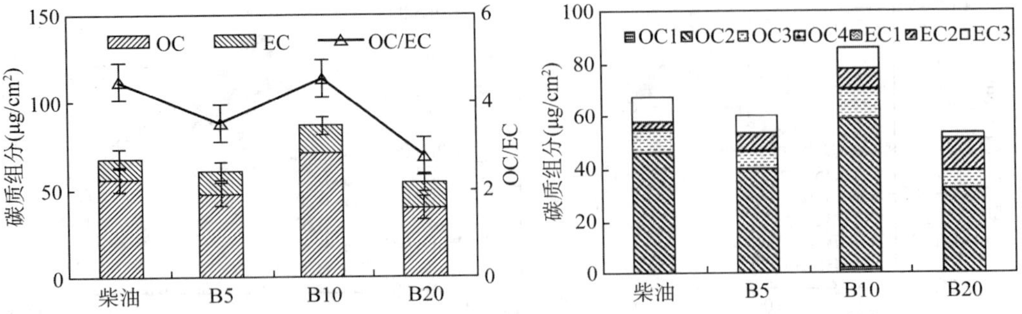

(a) OC、EC排放　　(b) OC、EC组分

图 5-22　某柴油公交车 CCBC 循环颗粒物碳质组分排放特性

5）SOF、PAHs 及毒性

柴油车排放的 SOF 主要由未燃燃油、未燃润滑油及其燃烧中间产物构成，是以燃烧生成的碳烟为核心凝聚形成的大质量分子凝聚物，主要产生于内燃机做功和排气冲程，运行工况、燃油组分、燃烧匹配技术、后处理技术等对 SOF 排放产生影响。柴油车排放的 SOF 主要集中于粒径 0.1～0.5 μm 的细颗粒，约占颗粒物质量的 28%～36%。柴油车排放的 SOF 主要包含脂肪酸、烷烃和 PAHs 三类。SOF 中的脂肪酸约占 64%～81%，烷烃约占 19%～35%，PAHs 约占 0.5%～0.7%。柴油车燃用生物柴油后，颗粒物质量、脂肪酸、烷烃、PAHs 排放因子降低，颗粒物中的 SOF 比例增大。另外，受生物柴油烷烃含量低、十六烷值高、雾化效果较差的综合影响，随生物柴油比例的增加，烷烃排放升高。某柴油车燃用生物柴油的颗粒物质量及 SOF 排放如图 5-23 所示。

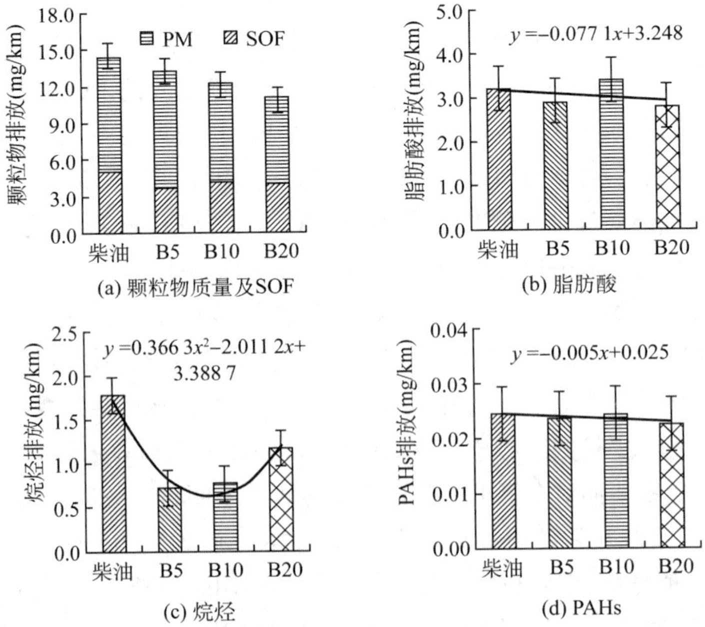

图 5-23　某柴油车燃用生物柴油的颗粒物质量及 SOF 排放

SOF的脂肪酸含量约占64%～81%，由碳、氢和氧三种元素组成，包括碳原子数小于6的挥发性短链脂肪酸、碳原子数6～12的中链脂肪酸和碳原子数大于12的长链脂肪酸三类。脂肪酸是颗粒物中重要的水溶性有机物，极易聚集在颗粒物表面，有较强的酸性。柴油车排放的SOF中脂肪酸组分主要以碳原子数8～18偶数碳脂肪酸为主，C_{16}脂肪酸质量分数约为30%～34%。燃用生物柴油后，受燃烧影响，C_{10}、C_{12}、C_{14}、C_{16}和C_{18}脂肪酸随生物柴油混合比例的增加升高或降低。某柴油车燃用生物柴油的颗粒物脂肪酸种类如图5-24所示。

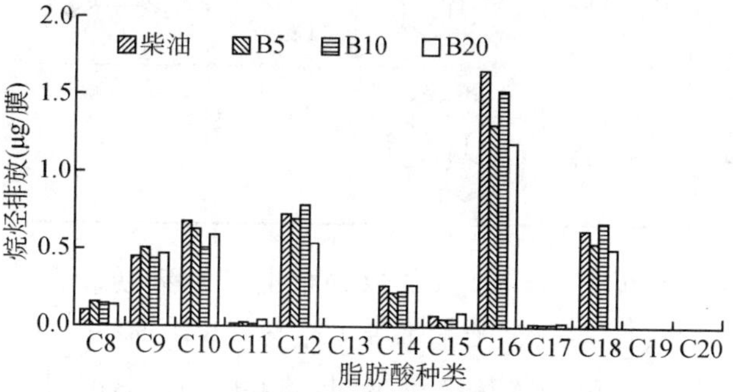

图5-24　某柴油车燃用生物柴油的颗粒物脂肪酸种类

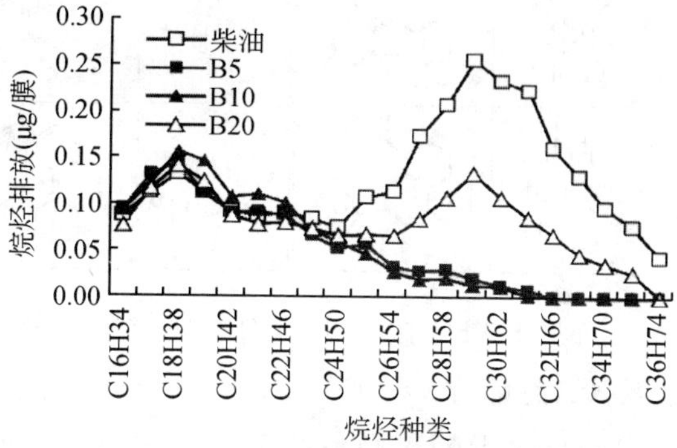

图5-25　某柴油车燃用生物柴油的颗粒物烷烃排放种类

SOF中的烷烃约占19%～35%，是大量存在于可吸入颗粒上的一类有机污染物，柴油车排放的烷烃主要为原子数16～36的烷烃，是大气环境中烷烃重要来源之一。柴油车燃用生物柴油后，碳原子数16～22的烷烃组分增加，碳原子数大于23的烷烃组分降低。某柴油车燃用生物柴油的颗粒物烷烃排放种类如图5-25所示。

SOF中的PAHs含量约占0.5%～0.7%，是颗粒物SOF组分中生物毒性极强的有机物。柴油车排放的PAHs主要为萘(Nap)、苊烯(Acpy)、芴(Flu)、菲(Phe)、蒽(Ant)、荧蒽(Flua)、芘(Pyr)、惹烯(Ret)、苯并[ghi]荧蒽(BghiF)、苯并[a]蒽(BaA)、䓛(Chr)、苯并[b+k]荧蒽(BbF)、苯并[e]芘(BeP)、苯并[a]芘(Bap)、1,3,5-三苯基苯(NSC)、茚并[123-cd]芘(IND)、苯并[ghi]苝(BghiP)、二苯并[a,h]蒽(DBA)和六苯并苯(COR)等2～7环多环芳烃有机物，其中，萘(Nap)、菲(Phe)、蒽(Ant)和惹烯(Ret)的比例较高，占PAHs的约60%。表5-6为柴油车排放的PAHs种类及分子式。

表5-6　柴油车排放的PAHs种类及分子式

种类	分子式	种类	分子式	种类	分子式	种类	分子式
萘(Nap)	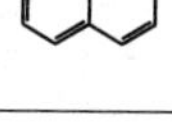	芴(Flu)	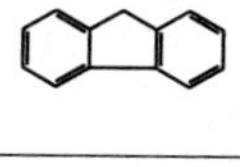	蒽(Ant)	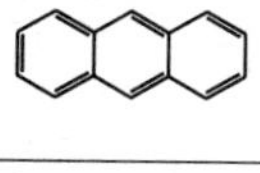	菲(Phe)	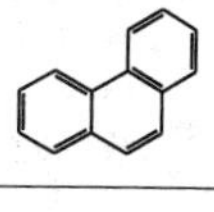
苊烯(Acpy)	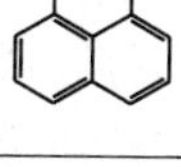	惹烯(Ret)	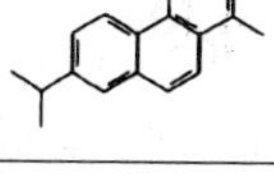	荧蒽(Flua)	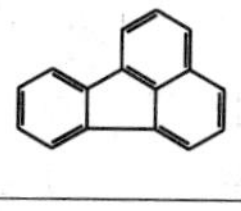	苯并[a]蒽(BaA)	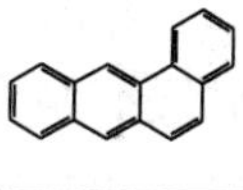

（续表）

种类	分子式	种类	分子式	种类	分子式	种类	分子式
䓛（Chr）	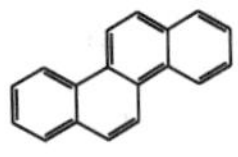	芘（Pyr）	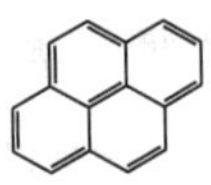	1,3,5-三苯基苯（NSC）	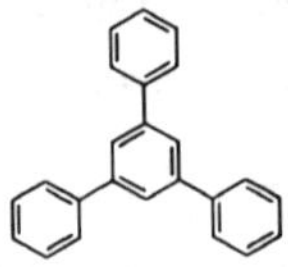	二苯并[a,h]蒽（DBA）	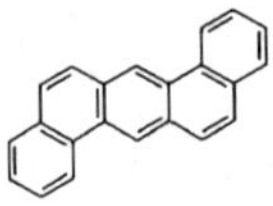
苯并[b+K]荧蒽（BbF）	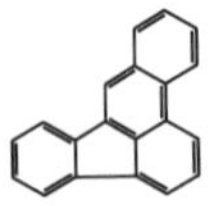	苯并[a]芘（Bap）	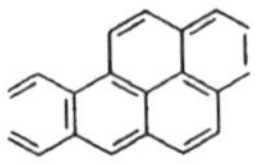	苯并[e]芘（BeP）	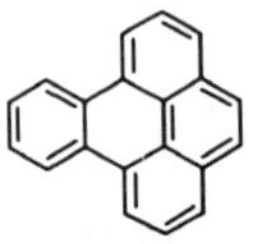	苯并[ghi]荧蒽（BghiF）	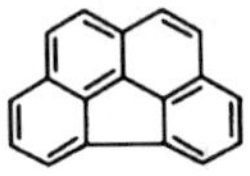
茚并[123-cd]芘（IND）	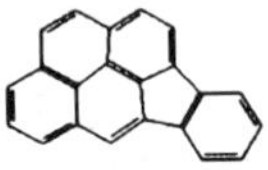	苯并[ghi]苝（BghiP）	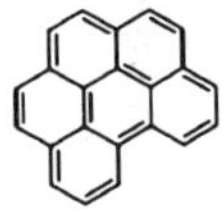	六苯并苯（COR）			

将PAHs按分子结构的环数进行分类，柴油车PAHs排放环数分布主要为芴、蒽、菲、苊烯、苊烯等3环PAHs；荧蒽、苯并[a]蒽、䓛、芘、1,3,5-三苯基苯等4环PAHs，3环+4环PAHs占PAHs总量约70%。另外，不同种类PAHs对人体危害不同，苯并[a]芘（BaP）是EPA规定的16种PAHs中致癌性和毒性最强的物质，被认为是致癌多环芳烃代表物质。通常以苯并[a]芘为标准，测得各类PAHs相对于BaP的致癌毒性，计算各类PAHs毒性当量因子（Toxic Equivalency Factor，TEF）。当柴油车燃用单一来源生物柴油时，其尾气颗粒物PAHs毒性降低。当柴油车使用餐厨废弃油脂等复杂来源原料制生物柴油时，其尾气毒性与柴油基本相当。图5-26是某柴油车燃用餐厨废弃油脂制生物柴油的颗粒物PAHs环数分布及当量毒性。

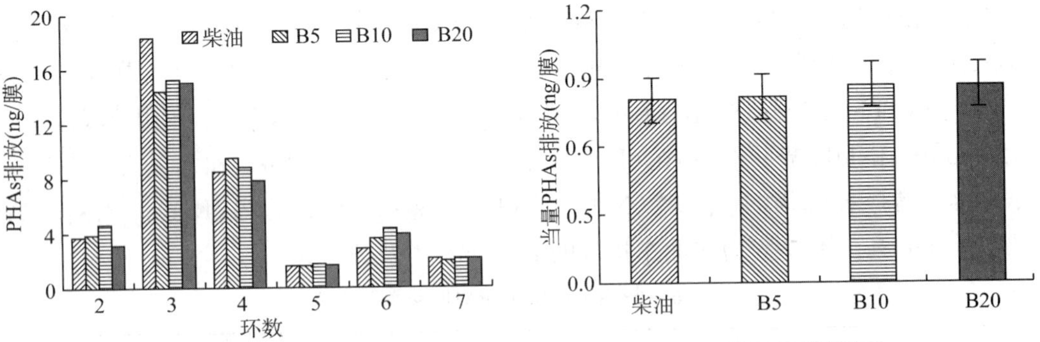

(a) PAHs环数分布　　(b) PAHs当量毒性

图5-26　某柴油车燃用餐厨废弃油脂制生物柴油的颗粒物PAHs环数分布及当量毒性

6）水溶性离子

水溶性离子（Water Soluble Ions，WSI）约占大气颗粒物总质量的40%～70%，是改变大气酸碱性、增加颗粒物消光性的主要组分。柴油车尾气颗粒物呈弱酸性，颗粒物组分与大气颗粒物基本相同，WSI约为颗粒物排放的3%，影响柴油车排气成核以及颗粒物初始吸湿性。不同型式的柴油车，WSI种类基本相同，较为富集的离子包括NO_3^-、SO_4^{2+}和Ca^{2+}。柴油车排放的WSI受负荷、车况等因素影响较大，随着负荷增大及使用时间增加，颗粒物中离子浓度上升，且行驶里程较长车辆的WSI浓度峰值向超细粒径范围($PM_{0.05\text{-}0.1}$)移动。

柴油车尾气颗粒物WSI主要源于燃料、润滑油燃烧、柴油机磨损以及NO_x、SO_2气固相转化。包括影响尾气颗粒物酸性程度的Cl^-、NO_3^-、NO_2^-、SO_4^{2-}以及$C_2O_4^{2-}$等阴离子和影响尾气颗粒物碱性程度的Na^+、NH_4^+、Ca^{2+}、K^+等阳离子。阴离子约占WSI总量的72%～79%，阳离子约占WSI总量的21%～28%。Cl^-主要由燃料及润滑油中氯化物燃烧生成，NO_3^-、NO_2^-与NO_x在颗粒物表面的非均相反应相关，SO_4^{2-}来自燃料、润滑油燃烧以及SO_3成核，$C_2O_4^{2-}$可能与柴油在生产加工过程中使用的十六烷值改进剂有关，Na^+主要与油品有关，Ca^{2+}是车用润滑油添加剂成分，并与油品添加剂有一定的关系，NH_4^+主要与SCR工作时喷射的尿素有关，K^+可能来自生物柴油制备过程中使用的KOH催化剂。

柴油车尾气颗粒物Cl^-、Na^+、K^+离子浓度与使用的油品直接相关，随着生物柴油混合比例的增加，尾气颗粒物WSI阴、阳离子以及颗粒物酸性呈整体增大的变化趋势，且WSI集中吸附的粒径减小。$CaCl_2$和NaCl可能是柴油车燃用柴油时尾气颗粒物Cl^-、Ca^{2+}、Na^+离子的主要存在形式。某柴油车燃用餐厨废弃油脂制生物柴油的颗粒物水溶性离子排放特性如图5-27所示。

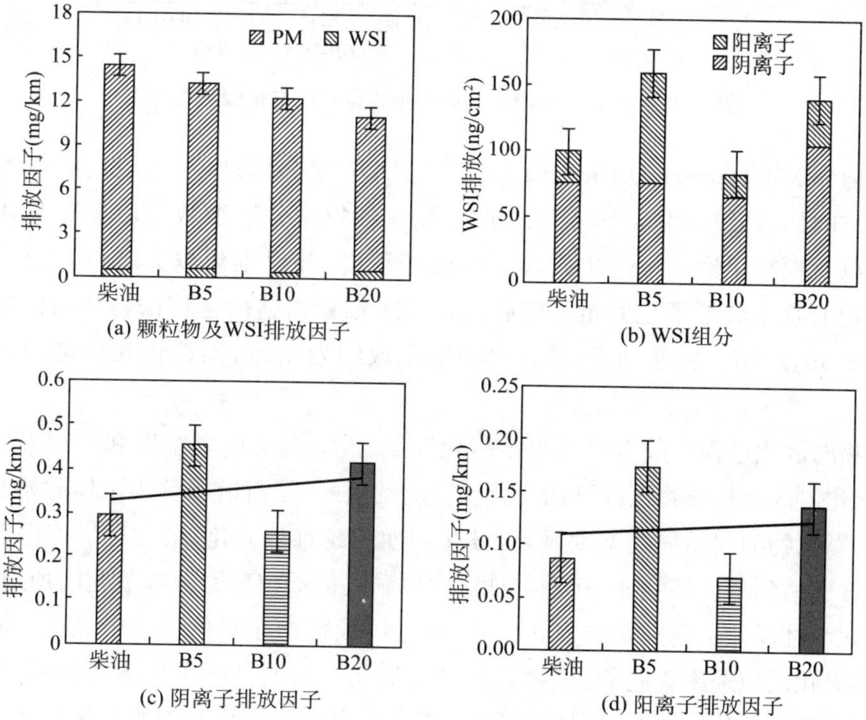

图5-27 某柴油车燃用餐厨废弃油脂制生物柴油的颗粒物水溶性离子排放特性

7）颗粒物微观特性及氧化活性

柴油机排气颗粒主要为球粒状、由基本粒子形成的小聚合体和凝聚体三种形态。其中，球粒状颗粒是柴油机排放的基本粒子，由外壳和内核两个部分构成，外壳呈石墨微晶结构，内核为无序非晶态结构；由基本粒子堆积形成的小聚合体呈絮状、链状、枝状、簇状、葡萄状等形状，较大的凝聚体呈球状或片状等。柴油机燃用生物柴油后对颗粒物基本粒子平均粒径影响不大，对颗粒物微观形态没有影响，由基本粒子堆积形成的颗粒尺寸变小，且排列更紧密。某柴油机燃用柴油和生物柴油的典型颗粒物形态如图 5-28 所示。

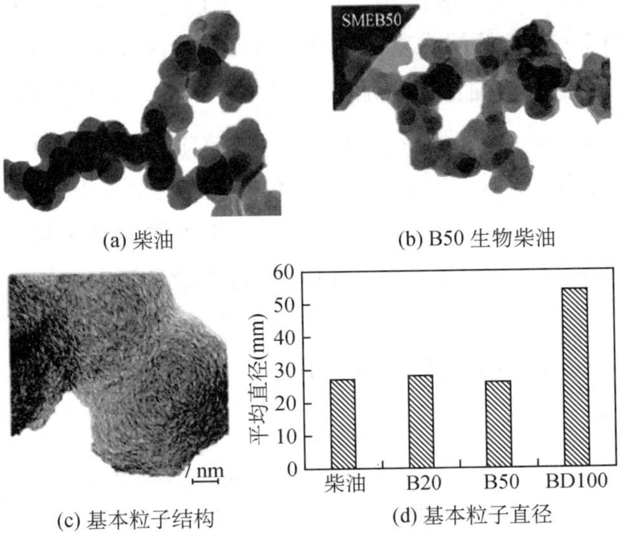

图 5-28　某柴油机燃用柴油和生物柴油的典型颗粒物形态

颗粒物分形维数(Fractal Dimension)是基于几何学分形理论，可以反映不规则外形的物体占据空间的有效性，是物体不规则性量度。颗粒物分形维数可以反映其几何结构的不规则性以及颗粒团聚物中基本碳粒子间疏密程度，分形维数越大，颗粒物结构越紧密，组成颗粒物的基本碳粒子之间重叠度越高；反之，颗粒物结构越疏松。柴油机颗粒物分形维数约为 1.99，燃用生物柴油后，颗粒物分形维数约为 2.01，颗粒物几何结构比柴油更加紧密。

颗粒物的氧化过程一般可以用起始氧化温度、最大燃烧速率温度和燃尽温度表示。其中，起始氧化温度是颗粒物试样开始氧化反应时的温度，是衡量颗粒物试样起始氧化特性的重要参数，颗粒物的起始氧化温度越高，其在初期就越难被氧化；最大燃烧速率温度是颗粒物氧化过程中达到最大燃烧速率时的温度，燃尽温度指颗粒物完全被氧化时所对应的温度；颗粒物氧化活性反映了颗粒物被氧化的难易程度，颗粒物在氧化反应中表现出的反应活化能越小，其氧化反应速率就越快，颗粒越容易被氧化。柴油机燃用生物柴油后，颗粒物起燃温度、燃尽温度和活化能更小，更易被氧化。某国Ⅴ公交车燃用餐厨废弃油脂制生物柴油的颗粒物氧化特性如表 5-7 所示。

表 5-7 某国Ⅴ公交车燃用餐厨废弃油脂制生物柴油的颗粒物氧化特性

燃油种类	起始氧化温度(℃)	最大燃烧速率温度(℃)	燃尽温度(℃)	反应活化能(kJ/mol)
柴油	311.7	361.8	622.17	61.97
B20	278.5	333.9	510.9	49.11
BD100	267.9	317.8	454.8	39.07

5. 非常规排放

柴油机排放的非常规污染物主要包含醛酮类、温室气体类等，柴油机的醛酮类非常规排放很少，但对人体健康危害较大。燃用生物柴油后，除法规限制的常规排放物外，还需考察其产生的非常规排放。

1）醛酮类排放

柴油机产生的醛类排放物主要有甲醛、乙醛、丙烯醛、丙醛、丁醛及苯甲醛；酮类排放物主要有 2-丁酮、2-戊酮、丁二酮等。柴油机排放的醛酮类污染物总量很小，甲醛是主要的醛酮类排放物，约占醛酮类排放总量的 81%。燃料组分、缸内温度、压力、排气温度等因素影响柴油机的醛酮类排放。燃用生物柴油后，受缸内燃烧组织、匹配技术、运行工况等影响，醛酮类排放出现不确定性。一方面，受生物柴油运动黏度高、雾化效果较差、含有较多短链酯等因素的综合影响，其醛酮类排放升高。另一方面，受生物柴油含氧、燃烧更完全等因素影响，柴油机的醛酮类排放降低。某柴油机燃用生物柴油的醛酮类排放如图 5-29 所示。

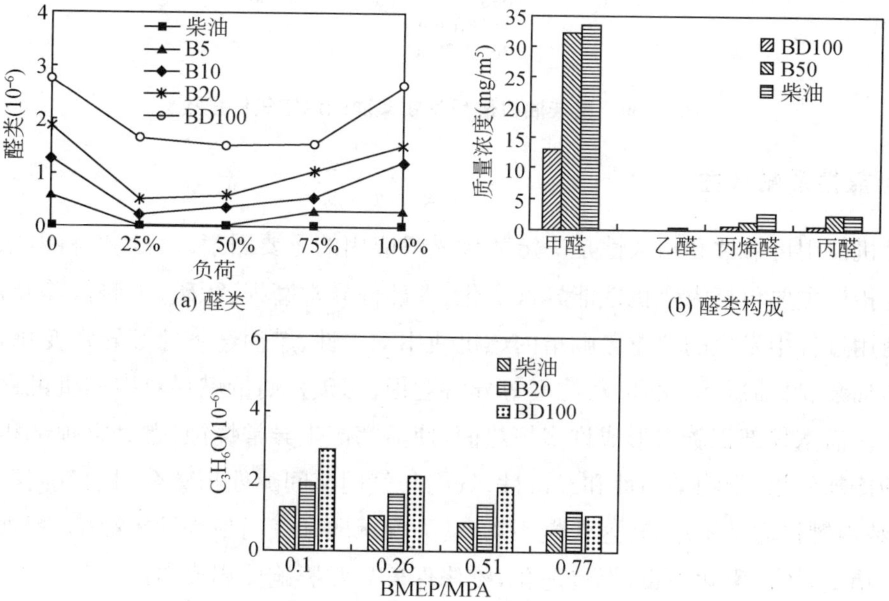

(a) 醛类　(b) 醛类构成　(c) 丙酮排放

图 5-29 某柴油机燃用生物柴油的醛酮类排放

2）温室气体排放

温室气体是机动车的重要污染物排放。机动车产生的温室气体排放主要包括 CO_2、CH_4 和 N_2O 三种。生物柴油有利于改善柴油机的温室气体排放，随着生物柴油混合比例的增加，柴油机的 CO_2 和 CH_4 排放降低，N_2O 升高，当量 CO_2 排放降低。某柴油机燃用生物柴油的温室气体排放如图 5-30 所示。

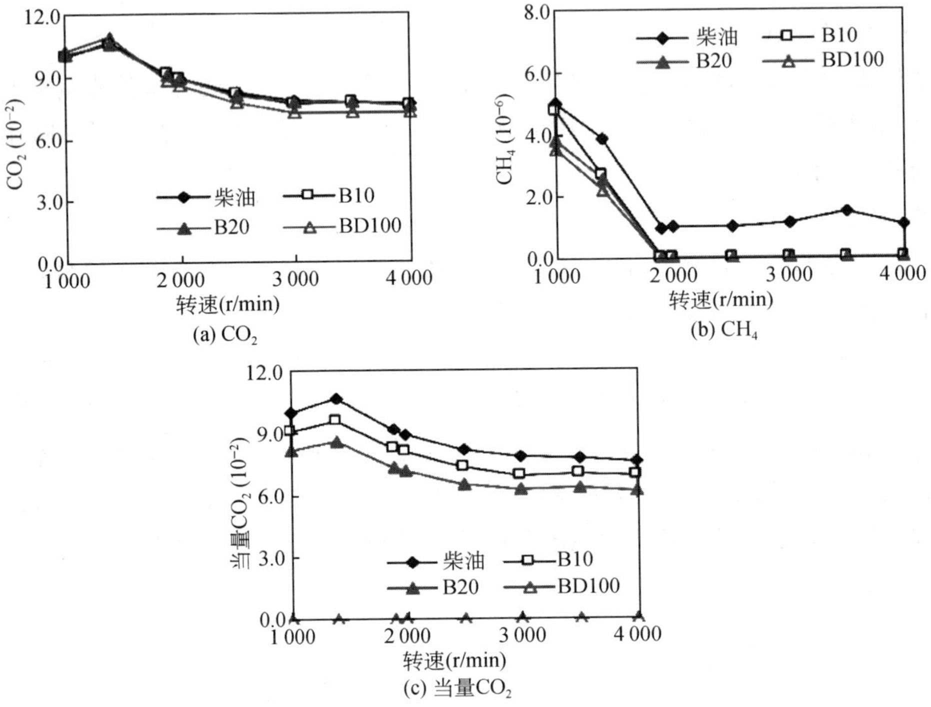

图 5-30　某柴油机燃用生物柴油的温室气体排放

5.2.5　可靠性及耐久性

内燃机使用可靠性和耐久性是决定替代燃料应用的重要因素。替代燃料内燃机可靠性及耐久性指标主要包括内燃机性能异常变化、零部件异常磨损、积碳、维修保养异常。其中，内燃机使用过程中发生的严重影响指内燃机使用动力性、燃油经济性等异常变化，零部件异常磨损指油泵、喷油器、活塞环、气缸套等异常磨损，积碳是衡量燃料对内燃机可靠性影响的重要因素。活塞顶部积碳会形成许多炽热面，使活塞产生异常烧蚀；燃烧室顶部积碳将降低内燃机的冷却效果，影响动力性和经济性；气门与气门座间隙处积碳会引起气门关闭不严而漏气，导致内燃机起动困难，转速快慢不均，动力性减弱和气门易烧蚀等故障；喷油嘴处积碳将使喷孔堵塞，燃油雾化不良，燃烧恶化；维修保养异常影响使用成本。

生物柴油的理化指标与柴油不同，其氧化产物可能堵塞滤清器，导致柴油机动力性下降，甚至不能起动；生物柴油燃烧产生的 NO_x 在燃烧过程中窜到曲轴箱中，影响润滑油性能，导致润滑油更换周期缩短，增加使用成本，严重时将加剧柴油机磨损，缩短使用寿命；生物柴油运动黏度较大的特点是有利于油泵和喷油器润滑，同时也导致燃油喷射雾化效果变差，燃烧变差，产生胶质残留物并最终形成积碳。而且，生物柴油中不饱和脂肪酸和游离脂肪酸可使机油提前变质和聚合，窜入燃烧室并形成积碳。

大量研究和应用实践表明，当生物柴油混合比例不超过20%时，采取添加抗氧剂等措施改善纯生物柴油的抗氧化能力，可保证生物柴油混合燃料的氧化安定性指标以及柴油机功率、油耗、烟度和排气温度等参数稳定，动力性、燃油经济性等无异常变化；柴油机的燃油泵、共轨管、喷油器、活塞环、活塞、气缸套、连杆、连杆轴瓦、凸轮轴等关键零部件磨损量均未超过极限值，且生物柴油的磨损程度略小；活塞顶面，燃烧室顶面，气门与气门座间隙、喷油嘴处的积碳无明显增加；维修保养情况与燃用柴油基本相当。混合比例小于20%的生物柴油混合燃料对柴油机可靠性和耐久性基本没有影响，可以正常使用。某公交车燃用B10生物柴油的积碳及维修保养变化情况如图5-31所示。

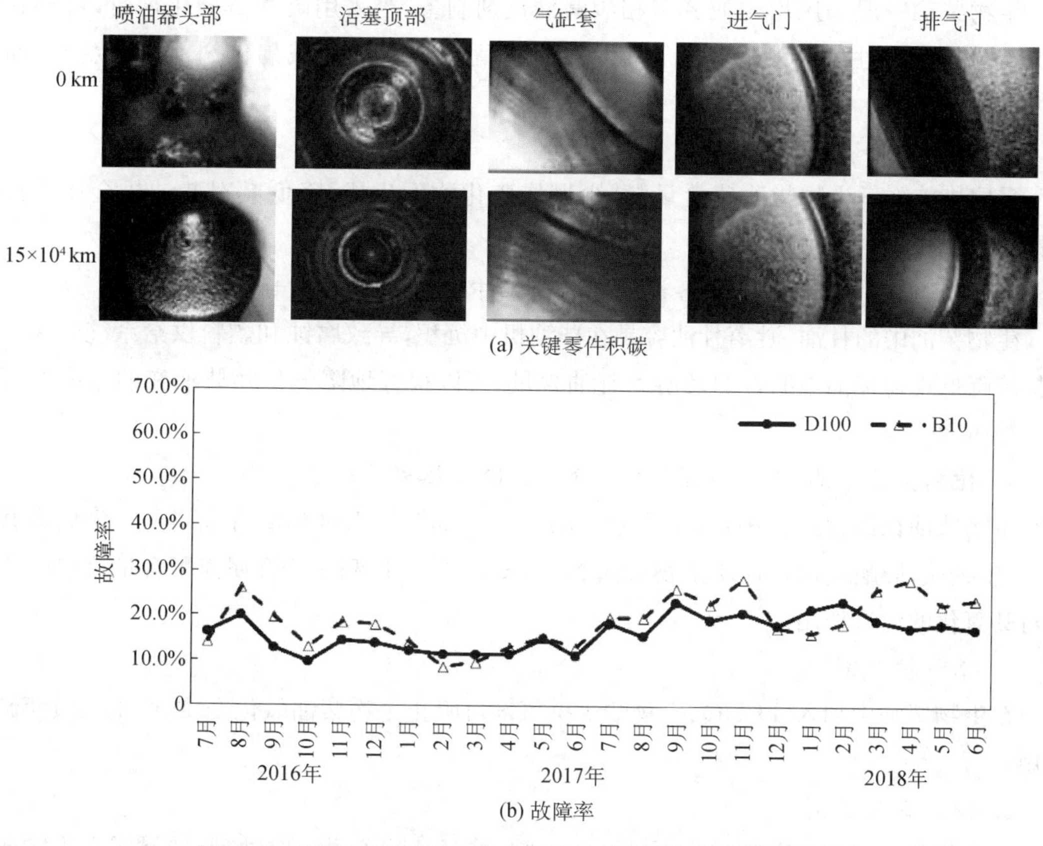

图5-31 某公交车燃用B10生物柴油的积碳及维修保养情况

5.3 柴油机燃用高比例生物柴油技术

生物柴油混合比例低于10%时，柴油机不做任何调整可以直接使用，且各项性能正常；当生物柴油的混合比例介于10%～20%时，需要适当调整喷油策略和NO_x净化效率，满足动力性和排放性要求；当生物柴油混合比例超过 20%时，即高比例使用时，需要从燃料供给系统材料兼容性改进、燃烧参数优化、NO_x 和颗粒数量净化等方面对柴油机进行调整，保证柴油机的性能。

5.3.1 材料兼容性改进

随着生物柴油混合比例增加，生物柴油中的杂质、吸湿性、氧化等增大了生物柴油的腐蚀性，导致柴油机铜质部件发生化学和电化学腐蚀，非金属材料溶胀老化。改进生物柴油生产工艺，例如采用固体酸/碱催化剂、降低硫含量等措施提高生物柴油质量，添加抗氧剂和金属缓蚀剂，在燃料供给系统中采用耐生物柴油腐蚀和溶胀的金属及橡胶材料，是解决生物柴油腐蚀问题的有效办法。

1. 采用固体酸/碱催化剂

生物柴油一般采用均匀或者多相酸碱催化剂制备，当采用硫酸做催化剂时，可导致生物柴油具有腐蚀性。可采用不溶于生物柴油的固体酸或固体碱催化剂，降低生物柴油腐蚀性。

2. 降低硫含量

采取措施降低生物柴油硫含量，减少燃烧硫化物的生成，降低其对柴油机金属零件的腐蚀。

3. 提高生物柴油纯度，严格控制生物柴油中的甘油及游离甘油含量

生物柴油中的甘油、游离甘油容易在柴油机中沉积，导致腐蚀和燃料供给系统故障。采取措施降低生物柴油中的甘油及游离甘油含量，可以很好地降低生物柴油在油路中的沉积及腐蚀风险。

4. 控制生物柴油 Na^+、Ca^{2+} 等 1 价和 2 价金属离子含量

生物柴油在储存过程中，从生产带入的 Na^+、Ca^{2+} 等 1 价和 2 价金属离子将促进其氧化，产生杂质，影响使用。控制生物柴油 Na^+、Ca^{2+} 等 1 价和 2 价金属离子含量可以防止金属对其氧化的促进作用。

5. 添加抗氧剂

在生物柴油中加入 TBHQ、生物酚等抗氧剂可阻止生物柴油氧化变质、产生杂质而影响使用。

6. 使用耐腐蚀剂

在生物柴油中加入咪唑啉类、伯胺、二元胺、烷氧基胺等耐抗腐蚀剂，使暴露在生物柴油中的金属表面上形成稳定的金属氧化层，减缓腐蚀。

7. 使用耐腐蚀材料

尽量避免在燃料供给系统中使用铜、黄铜、青铜、铅、锡、锌等金属材料以及丁腈橡胶、氯丁二烯橡胶、氯丁橡胶和天然橡胶等。可采用不锈钢材质或在碳钢材质内衬防腐蚀衬里的油箱，选用高硬度、低摩擦、耐磨损、耐腐蚀的不锈钢和渗氮工具钢制造喷油器，在燃油管、软

管、密封件中改用含氟橡胶材料和氟碳聚合物材料。

5.3.2 燃烧参数优化

针对生物柴油的理化指标特点，对柴油机燃烧系统进行优化，例如德国 Elko 公司开发的双热区燃烧系统，改善柴油机性能。在组织生物柴油燃烧过程时，以下几点必须考虑：①由于生物柴油十六烷值高，滞燃期短，燃用生物柴油时，可考虑减少供油提前角，同时生物柴油对柴油机供油提前角的影响较大，供油提前角必须精细调节；②采用高温冷却、使用隔热型铸铁铝铰接活塞以及向活塞下部喷油等内冷方式，提高燃烧室壁面温度，从而加快生物柴油的蒸发；③采用结构优化的喷油器，改善生物柴油喷雾质量，减少喷油器积碳，防止喷孔堵塞。

1. 采用预喷射

柴油机采用预喷射可以缩短主喷滞燃期，降低燃烧温度，使主喷燃烧更加柔和，实现燃油经济性、NO_x 和颗粒物排放折中优化。相比预喷间隔，预喷油量对主喷燃烧滞燃期及燃烧持续期的影响更显著。

2. 增大喷油压力

生物柴油的运动黏度较大，喷雾与雾化效果相对较差，增大喷油压力可在一定程度上改善生物柴油的喷雾质量，提高燃烧效率。但是，提高喷油压力将使喷雾贯穿距增大，导致一部分生物柴油喷到燃烧室壁上而不能及时与空气充分混合，燃烧变差。因此，喷油压力的提高应与燃烧室相匹配。

3. 调整喷油器结构

喷油器决定柴油机喷雾质量，油束与燃烧室的配合是影响柴油机性能的重要因素。生物柴油的热值等理化特性不同于柴油，循环供油量应增大，所要求的喷嘴型式与柴油也不相同。

4. 调整喷油提前角

喷油提前角对柴油机经济性影响较大。喷油提前角过大，则导致柴油机功率下降，燃油经济性恶化，且工作粗暴；喷油提前角过小，则导致燃料不能在上止点附近迅速燃烧，燃油消耗率和排气温度增高。柴油机燃用生物柴油后，应结合其滞燃期较短的特点，适当调整喷油提前角。

5. 增大喷油量

生物柴油热值较低的特点导致柴油机动力性下降，需增大循环供油量，恢复动力性。对于机械泵式燃料供给系统柴油机，可采用增大喷油泵柱塞有效行程和直径来增加循环供油量，对于电控燃料供给系统柴油机，可增长喷油脉宽来增大喷油量。

5.3.3 NO_x 净化

生物柴油含氧、喷油始点提前、燃烧始点提前等特征导致其 NO_x 排放升高。柴油机燃用高比例生物柴油后，必须采取措施，降低其 NO_x 排放。生物柴油的 NO_x 排放控制技术主要有六种。

1. 乳化法和微乳化法

乳化法是利用合适的乳化剂，形成生物柴油-水或柴油/生物柴油-水的乳化液，使气缸平均温度降低，减少 NO_x 排放。微乳化法的 NO_x 降低机制和乳化法相同，得到的微乳液是热力学稳定体系，可长期稳定存在，是目前的研究热点之一。

2. 燃料改性

生物柴油由多种脂肪酸甲酯或脂肪酸乙酯组成，可以通过适当增加生物柴油中长碳链组分，减小双键组分数量，改善 NO_x 排放。

3. 添加剂法

添加剂降低 NO_x 的机理是在燃油中添加具有抗氧化作用的添加剂，减少 N 被氧化的几率，降低 NO_x 排放。

4. 调整喷油提前角

喷油提前角直接影响燃料在缸内的燃烧过程，减小喷油提前角可降低燃烧温度，改善 NO_x 排放，但可能增加碳烟和颗粒排放，应结合生物柴油特点，选择一个使 NO_x、碳烟颗粒排放最低的最佳喷油提前角。

5. 废气再循环

废气再循环(Exhaust Gas Recirculation, EGR)是将内燃机燃烧后排出的一部分气体导入进气侧，使其再度燃烧的技术。EGR 可以降低缸内燃烧温度，从而降低 NO_x 排放。EGR 技术是目前降低轻型柴油机 NO_x 排放最有效的技术手段之一，具有成本低等特点。EGR 率选择是 EGR 技术应用的关键，过小的 EGR 率会导致 NO_x 的降低效果不明显；过大的 EGR 率会使燃烧恶化，燃油消耗率增加，HC 排放上升；低负荷下采用大的 EGR 率会使缸内压力变动率增大，燃烧不稳定，甚至失火；高负荷下过大 EGR 率对动力性影响较大。生物柴油含氧，理论上比柴油具有更高的耐 EGR 率。当柴油机燃用生物柴油并采用 EGR 技术时，柴油机排放的 PM 和 NO_x 可同时降低。当 EGR 率大于 50%时，EGR 阀开启和关闭响应时间应小于 50 ms。EGR 率对 NO_x 排放的影响如图 5-32 所示。

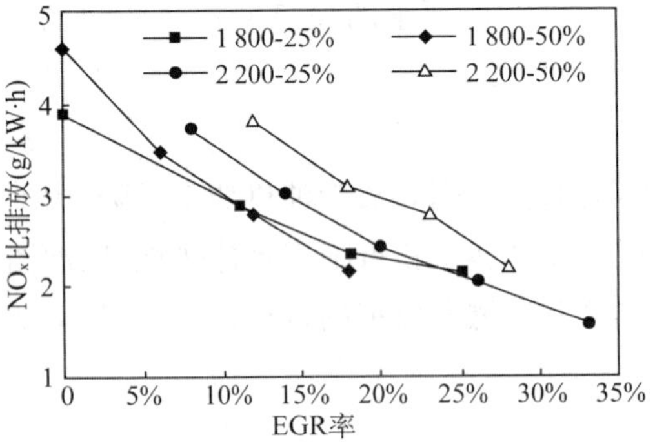

图 5-32　EGR 率对 NO_x 排放的影响

6. 采用尾气 NO_x 后处理技术

选择性催化还原转化(SCR)是一种广泛应用的降低柴油机尾气 NO_x 排放的后处理方法。针对生物柴油 NO_x 排放高的特点，对 SCR 尿素喷射策略进行优化，可有效控制 NO_x 排放。SCR 尿素喷射策略优化前后的 NO_x 排放如图 5-33 所示。

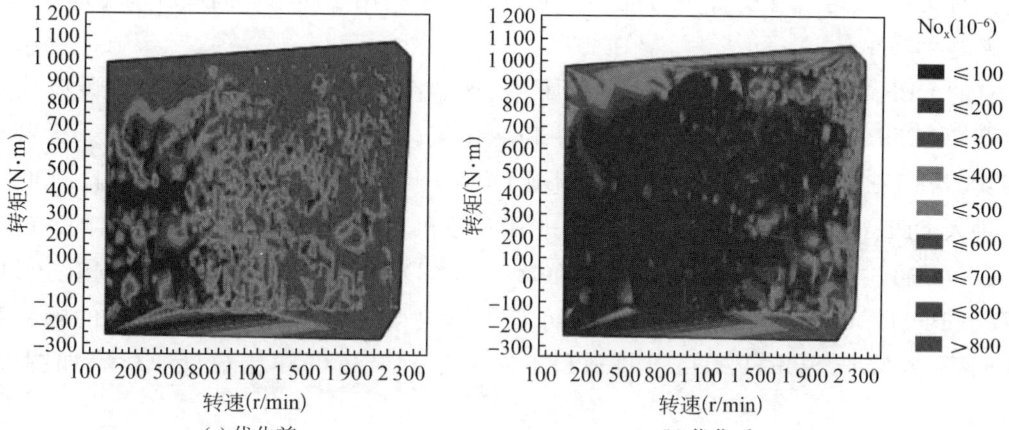

(a) 优化前 (b) 优化后

图 5-33 SCR 尿素喷射策略优化对 NO_x 排放的影响

5.3.4 颗粒物净化

生物柴油的排气颗粒净化技术包括缸内净化技术和尾气后处理技术两类。缸内净化技术是对柴油机的喷射压力、预喷时间及油量、主喷时间及油量等喷油参数进行优化,使燃烧更充分,降低颗粒物排放。

采用尾气后处理技术是降低柴油机颗粒物排放的主要手段。主流技术包括柴油机氧化催化器(Diesel Oxidation Catalyst, DOC)、柴油机颗粒捕集器(Diesel Particulate Filter, DPF)和催化型柴油机颗粒捕集器(Catalyzed Diesel Particulate Filter, CDPF)。

1. 柴油机氧化催化器(DOC)

DOC 安装在排气管路中,通过氧化反应将排气中的 CO 和 HC 转化成水和 CO_2。DOC 作为一种重要的柴油机后处理装置,主要用于控制 CO 和 HC 排放,也可氧化颗粒中 SOF,达到降低颗粒物排放的效果。

DOC 主要以铂(Pt)、钯(Pd)等贵金属作为催化剂,可以除去 90%的 SOF,对净化颗粒的可溶性有机成分(SOF)具有良好效果。柴油机燃用生物柴油后,其增加的颗粒数量排放主要为直径 10 nmn 左右的核膜态颗粒,包括大量液态和半液态重质 HC 组分,通过调整 DOC 催化剂配方,例如增加催化剂中的铂含量,增强其氧化能力,可以很好地控制柴油机燃用生物柴油后排放的小颗粒数量。

2. 柴油机颗粒捕集器(DPF)

DPF 可减少柴油机产生的 90%以上的颗粒,是目前降低柴油机颗粒排放的有效手段。当柴油机排出的颗粒通过 DPF 时,经过其内部密集设置的过滤通道将颗粒吸附在过滤体上,当颗粒累积到一定程度后,将吸附在过滤体上的颗粒燃烧,实现 DPF 再生,恢复 DPF 性能。DPF 再生方式包含主动再生和被动再生两类。主动再生指利用外界能量提高 DPF 过滤体内的温度到 550 ℃左右,使颗粒着火燃烧,实现 DPF 再生。提高 DPF 过滤体内温度的方法包括电加热、尾气管喷油、燃烧器等。被动再生是利用燃油添加剂或者催化剂来降低颗粒着火温度。

有的DPF在颗粒过滤体上喷涂金属铂、钯、铑等催化剂，构成催化型颗粒捕集器(CDPF)。CDPF可同时实现颗粒的过滤和催化氧化，实现DPF的连续再生。大部分颗粒捕集器在DPF之前串联一个DOC，组成DOC+DPF或DOC+CDPF结构，DOC可以提高进入DPF或CDPF的尾气温度，促进其有效再生；也可以将内燃机排出的NO氧化为NO_2，再通过NO_2氧化尾气中的颗粒，使经过DPF和CDPF的颗粒边氧化边过滤。DPF、CDPF、DOC+DPF、DOC+CDPF可有效解决柴油机燃用生物柴油后的颗粒数量增加问题，并降低SOF、PAHs等排放。不同后处理装置的颗粒数量净化率如图5-34所示。

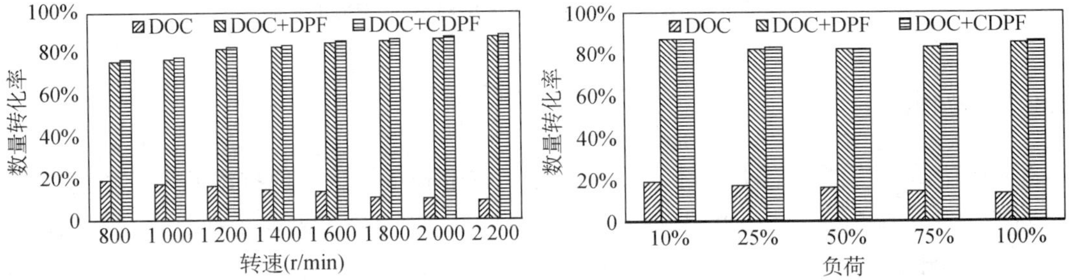

(a) 外特性　　(b) 1 400r/min负荷特性

图5-34　不同后处理装置的颗粒数量净化率

5.4　生物柴油的应用与发展

1896年，德国工程师Rudolph Diesel经10多年反复试验，成功试制出压燃式内燃机，即柴油机。最初的柴油机以花生油为燃料并在1900年巴黎世界博览会上亮相。由于植物油成本高、分子量大、碳链长、运动黏度高、低温流动性差、不易雾化、易碳化结焦等缺点，其作为柴油机燃料没有得到推广。后来，石油的大规模开采，替换煤成为重要能源，柴油机得到快速发展。随着世界石油资源的逐渐枯竭，寻找柴油替代燃料是各国的关注重点和热点。采取酯交换或加氢工艺将植物油制成生物柴油，降低运动黏度，使其更适用于柴油机，可实现再生资源的充分利用，使柴油机回归Rudolph Diesel最初以植物油为燃料的设想，在解决石油资源枯竭问题的同时减小柴油机产生的颗粒物排放等对环境的危害。

生物柴油作为一种可再生柴油替代燃料得到世界各国广泛重视，已经在美国、欧盟、东南亚等国家和地区规模应用，主要原料包括大豆油、菜籽油、棕榈油、废弃油脂等。表5-8为世界各国生物柴油应用情况。

表 5-8　世界各国生物柴油应用情况

国家	美洲				欧盟						东南亚			东北亚	
	美国	巴西	阿根廷	加拿大	德国	法国	意大利	瑞典	奥地利	比利时	马来西亚	印尼	泰国	日本	中国
比例	B5，B6～B20	B11	B10	B5	B7 B20/B30						B10	B20	B5		
主要原料	大豆油				菜籽油						棕榈油			废弃油脂	

1. 美国

美国是美洲地区生物柴油生产及应用代表性国家，是最早研制生物柴油的国家之一。20 世纪 90 年代初便将生物柴油投入商业应用，生物柴油是美国产量增长最快的替代燃料之一。1996 年美国生物柴油产量仅为 1 500 t，2019 年，美国生物柴油产量约 932 万 t，生物柴油产量快速增长。美国生物柴油的生产原料广泛，主要为大豆油，占 60%以上。

美国于 1999 年制定纯生物柴油标准 PS121—99，并于 2002 年统一为 ASTM D6751—02。后经多次修订，目前执行的是 ASTM D6751—20。2008 年，美国修订了柴油标准 ASTM D975—08a，增加 B5，同时颁布了 B6～B20 生物柴油调合燃料新标准 ASTM D7467—08。后经多次修订，目前执行的是 ASTM D975—20 和 ASTM D7467—20。

美国的生物柴油应用比例主要有 B5 和 B6～B20 两种。各州可以根据自身情况确定生物柴油强制添加比例。例如，爱荷华州的生物柴油添加比例达到 11%；2018 年 5 月起明尼苏达州强制使用 B20 柴油，规定从 4 月到 9 月销售的柴油中必须至少含 20%的生物柴油，其中 4 月 1 日到 14 日期间可以少于 20%但不得少于 10%，其他时间不得少于 5%。

2. 巴西

巴西是世界上生物能源开发和利用最早、规模最大的国家。生产原料以大豆油(70%～80%)为主，牛油为辅，拥有整体处于自给自足的市场，2019 年产量为 500 万 t。巴西 20 世纪 80 年代就启动了“生物柴油计划”。2008 年 1 月，巴西全国强制使用 B2 柴油，成为世界上第一个不再销售和使用纯柴油的国家。2008 年 7 月，强制使用 B3 柴油，2009 年 7 月开始增加到 B4，2010 年 1 月开始提高到 B5，2014 年 5 月强制推广 B7，2016 年提高到 B8，2017 年为 B9，2018 年则为 B10，2019 年再提高到 B11。

3. 阿根廷

阿根廷的生物柴油生产原料以大豆油为主，2019 年产量约 220 万 t，部分生物柴油出口美国和欧盟。阿根廷最早的生物柴油政策是 2006 年的 26.093 条款，即 2010 年 1 月达到 B5 的目标，2010 年 2 月开始实施 B7 计划，2016 年 4 月提高至 B10。

4. 欧盟

欧盟是世界上最大的生物柴油市场和生产地区，生物柴油生产厂家主要分布在德国、意大利、奥地利、法国和瑞典。2019 年，欧盟生物柴油产量近 1 300 万 t，原料主要为菜籽油，还包括棕榈油、大豆油、葵花籽油、动物脂肪、废弃油脂等其他原料，并优先鼓励使用废弃油脂等非粮原料制生物柴油。欧盟可再生能源指令（RED Ⅱ）要求，基于粮食作物的第 1 类生物燃料的掺混上限要从 2021 年的 7%下降到 2030 年的 3.8%，将第 2 类生物燃料的掺混下限从 2021 年的 1.5%上调到 2030 年的 6.8%。

2003 年，欧盟把德国、意大利、法国、瑞典等国家的 BD100 生物柴油标准统一为 EN 14214—2003（车用）和 EN 14213—2003（加热油用），于 2008 年合并为 EN 14214—2008，后经过多次修订，目前执行的纯生物柴油 BD100 标准为 EN 14214—2012＋A2—2019。

2004 年，欧盟修订了柴油标准 EN 590—2000，修订后的柴油标准 EN 590—2004 中允许添加不超过 5%的生物柴油，且添加的生物柴油须满足 EN 14214。2017 年，欧盟执行新的柴油标准 EN 590—2013＋A1—2017，认可了体积分数 7%的生物柴油与体积分数 93%的石化柴油调合而成的 B7 调合燃料。除 B7 之外，欧盟于 2015 年 12 月公布了生物柴油调合燃料 B20/B30 标准 EN 16709—2015，允许在柴油中添加 20%或 30%的生物柴油，扩大生物柴油的使用比例。

5. 东南亚

印度尼西亚和马来西亚是东南亚地区应用生物柴油比较好的国家。作为棕榈油生产地，印度尼西亚和马来西亚均以棕榈油为原料生产生物柴油，并部分出口。2019 年，印度尼西亚的生物柴油产量约为 650 万 t，出口 110 万 t；马来西亚的生物柴油产量约为 150 万 t，出口约 65 万 t。2008 年，印度尼西亚政府通过法案，强制要求生产企业在能源消耗中使用生物柴油的比例至少达到 2.5%，以减少对石化能源的依赖度；2013 年，所有交通运输柴油必须含有 3%的生物柴油，工业和商业用柴油须含 5%的生物柴油，发电用油须含 7.5%的生物柴油；2014 年，所有柴油必须含 10%的生物柴油，发电用油必须含 20%的生物柴油；2019 年实际掺混率提高至 20%。2014 年，马来西亚政府在全国范围内推行 B5 计划，2015 年提高为 B7，2019 年再提高到 B10，拟于 2020 年提前实施 B20。

6. 中国

我国开展生物柴油的研究开始较早。1981 年已有使用菜籽油、棉籽油、乌桕油、木油、茶油等植物油生产生物柴油的试验研究。我国于 2007 年颁布实施了《柴油机燃料调合用生物柴油（BD100）》（GB/T 20828—2007）；于 2011 年 2 月 1 日颁布实施了《生物柴油调合燃料（B5）》（GB/T 25199—2010），根据用途分为 B5 轻柴油和 B5 车用柴油两类，该标准的实施表明生物柴油调合燃料相关质量标准得以统一，对生物柴油行业的发展起到了规范作用。2014 年、2015 年，GB/T 20828 和 GB/T 25199 经过 2 次修订。2017 年，再次对 GB/T 20828 和 GB/T 25199 进行修订，合并为《B5 柴油》（GB 25199—2017），从推荐性标准升级为强制性标准，BD100 质量要求作为该标准的附录。

为推动生物柴油的市场化使用，除国家标准外，云南省、安徽省、河北省、上海市等省市制定了地方标准或团体标准。例如：安徽省 2007 年制定的《生物柴油（BD10）》（DB34/721—2007）、河北省 2014 年制定的《生物柴油（BD10）》（DB13/T 2140—2014）、云南省 2013 年制定的《生物柴油普通调合燃料(B10)》(DB 53/450—2013)以及上海市2016制定的《餐厨废弃油脂制车用生物柴油调合燃料(B10)》(T/310104004—C001)等。

我国是人口大国，年消耗食用油脂约3 000万t，产量约1 440万t，不能满足食用油市场需求。因此，我国不可能将食用油脂用于生物柴油原料。另外，我国年均3 000万t的食用油消费中，约20%～30%成为废弃油脂，即600万～900万t，是我国生物柴油最具潜力的生产原料。而且，我国山东、新疆产棉大省还有一定数量的棉籽油可以用作生物柴油原料，正在研发中的生物微藻也是生物柴油潜在原料之一。2019年，我国生物柴油产量约100万t，生产原料主要为废弃油脂。生物柴油的应用比例为B5，并已在上海实现推广使用。

目前我国原料短缺和成本高的现状制约着生物柴油的规模化和产业化发展，从我国国情出发，深入分析我国自然资源条件，多方面开展油脂资源开发和利用，以保障我国未来生物柴油原料资源供应。

(1) 利用转基因等生物技术改良传统油料作物

转基因生物技术的出现，使得传统油料作物产量和出油率得到了极大提高。由于在转基因食品是否对人类健康存在威胁问题上存在争议，转基因食用油没有得到广泛使用，但可以作为生产生物柴油的原料。据估计，在不与粮争地的前提下，我国有2 670万hm^2耕地可用于发展能源油菜，按当前平均菜籽产量1.6 t/hm^2、含油率40%计，每年通过能源油菜种植提供原料可生产1 700万t生物柴油。同时可合理利用非耕地或农闲地种植高产量大豆、油菜、花生、蓖麻等油料作物，协调我国粮食安全与能源安全的矛盾，为生物柴油生产提供原料。

(2) 大力发展木本油料植物

我国拥有丰富的油料植物资源，木本油料树种有400多种，含油量在15%～60%的有200多种，含油量在50%～60%的有50多种，目前开发利用的仅10多种。在自然界中还有大量野生资源有待发掘和进一步开发利用。木本油料植物抗逆性强，管理粗放，不与粮争地，而且栽种一次，收获多年，采集时需要大量劳动力，这些特点适合我国国情。占我国国土面积约69%的山地、高原、丘陵地区甚至沙地也可以用来种植木本油料植物，不仅可以为生物柴油产业提供丰富的可再生原料，改善生态环境，还有利于农村产业结构调整，增加农民收入。已经得到初步开发的木本油料植物主要集中在大戟科麻疯树、漆树科黄连木、山茱萸科光皮树、无患子科文冠果、山茶科油茶等，含油率都在40%以上，且C_{16}、C_{18}脂肪酸含量较高。随着对油料植物资源的深入研究，更多的优良木本油料植物资源将得到开发利用。

(3) 重点开发微生物油脂转化技术

利用微藻生产柴油具有重要经济意义和生态意义，其优越性在于微藻生产能力高，用海水作为天然培养基可节约农业资源。微藻比陆生植物单产油脂高出几十倍。发展富含油脂的微藻或者工程微藻是生产生物柴油的一大趋势。

（4）合理利用废弃油脂资源

废弃油脂是最具潜力的生物柴油生产原料之一，地沟油等餐厨废弃油脂有可能被不法商贩加工成劣质食用油重新回流餐桌，危害人民的生活健康。因此，政府部门应采取措施，实施优惠政策，对废弃油脂进行集中收集、集中处置、合理分配利用，实现废弃油脂“应收尽收、应用尽用”。

第6章　煤/天然气制油

煤/天然气制油(Coal/Natural Gas to Liquid)指以煤或天然气为原料，通过化学变化转化而成的新型燃料。主要通过两种途径制备：一是将煤在400～450 ℃温度下催化加氢使煤的碳原子共价键断裂，将煤中的大分子转化为不同的小分子油品；二是将煤或天然气制成H/C合成气，再通过费托合成工艺(Fischer-Tropsch Synthesis, F-T合成)制成油品。本章涉及的煤/天然气制油主要有：①以煤为原料通过直接液化工艺制成的煤基合成柴油，即煤直接液化柴油(Diesel from Direct Coal Liquefaction, DDCL)；②以煤为原料通过间接液化工艺(F-T合成)制成的煤基合成柴油，即煤间接液化柴油(Diesel from Indirect Coal Liquefaction, DICL)；③以天然气为原料通过F-T合成工艺制成的天然气基合成柴油，即天然气制油(Gas to Liquid, GTL)。DICL和GTL统称为F-T柴油。

DDCL、DICL和GTL三种合成柴油是无色、无味、透明的液体，DDCL的主要成分为环烷烃，DICL和GTL的主要成分为直链饱和烃和异构饱和烃。其中，DDCL为密度约860 kg/m^3、低热值约43 MJ/kg的低凝点柴油；DICL和GTL是密度约780 kg/m^3、低热值约44 MJ/kg的高十六烷值柴油。DDCL、DICL和GTL均具有含硫量低、不含芳烃等特点。

DDCL的十六烷值与柴油接近，DICL和GTL的十六烷值大于70，均适合在压燃式内燃机上使用。DDCL、DICL和GTL可与柴油以任一比例互溶，即可与柴油按一定比例混合，用于传统压燃式内燃机，也可以100%纯燃料油方式用作压燃式内燃机燃料。

6.1　煤/天然气制油理化指标及特点

DICL、GTL的十六烷值高于柴油，DDCL的十六烷值与柴油接近，均可用作压燃式内燃机燃料。表6-1为DDCL、DICL、GTL、柴油的元素组成、密度、运动黏度和十六烷值等理化指标。

表6-1　DDCL、DICL、GTL、柴油理化指标

指标		DDCL	DICL/GTL	柴油	指标	DDCL	DICL/GTL	柴油
分子式		C_8～C_{16}	C_9～C_{22}	C_{10}～C_{21}	硫含量(mg/kg)	—	—	≤10
元素组成	C	86.5	84	86	润滑性(60 ℃校正磨痕直径 μm)	570	540	460
	H	13.5	15	14	铜片腐蚀(50 ℃, 3 h)	1a	1a	1a

（续表）

指标	DDCL	DICL/GTL	柴油	指标	DDCL	DICL/GTL	柴油
20 ℃密度(kg/L)	0.86	0.78	0.81～0.85	初馏点(℃)	170	185	207
运动黏度(mm^2/s)	2.5～3.0	2.4～3.6	3.0～8.0	90%回收温度(℃)	255	306	330
冷滤点(℃)	−30	−10	≤4	95%回收温度(℃)	266	313	347
凝点(℃)	−54	−20	≤0	终馏点(℃)	309	317	359
闪点(℃)	66	85	≥60	多环芳烃(质量分数)	—	—	7%
十六烷值	49	≥70	49～60	低热值(MJ/kg)	43.0	44.0	42.5

与柴油比较，煤/天然气制油具有以下特点：

(1) 从十六烷值角度看，DDCL 的十六烷值比柴油略低，着火性能比柴油略差，在压燃式内燃机上使用时需加入十六烷值改进剂提高其十六烷值；DICL、GTL 的十六烷值远高于柴油，着火性能更好。

(2) 从密度角度看，DDCL 的密度略高于柴油，雾化效果和柴油基本相当；DICL、GTL 的密度略低于柴油，雾化效果优于柴油。

(3) 从热值角度看，DDCL 单位质量热值高于柴油，其密度略高的特点导致其单位体积热值也高于柴油；DICL、GTL 单位质量热值略高于柴油，但其密度相对较低的特点导致其单位体积热值略低于柴油。

(4) 从硫和多环芳烃含量角度看，DDCL、DICL 和 GTL 几乎不含硫和多环芳烃，有利于改善柴油机颗粒物排放。

(5) 从馏程角度看，DDCL、DICL 和 GTL 的初馏点、终馏点均低于柴油，在一定程度上有利于改善燃烧。

(6) 从闪点角度看，DDCL、DICL 和 GTL 的闪点高于柴油，运输安全性更好。

(7) 从凝点角度看，DDCL 的凝点远低于柴油，适合作为低凝点燃料；DICL、GTL 的凝点和柴油基本相当。

(8) 从 H/C 比角度看，DDCL 的 H/C 比略低于柴油；DICL、GTL 的 H/C 比略高于柴油。

(9) 从润滑性角度看，DDCL、DICL 和 GTL 的润滑性比柴油略差，需添加润滑改进剂提高其润滑性。

6.2 煤/天然气制油材料兼容性

内燃机燃料供给系统需要用橡胶材料制作密封件和油管等，这些橡胶材料不可避免地要与燃料接触或被燃料浸泡，如果选择的橡胶材料耐油性不良，液体燃料就会从表面逐渐进入材料内部使橡胶发生溶胀乃至损坏。DDCL 的环烷烃含量相对较高，性质较为活泼，有可能对燃油系统橡胶、塑料等弹性材料产生溶胀，对金属材料产生腐蚀，影响内燃机的使用性能及寿命。DICL、GTL 的主要成分为正构和异构烷烃，也需要考察其与内燃机橡胶材料之间的兼容性。试验研究显示，内燃机常用的丁腈橡胶、三元乙丙橡胶、氟橡胶和氯化聚乙烯橡胶四种材料中，煤/天然气制油和三元乙丙橡胶的兼容性较差，三元乙丙橡胶不适合在煤/天然气制油内燃机上使用。煤/天然气制油对丁腈密封橡胶、氟橡胶和氯化聚乙烯的影响较小，氟橡胶和煤/天然气制油的兼容性最好。另外，煤/天然气制油具有较好的稳定性，利于运输和储存，良好的生物降解性，更具环保性。煤/天然气制油的材料兼容性如图 6-1 所示。

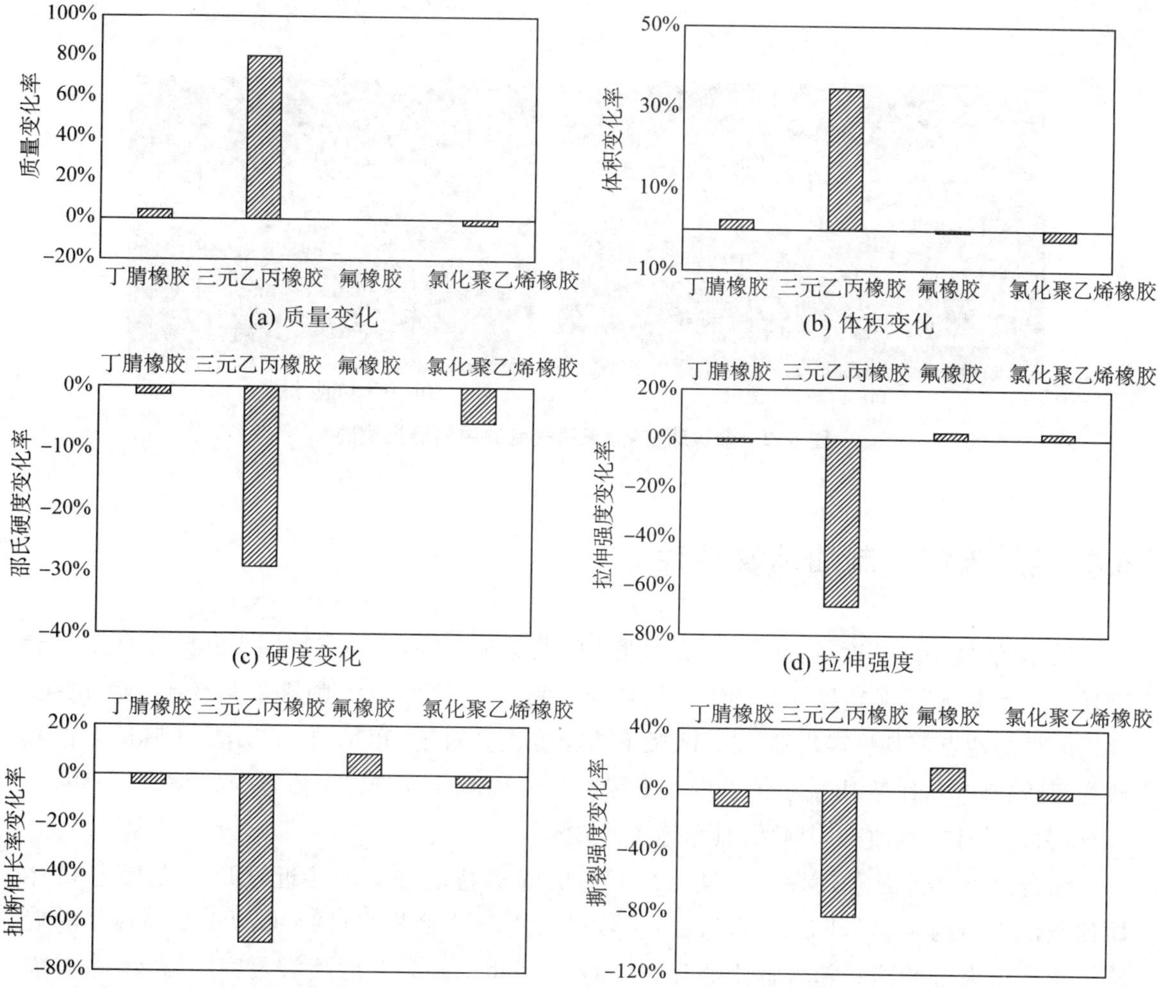

(a) 质量变化　(b) 体积变化　(c) 硬度变化　(d) 拉伸强度　(e) 扯断伸长率　(f) 撕裂强度

图 6-1　煤/天然气制油材料兼容性

6.3 煤/天然气制油润滑性

燃料中所含的硫对排放和后处理装置有害，但有利于喷油系统的润滑，随燃料中硫含量的减少，金属球的磨损直径和磨损速率增大，并导致燃料供给系统严重磨损。煤/天然气制油中硫含量几乎为零，影响燃料对油泵、喷油器的润滑性，直接使用可能造成燃料供给系统磨损。因此，需在煤/天然气制油中加入适当润滑剂，或在相对运动零件表面增加耐磨涂层，解决其磨损问题。例如，在相对运动零件表面使用一种无摩擦碳(NFC)涂层，可有效改善金属球在煤/天然气制油环境下的磨损。图 6-2 所示为金属球在煤/天然气制油中的磨损痕迹。

(a) 无添加剂/涂层

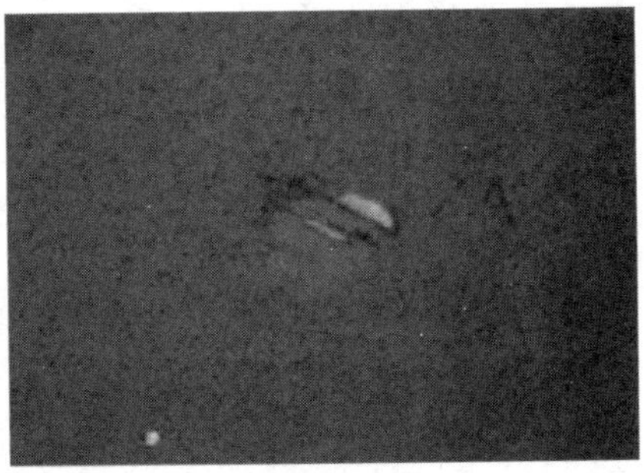
(b) 有添加剂/涂层

图 6-2　金属球在煤/天然气制油中的磨损痕迹

6.4 煤/天然气制油喷雾特性

煤/天然气制油密度、运动黏度、表面张力等与柴油不同，其喷雾特性也和柴油存在一定差异。对于 DDCL，其密度比柴油大的特点使其喷雾贯穿距增大、喷雾锥角变小，运动黏度比柴油小的特点使其喷雾贯穿距减小、喷雾锥角变大。对于 DICL 和 GTL，由于其运动黏度改变，其喷雾锥角比柴油减小了 20%，喷雾贯穿距离减小了 11%，喷雾粒径增大了 2%～12%；由于液体密度改变，其喷雾锥角增大了 3%。

综合以上几种因素，DDCL、DICL、GTL 的喷雾特性和柴油接近，DDCL 的喷雾贯穿距比柴油增大约 4.4%，DICL、GTL 的喷雾贯穿距和柴油相当，DDCL、DICL、GTL 的喷雾锥角均略大于柴油。随着背压的升高，DDCL、DICL、GTL 的喷雾贯穿距减少、喷雾锥角增大；在喷雾背压 2 MPa 情况下，当喷油器开启压力在 15～23 MPa 之间时，DDCL、DICL、GTL 的喷雾贯穿距变化不大，当喷油器开启压力进一步升高时，DDCL、DICL、GTL 的喷雾贯穿距和喷雾锥角均增大；在保持喷孔长度不变的情况下，喷孔直径增加，DDCL、DICL、GTL 的喷雾贯穿距和喷雾锥角减小。图 6-3 为 DDCL、DICL/GTL、柴油的喷雾特性。

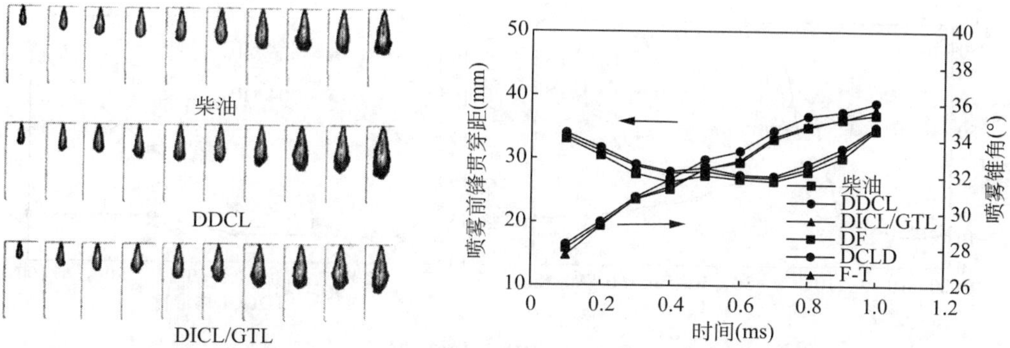

(a) 喷雾瞬态发展图像　　(b) 喷雾贯穿距和锥角

图 6-3　DDCL、DICL/GTL、柴油的喷雾特性

对机械泵式燃料供给系统，喷油器由高压油管传递来的压力控制打开/关闭，对于 DICL 和 GTL，密度和弹性模量小于柴油，可压缩性较大，压力波在高压油管中传播速度较小，峰值压力小，导致喷油开始较晚、结束较早，喷油持续期较短，喷射量减小，影响内燃机性能。DICL/GTL、柴油的泵端、嘴端压力比较如图 6-4 所示。对于电控燃料供给系统，喷油器开启/关闭受 ECU 电信号控制，DDCL、DICL 和 GTL 的喷油特性与柴油相同。

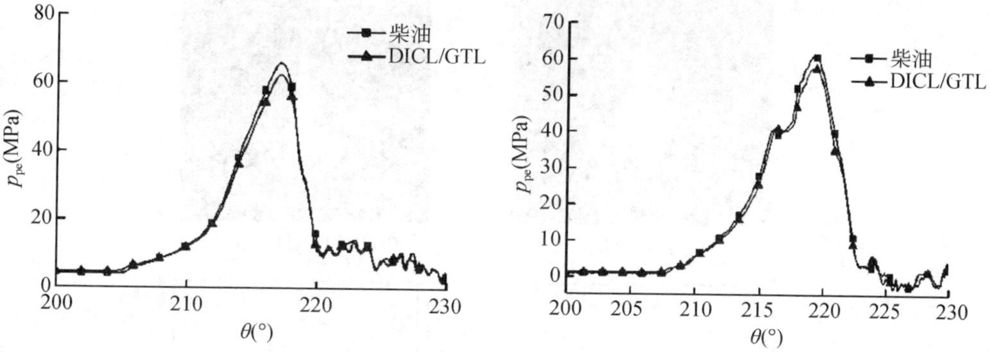

(a) 泵端压力　　(b) 嘴端压力

图 6-4　DICL/GTL、柴油的泵端、嘴端压力

6.5　煤/天然气制油燃烧特性

DDCL 主要由环烷烃组成，密度略高于柴油、十六烷值略低、几乎不含硫、芳烃含量很低等特点影响其燃烧性能。与柴油比较，DDCL 滞燃期长、燃烧始点晚、预混合燃烧强，但大负荷工况下不明显。DDCL 和柴油按一定比例混合后，燃烧始点和柴油接近。DDCL 燃烧特性如图 6-5 所示。

DICL 和 GTL 主要成分为直链烷烃，十六烷值高、硫含量几乎为零、芳香烃含量很低、密

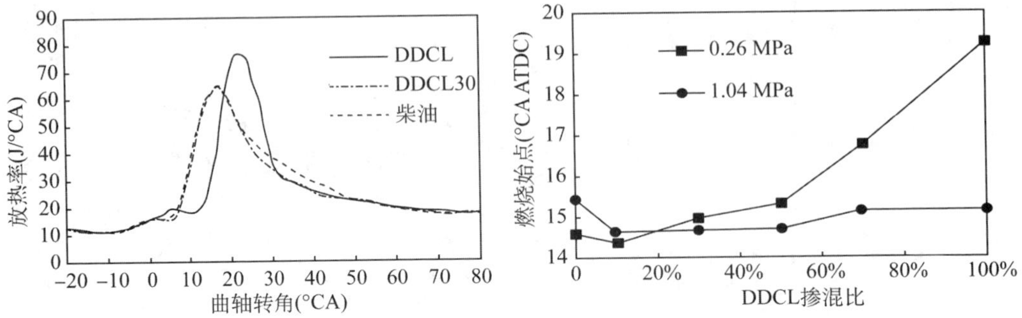

图 6-5　DDCL 燃烧特性

度较低等特点影响其燃烧特性。燃烧器可视化研究发现，DICL 和 GTL 的火焰高度为 8.9 cm，比柴油火焰高度(9.4 cm)短 5.3%，说明 DICL/GTL 比柴油容易燃烧。DICL/GTL、柴油的火焰温度主要分布在 200～1 000 ℃，DICL/GTL 与柴油的火焰平均温度相当，分别为 519 ℃和 524 ℃。DICL/GTL 的燃烧器火焰及火焰温度分布如图 6-6 所示。

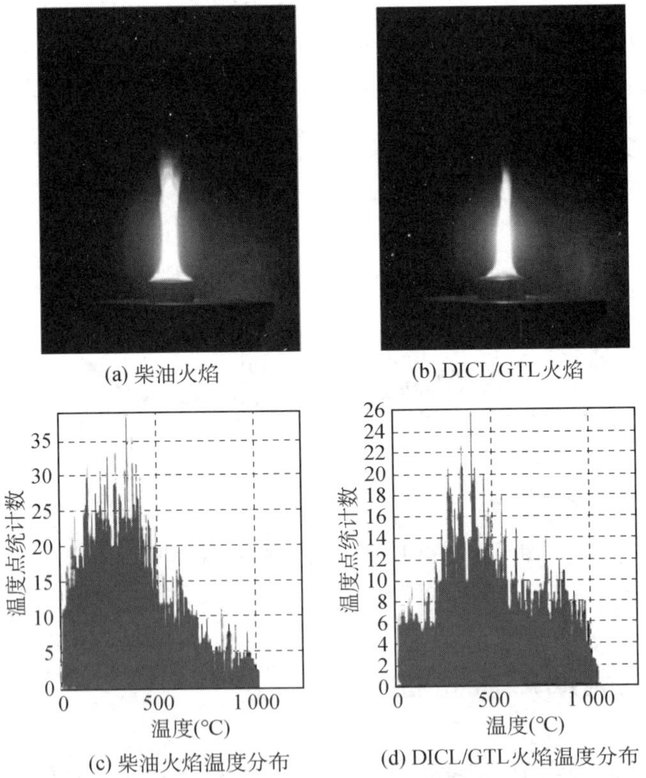

(a) 柴油火焰　(b) DICL/GTL火焰

(c) 柴油火焰温度分布　(d) DICL/GTL火焰温度分布

图 6-6　DICL/GTL 燃烧器火焰及火焰温度分布

DICL 和 GTL 燃烧可视化研究发现，由于 DICL 和 GTL 柴油具有更高的十六烷值和更低的自燃温度，DICL 和 GTL 出现火焰的时刻比柴油早，且燃烧火焰光强度比柴油弱，说明 DICL 和 GTL 燃烧碳烟生成量较低。DICL/GTL 的缸内火焰如图 6-7 所示。

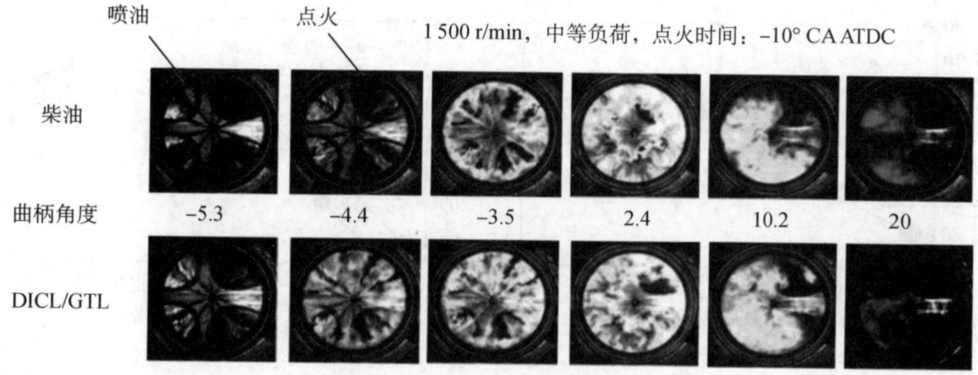

图 6-7　DICL/GTL 缸内火焰

内燃机缸内燃烧分析发现，DICL 和 GTL 的滞燃期比柴油缩短约 14%～19%，缸内燃烧压力峰值平均降低 3.4%，最大燃烧速率平均降低 35%。预混合阶段放热率峰值降低约 27%，扩散燃烧放热峰值较高，燃烧持续期相当，缸内最高燃烧压力略低，最大压力升高率显著下降，热效率得到明显改善。DICL/GTL 缸内燃烧特性如图 6-8 所示。

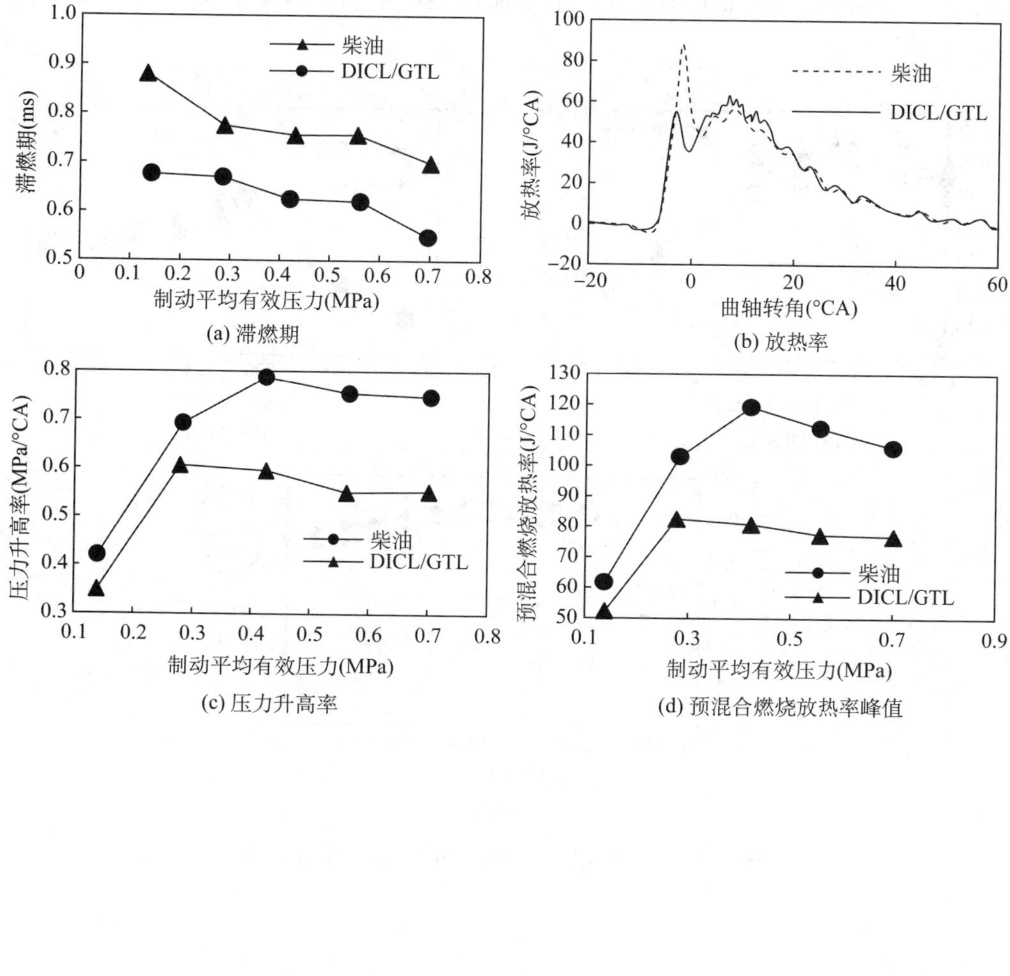

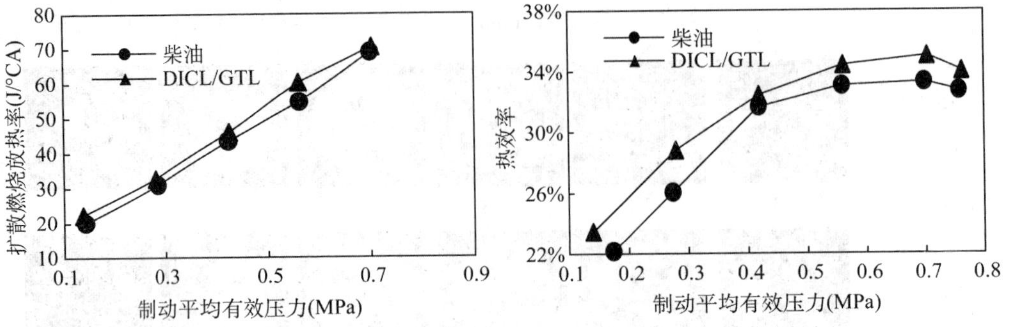

(e) 扩散燃烧放热率峰值　　(f) 热效率

图 6-8　DICL/GTL 缸内燃烧特性

6.6　煤/天然气制油内燃机动力性、燃油经济性

DDCL 的密度相对较大、质量和体积热值相对较高，内燃机使用 DDCL 后的动力性有所提高；DICL 和 GTL 的密度比柴油略低、体积热值也低于柴油，柴油机使用 DICL 和 GTL 后的动力性略有下降，但与柴油差别不大。某柴油机燃用柴油、DDCL、DICL 和 GTL 的动力性如图 6-9 所示。

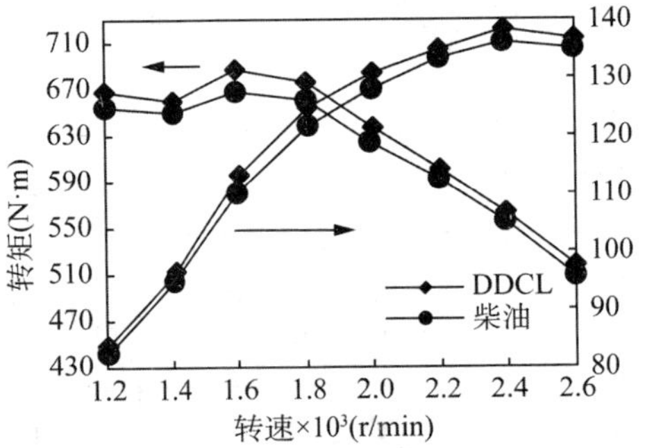

(a) DDCL

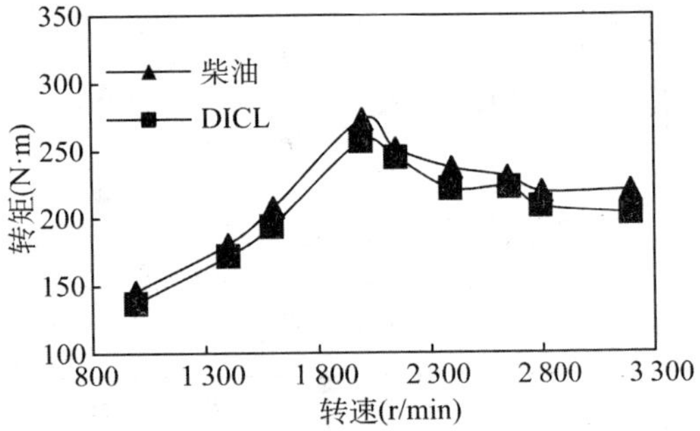

(b) DICL

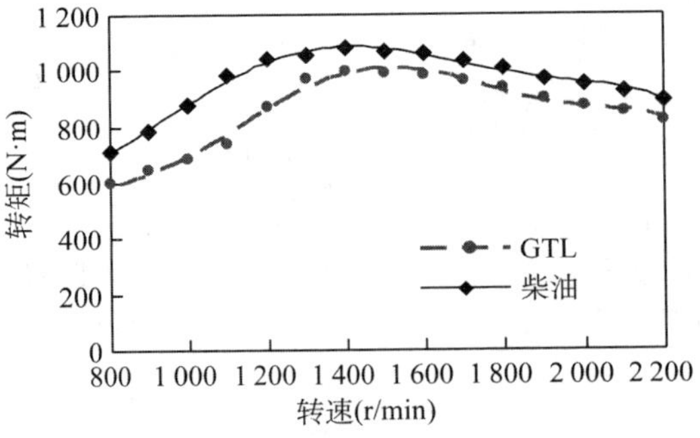

(c) GTL

图 6-9　柴油机燃用 DDCL、DICL 和 GTL 动力性

柴油机燃用 DDCL 的油耗略有降低，DICL 和 GTL 的油耗略有增加，但变化不大。某柴油机燃用柴油、DDCL、DICL 和 GTL 的燃油经济性如图 6-10 所示。

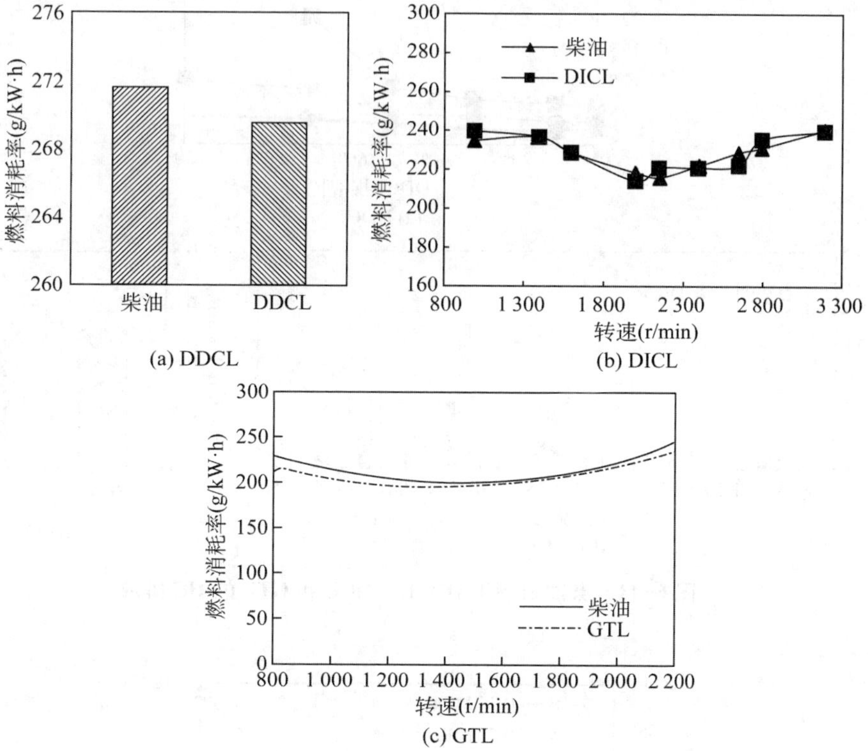

图 6-10　柴油机燃用 DDCL、DICL 和 GTL 燃油经济性

6.7　煤/天然气制油内燃机排放特性

6.7.1　HC 和 CO 排放

柴油机燃用 DDCL 后，受 DDCL 十六烷值较低、着火性较差的影响，低负荷 HC 和 CO 排放较高。同时，DDCL 挥发性好，在燃油喷射过程中易形成更大的稀区，也增加了低负荷 HC 和 CO 排放。高负荷工况，缸内温度较高，燃用 DDCL 的 HC 和 CO 排放和柴油基本相当。柴油机燃用 DICL 和 GTL 后，DICL 和 GTL 十六烷值高和低芳烃含量的特点有利于燃烧，降低 HC 和 CO 排放。同时，DICL 和 GTL90%馏出温度低于柴油，挥发性好，易于形成均匀的混合气，HC 和 CO 排放降低。柴油机燃用柴油、DDCL、DICL 以及 GTL 的 HC 和 CO 排放如图 6-11和图 6-12 所示。

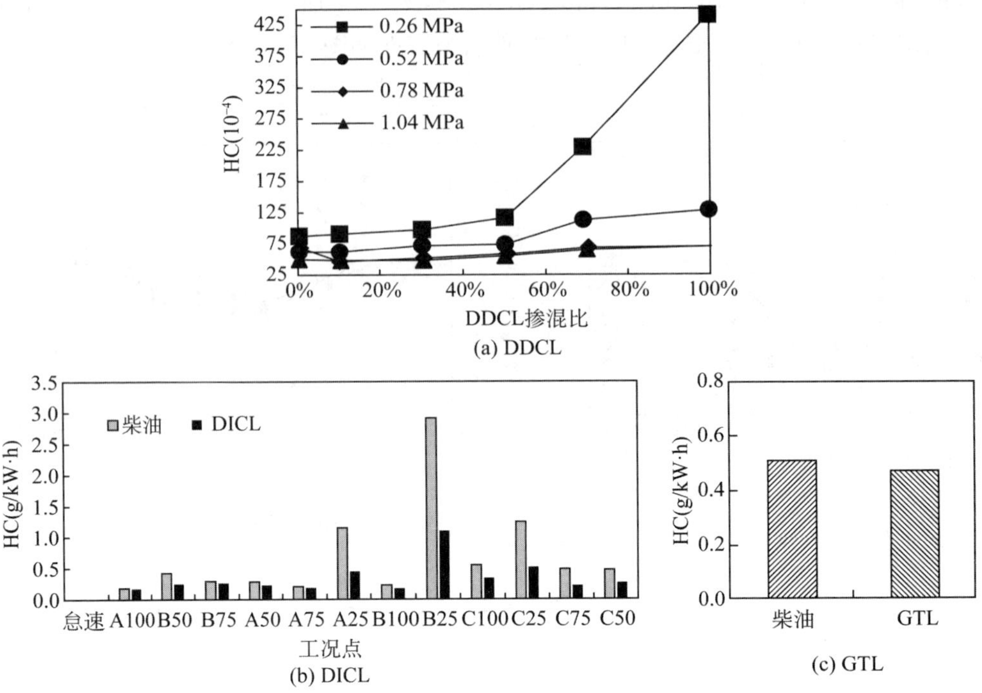

图 6-11　柴油机燃用 DDCL、DICL 和 GTL 的 HC 排放

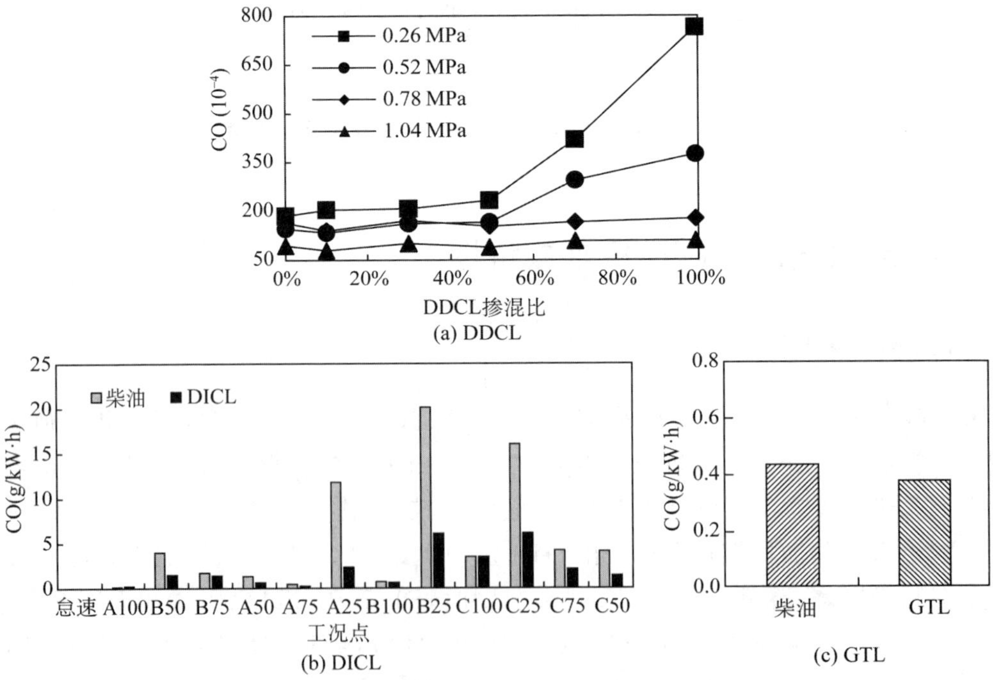

图 6-12　柴油机燃用 DDCL、DICL 和 GTL 的 CO 排放

6.7.2 NO_x 排放

柴油机燃用 DDCL 后，受 DDCL 十六烷值低、滞燃期长，预混合燃烧增加的影响，低负荷 NO_x 排放较高。高负荷工况，缸内温度较高，DDCL 滞燃期长的影响减弱，NO_x 变化不大。柴油机燃用 DICL 和 GTL 后，DICL 和 GTL 十六烷值高，滞燃期短，预混合燃烧放热率峰值小，扩散燃烧比例增加，缸内温度相对较低，有利于降低柴油机的 NO_x 排放，同时，DICL 和 GTL 芳烃含量很低，也有利于降低柴油机的 NO_x 排放。柴油机燃用柴油、DDCL、DICL 和 GTL 的 NO_x 排放如图 6-13 所示。

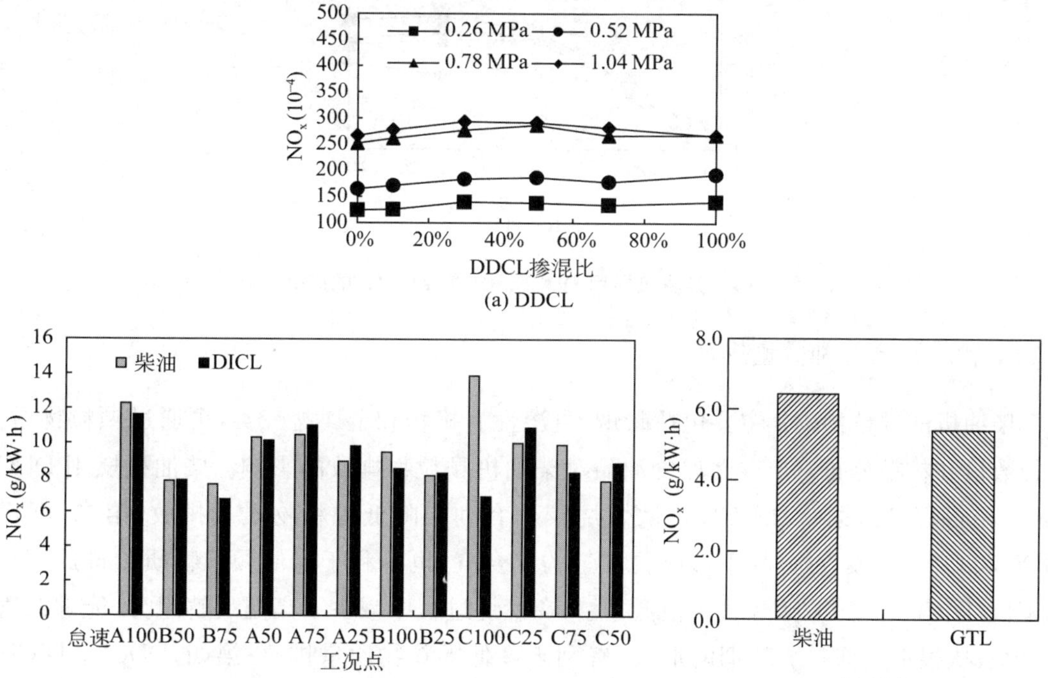

图 6-13　柴油机燃用 DDCL、DICL 和 GTL 的 NO_x 排放

6.7.3 碳烟排放

柴油机燃用 DDCL 后，第一，受 DDCL 十六烷值低、滞燃期长，预混合燃烧增加，扩散燃烧较短的影响，柴油机碳烟排放降低，低负荷时更加明显；第二，DDCL 硫含量和芳烃含量较低的特点也有利于改善柴油机的碳烟排放。燃用 DICL 和 GTL 后，第一，由于 DICL 和 GTL 的馏程温度低于柴油，挥发性好，易于形成均匀混合气，柴油机的碳烟排放降低；第二，DICL 和 GTL 主要组分为正构烷烃、重烃成分较少有利于降低柴油机的碳烟排放；第三，DICL 和 GTL 低硫含量和低芳烃含量的特点也改善了柴油机的碳烟排放。柴油机燃用柴油、DDCL、DICL 和 GTL 的碳烟排放如图 6-14 所示。

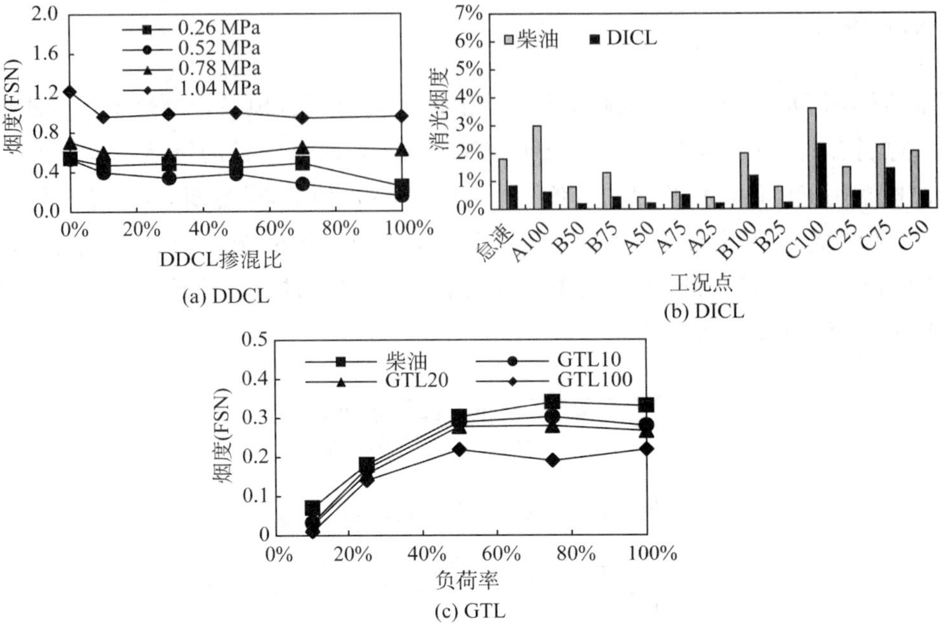

图 6-14　柴油机燃用 DDCL、DICL 和 GTL 的碳烟排放

6.7.4　颗粒物质量和数量排放

柴油机的颗粒物成分主要包括碳烟、可溶性有机物和金属盐三类，可通过颗粒物质量、颗粒数量和粒径分布三个方面评价油品对柴油机颗粒物排放的影响。柴油机燃用 DDCL、DICL 和 GTL 后，第一，DDCL 扩散燃烧较少有利于降低颗粒物质量排放；第二，DDCL、DICL 和 GTL 挥发性好，易于形成更均匀的混合气，也有利于降低颗粒物质量排放；第三，DDCL、DICL 和 GTL 芳烃含量很低，燃料在燃烧过程中减少了高温裂解组分，能够改善燃料燃烧，从根本上抑制了碳烟的形成，有利于降低颗粒物质量排放；第四，DDCL、DICL 和 GTL 的硫含量很低，也有助于减少颗粒物质量排放。柴油机燃用柴油、DDCL、DICL 和 GTL 的颗粒物质量排放如图 6-15 所示。

柴油机排放的颗粒是缸内缺氧燃油在高温状态下裂解，脱氢反应形成小粒径初级碳烟粒子，这些初级碳烟粒子在燃烧过程中经过相互聚合和吸附未燃 HC 等物质，生长为大粒子。柴油机燃用 DDCL 后，受 DDCL 十六烷值略低、着火性略差、小负荷 HC 排放高等因素的影响，导致小负荷工况 DDCL 的超细颗粒数量浓度高于柴油，积聚态颗粒数量浓度与柴油差别不大，核膜态颗粒数量浓度高于柴油；负荷升高后，受 DDCL 馏程较低，蒸发性能好等因素影响，DDCL 超细颗粒核膜态和积聚态颗粒数量浓度均低于柴油。某柴油燃用 DDCL 的颗粒数量排放和粒径分布如图 6-16 所示。

柴油机燃用 DICL 和 GTL 后，第一，DICL 和 GTL 的成分主要为直链饱和烷烃，燃烧过程中更容易裂解，生成的初级碳烟粒子粒径也较小，又加之其未燃 HC 生成量低于柴油，微粒表面吸附的未燃 HC 量较柴油低，排放的颗粒粒径减小。第二，DICL 和 GTL 运动黏度

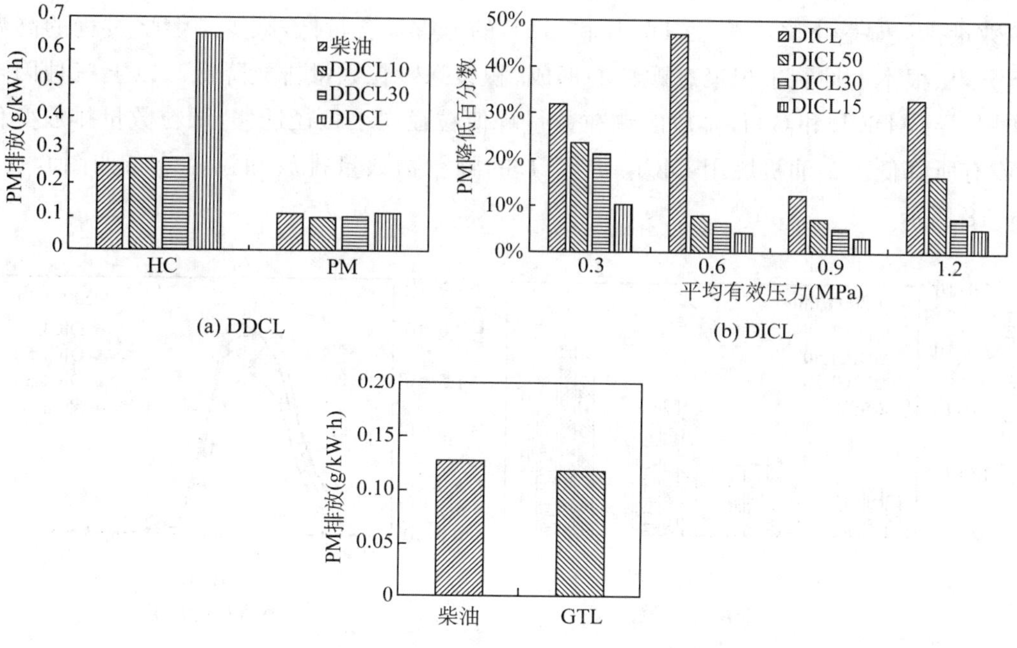

(a) DDCL
(b) DICL
(c) GTL

图 6-15　柴油机燃用 DDCL、DICL 和 GTL 的颗粒物质量排放

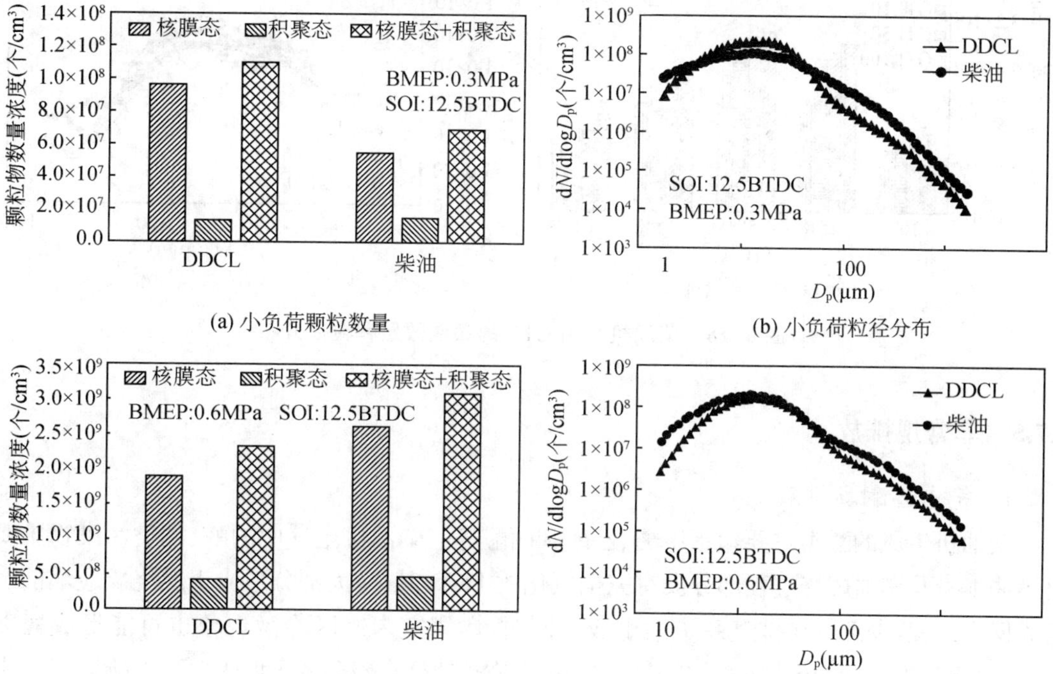

(a) 小负荷颗粒数量
(b) 小负荷粒径分布
(c) 大负荷颗粒数量
(d)大负荷粒径分布

图 6-16　柴油机燃用 DDCL 的颗粒数量排放及粒径分布

低、十六烷值高，可以改善燃油雾化和燃烧，有效减少了可溶有机物（SOF）的数量，核膜态颗粒数量排放显著下降。第三，DICL 和 GTL 的芳香烃含量低，减少了燃烧过程的高温裂解组分，从根本上抑制了积聚态颗粒的形成，积聚态颗粒数量排放降低。以上三种因素综合作用，导致 DICL 和 GTL 排放的颗粒数量峰值粒径向小粒径迁移，颗粒数量排放变化不大，或有所降低。柴油机燃用 DICL 和 GTL 的颗粒物数量排放和粒径分布如图 6-17 和图 6-18 所示。

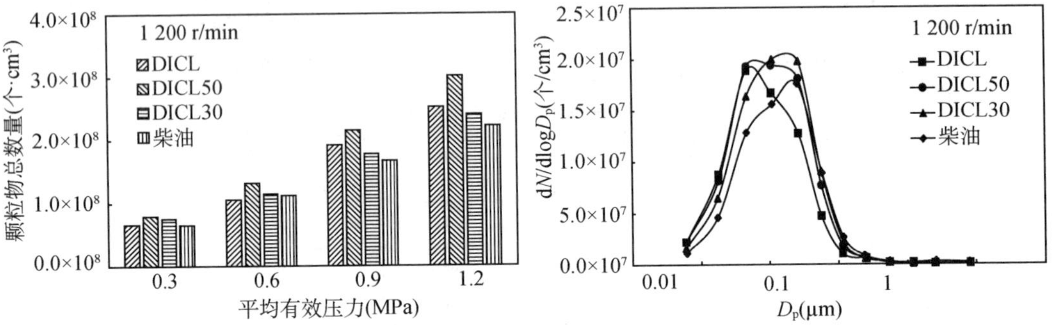

(a) 颗粒数量排放　　(b) 粒径分布

图 6-17　柴油机燃用 DICL 的颗粒数量和粒径分布

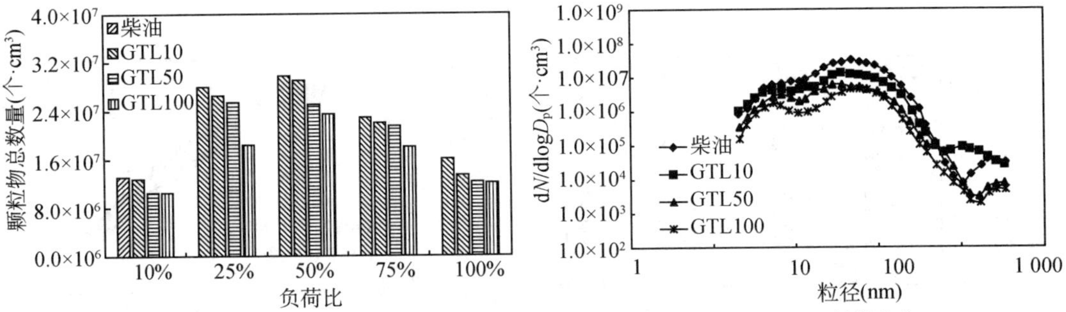

(a) 颗粒数量排放　　(b) 粒径分布

图 6-18　柴油机燃用 GTL 的颗粒数量和粒径分布

6.7.5　非常规排放

1. 气态醛酮类排放

柴油机生成的醛类主要包括甲醛、乙醛和丙醛等。柴油机尾气中的醛、酮类污染物主要来自燃油本身及燃油燃烧过程部分没有完全氧化的 HC。其中，大部分形成于燃烧反应焰前区的低温反应过程，少部分在排气系统中生成。同时，燃烧室未燃区冷激现象也可能形成醛类排放。影响醛、酮污染物生成的因素很多，负荷、燃烧状况以及运行温度是主要影响因素。小负荷时，燃烧室内温度较低，缸壁淬熄层较厚，淬熄层中存在大量醛类。同时，已燃气体温度低，对醛类的后期氧化作用较弱，醛类生成较多。随着负荷的增大，燃烧室壁面温度升高，燃烧反应条件得到改善，有利于 HC 氧化，阻碍了醛、酮等不完全氧化产物的生成。

燃料成分对醛酮类排放量有很大影响。DDCL 主要成分为环烷烃，柴油机燃用 DDCL 对其醛酮类排放影响不大。柴油机燃用 DICL 和 GTL 后，由于 DICL 和 GTL 主要成分为直链饱和烃和分枝异构饱和烃，不完全燃烧时，饱和烃 C—C 键或 C—H 键容易断裂，与氧分子结合生成过氧烷基，又加之其燃烧温度总体较低，易形成醛酮类化合物，导致柴油机燃用 DICL/GTL 的醛酮排放量较高。某柴油机燃用 DDCL、DICL/GTL 的醛酮类排放如图 6-19 所示。

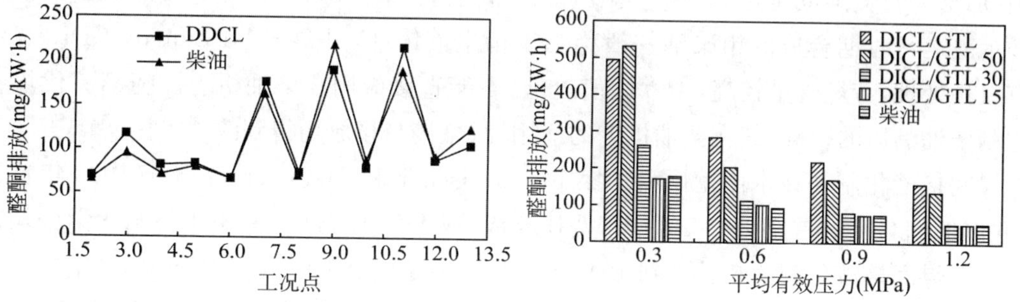

(a) DDCL　　(b) DICL/GTL

图 6-19　柴油机燃用 DDCL、DICL 和 GTL 的醛酮排放

2. 颗粒物芳香烃排放

柴油机排放的多环芳香烃(PAHs)源于燃烧过程和未燃油料，是碳烟主要前驱物。柴油机颗粒物芳香烃组分主要包括萘、苊、二氢苊、芴、菲、蒽、荧蒽、芘、苯并[a]蒽、屈、苯并[b]荧蒽、苯并[k]荧蒽、苯并[a]芘、茚并[1,2,3-cd]芘、二苯并[a,h]蒽、苯并芘等。柴油机燃用 DDCL 后，DDCL 芳烃含量低的特点有利于降低 PAHs 排放，但其低负荷 HC 排放高的特点增加了 PAHs 排放的生成，以上两个因素综合作用，导致 DDCL 的颗粒物 PAHs 排放比柴油略有降低，但差别不大。柴油机燃用 DICL 和 GTL 后，由于 DICL 和 GTL 芳香烃含量很低且 HC 排放低，二者综合影响导致 DICL 和 GTL 的颗粒物 PAHs 排放降低；另外，DICL 和 GTL 馏程温度较低，生成的碳氢化合物较轻，不易被颗粒吸附，PAHs 排放降低。某柴油机燃用 DDCL、DICL/GTL 的颗粒物 PAHs 排放如图 6-20 所示。

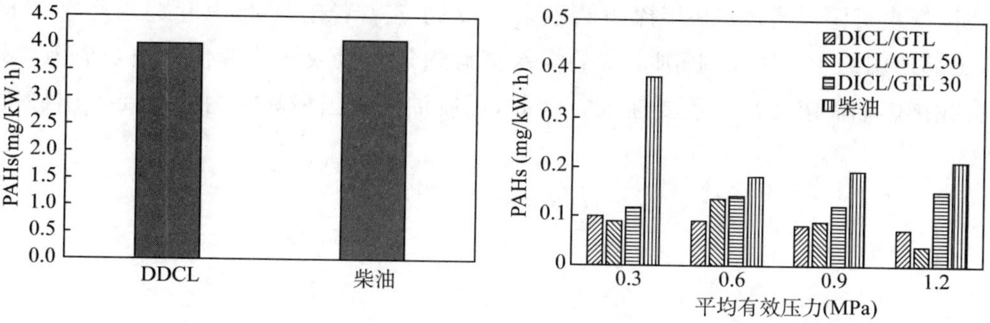

(a) DDCL　　(b) DICL/GTL

图 6-20　柴油机燃用 DDCL、DICL 和 GTL 的颗粒物芳香烃类排放

6.8 煤/天然气制油的应用与发展

煤直接液化制油技术早在19世纪就已开始研究。第二次世界大战前，德国利用煤和低温干馏煤焦油生产液体燃料，1938年产量达150万t。1935年，英国卜内门化学工业公司在英国比灵赫姆也建起一座由煤及煤焦油生产液体燃料工厂，年产量为15万t。此外，日本、法国、加拿大及美国也建立了一些实验厂。20世纪70年代，第二代煤直接液化制油技术开发和示范运行时期合成的粗柴油一般称为煤衍生液体(Coal-Derived Liquid, CDL)。由于没有氢化处理，芳烃含量较高，十六烷值较低，不能直接应用在柴油机上。随第三代煤直接液化制柴油品质的提高，其在柴油机上的适用性、燃烧与排放均得到改善。

煤间接液化制油技术由德国科学家Frans Fischer和Hans Tropsch于1923年首先发现，并以他们名字的首字母F-T命名(费托合成，或F-T合成)。1934年鲁尔化学公司建成了第一套煤间接液化制油装置。到1944年，德国共有9个工厂可实现57万t/年的生产能力。同一时期，日本、法国、中国建成了6套生产装置。用费托合成法制备的柴油可以很好地替代柴油，在现代柴油机上正常运行，且不需要对内燃机做任何改动。

天然气制油是以天然气为原料，经F-T工艺合成柴油等油品，具有H/C比高、十六烷值高、硫含量低、芳香烃含量低、生物降解性好等特点。Shell公司在马来西亚民都鲁工厂生产的GTL已在德国、荷兰、泰国和希腊柴油燃料中混用。

我国是煤制油技术研究和开发较早的国家之一，20世纪80年代逐步形成产能。煤直接液化制油主要以神华集团为代表，神华煤制油项目于2001年3月经国务院批准进行可行性研究，2008年底建成第一套108万t级煤制油生产线，2011年正式投入商业化运行。煤间接液化制油主要以中科合成油技术有限公司和兖矿集团为代表。中科合成油技术有限公司研发了F-T高温浆态床合成技术，建成了3套16万t/年煤间接液化制油装置，神华宁煤公司的400万t/年煤间接液化制油项目即采用了该工艺。兖矿集团研发了高选择性低温F-T合成技术，在榆林建成了100万t/年煤制油装置。截至2018年，我国已建成煤间接液化制油装置7套、煤直接液化制油装置1套，总产能878万t。

我国煤炭资源丰富，2019年探明储量为1.77万亿t，若按照2019年原煤产量38.5亿t计算，足够使用约460年，将我国丰富的煤炭资源通过直接或间接液化方法合成液体燃料，是解决我国燃油需求的一条重要途径。因此，煤制油是我国最具潜力的重要车用替代能源之一。

第7章 二 甲 醚

二甲醚(Dimethyl Ether, CH_3OCH_3)又称甲醚,常温、常压下为无色气体,易燃,无毒,具有轻微醚香味。二甲醚分子量46,沸点−24.9 ℃,热值28.43 MJ/kg,溶于水、醇、乙醚、丙酮、氯仿等多种有机溶剂,加入少量添加剂后可与水以任意比例互溶。二甲醚可以由煤、天然气经一步法、二步法合成,用途广泛,主要作为烷基化剂、气雾剂、制冷剂、发泡剂、有机溶剂、浸出剂、萃取剂、麻醉剂、民用或车用燃料等。二甲醚作为原料在催化剂作用下可以生产硫酸二甲酯、合成N,N-二甲基苯胺、醋酸甲酯、醋酐、亚乙基二甲酯和乙烯等,可用于护发、护肤、药品和涂料,在制药、染料、农药等行业应用广泛。

二甲醚是性能优良的燃料,可在五个大气压下压缩液化,液化后具有与柴油相近的能量密度,易于储存与输运。二甲醚的十六烷值55~60,适合在压燃式内燃机上使用。二甲醚主要应用方式为专用压燃式内燃机,也可以和汽油或柴油混合,用于传统点燃式、压燃式内燃机。

7.1 二甲醚理化指标及特点

二甲醚是性能优良的含氧(34.8%)燃料,液态二甲醚适用于压燃式内燃机。表7-1为二甲醚、柴油的元素组成、密度、运动黏度、十六烷值等理化指标。

表7-1 二甲醚、柴油理化指标

指标		二甲醚	柴油	指标	二甲醚	柴油
分子式		CH_3OCH_3	C_{10}~C_{21}	20 ℃蒸气压(kPa)	0.51	37.1
元素组成	C	52.2	86	运动黏度(mm^2/s)	0.15	3.0~8.0
	H	13.0	14	理论空燃比	9	14.5
	O	34.8	—	理论混合气热值(kJ/mol)	1 983.8	2 457.6
液态密度(20 ℃)(kg/L)		0.67	0.82~0.85	汽化潜热(kJ/kg)	410	230~250
熔点(℃)		−141.5	—	自燃温度(℃)	285	270~350
沸点(℃)		−24.9	180~370	十六烷值	55~60	49~60
闪点(℃)		−41	65~88	热值(MJ/kg)	28.43	42.5

与柴油比较，二甲醚具有以下特点：

（1）从分子结构上看，二甲醚含氧，有利于促进燃料完全燃烧。使用过程中，二甲醚几乎是无烟燃烧，可显著改善柴油机颗粒物排放。

（2）从沸点角度看，二甲醚的沸点远低于柴油，喷入气缸后即可汽化，雾化特性明显优于柴油，有利于与空气混合及燃烧。

（3）从汽化潜热角度看，二甲醚的汽化潜热为柴油的 2.53 倍，有利于降低燃烧温度，减少 NO_x 排放。

（4）从十六烷值角度看，二甲醚的十六烷值与柴油相当。

（5）从运动黏度角度看，二甲醚的运动黏度远低于柴油，润滑性差。

（6）从热值角度看，二甲醚的低热值约为柴油的 66%，混合气热值也低于柴油，内燃机使用二甲醚后，需要增加二甲醚喷射量，保证内燃机的动力性。

7.2 二甲醚材料兼容性

二甲醚是一种溶剂，对金属没有腐蚀性，能溶解多种橡胶材料。传统内燃机燃料供给系统中含多个橡胶密封部件，若不经改造直接使用二甲醚，橡胶密封件和垫片可能会因接触二甲醚发生溶胀、老化等现象，力学性能变差，失去密封作用，威胁内燃机安全运行。二甲醚对密封材料的作用机理主要为：①二甲醚对塑料聚合物的典型作用是会抽提出聚合物材料中的增强剂，使其失去弹性，甚至裂解，失去密封作用；②二甲醚会对聚合材料的渗透性造成影响。

在内燃机上使用的塑料和橡胶材料中，聚四氟乙烯对二甲醚是惰性的，但其刚性、蠕变性等机械性能差，不适合用作密封材料，只能用于内燃机供油系统管道内衬等对弹性无要求的场合；聚氯乙烯材料可被二甲醚完全融化；三元乙丙橡胶组分对其耐二甲醚性能有很大影响，有的三元乙丙橡胶可以耐受二甲醚的侵蚀，有的三元乙丙橡胶完全无法使用，经过筛选后的三元乙丙橡胶具有良好的耐二甲醚性能；氢化丁腈橡胶、四丙氟橡胶不能作为密封件使用；丁腈橡胶、硅橡胶勉强可以使用；氟橡胶对二甲醚的耐受性能较好；氟硅橡胶、全氟醚橡胶可以很好地满足二甲醚内燃机对橡胶密封件的要求；二甲醚对硬质尼龙材料基本没有影响。表 7-2 为橡胶材料耐二甲醚综合评价结果，不同橡胶材料的变化情况如图 7-1 所示。

表 7-2 橡胶材料对二甲醚的耐受能力

橡胶种类	耐二甲醚能力	二甲醚对其造成的影响	橡胶种类	耐二甲醚能力	二甲醚对其造成的影响
丁腈橡胶-A	较差	大	硬质尼龙	良	小
丁腈橡胶-B	较差	大	三元乙丙橡胶-A	勉强	小
氟橡胶-A	差	小	三元乙丙橡胶-B	差	大
氟橡胶-B	差	小	三元乙丙橡胶-C	优良	中等

（续表）

橡胶种类	耐二甲醚能力	二甲醚对其造成的影响	橡胶种类	耐二甲醚能力	二甲醚对其造成的影响
氟橡胶-C	差	大	四丙氟橡胶	差	大
维通橡胶	勉强	中等	全氟醚橡胶	优良	小
硅橡胶	较差	小	聚氯乙烯橡胶	差	大
氟硅橡胶	优良	小	聚四氟乙烯橡胶	优良	小

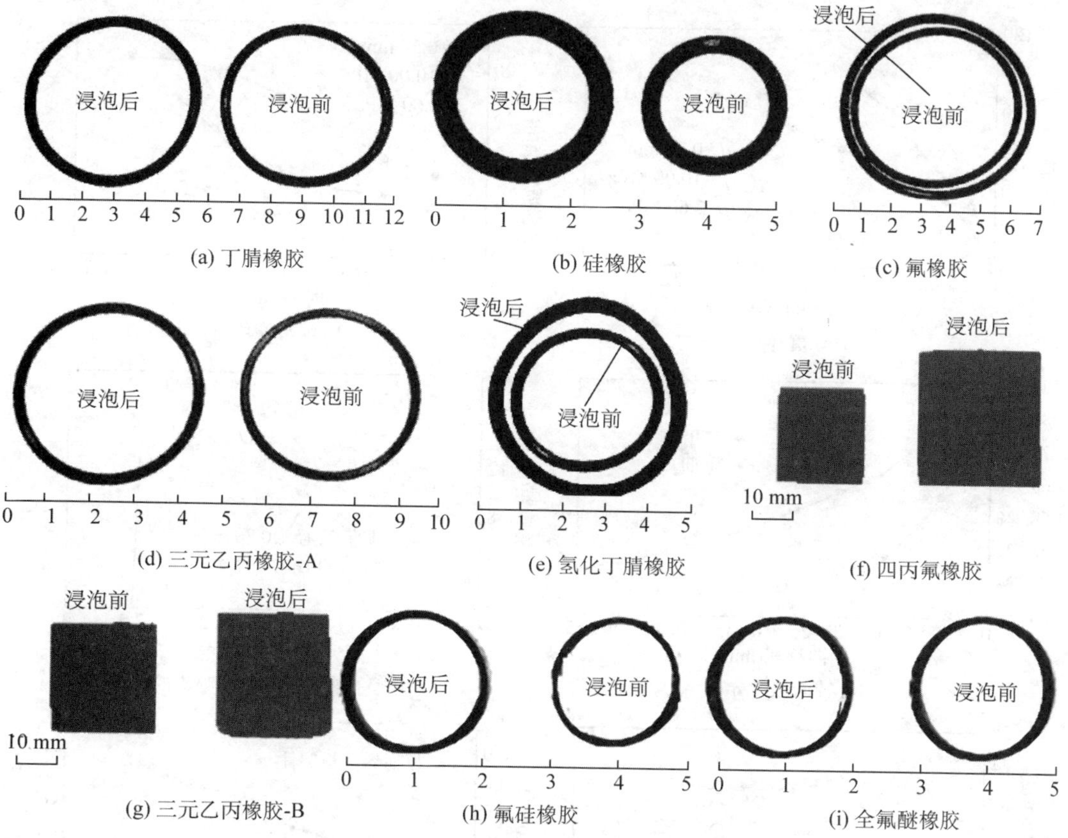

图 7-1　橡胶材料与二甲醚的兼容性

7.3　二甲醚喷雾特性

二甲醚常温常压下为气态，加压液化后的运动黏度和柴油差别很大，其喷射过程以及喷雾特性与柴油明显不同。与柴油相比，二甲醚的喷雾贯穿距较小、喷雾锥角较大。随着环境介质密度的增加，二甲醚喷雾液态贯穿距减小，喷雾锥角增大；随着喷孔直径的增大，二甲醚喷雾贯穿距和喷雾锥角均增大，喷射量增加，且增加量随喷射压力增大而增大；随着喷射脉宽的增加，二甲醚喷雾贯穿距增大，喷雾锥角差别不大；当喷嘴启喷压力在 10.0～15.0 MPa 之间变化时，二甲醚喷雾贯穿距和喷雾锥角基本没有变化。超临界（喷射背压 6 MPa、喷射压力 100 MPa、喷射温度 420 K)喷射时,二甲醚喷雾在发展过程中发生明显的卷状分裂,并且观察不到二次分裂现象,喷雾外形轮廓及贯穿距与跨临界喷雾(喷射背压 6 MPa、喷射压力 100 MPa、喷射温度 360 K)没有明显差别;但二甲醚超临界喷雾的扩散速率更快,喷雾锥角更大,喷雾核心区长度更短。二甲醚在内燃机高温、高压条件下喷雾贯穿距减小,喷射过程中,二甲醚喷雾分裂是从喷雾液核开始直接迅速蒸发,与柴油喷雾分裂的液滴不断破碎颗粒化明显不同。相同贯穿距,二甲醚的浓度分布比柴油小,沿轴向浓度降低速率也快,喷雾蒸发更迅速,喷雾雾化性能明显优于柴油。二甲醚喷雾特性如图 7-2 所示。

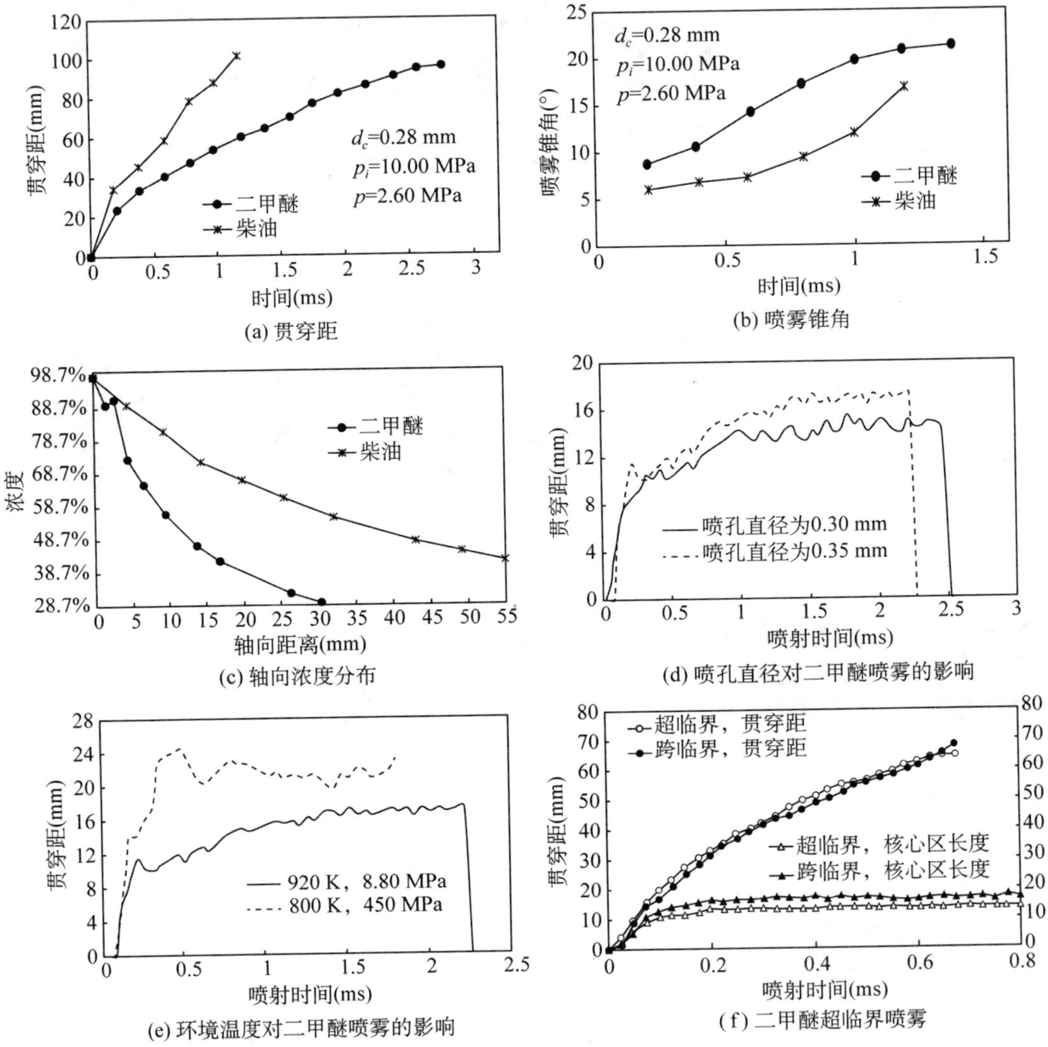

图 7-2　二甲醚喷雾特性

7.4　二甲醚燃烧特性

二甲醚十六烷值高、自燃温度低、汽化潜热大等特点使其燃烧特性与柴油不同:①二甲醚蒸汽压高、沸点低、含氧、雾化与汽化容易，有利于可燃混合气形成和燃烧，特别是有利于扩散燃烧。②二甲醚十六烷值高，滞燃期短。③二甲醚弹性模量小，更易于压缩，音速远小于柴油。对机械泵式燃料供给系统，在几何供油提前角、转速和负荷相同情况下，使用二甲醚时，泵端和嘴端油管压力峰值均比柴油低，油管压力上升和下降缓慢，导致二甲醚喷射延迟大于柴油。二甲醚喷油延迟增加量超过滞燃期减少显著，导致二甲醚的着火时刻落后于柴油，且随负荷越小落后越明显。对于电控燃料供给系统，二甲醚喷射开始时刻由内燃机电控单元精确控制。④二甲醚预混燃烧量少，扩散燃烧速率快，整体燃烧速度快，燃烧持续期短，中低转速工况尤为明显；二甲醚的放热规律接近于压燃式内燃机理想放热规律，有利于提高内燃机热效率。⑤二甲醚最高爆发压力、最大压力升高率低。⑥柱塞直径、喷嘴形式、供油提前角、喷嘴伸入气缸长度、喷油压力、进气涡流比等燃烧系统参数影响二甲醚燃烧性能。二甲醚的燃烧特性如图 7-3 所示。

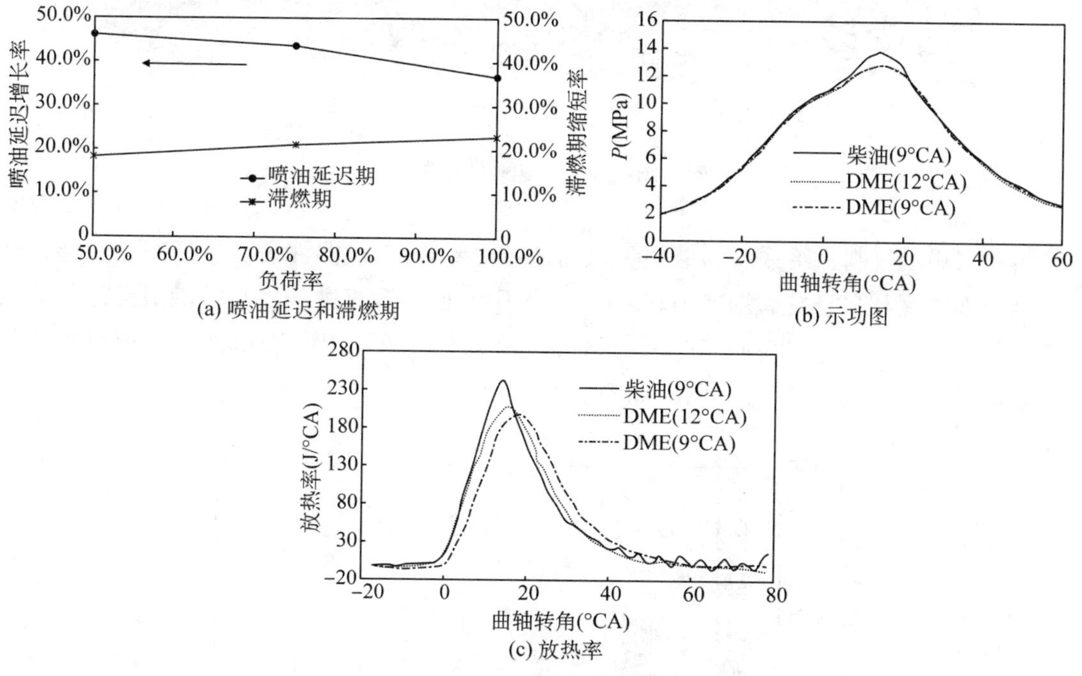

(a) 喷油延迟和滞燃期
(b) 示功图
(c) 放热率

图 7-3 二甲醚燃烧特性

快压机试验表明，DME-O_2-N_2 混合气出现两阶段放热现象和两阶段着火延迟期；随着压缩比的增加，混合气着火延迟期出现负温度系数（NTC）现象；随初始压力的升高，出现 NTC 现象的温度向高温方向发展；随着 N_2 稀释率的增加，出现 NTC 现象的温度向低温方向发展；初始压力一定，不同压缩比下，随 N_2 稀释率的增加，混合气最高燃烧压力和第二阶段着火延迟期呈相反的变化趋势；N_2 稀释率一定，不同初始压力下，随压缩比的增加，混合气最高燃烧压力和总着火延迟期呈相反的变化趋势。

7.5 二甲醚润滑性

二甲醚的运动黏度远低于柴油，润滑性能差。当内燃机使用二甲醚作为燃料时，燃料供给系统中的针阀、柱塞等精密偶件易磨损，出现大划痕或拉伤，导致偶件卡死或供油量不足而失效。新柱塞及使用二甲醚运行 100 h 后的柱塞表面如图 7-4 所示。

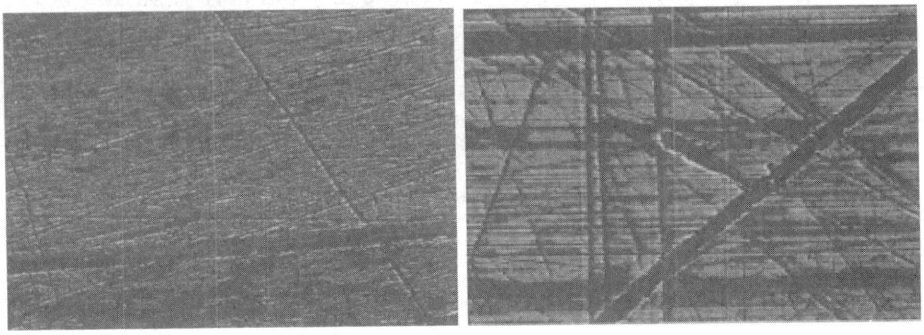

(a) 新柱塞　　(b) 使用二甲醚运行100 h后的柱塞

图 7-4　二甲醚润滑性

解决二甲醚燃料供给系统易磨损失效的途径主要有：①对偶件表面进行减摩耐磨处理，提高其表面硬度和自身抗磨损能力；②在二甲醚中增加润滑改进剂提高其润滑性能。例如，在二甲醚中加入植物油、生物柴油等润滑性改进剂，是改善二甲醚润滑性的常用方法，可以很好地解决二甲醚润滑性差的问题，如图 7-5 所示。

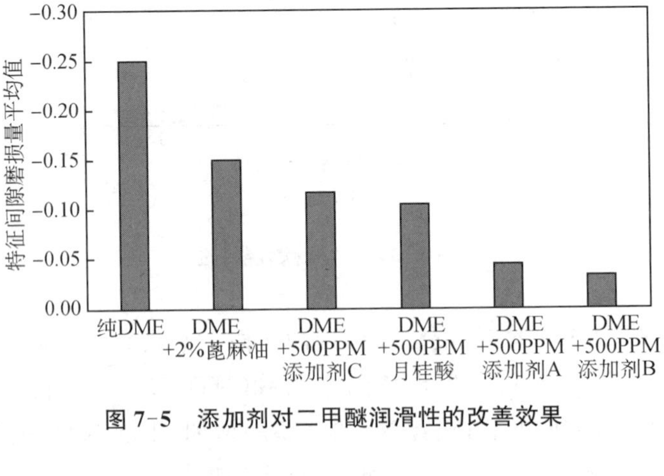

图 7-5　添加剂对二甲醚润滑性的改善效果

7.6 二甲醚内燃机动力性、经济性

二甲醚内燃机可达到与对标柴油机动力性相当的水平。另外，二甲醚内燃机没有冒烟

极限的限制，有利于提高内燃机转矩，特别适合频繁起停、低速需求大的内燃机。按照与柴油等热值的当量比油耗计算，二甲醚当量比油耗与柴油基本相当。二甲醚内燃机动力性和燃油经济性如图 7-6 所示。

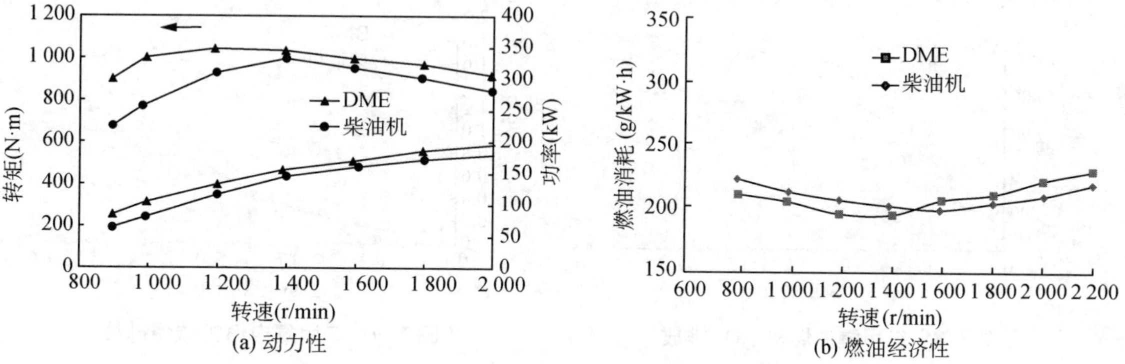

图 7-6　二甲醚内燃机动力性和燃油经济性

7.7　二甲醚内燃机排放特性

7.7.1　HC 及 CO 排放

内燃机燃用二甲醚后，二甲醚蒸气压高、沸点低、雾化与汽化容易的特点有利于可燃混合气形成与快速燃烧，HC 排放显著低于柴油。CO 是碳氢燃料燃烧的主要中间产物，缸内可燃混合气均匀度和过量空气系数是影响 CO 排放的主要因素。二甲醚的低负荷 CO 排放与柴油相当，高负荷的 CO 排放升高。某二甲醚内燃机 HC 和 CO 排放如图 7-7 所示。

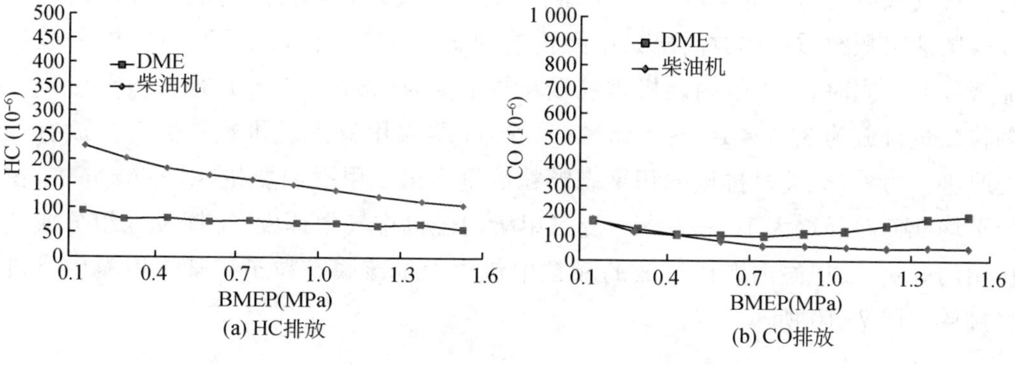

图 7-7　二甲醚内燃机 HC 和 CO 排放

7.7.2　NO_x 排放

二甲醚滞燃期短，预混合燃烧少，最高爆发压力和放热峰值低，缸内最高燃烧压力和温度较低，抑制了 NO_x 的生成。另外，二甲醚汽化潜热大，汽化过程吸收大量的热量，使缸内温度降低。这些因素造成二甲醚内燃机缸内最高温度降低，NO_x 排放显著下降。某二甲醚内燃机的 NO_x 排放如图 7-8 所示。

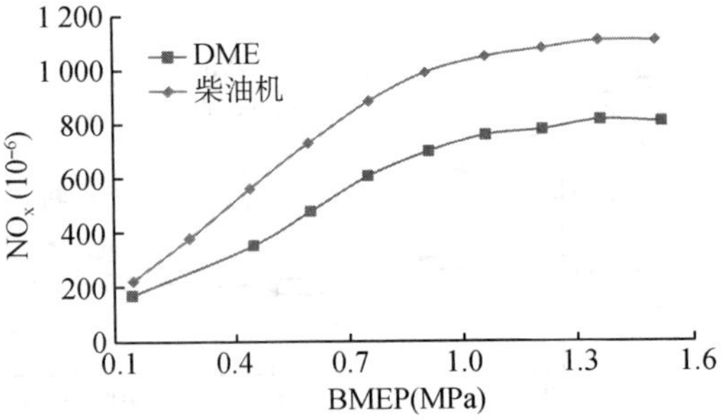

图 7-8　二甲醚内燃机 NO_x 排放

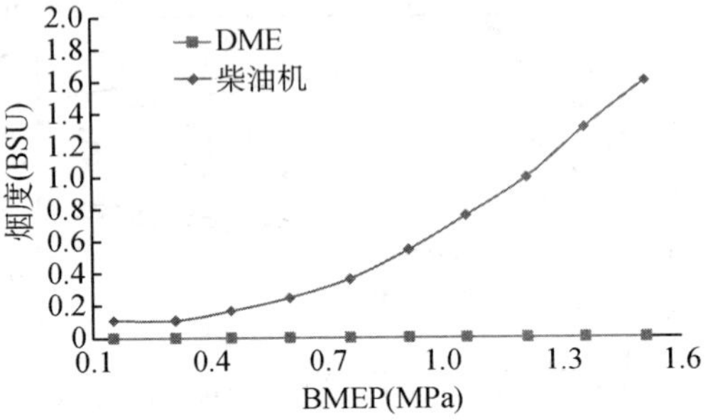

图 7-9　二甲醚内燃机碳烟排放

7.7.3　碳烟排放

碳烟的生成条件是高温和缺氧。从二甲醚分子式可以看出，二甲醚没有 C—C 键，含氧量 34.8%，非常有利于燃烧，特别是扩散燃烧，有效抑制了碳烟的生成。另外，二甲醚沸点低、易于汽化的特点使二甲醚能快速均匀地与空气混合，扩散燃烧速率高，燃烧持续期短，有利于抑制碳烟的生成。以上两个因素导致二甲醚内燃机碳烟排放几乎为零，实现无烟燃烧。某二甲醚内燃机的碳烟排放如图 7-9 所示。

7.7.4　颗粒排放

柴油机排气颗粒粒径通常呈包含核膜态和积聚态双峰对数分布，其中，核膜态颗粒数量占排气颗粒总数量的 90%以上，排气颗粒质量主要由积聚态颗粒决定，核膜态颗粒质量约占排气颗粒总质量的 10%。二甲醚含氧、雾化效果好等特点有利于降低内燃机颗粒排放。柴油机颗粒质量排放高出二甲醚内燃机 5.7～17.7 倍，二甲醚内燃机颗粒质量排放显著降低。同时，二甲醚内燃机排气颗粒数浓度为 5.84×10^7～1.39×10^9 个/cm^3，柴油机颗粒数量排放为 3.92×10^7～2.45×10^9 个/cm^3，二甲醚内燃机颗粒数量排放有一定程度的改善。另外，柴油机排放的积聚态颗粒数量高出二甲醚内燃机 4.2～62.6 倍，积聚态颗粒平均几何粒径增大 10～30 nm，受二甲醚内燃机排气中挥发/半挥发性组分成核与凝结作用的影响，二甲醚内燃机排放的颗粒中包含大量核膜态粒子。某二甲醚内燃机的颗粒物排放如图 7-10 所示。

7.7.5　非常规排放

二甲醚内燃机尾气中含有微量甲醛、甲酸等非常规排放。甲醛、甲酸和甲酸甲酯是二甲醚燃烧中间产物。其中，甲醛主要生成于负温度系数(NTC)阶段，当燃烧温度上升至负温度系数(NTC)区域时，二甲醚分子分解产物 CH_3O 断裂成为主要反应并产生大量甲醛。

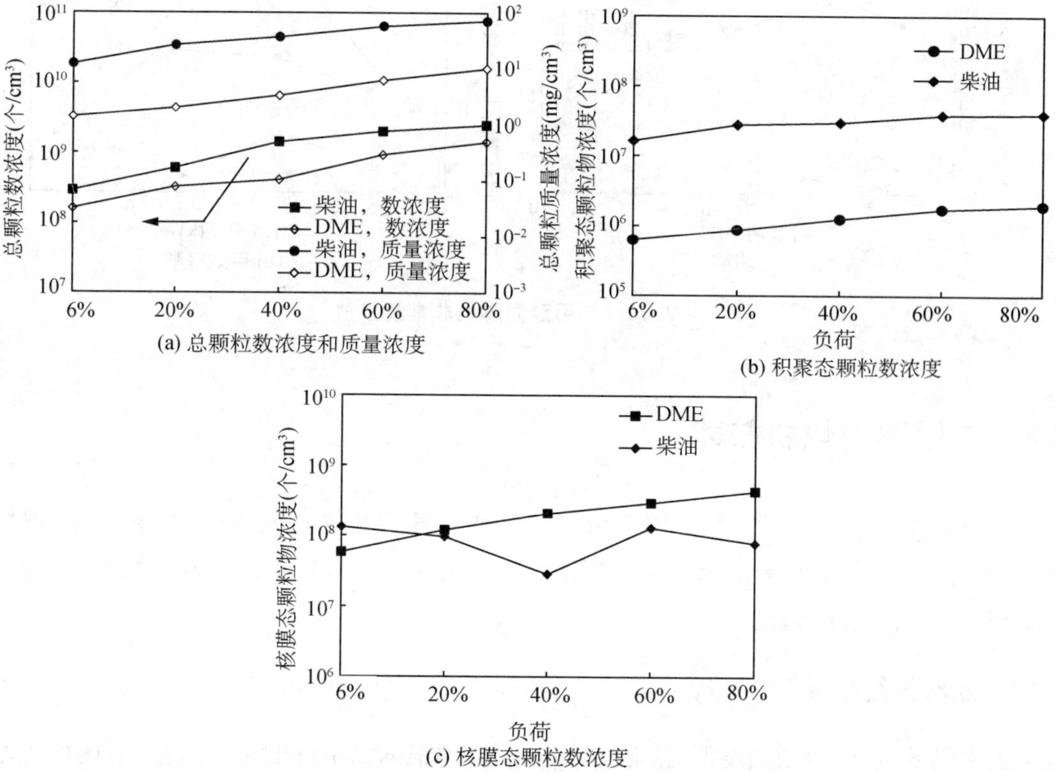

图 7-10　二甲醚内燃机颗粒物排放

甲酸甲酯是二甲醚主要低温燃烧产物之一。在低温反应条件下，二甲醚与氧气反应可生成稳定的过氧二甲基醚游离基 CH_3OCH_2OO，CH_3OCH_2OO 在大气环境下自反应生成甲酸甲酯 CH_3OCHO，NO 也通过其他反应途径导致甲酸甲酯的生成。甲酸是二甲醚低温(240～340 ℃)反应的主要产物，其浓度越高，二甲醚的氧化速率越快，当温度范围高于 600 K 时，燃烧产物中没有甲酸。

甲醛、甲酸和甲酸甲酯三种非常规排放污染物中，甲醛排放与 HC 排放水平密切相关，且受 EGR 率等影响；甲醛和甲酸甲酯排放规律类似，受内燃机运转工况影响较大，低负荷、高转速工况的缸内温度较低，甲醛和甲酸甲酯排放升高，提高进气温度对抑制甲醛排放有显著效果。甲酸甲酯的生成与燃料雾化效果和混合气质量密切相关，低喷油压力、大喷孔直径将导致较高的甲酸甲酯排放。内燃机转速恒定，喷油时刻提前导致甲醛排放降低，甲酸甲酯排放升高。适当减小供油提前角、降低喷油压力、缩小喷孔直径均有利于减少甲醛和甲酸甲酯排放。甲酸排放量绝对值较低，受运行工况的影响很小。与柴油比较，二甲醚低温燃烧将产生较多的甲醛排放，DOC 可有效降低二甲醚内燃机的甲醛排放。某二甲醚内燃机非常规排放如图 7-11 所示。

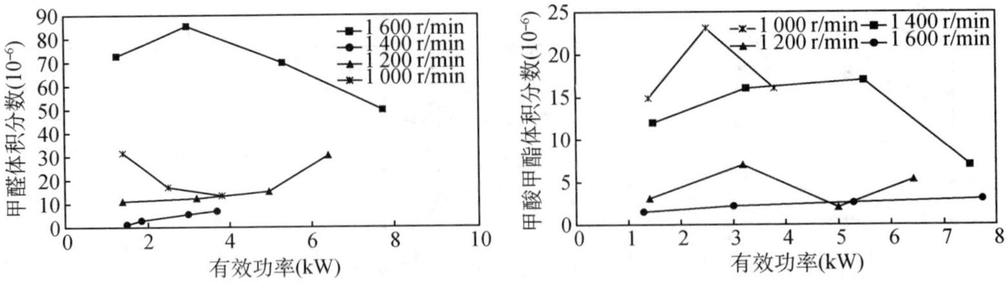

(a) 甲醛　　(b) 甲酸甲脂

图 7-11　二甲醚内燃机非常规排放

7.8　二甲醚内燃机技术

二甲醚含氧、热值低、常温常压下为气态等特点导致其材料兼容性、喷雾特性、燃烧特性、润滑特性、排放特性等与柴油不同,需对燃料供给系统、燃烧系统、排放系统等进行改进,以保证二甲醚内燃机性能。

7.8.1　燃料供给系统

二甲醚沸点低、运动黏度低、饱和蒸汽压大,必须根据二甲醚的物性特征,对内燃机燃料供给系统进行专门设计和开发。某机械泵式二甲醚内燃机如图 7-12 所示,机械泵式二甲醚和柴油机关键技术参数如表 7-3 所示。

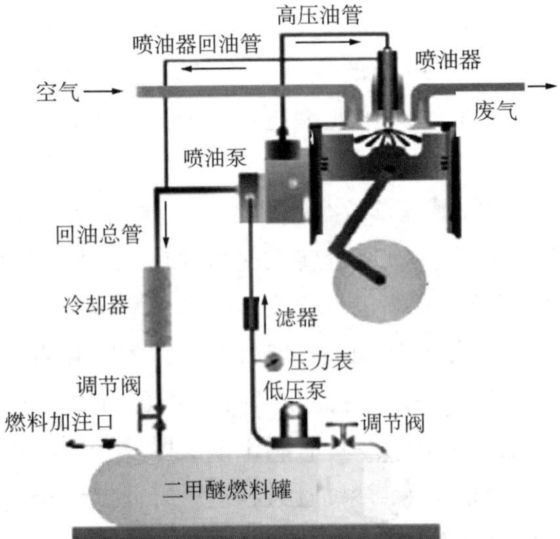

图 7-12　二甲醚内燃机示意图

表 7-3　二甲醚和柴油机关键技术参数

项目	柴油机	二甲醚
缸径×行程(mm×mm)	114×135	114×135
标定功率(kW)	184	184
最大转矩(N·m)	1 000	1 000
柱塞直径(mm)	12	12.13
喷孔数量	6	6
喷油器喷孔直径(mm)	0.24	0.40
针阀开启压力(MPa)	21	16
高压油泵进油压力(MPa)	0.12	1.2

(1) 采用直流电动增压泵来增加二甲醚供给压力,防止燃料供给系统中发生气阻。

随着温度升高,二甲醚饱和蒸气压增大,为防止燃料供给系统中发生气阻,二甲醚必须在一定压力下从燃料储罐输送到喷油器,确保二甲醚在燃料供给系统中一直处于液态。

(2) 采用增大高压燃油泵柱塞直径和行程、喷孔直径和高压油管内径等方法,强化喷油泵供油能力,提高喷嘴通流截面和喷射速率。

二甲醚能量密度和热值低,需增大燃料供给量,以达到与对标柴油机功率相同。一般采用增大喷油泵柱塞直径、行程和喷油器通流面积等来保证喷油量。

(3) 增加冷却器降低二甲醚回油温度。

经过喷油泵后二甲醚的温度会升高,燃料温度升高会导致密度降低,输出功率减少,同时燃料罐内的压力也会大幅度升高。必须对二甲醚燃料进行冷却,使燃料罐内的二甲醚温度控制在 30 ℃以下。

(4) 开发二甲醚燃料润滑添加剂,控制喷油系统运动偶件的磨损。

二甲醚在 20 ℃下的运动黏度远小于柴油,为保证润滑顺畅,采取在二甲醚中添加润滑改进剂的方法提高二甲醚润滑性,试验证明含此种添加剂的二甲醚能大幅度减少喷油泵柱塞的磨损。

(5) 研发具有较好耐二甲醚的橡胶和塑料密封件,保证有效密封。

二甲醚无腐蚀性,但对橡胶、塑料密封件具有溶胀性,长期使用会导致密封件失效。一般要选用耐二甲醚腐蚀性的材料制作密封件。

1. 二甲醚储存器

为保证二甲醚内燃机有足够的动力输出,燃料需以液态形式喷入缸内,这就要求除燃料回路外,整个燃料供给管路中,燃料应保持液态。60 ℃时,二甲醚饱和蒸气压为 1.5 MPa。要求二甲醚内燃机燃料储存器承压能力高于 1.5 MPa。

2. 低压供油管路及喷油器回油管路

传统柴油机多使用耐油橡胶管构建低压供油及喷油器回油管路。二甲醚对多种橡胶材料具有溶胀作用,耐油橡胶长期接触二甲醚会发生溶胀及老化等现象,因此传统橡胶管不适用于二甲醚内燃机低压供油管路及喷油器回油管路。此外,与燃料储存器类似,二甲醚内燃机低压供油管路耐压能力需高于 1.5 MPa。实际应用时,一般可选用一定厚度的黄铜管或不锈钢管构建二甲醚内燃机低压供油管路及喷油器回油管路。

3. 滤清器

传统柴油机滤清器多使用纸质滤芯,无耐压能力,不适用于二甲醚内燃机。为满足二甲醚内燃机燃料供给系统耐压能力高于 1.5 MPa 的要求,二甲醚内燃机滤清器可使用多孔介质作为滤芯,不锈钢作外壳。

4. 输油泵

传统柴油机多使用机械式齿轮输油泵,并与高压泵集成安装,由高压泵凸轮轴驱动。二甲醚内燃机如使用该类输油泵,则存在起动及低速输油能力问题。即内燃机起动及低速运转时,输油泵转速不高,二甲醚供给能力不足。同时管路中会产生大量气穴,产生气阻。因此,二甲醚内燃机可采用电子输油泵,并采用溢流阀保证管路压力。此外,二甲醚热值较低,为保证内燃机动力性，需调节二甲醚喷油量约为柴油的1.88倍。综上，二甲醚内燃机对输油泵流量、供油压力、耐久性均有较高要求。因此，可采用电子换向无刷直流泵，也可以采用两个输油泵串联结构，保证二甲醚输送压力和输送流量，同时避免气阻产生。

5. 喷油泵/高压泵

二甲醚能量密度低，为保证二甲醚内燃机动力性能，循环燃料体积喷射量需要达到柴油的1.88倍（根据体积热值计算），要求机械泵式燃料供给系统喷油泵以及电控高压共轨燃料供给系统高压泵的泵油能力是柴油的1.88倍。机械泵式燃料供给系统柴油机可通过增大喷油泵柱塞直径、柱塞有效行程增大喷油量。对于目前常用的电控共轨燃料供给系统柴油机，可在回油控制式高压泵基础上，开发大流量、高强化、高密封性、耐磨、流通性好的进油控制型高压泵。同时，机械泵式、电控共轨两种燃料供给系统均需配大流量喷油器。

6. 共轨管

与高压泵类似，二甲醚循环喷射量大，为保证轨压稳定性，需要增大共轨管容积。

7. 喷油器

与高压泵类似，由于喷射量的差异，需对喷油器进行大流量设计和加工。二甲醚喷油器设计原则是各工况下喷射量为同工况柴油的1.88倍。可以通过延长喷射时间、增加喷孔数量、增大喷孔直径等方式实现。但是，考虑到延长喷油持续期带来的后燃风险，以及喷孔数量增加带来的布置风险，增加喷孔直径是优选方案。此外，二甲醚易于雾化，研究表明，60 MPa喷射压力下，二甲醚雾化效果相当于柴油在200 MPa的雾化效果，二甲醚的喷射压力可低于柴油。

8. 燃料冷却系统

为防止二甲醚内燃机运行过程中温度上升导致二甲醚在供油系统中汽化，产生气阻，使内燃机燃料供给出现异常，需要对二甲醚进行冷却。

9. 密封件

二甲醚对多种橡胶材料具有溶胀作用，若直接在柴油机上使用二甲醚燃料，普通耐油橡胶密封件因长期接触二甲醚发生溶胀及老化等现象，力学性能逐渐变差，失去密封作用，需选择耐二甲醚橡胶作为燃料供给系统密封圈。

10. 润滑添加剂

二甲醚运动黏度远小于柴油，润滑效果差，导致高压泵精密控制阀、柱塞偶件、喷油器针阀偶件等磨损严重。可在二甲醚中加入润滑添加剂，提升二甲醚润滑性，保护燃油供给系统精密运动偶件。

11. 电控单元

对于采用电控燃料供给系统的二甲醚内燃机，为适应二甲醚燃料供给系统高压泵、喷油器、传感器等改变，需要重新设计控制单元的软硬件及线束。

7.8.2 排放控制

二甲醚内燃机的HC和CO排放和柴油相当，NO_x 排放明显降低，且能实现碳烟零排放并大幅度降低颗粒排放。为满足国Ⅵ标准，需进一步控制二甲醚内燃机的 HC、CO 和 NO_x 排放。

1. 催化转化器

柴油氧化催化转化器（DOC）可有效控制二甲醚内燃机的 HC、CO 及甲醛等非常规排放。某二甲醚内燃机 DOC 前后的 HC 和 CO 排放如图 7-13 所示。

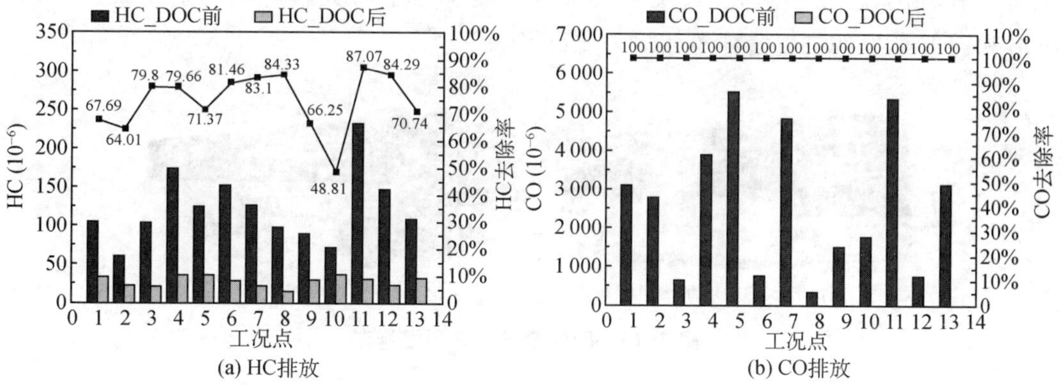

图 7-13　DOC 对二甲醚内燃机 HC 和 CO 排放的净化效果

2. 废气再循环

废气再循环（EGR）是降低柴油机 NO_x 排放的有效措施，它将一部分废气引入进气道与新鲜空气混合后进入气缸内，抑制燃烧，减小 NO_x 排放。EGR 是二甲醚内燃机满足国Ⅵ标准的可选技术路线之一。

废气再循环包括涡前压后 EGR 和涡前压前 EGR 两种形式，如图 7-14 所示。研究表明，采用涡前压前两级冷却 EGR+DOC 后处理装置，二甲醚内燃机可满足国Ⅴ标准；采用涡前压后 EGR+DOC 后处理装置，二甲醚内燃机可满足国Ⅵ标准。

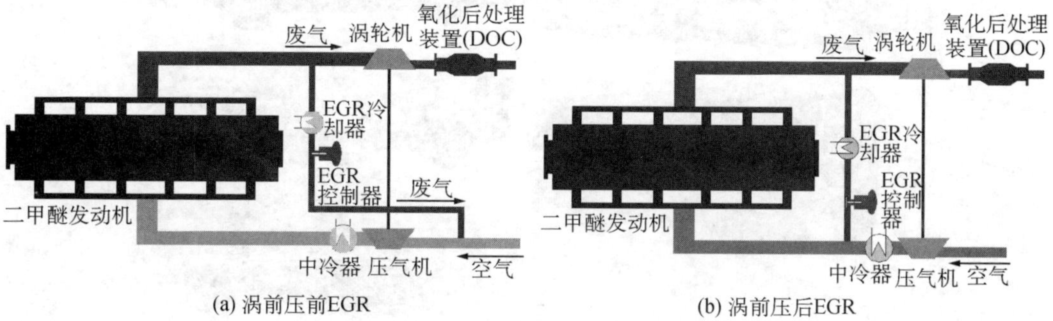

图 7-14　废气再循环（EGR）的结构形式

7.9　二甲醚的应用与发展

二甲醚作为一种清洁替代燃料，得到了广泛的关注。在欧洲，自 1995 年以来，丹麦技术大学及 Haldor Topsoe A/S、Navistar、AVL、AMOCO 公司等相继对二甲醚在柴油机上进行了应用研究。沃尔沃(VOLVO)集团将其开发的第三代二甲醚内燃机技术应用到公交车和卡车上。在美国,二甲醚相关研究表明,CIDI内燃机使用二甲醚可以在保持传统柴油热效率的同时实现超低排放。在日本,以五十铃(ISUZU)为代表的内燃机生产厂家研制了二甲醚城市客车样车,JFE公司、NKK公司和日本交通公害研究所分别研制出二甲醚客车和卡车样车。在韩国,忠北国立大学、汉阳大学也开展了二甲醚共轨燃油喷射系统喷雾研究。Volvo和JFE研发的二甲醚样车如图7-15所示。

(a) VOLVO二甲醚燃料客车　　(b) JFE二甲醚燃料客车

图7-15　国外研发的二甲醚样车

二甲醚可以煤为原料制取,来源丰富。我国从20世纪末开始进行二甲醚汽车研究开发,上海交通大学、西安交通大学、吉林大学、天津大学、山东大学等开展了二甲醚材料兼容性、喷雾燃烧特性基础研究以及二甲醚内燃机匹配研究,成功研发出高效能、低噪声、超低排放二甲醚样机,依托上汽、中通等汽车企业研发了二甲醚样车,在上海开展了二甲醚公交车示范运行。2011年,国家标准《车用燃料用二甲醚》(GB/T 2605—2011)开始实施。受各种因素的影响,二甲醚汽车尚未在我国商业化运行。国内研发的二甲醚样车如图7-16所示。

图7-16　国内研发的二甲醚样车

第8章 氢　　气

氢气(Hydrogen，H_2)1766年由卡文迪许(H. Cavendish)在英国发现，是一种常温常压下极易燃烧、无色透明、无臭无味且难溶于水的气体。氢气分子量2，标准状况下(1个标准大气压、0 ℃)密度约0.089 g/L，是世界上已知密度最小的气体，也是一种极易燃的气体(燃点574 ℃、热值120 MJ/kg)。在1个标准大气压下，氢气在−252.87 ℃时可转变成无色液体，−259.1 ℃时可转变成雪状固体。氢气可通过多种方法制备，实验室一般利用活泼金属与酸反应或电解水制氢；民用氢气一般由氨分解法、活泼金属和酸反应法、强碱与铝或硅反应法、甲醇裂解法制取；工业氢气一般通过水煤气法、石油裂化气法、电解水法、电解饱和食盐水法、焦炉煤气冷冻法、发酵法、金属与水反应法制备。

氢气是主要的工业原料，也是最重要的工业气体和特种气体，可用作合成氨、甲醇、盐酸的原料，冶金用还原剂以及石油炼制加氢脱硫剂等，在石油化工、电子、冶金、食品加工、浮法玻璃、精细有机合成、航空航天等方面应用广泛。同时，氢也是一种理想的二次能源，常用于航天、汽车燃料。

8.1 氢气理化指标及特点

氢气是性能优良的燃料，可与汽油、柴油、天然气等燃料掺混使用，应用于点燃式或压燃式内燃机，改善内燃机性能和排放；也可以通过纯氢方式用于点燃式内燃机和燃料电池。表8-1为氢气、汽油和柴油的元素组成、密度、热值等理化指标。

表8-1 氢气、汽油和柴油理化指标

项目		氢气	汽油	柴油
分子式		H_2	C_4～C_{12}	C_{10}～C_{21}
20 ℃密度(kg/L)		0.089(0 ℃)	0.73～0.79	0.81～0.85
理论空燃比	质量比	34.5	14.7	14.5
	体积比	2.4	8.6	9.4
着火温度(常压下)(℃)		574	390～420	230
火焰传播速度(cm/s)		247	35～47	
沸点(℃)		−252.87	32～210	180～370

（续表）

项目	氢气	汽油	柴油
混合气热值（MJ/m³）	3.18	3.73～3.83	3.79
辛烷值	130	89～97	20～30
十六烷值	＜10	14	49～60
着火极限	5%～75%	1.3%～7.6%	1.5%～8.2%
最小点火能量（mJ）	0.02	0.29	—
最小淬熄距离（cm）	0.064	0.2	—
低热值（MJ/kg）	120	44.4	42.5

与汽油比较，氢气具有以下特点：

（1）从抗爆性角度看，氢气辛烷值很高，远大于汽油，可以使用较高的压缩比。

（2）从沸点角度看，氢气沸点远低于汽油，扩散能力强，更易形成均匀混合气。

（3）从着火极限角度看，氢气着火极限非常宽，有利于稀薄燃烧的组织。

（4）从火焰传播速度角度看，氢气火焰传播速度非常快，约为汽油火焰传播速度的5～9倍，有利于燃料的清洁燃烧。

（5）从点火能量角度看，氢气点火能量非常低，不到汽油的1/10，说明氢气很容易被缸内局部高温部位点燃，需采取措施避免早燃。

（6）从淬熄距离角度看，氢气淬熄距离短，火焰能达到气缸壁缝隙，提高燃烧率，降低不完全燃烧产物。

（7）从热值角度看，氢气单位质量热值分别比汽油、柴油高约2.6倍，单位体积热值和汽油、柴油相当。

（8）从空燃比角度看，1 kg 氢气完全燃烧需要34.5 kg 空气，是1 kg 汽油（柴油）完全燃烧需要空气量的约2.3倍。

（9）从着火温度和发火性角度看，氢气十六烷值远低于柴油，常压下着火温度远高于汽油和柴油，一般不能采用压燃方式。

8.2 氢气制备和储存

8.2.1 氢气制备

与传统汽油、柴油、天然气不同，氢气需通过一定方法制备。目前，业内研究提出的制氢方式很多，包括通过煤、石油、天然气等化石原料制氢，以水、生物质、太阳能等可再生资源制氢，燃料重整车载制氢等。工业制氢技术有煤气化法、甲烷蒸汽转化法、重油部分氧化法、水电解法、副产含氢气体回收法、生物质气化法等。煤和天然气是最主要的制氢原料，全球氢气产量约92%来自煤和天然气，约7%来自工业副产物，约1%来自电解水。常用工业制氢工艺、原料、技术成熟度及应用情况如表8-2所示。

表8-2 常用工业制氢工艺、原料、技术成熟度及应用情况

序号	制氢工艺	主要原料	技术成熟度	应用情况
1	煤气化	煤	成熟	大规模应用
2	甲烷蒸汽转化	天然气	成熟	大规模应用
3	甲醇蒸汽转化	甲醇	成熟	工业化应用
4	水电解	水	接近成熟	工业化应用
5	工业副产氢	合成气、炼厂副产物、低碳烷烃	成熟	工业化应用
6	生物质气化	各类生物质	接近成熟	小规模应用

1. *化石原料制氢*

化石原料制氢是以煤、天然气为原料制备氢气的方法，其中，煤气化制氢是工业大规模制氢的首选方式之一。

1）煤制氢

煤气化制氢是将煤炭经过高温气化生成 H_2+CO 合成气，经 CO 与水蒸汽变换转变为 H_2+CO_2，再脱除 CO_2+SO_2 酸性气体并进行 H_2 提纯，可以得到不同纯度的 H_2。煤气化制氢技术已有100多年的发展历史，可分为三代技术：第一代技术是德国在20世纪二三十年代开发的常压煤气化工艺；第二代技术是20世纪70年代由德国、美国等国家在第一代技术基础上开发的加压气化工艺；第三代技术主要有煤催化气化、煤等离子体气化、煤太阳能气化和煤核能余热气化等，目前仍处于实验室阶段。

2）天然气制氢

以天然气为原料制氢是北美、中东等地区普遍采用的制氢路线，主要有天然气蒸汽转化法、天然气部分氧化法和天然气催化裂解法三种。天然气蒸汽转化法制氢是在催化剂及高温条件下，使甲烷与蒸汽发生重整反应，生成 H_2+CO 混合气，制得的 H_2+CO 合成气经高低温变换反应将 CO 转化为 CO_2 和 H_2。天然气蒸汽转化法制氢技术成熟，是工业上最常用的制氢方法。天然气部分氧化法制氢是将天然气与氧气进行不完全氧化生成 H_2+CO 合成气，其他步骤和天然气蒸汽转化法制氢相同；天然气催化裂解法制氢是以天然气为原料，经脱水、脱硫、预热后从底部进入移动床反应器，与从反应器顶部下行的镍基催化剂逆流接触，天然气在催化剂表面发生催化裂解反应生成 H_2 和碳，并经气固分离器分离残余的 CH_4 和 H_2，并经机械振动筛分离催化剂和碳。天然气催化裂解法制氢具有制氢成本低、CO_2 排放量小等特点。

3）甲醇制氢

以甲醇为原料制氢是工业上常用的将 CO 和 H_2 进行羰基化反应生产甲醇的逆过程，可用于现场制氢，解决目前高压和液态储氢技术存在的储氢密度低、压缩功耗高、输运成本高、安全性差等问题。

甲醇制氢技术包括甲醇裂解制氢、甲醇蒸汽重整制氢和甲醇部分氧化制氢三种。甲醇裂解制氢是在 300 ℃左右、催化剂存在条件下将甲醇气相催化裂解为 H_2+CO，再通过进一步分离获得高纯 CO 和 H_2。甲醇蒸汽重整制氢是在 220～280 ℃、0.8～2.5 MPa、催化剂存在条件下，甲醇和水蒸汽转化为约 75% H_2、24% CO_2 以及极少量 CO、CH_4 的制氢方法。甲醇部分氧化制氢是通过甲醇部分氧化、生成 H_2 和 CO_2 的制氢方法，该方法可实现系统自供热，大幅提高能源利用效率，降低制氢成本。

4）工业副产氢

工业副产氢是在炼厂重整、丙烷脱氢、焦炉煤气及氯碱化工等生产过程产生的 H_2 副产物进行提纯，制备 H_2 的方法。我国工业副产 H_2 资源潜力大，每年产量约 1 048 万 t，若按近期取副产 H_2（802 万 t/年）的 30%（240 万 t/年）、中期 40%（320 万 t/年）、远期 50%（400 万 t/年），可供应 1 071 万辆、1 428 万辆和 1 785 万辆燃料电池乘用车（行驶里程 20 000 km、H_2 消耗 224 kg），272 万辆、362 万辆和 453 万辆燃料电池客车（行驶里程 14 400 km、H_2 消耗 882.32 kg）使用。表 8-3 为工业副产氢来源及生产潜力。

表 8-3　工业副产氢来源及生产潜力

氢气来源	生产原理	原料消耗	氢气产量（万 t/年）
炼厂催化重整	以石脑油为原料，生产高辛烷值汽油和“三苯”，同时副产 H_2	1 t 原料油可副产 H_2 20～30 kg	136（2018 年）
丙烷脱氢	丙烷催化脱氢生产丙烯，同时副产 H_2、C_4 等	丙烯收率按 42%计算，生产 1 t 丙烯可副产 H_2 54 kg	18（2017 年）
焦炉煤气	煤炭高温干馏后，在产出焦炭和焦油产品的同时，得到主要成分为 CH_4、H_2 和 CO 等可燃气体	通常生产 1 t 焦炭可副产 425.6 m^3 焦炉气，1 m^3 的焦炉气可制取约 0.44 m^3 H_2	721（2017 年）
氯碱化工	用电解饱和 NaCl 溶液的方法来制取 NaOH、Cl_2 和 H_2	生产 1 t 烧碱可副产 270 m^3 H_2	81（2017 年）

2. 电解水制氢

以水为原料制氢是 H_2 与 O_2 燃烧生成水的逆过程，包括电解水制氢、光解水制氢等。电解水制氢是把直流电通入 KOH 或 NaOH 水溶液，将水分解为 H_2 和 O_2 的过程。电解水制氢技术历史悠久，可分为碱性电解水制氢、质子交换膜电解水制氢和固体氧化物电解水制氢。其中碱性电解水制氢技术最成熟，应用最广泛。电解水制氢效率一般在 75%～85%，每立方米 H_2 耗电 4～5.5 kW·h，受电耗较高的影响，电解水制氢方法受到一定的限制。从长远角度看，利用风电、光伏、核电弃电制氢是较好的选择。

光解水制氢是水在光和半导体光催化剂的作用下分解为 H_2 和 O_2 的制氢方法，也可以说是把太阳能转换为化学能的一种方式，相当于把间歇分散的太阳能直接转变为高度集中的氢能，是非常有前途的制氢技术之一，目前还处于研究阶段。

3. 生物质制氢

生物质制氢是利用厌氧菌或者光合菌将有机物转换成 H_2 和 CO_2，然后经分离提纯制得 H_2。目前，这一方法仍停留在实验阶段。

4. 车载燃料制氢

车载燃料制氢是利用汽油、柴油、天然气、甲醇、乙醇、二甲醚等车载燃料，通过蒸汽重整、自热重整、部分氧化重整、等离子体重整等方式在线制 H_2 的方法。通过车载燃料制氢方式制取的 H_2 可用于汽油-氢气双燃料内燃机、天然气-氢气双燃料内燃机、柴油-氢气双燃料内燃机、纯氢内燃机、燃料电池。车载燃料制氢可做到随时供氢、制氢规模可调、危险系数及成本降低，是综合能效、环境和经济性的供氢方法之一。同时，车载燃料制氢从汽油、天然气等常规燃料催化重整制氢角度考虑供氢，既可将制取的氢气直接用于改善内燃机燃烧，也可用于燃料电池等纯氢应用方式，避免了氢气储存、运输以及基础设施不完备的问题。

对于混氢内燃机，即汽油-氢气双燃料内燃机、天然气-氢气双燃料内燃机、柴油-氢气双燃料内燃机，车载燃料制氢一般在内燃机排气系统安置一个小型重整器，在其内部添加一定量的催化剂，通入燃料与废气以提供蒸汽、氧气和反应热，利用排气管中的高温，使燃料与废气反应，制取 H_2+CO 混合气，再结合废气再循环技术，将制取的 H_2+CO 混合气引入缸内燃烧，改善内燃机燃烧和性能。对于纯氢内燃机或燃料电池，对 H_2 的纯度要求比较高，一般采用 CO 含量低的车载燃料制氢方式，例如甲醇、天然气等，通过自热重整、等离子体重整等微反应器生成 H_2+CO 合成气，再通过膜分离法、变压吸附法、CO 选择氧化法等微反应器将 H_2 提纯，供纯氢内燃机或燃料电池使用。等离子体重整、燃料处理集成膜提纯微反应器如图 8-1 所示。

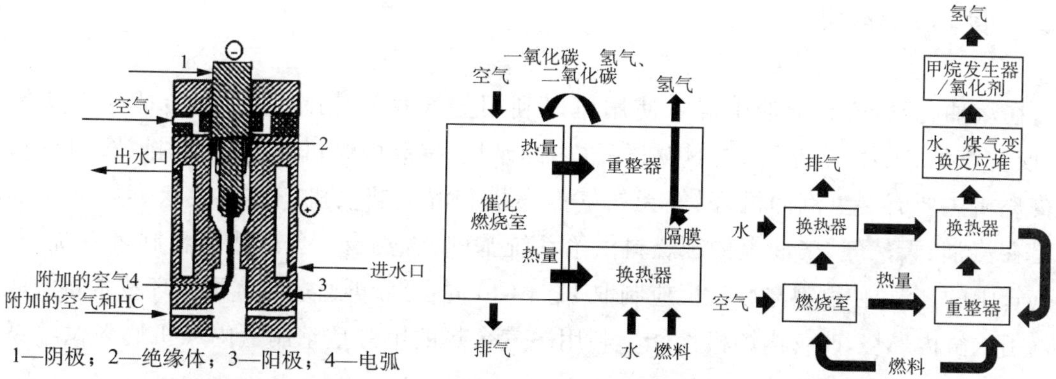

图 8-1 等离子体重整、燃料处理集成膜提纯微反应器

8.2.2 氢气储存

H_2 的储存方式包括物理储氢和化学储氢两种。物理储氢技术指仅通过改变储氢条件提高 H_2 密度，以实现储氢的技术。该技术为纯物理过程，无须储氢介质，成本较低，易放氢，

H_2 浓度较高。化学储氢技术是利用储氢介质在一定条件与 H_2 反应生成稳定化合物，再通过改变条件实现放 H_2。

1. 高压气态储氢

高压气态储氢是根据气体状态方程，在温度保持不变情况下，利用高压钢瓶等升高气体压力、增加气体密度的储存方式。高压气态储氢技术是一种应用广泛、简便易行的储氢方式，储氢压力一般为 20 MPa，具有结构简单、成本低、能耗少、充放速度快等优点，已成为目前氢能的主要储运方式。高压气态储氢的缺点是能量密度低、需要耐压容器、存在泄漏等问题，储罐材质改进是研究热点。

2. 低温液态储氢

低温液态储氢技术是利用 H_2 在低温下以液态形式存在的原理，将 H_2 压缩冷却，绝热膨胀后变成液态氢，储存在高真空绝热容器中的储氢方式。液氢具有体积能量密度高、储存重量轻、加注时间短、使用寿命长等优点，适宜于储存空间有限的运载场合。但低温液态储氢方式存在成本高、储存容器需特别制造等缺点。

3. 固态储氢

固态储氢是通过化学反应或物理吸附将 H_2 存于固态材料中，具有能量密度高且安全性好等特点，被认为是最有发展前景的储氢方式。固态储氢有两种方式：一种是通过氢化学吸附形成化合物，包括典型金属氢化物和相关化合物；另一种是进行可逆吸附分子氢，储氢介质主要采用高度多孔固体材料，包括活性炭、碳纳米管、多孔碳等碳材料和无机纳米管、纳米线等非碳纳米材料。

8.3 混氢内燃机

在汽油、天然气和柴油中混氢使用可以利用氢气着火范围宽、火焰传播速度快等特点，改善汽油、天然气、柴油在内燃机气缸内的燃烧，提高内燃机性能、降低排放。目前，混氢内燃机主要有混氢汽油机、混氢天然气内燃机和混氢柴油机三类。混氢燃烧的实现方式是在汽油、天然气、柴油等传统燃料供给系统基础上，安装一套车载燃料制氢系统，利用排气管中的高温，使燃料与废气反应制取 H_2+CO 混合气，再通过废气再循环技术将制取的氢气引入缸内燃烧，改善内燃机性能。利用尾气余热的甲醇重整制氢内燃机燃料供给系统如图 8-2 所示。

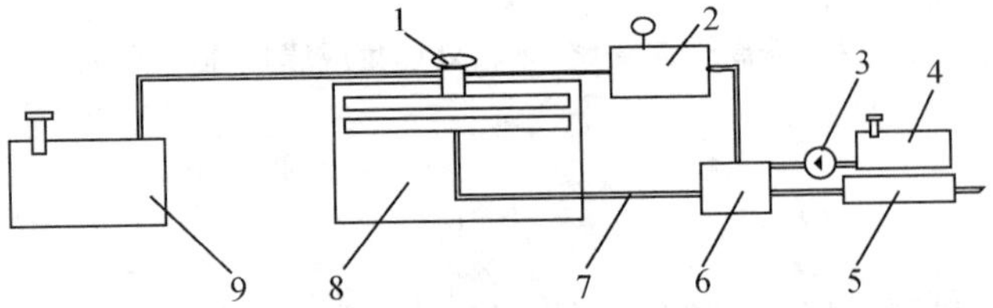

1—进气管；2—储氢罐；3—甲醇泵；4—甲醇箱；5—消声器；6—甲醇重整制氢装置；7—排气管；8—内燃机；9—汽油箱

图 8-2　利用尾气余热的甲醇重整制氢内燃机的燃料供给系统

8.3.1 混氢汽油机

汽油是汽车的常用燃料，氢气具有较低的点火能量、较快的火焰传播速度和较宽的着火界限，汽油掺烧氢气可实现稀薄快燃，提高内燃机热效率，改善汽油机经济性能。同时，氢的链式燃烧反应会产生很多活化中心，有利于缸内成分充分反应，降低污染物排放。

1. 燃烧特性

氢气燃烧速度快，混氢汽油机的燃烧过程更接近理想定容循环。同时，氢气扩散速度快，淬熄距离短，在进气中加入一定体积氢气有利于增强缸内燃料的混合、流动速度以及火焰传播距离，使燃烧更充分。在点火角相同状态下，与混氢之前比较，随着氢气体积分数的增加，发动机缸内最大爆发压力升高，缸压峰值对应的曲轴转角提前，相同工况燃烧持续期减少，90％燃料燃烧对应的曲轴转角提前，燃料燃烧向缸壁的传热损失小，发动机热效率高，缸压峰值循环变动减小，发动机工作更稳定。某混氢汽油机燃烧特性如图 8-3 所示。

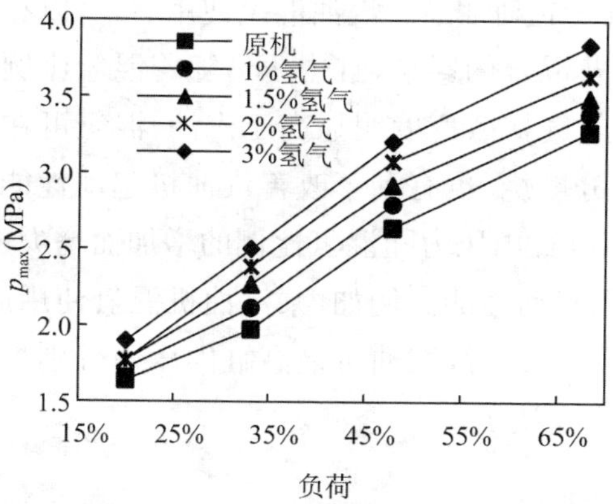

(a) 缸压峰值

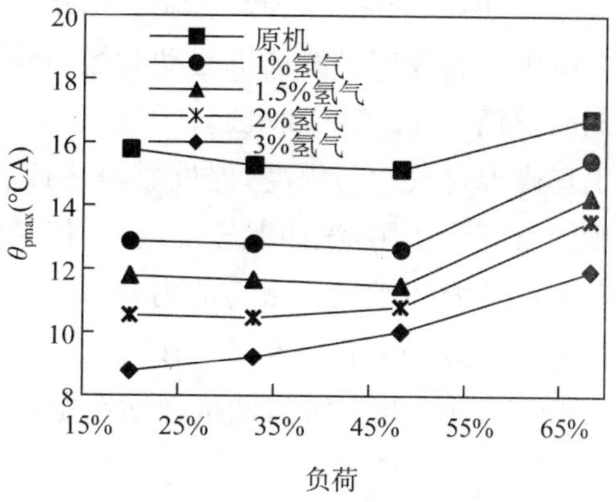

(b) 缸压峰值对应的曲轴转角

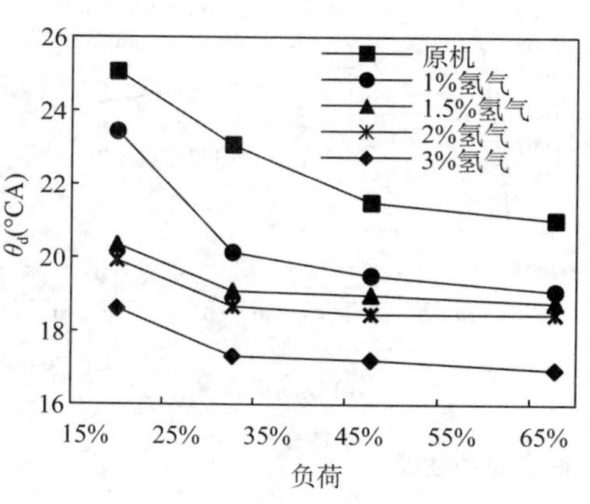

(c) 燃烧持续期

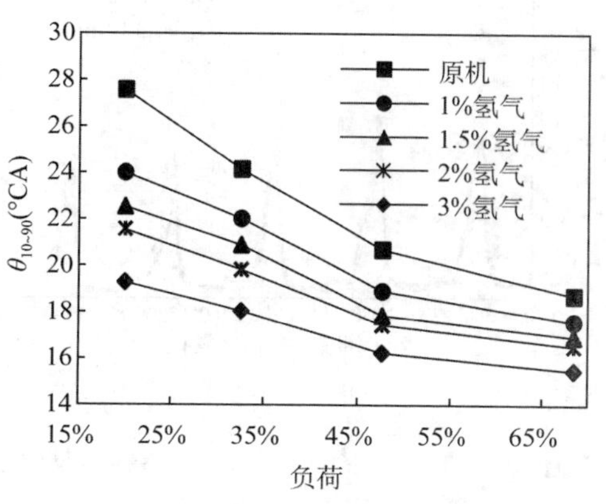

(d) 90%燃料燃烧对应的曲轴转角

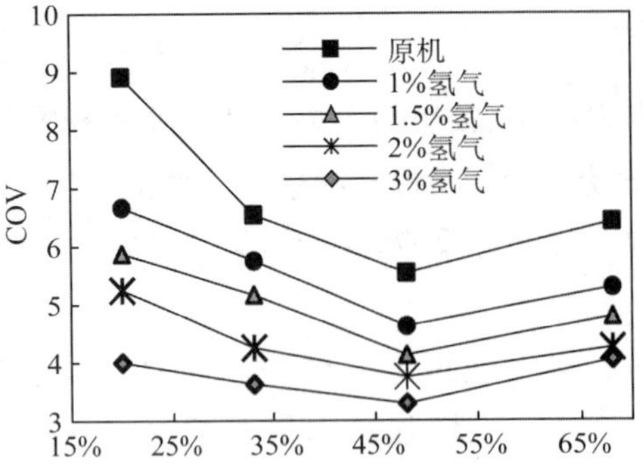

(e) 循环变动率

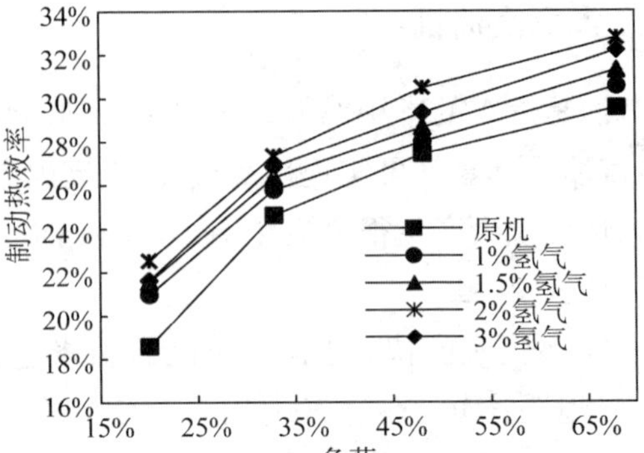

(f) 热效率

图 8-3 某混氢汽油机的燃烧特性

2. 起动及怠速性能

氢气燃烧速度快、扩散速度快、淬熄距离短等特点有利于改善内燃机起动和怠速性能。汽油机起动时，温度较低导致汽油油膜效应带来的影响明显增加，仅有少量汽油可以蒸发并参与燃烧，缸内燃烧速度较低，燃烧不充分，影响其起动性能。汽油混氢使用后，可以在一定程度上减少油膜效应对汽油机起动时燃料蒸发及混合的影响，缸内压力随着混氢比例的增加而提高，有利于改善汽油机起动性能。同时，氢气扩散速度明显高于汽油，混氢可在一定程度上提高混合气均匀程度，促进燃料快速、充分燃烧，也有利于改善汽油机起动性能。以上两种因素综合作用，汽油混氢使用后，相同循环，缸内压力随混氢比例的增加而增大，可明显改善起动首循环燃烧和做功能力，提高发动机起动性能。例如，某汽油机混氢使用后，当氢气流量由 0 L/min 提高至 2.5 L/min 和 4.3 L/min 时，汽油机最高缸内压力分别提高约 51.1%和 69.2%。某混氢汽油机起动性能如图 8-4 所示。

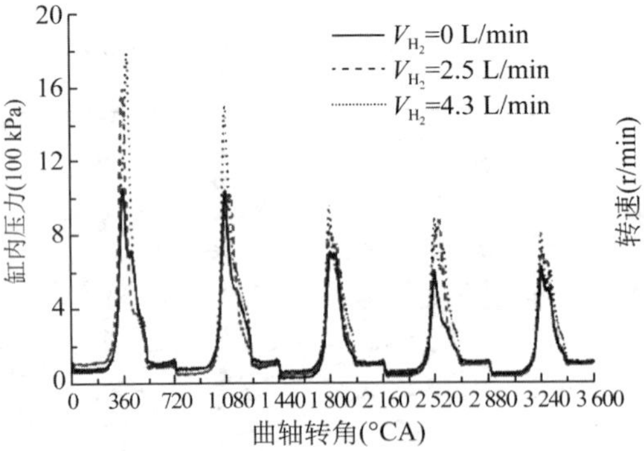

(a) 缸内压力变化

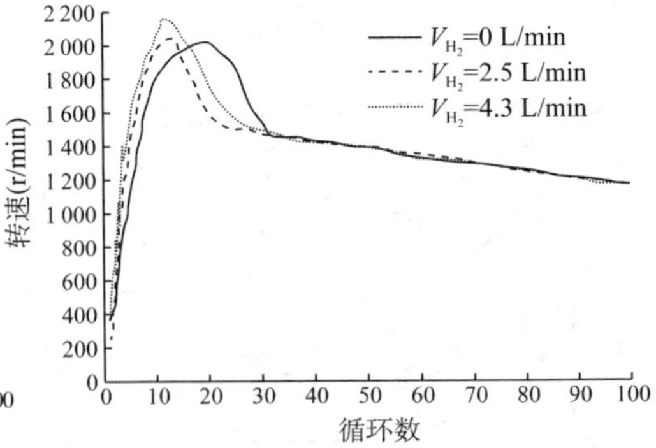

(b) 发动机转速波动

图 8-4 某混氢汽油机起动性能

减小怠速波动是发动机怠速控制主要目标之一，汽油混氢使用后，怠速时缸内混合气均匀程度提高，燃烧持续期缩短，循环变动变小，怠速性能得到改善。某混氢汽油机怠速性能如图 8-5 所示。

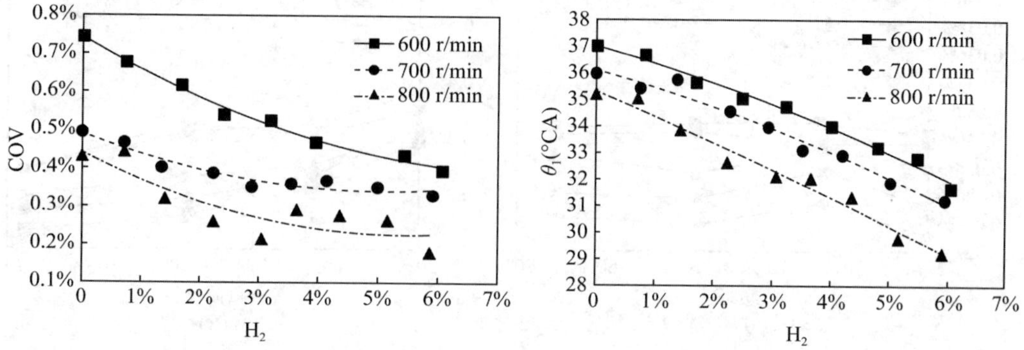

(a) 循环波动率　　(b) 10%燃料燃烧对应的曲轴转角

图 8-5　某混氢汽油机怠速性能

3. 动力性、燃油经济性

汽油混氢使用后，缸压峰值升高，燃烧过程更接近理想定容循环，有利于改善发动机动力性；可显著改善汽油机低负荷时缸内混合气均匀度，使燃烧更充分，改善低负荷工况汽油的做功能力。随着负荷的增大，节气门开度增加，缸内流动强度增强，混氢对混合气均匀度改善效果减弱。同时，氢气体积能量密度低于汽油，相同过量空气系数和进气道绝对压力条件下进入气缸的燃料能量密度降低，导致混氢汽油机高负荷工况的动力性下降。另外，氢气燃烧速度快，传热损失小，有利于提高发动机热效率，改善发动机燃油经济性。某混氢汽油机动力性和燃油经济性如图 8-6 所示。

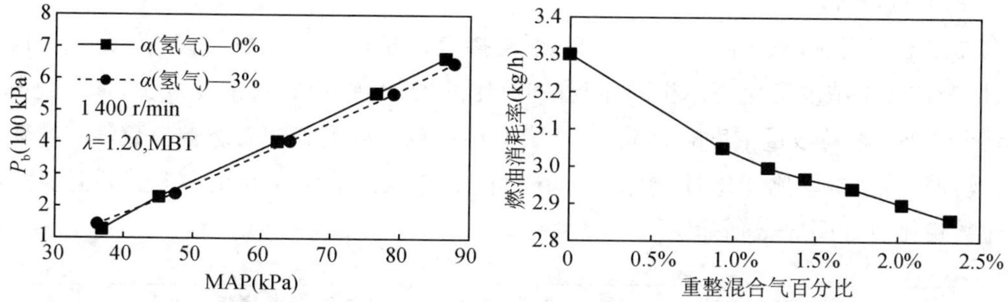

(a) 缸内平均有效压力　　(b) 燃油消耗率

图 8-6　某混氢汽油机动力性和燃油经济性

4. 排放特性

1）HC、CO 和 NO_x 排放

汽油混氢使用后，第一，氢气淬熄距离较短，含氢混合气燃烧更加接近活塞与气缸壁之间的间隙，有效减少由于狭隙效应所引起的 HC 排放；第二，氢气挤占了一部分空气体积，使进入发动机的混合气中氧含量下降，导致燃料燃烧时产生的 CO 排放增加；第三，氢气燃烧温度比汽油高，燃烧速度也比汽油快，导致燃料燃烧产生的 NO_x 排放增加。某混氢汽油机的 HC、CO 和 NO_x 排放特性如图 8-7 所示。

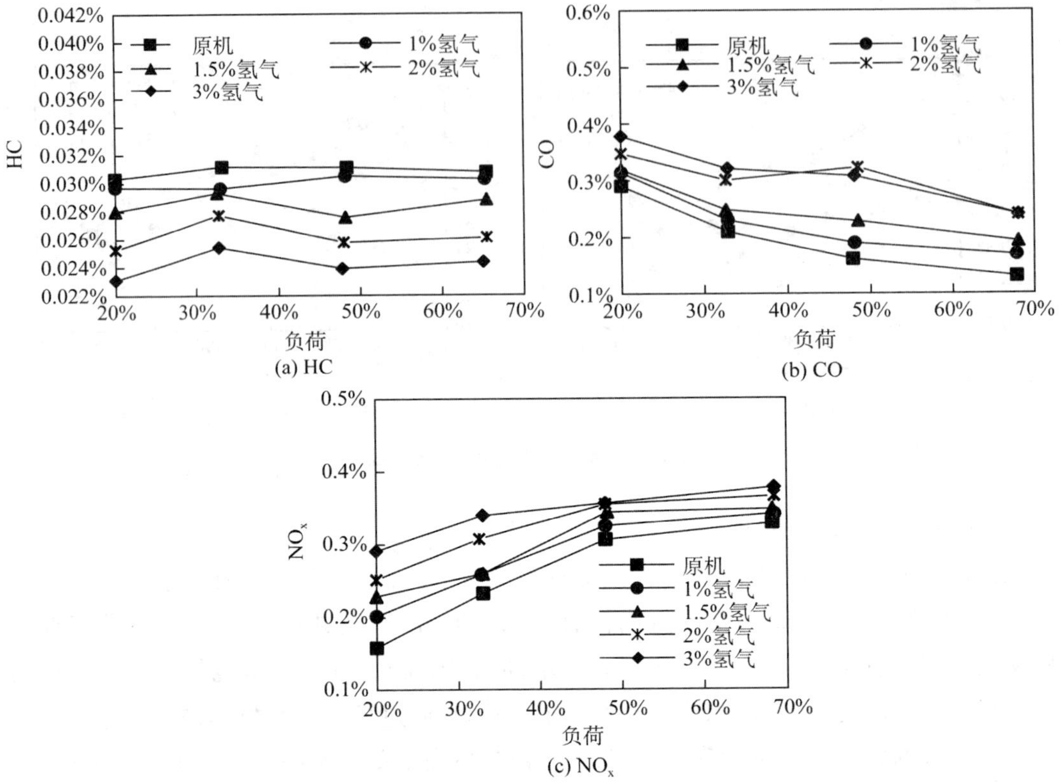

图 8-7　某混氢汽油机的 HC、CO 和 NO_x 排放

2）颗粒数量排放

汽油混氢使用后，在相同节气门开度、不同掺氢比条件下，节气门开度为 10%、14%和 26%时，颗粒数量浓度变化规律相同；随着掺氢比的增加，颗粒数量浓度减少，掺氢比从 4%增加到 12%时，颗粒数量浓度略有减小，核膜态颗粒数量浓度和积聚态颗粒数量浓度变化量相当。转速一定，掺氢比变化时，颗粒数量浓度随着掺氢比的增加变化不大。某混氢汽油机的颗粒数量排放如图 8-8 所示。

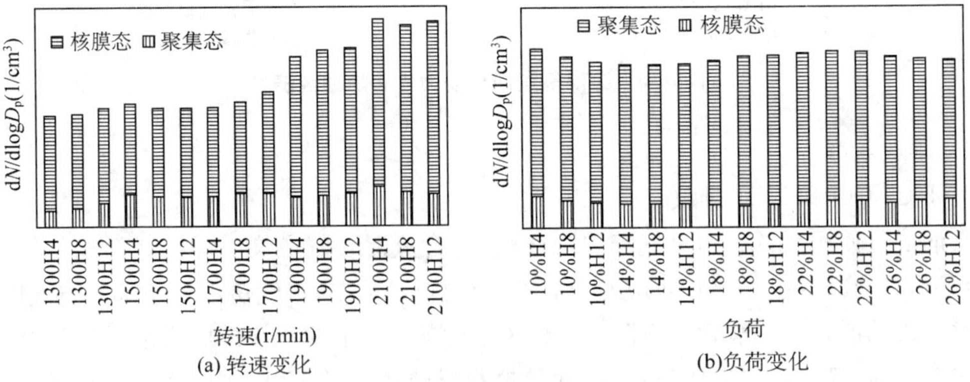

图 8-8　某混氢汽油机的颗粒数量排放

5. 稀燃性能

稀燃是改善发动机热效率和排放性能的有效手段。汽油的稀燃界限较窄，汽油稀燃时往往会产生较高的循环变动，热效率下降，有害排放增加。混氢有利于缩短汽油的火焰发展期及快速燃烧持续期，提高发动机稀燃极限。例如，某混氢汽油机的稀燃极限所对应的过量空气系数由混氢前的1.45升高至混氢体积分数4.5%时的2.45。同时，汽油混氢可改善汽油机稀燃性能，降低稀燃时汽油机循环变动。某混氢汽油机稀燃性能如图8-9所示。

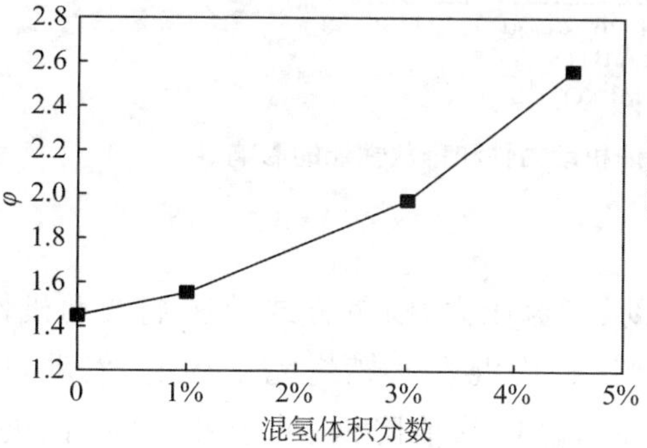

(a) 稀燃极限

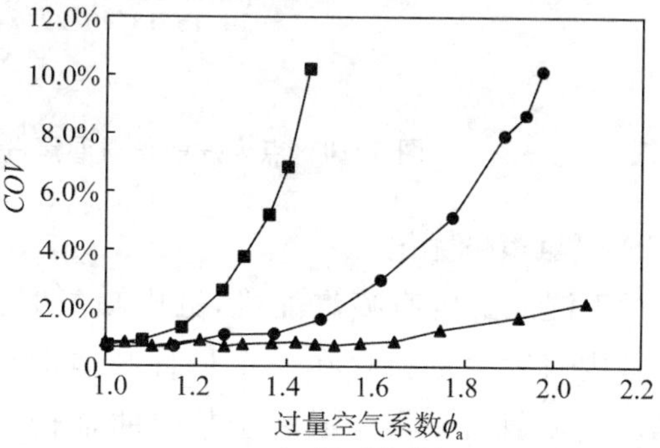

(b) 循环波动率

图8-9 某混氢汽油机稀燃性能

6. 混氢汽油机优化

为改善混氢汽油机高负荷动力性低、NO_x及CO排放增加等问题，需要对点火提前角、喷氢策略等进行优化，改善混氢汽油机性能。

1) 点火提前角优化

点火提前角影响混氢汽油机动力性和排放性。一是，由于氢气点火能量较低且燃烧速度较快，相同转速与过量空气系数条件下，发动机最大平均有效压力对应的点火提前角减小；二是，由于氢气体积能量密度较低，混氢后的最大平均有效压力下降；三是，由于随着发动机点火时刻的推迟，燃烧持续期延长，有利于未燃HC在后燃阶段进一步氧化，减少发动机HC排放；四是，随着点火提前角的减小，缸内燃烧速度减缓，缸内温度降低，NO_x排放降低。因此，适当推迟点火(即减小点火提前角)可改善混氢汽油机动力性，降低HC和NO_x排放。点火提前角对混氢汽油机动力性和排放性能影响如图8-10所示。

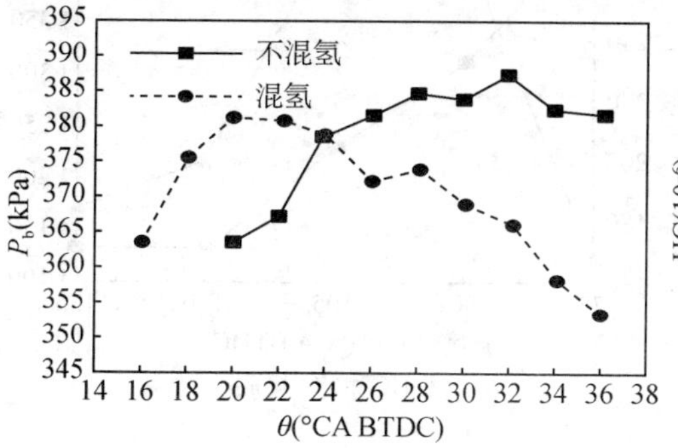

(a) 平均有效压力

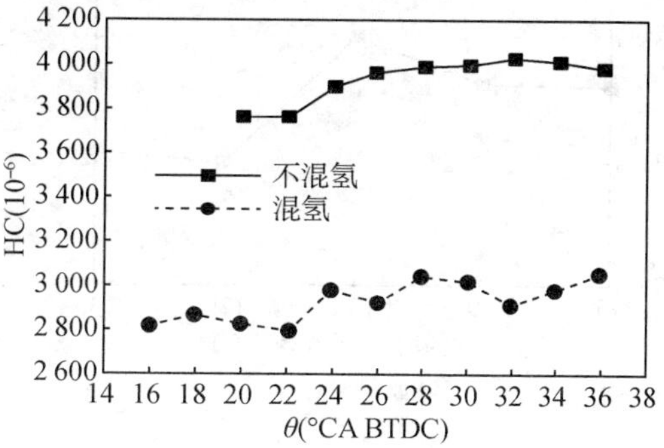

(b) HC

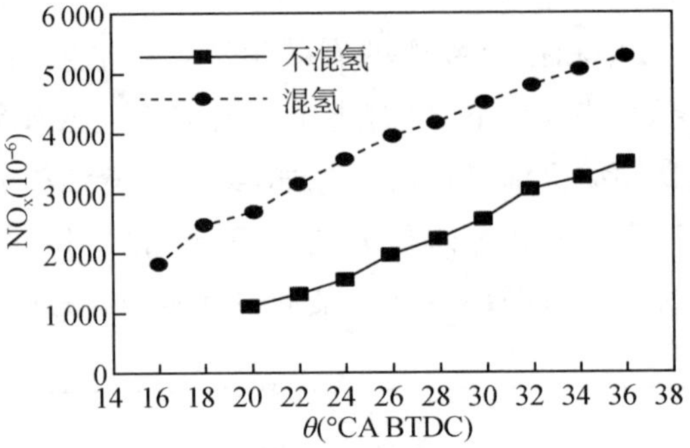

(c) NO_x

图 8-10　点火提前角对混氢汽油机动力性和排放性能的影响

2）喷氢策略优化

对于混氢缸内直喷汽油机，缸内喷氢时刻、喷氢压力、喷氢方式等影响发动机性能。混氢缸内直喷汽油机存在一个最佳喷氢时刻使缸内混合气燃烧完全程度、发动机性能最佳。当喷氢时刻早于或晚于某个曲轴转角时，缸压峰值降低、峰值相位滞后、火焰发展期延长、放热率降低、NO_x 和 CO_2 排放降低、循环变动减小。随着喷氢时刻提前，燃烧持续期缩短、HC 和 CO 排放增加。喷氢时刻对混氢缸内直喷汽油机性能的影响如图 8-11 所示。

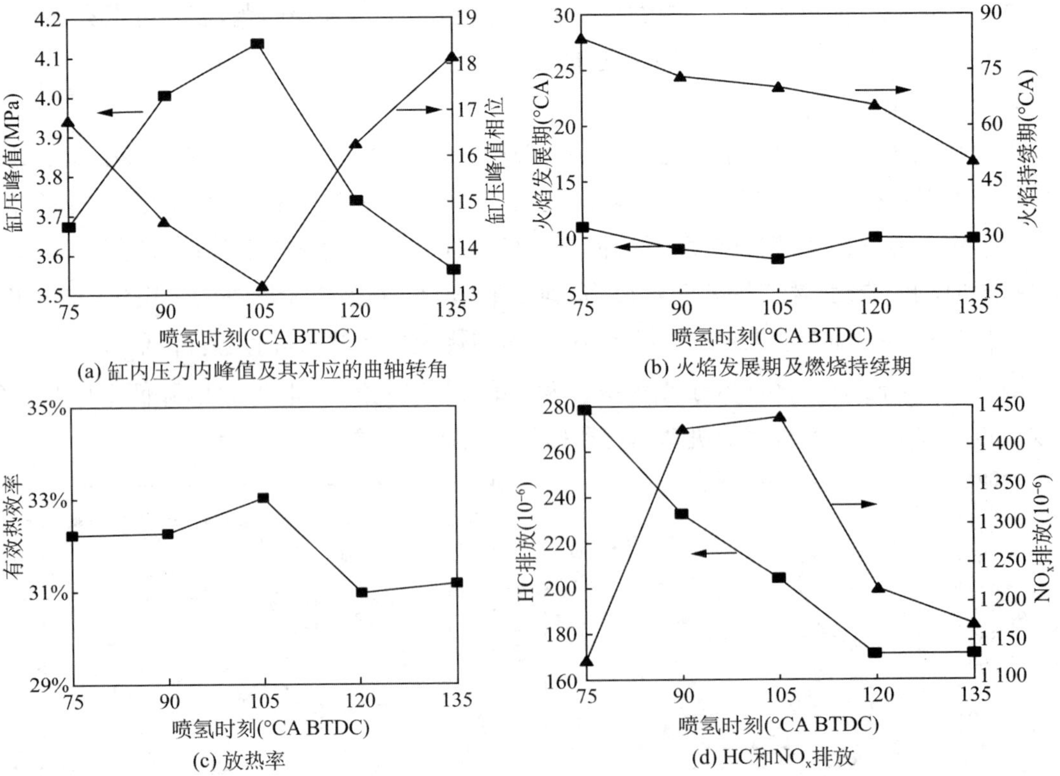

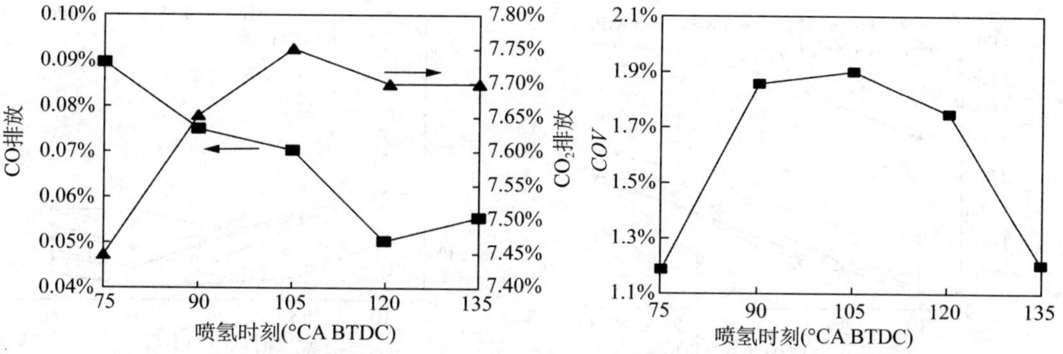

(e) CO和CO_2排放　　(f) 循环变动系数

图 8-11　喷氢时刻对混氢缸内直喷汽油机性能的影响

喷氢压力增大，火焰发展期变短、CA50 对应的曲轴转角提前、缸内平均指示压力升高，最高有效热效率所对应的点火时刻逐步推迟，最小循环变动系数对应的点火时刻向上止点推迟，HC 排放降低，NO_x 排放随喷氢压力的增加先升高后逐渐降低，CO 排放变化不大。当喷氢压力超过某个值后，过高的喷氢压力不利于发动机性能改善。喷氢压力对混氢汽油机性能的影响如图 8-12 所示。

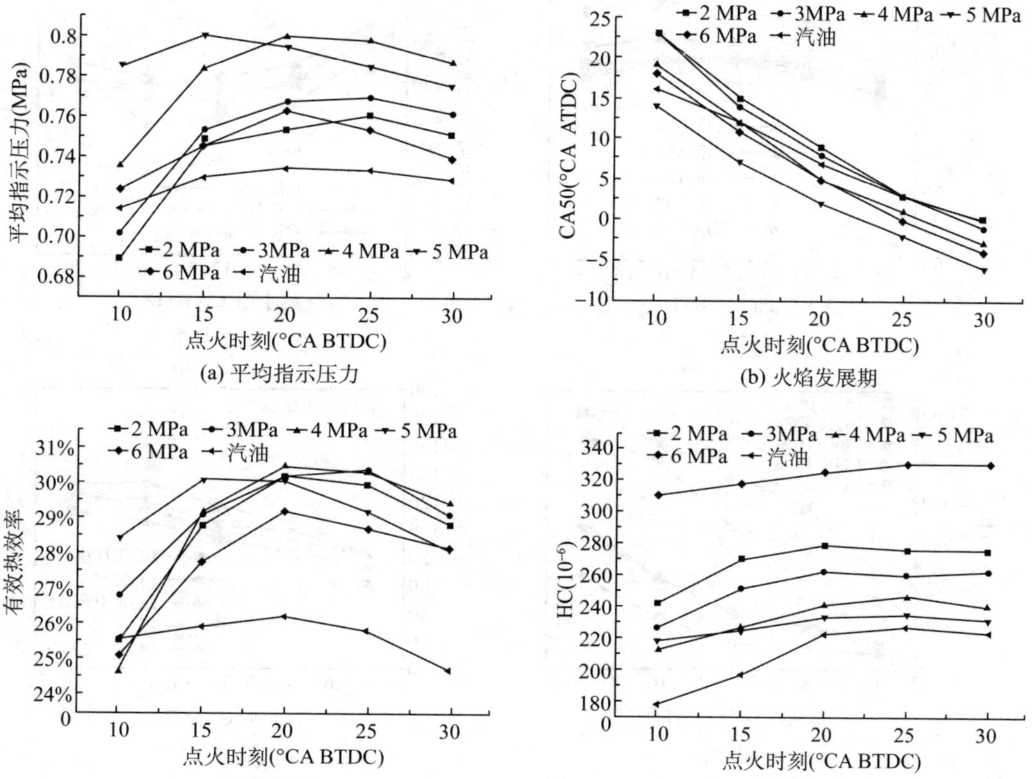

(a) 平均指示压力　　(b) 火焰发展期

(c) 放热率　　(d) HC排放

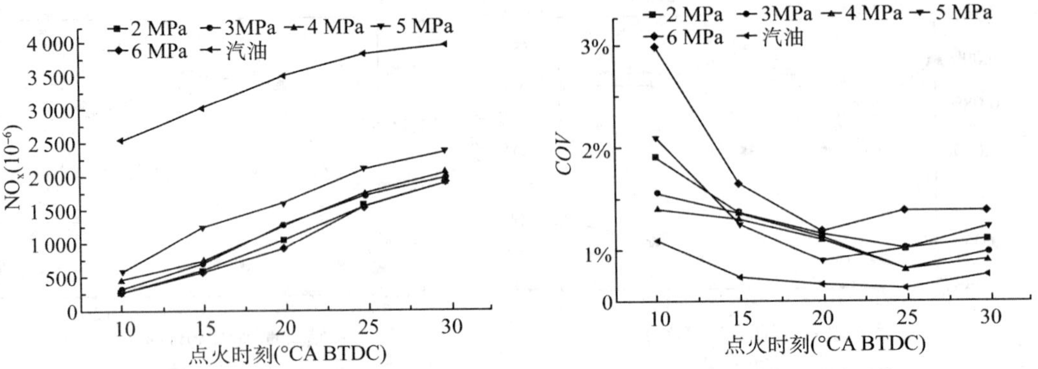

(e) NO_x排放　　(f) 循环变动系数

图 8-12　喷氢压力对混氢汽油机性能的影响

对于混氢汽油机，也可以采用进气道喷射汽油＋缸内直喷氢气的复合喷射方式或 EGR 耦合缸内喷氢方式改善混氢发动机性能。例如，EGR 引入有利于改善发动机转矩、减小燃油消耗、降低混氢汽油机 HC 和 NO_x 排放，但会导致 CO 排放增加。EGR 耦合缸内喷氢（混氢比 5%）对混氢汽油机性能的影响如图 8-13 所示。

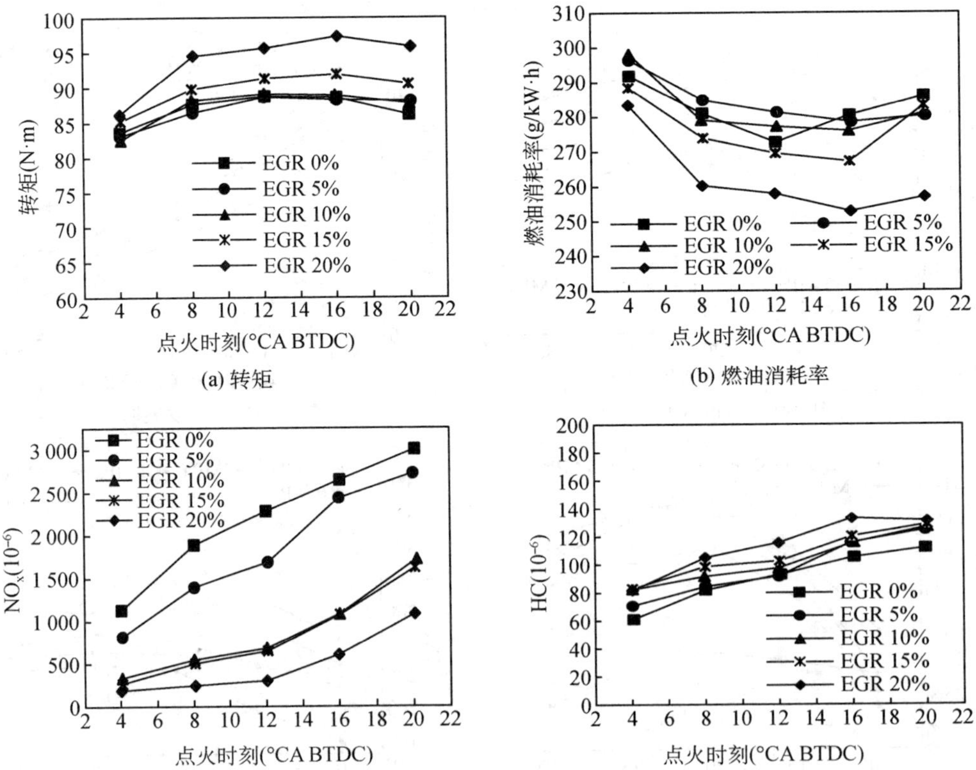

(a) 转矩　　(b) 燃油消耗率

(c) NO_x排放　　(d) HC排放

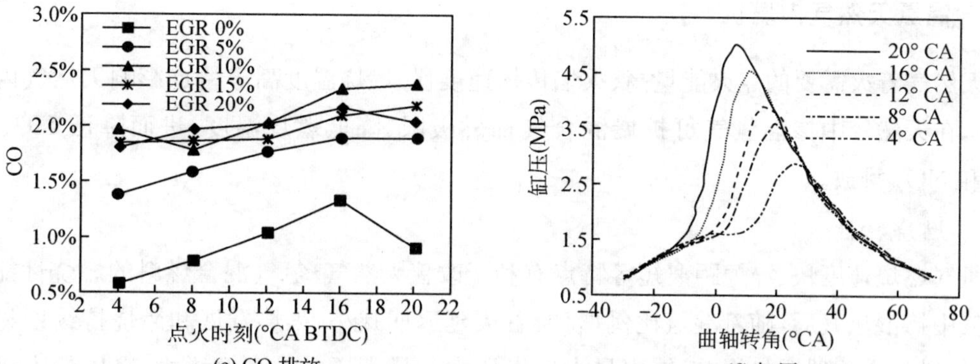

(e) CO 排放　　(f) 缸压

图 8-13　EGR 耦合缸内喷氢对混氢汽油机性能的影响

3）混氢富氧燃烧

富氧燃烧可改善发动机动力性，减少 HC 和 CO 排放，增加 NO_x 排放。EGR 能在一定程度上改善富氧燃烧 NO_x 排放。混氢富氧燃烧可以综合混氢和富氧燃烧优点，进一步改善混氢汽油机性能。部分负荷下，混氢富氧燃烧有利于改善汽油机动力性，在动力输出一定时混氢富氧燃烧可减小泵气损失，降低 HC 和 CO 排放，NO_x 排放增加。某混氢富氧燃烧汽油机性能如图 8-14 所示。

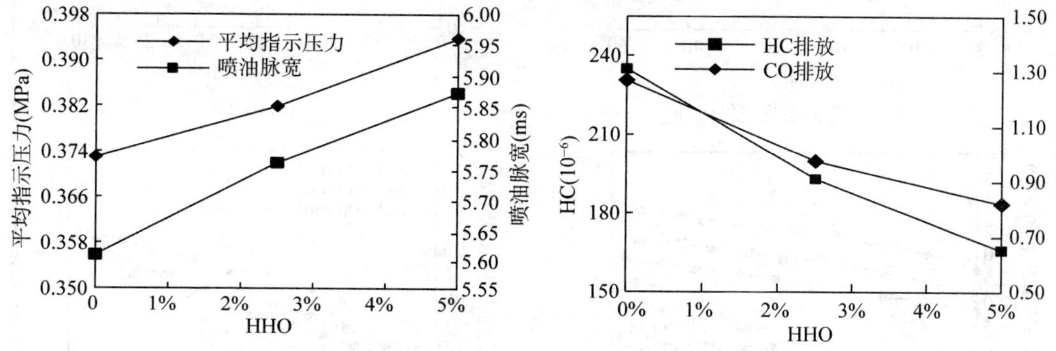

(a) 平均指示压力　　(b) HC和CO排放

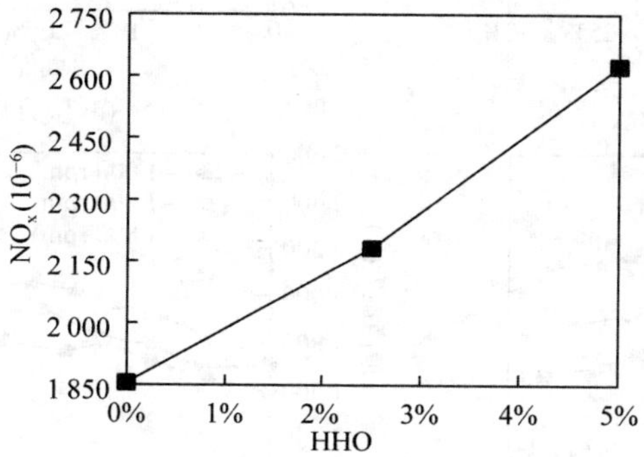

(c) NO_x排放

图 8-14　某混氢富氧燃烧汽油机性能

8.3.2 混氢天然气内燃机

天然气着火需要的点火能量高、火焰传播速度慢、燃烧温度高等特点影响天然气内燃机性能。在天然气中掺混氢气可扩展混合气稀燃极限、降低燃烧温度，进而降低 HC、CO、CO_2 和 NO_x 排放。

1. 燃烧特性

氢气燃烧速度快、淬熄距离短等特点有利于改善天然气-氢气混合燃料的燃烧性能。在天然气中掺混氢气后，随着混氢比例增加，着火延迟期减小、火焰发展和燃烧持续期显著缩短，50%燃烧点位置明显提前；缸内最大爆发压力和最大压力升高率增大，缸内最大爆发压力对应的曲轴转角提前，燃烧温度升高，稀燃极限变宽，最佳点火提前角推迟（减小），指示热效率增大，循环变动减小，发动机工作更稳定。某混氢天然气内燃机燃烧特性如图 8-15 所示。

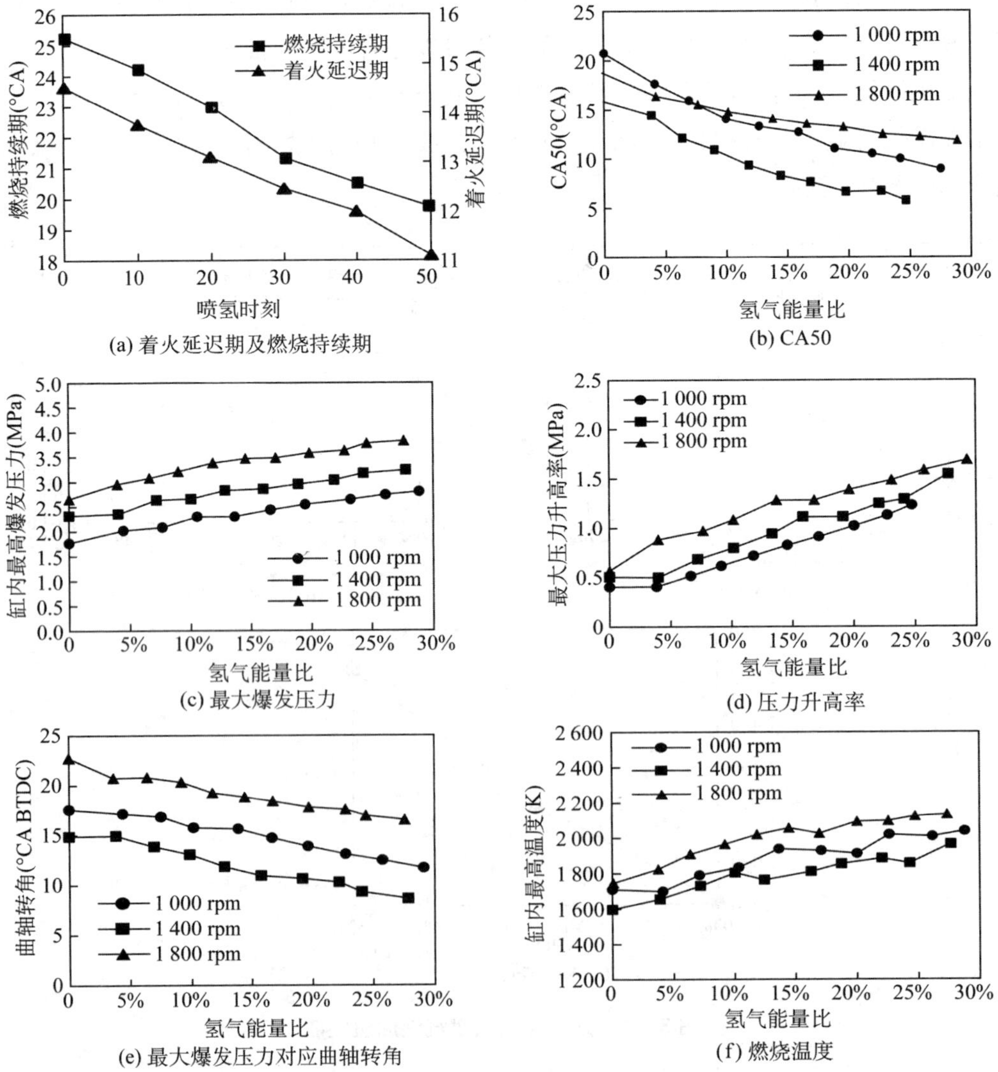

(a) 着火延迟期及燃烧持续期

(b) CA50

(c) 最大爆发压力

(d) 压力升高率

(e) 最大爆发压力对应曲轴转角

(f) 燃烧温度

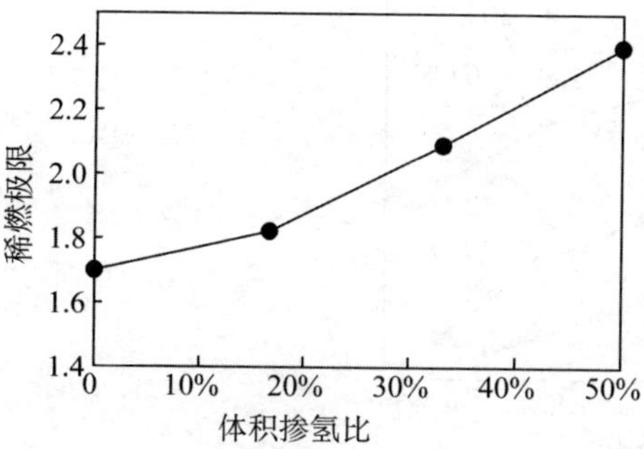

(g) 稀燃极限

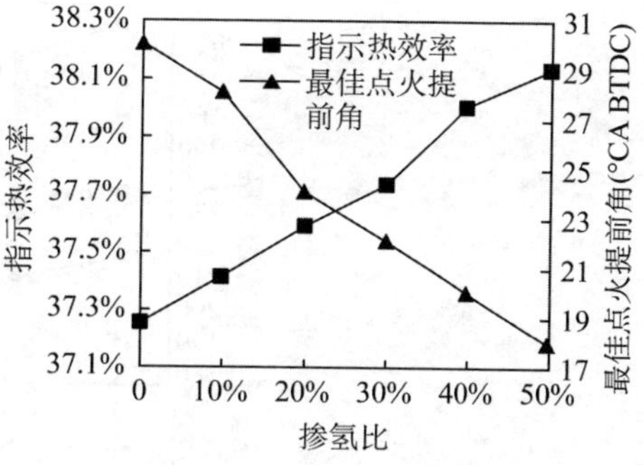

(h) 最佳点火提前角及指示热效率

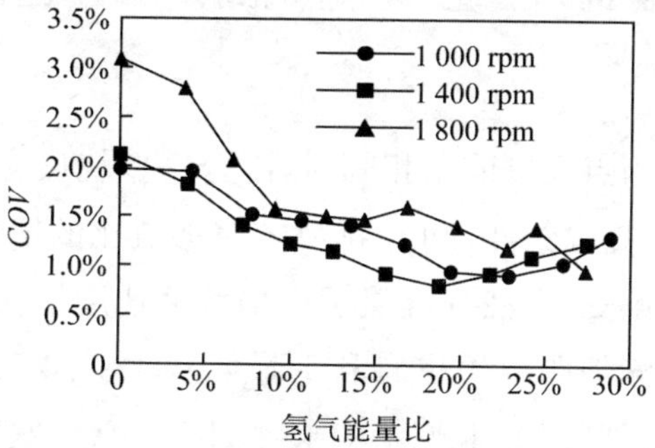

(i) 循环变动

图 8-15 某混氢天然气内动机燃烧特性

2. 动力性、燃气经济性

天然气混氢使用后,氢气点火能量小、火焰传播速度快、燃烧时间短等特点有利于发动机性能改善。随着天然气中混氢比的增加,发动机缸内最高压力增大,且到达最高压力点的曲轴转角更接近上止点,动力性改善,但对外特性转矩影响不。同时,发动机有效热效率增加,燃气消耗率降低。某混氢天然气内燃机动力性和燃气经济性如图 8-16 所示。

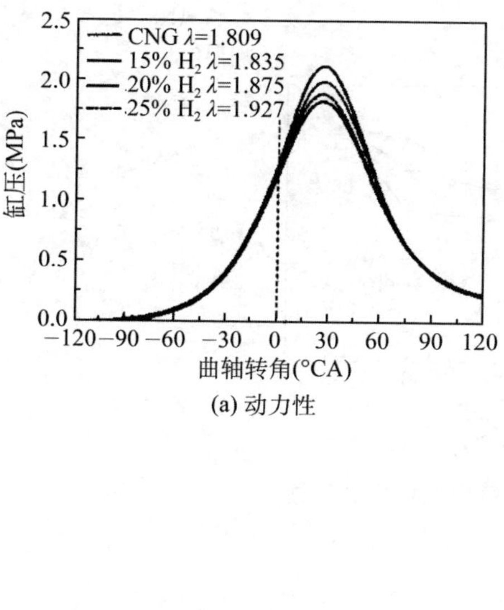

(a) 动力性

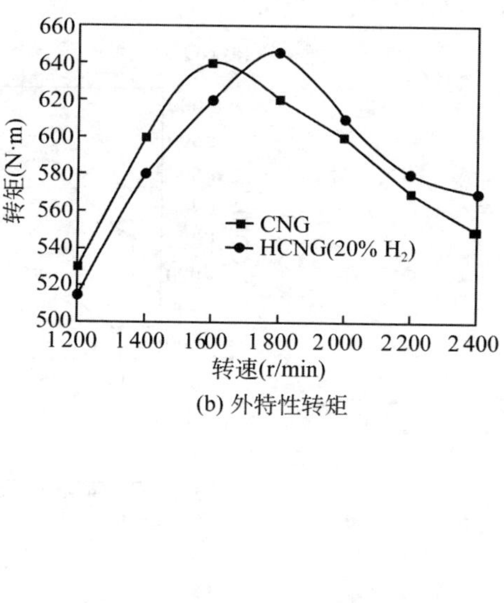

(b) 外特性转矩

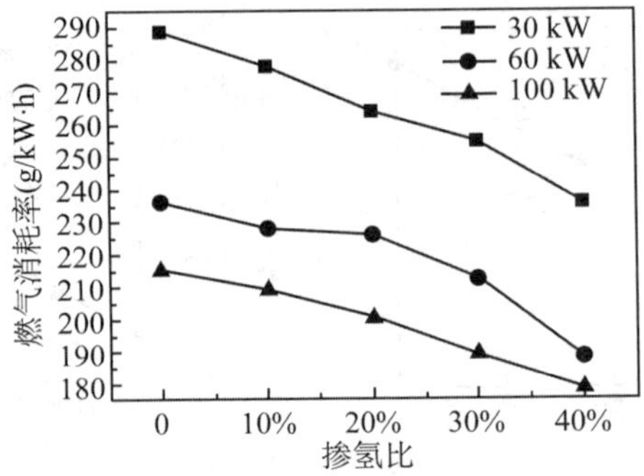

(c) 燃气消耗率

图 8-16　某混氢天然气内燃机动力性和燃气经济性

3. 排放特性

第一，天然气混氢后，当点火提前角相同时，混合气燃烧反应速度提高，燃烧温度升高，满足了 NO_x 排放物生成的高温条件，NO_x 排放随着掺氢比的增加而增大。负荷升高，NO_x 体积含量增加速度加快。第二，天然气混氢后火焰传播速度增快，混合气燃烧温度升高，促进了 CH_4 氧化；同时氢气淬熄距离短也有利于降低 CH_4。第三，天然气混氢使用后，一方面，来源于缸内水蒸汽高温裂解 H_2 和燃料中未燃 H_2 与 CO_2 发生还原反应，CO 排放增加；另一方面，天然气混氢燃烧持续期较短，后燃减少，排气温度降低，对已生成 CO 的氧化减弱，CO 排放增加。某混氢天然气内燃机排放特性如图 8-17 所示。

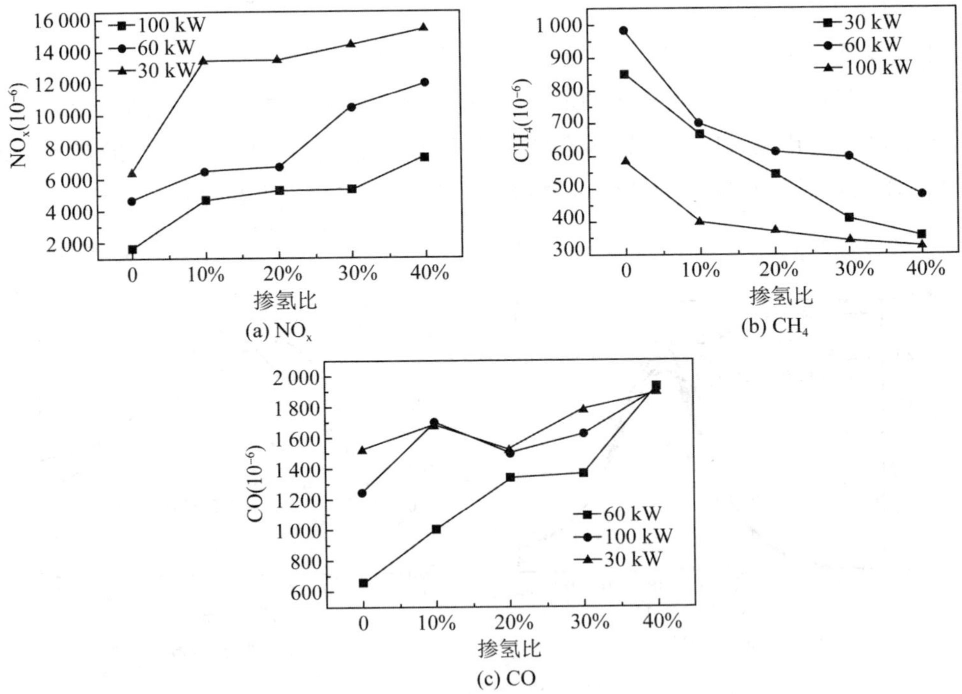

图 8-17　某混氢天然气内燃机排放特性

4. 燃烧参数优化

1）点火提前角

点火提前角影响混氢天然气燃烧，影响混氢天然气内燃机性能和排放。同一混氢比例，随着点火提前角增大（提前）：①不同点火提前角下缸内整体过量空气系数基本不变，由于氢气理论空燃比（体积比）较小，缸内整体过量空气系数随掺氢比的增加而增大。②点火提前角提前后，喷射结束时刻和点火时刻之间的时间间隔缩短，燃料喷射形成的湍流强度大，混合气燃烧速率快。同时，喷射结束时刻和点火时刻间隔缩短使喷入燃料与空气混合时间缩短，混合气分层效果好，火焰发展期和快速燃烧期缩短；缸内最高燃烧压力、最大压力升高率、最大放热率、平均有效压力增加；燃气平均燃烧温度升高，有效热效率增加。③点火提前角提前后，缩短了喷射结束时刻与点火时刻之间的时间间隔，混合气进入活塞顶岸间隙的几率下降，未燃 HC 减小；同时，缸内温度和压力高，生成 HC 氧化能力增加，HC 排放降低；燃烧温度升高导致 NO_x 排放增加；CO 排放变化不大。点火提前角对混氢天然气内燃机燃烧和排放特性的影响如图 8-18 所示。

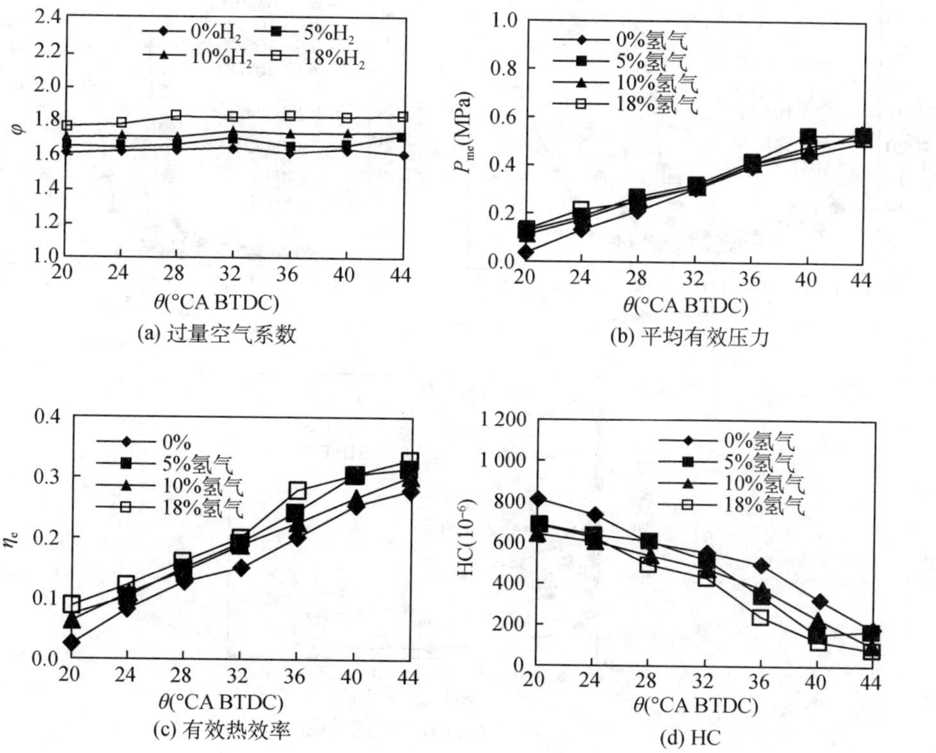

(a) 过量空气系数　(b) 平均有效压力　(c) 有效热效率　(d) HC

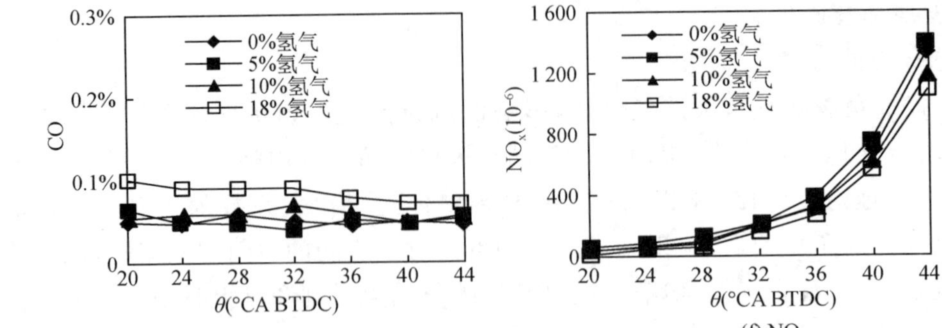

(e) CO　　(f) NO_x

图 8-18　点火提前角对混氢天然气内燃机燃烧和排放特性的影响

对于稀燃混氢天然气内燃机，可通过调整最佳点火提前角，在一定程度上提高指示热效率，降低未燃 CH_4 和 CO 排放，改善 NO_x 与未燃碳氢（主要为 CH_4）的 trade-off 关系。同时，稀燃天然气内燃机混氢使用后，可让内燃机高效工作在更稀混合气工况，有利于降低 NO_x 排放。某混氢稀燃天然气内燃机的排放特性如图 8-19 所示。

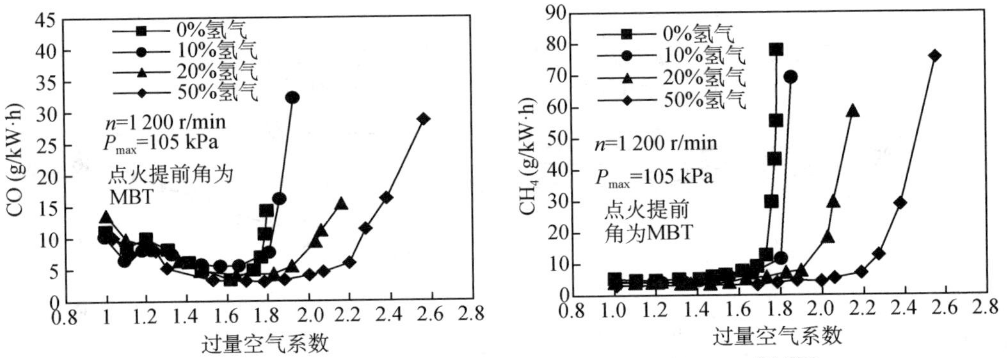

(a) CO　　(b) CH_4

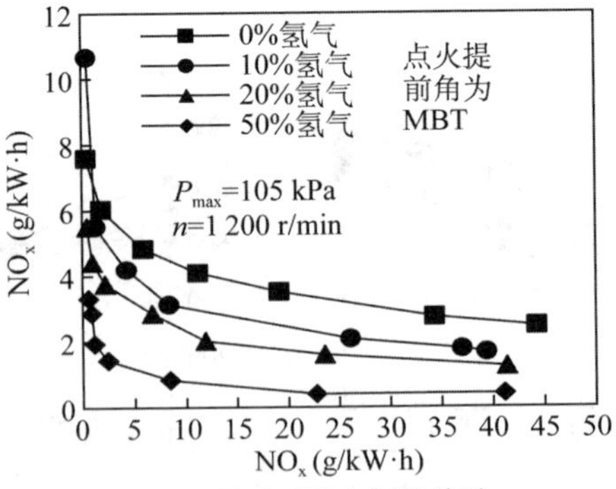

(c) NO_x与CH_4之间的关系

图 8-19　某混氢天然气内燃机的排放特性

2）过量空气系数(λ)

过量空气系数影响混氢天然气内燃机燃烧和排放性能。随着过量空气系数增加，天然气-氢气混合燃料的燃烧放热率降低，燃烧循环指示功降低，循环变动增大；火焰发展期和快速燃烧期增加，指示热效率和 NO_x 排放先增后降，CH_4 和 CO 排放先降后增。对于混氢天然气内燃机的每个工况，都存在一个最佳过量空气系数，使内燃机各种性能达到最优。过量空气系数(λ)对混氢天然气内燃机燃烧和排放的影响如图 8-20 所示。

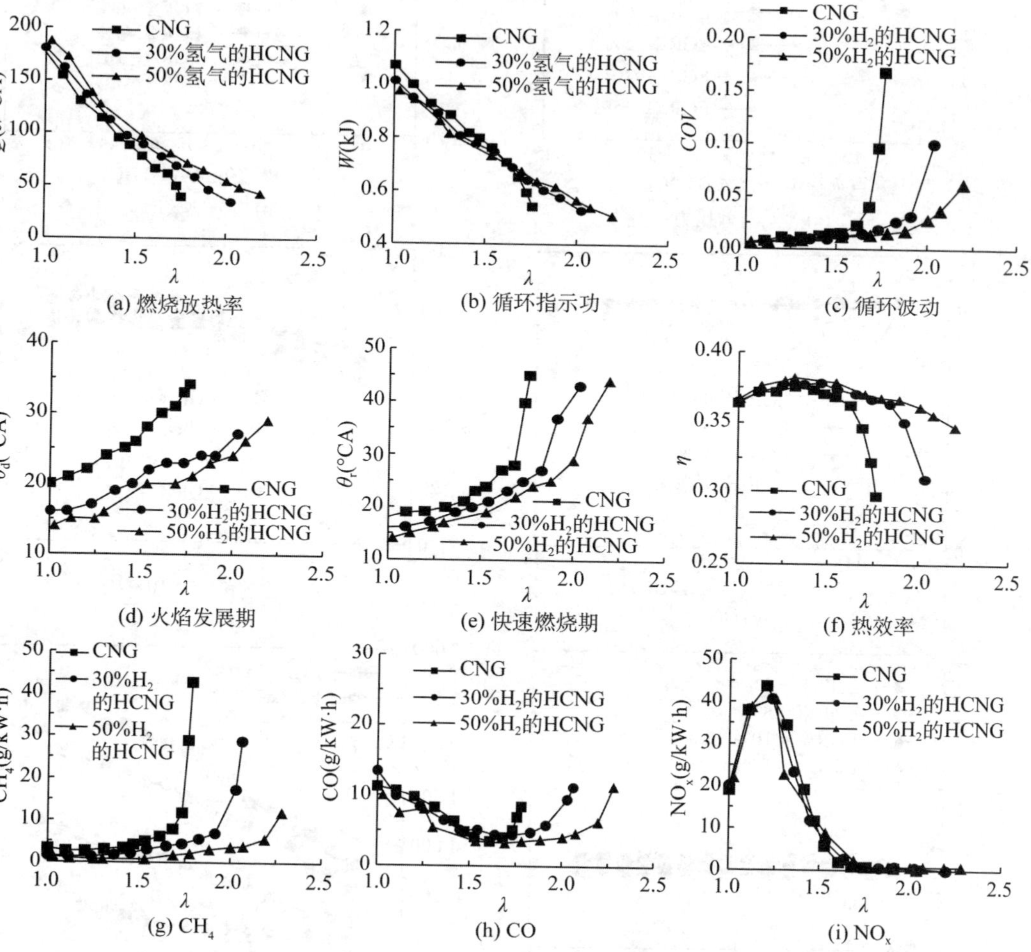

图 8-20　过量空气系数(λ)对混氢天然气内燃机燃烧和排放特性的影响

3）点火时刻耦合 EGR

点火时刻耦合 EGR 可以改善混氢天然气内燃机性能。随着点火时刻提前，平均有效压力先增加后降低，大 EGR 率下的最佳点火提前角增大；不同 EGR 率下的有效热效率先增加后降低，在最佳点火提前角处达到最大值。当点火提前角小于最佳值时，有效热效率随 EGR 率的增加而减小；当点火提前角大于最佳值时，有效热效率随 EGR 率的增加而升高；NO_x 和 HC 排放都随点火提前角的增大而升高，引入 EGR 后 NO_x 排放降低，但 HC 排放增加，CO 和 CO_2 随 EGR 率及点火时刻的变化不大。点火时刻耦合 EGR 对混氢天然气内燃机性能的影响如图 8-21 所示。

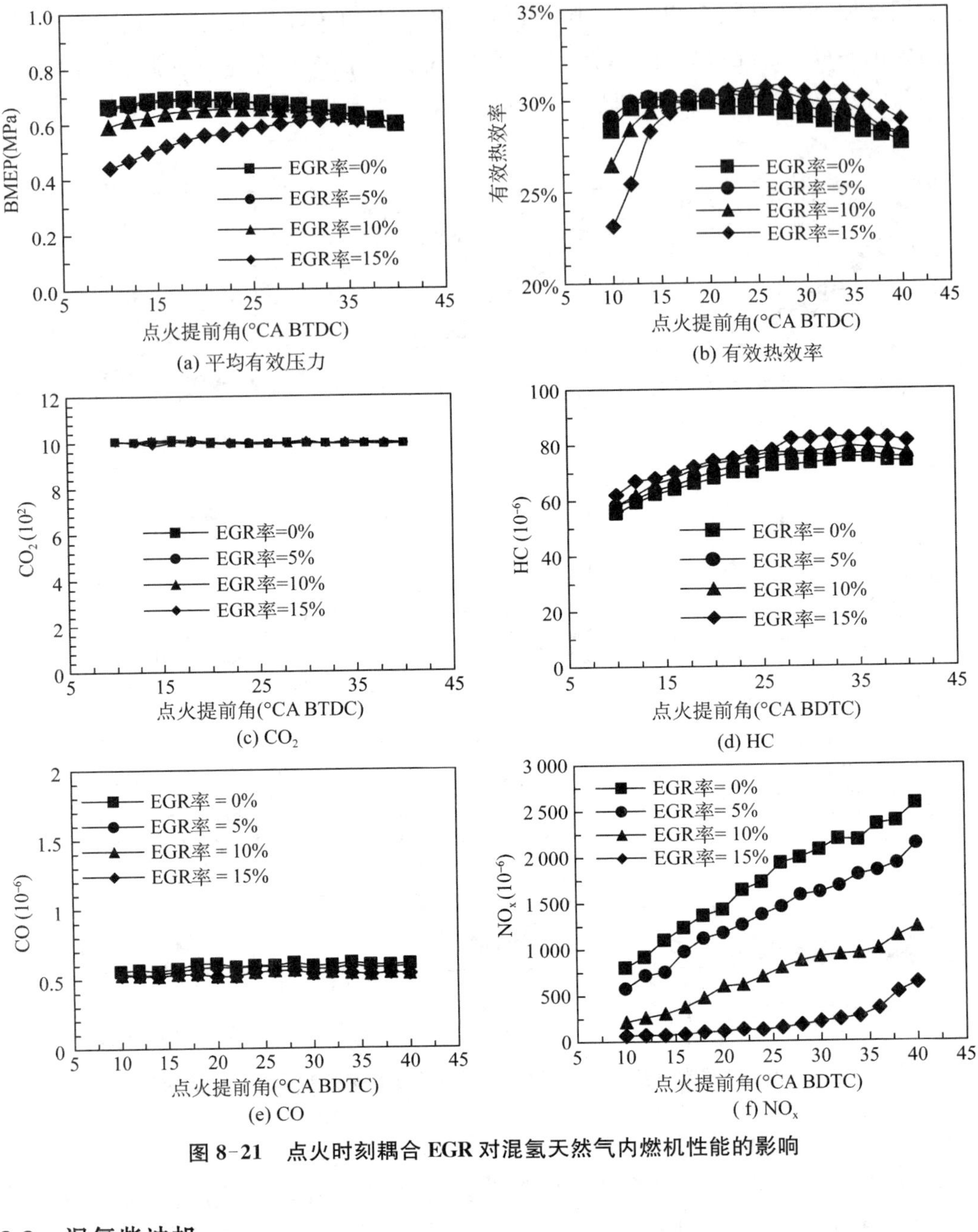

图 8-21　点火时刻耦合 EGR 对混氢天然气内燃机性能的影响

8.3.3　混氢柴油机

采取措施降低 NO_x 和颗粒排放是柴油机必须解决的关键问题之一，利用氢气燃烧特点，在柴油燃烧过程中混入适量氢气优化燃烧，同时降低碳烟和 NO_x 排放，受到广泛关注。

1．柴油雾化及混合气形成

混氢柴油机工作过程中，氢气的加入有利于柴油机缸内雾化效果的改善。氢气加入后，当循环喷油量不变时，在柴油雾化过程中，随着氢气体积分数增大，缸内平均湍动能增大，柴油液滴数目减少，液滴运动距离增加，柴油蒸汽质量增加，且分布范围扩大、浓度梯度减小、雾化效果变好，有利于缸内混合气形成。仿真得到的混氢柴油机缸内雾化特性如图 8-22 所示。

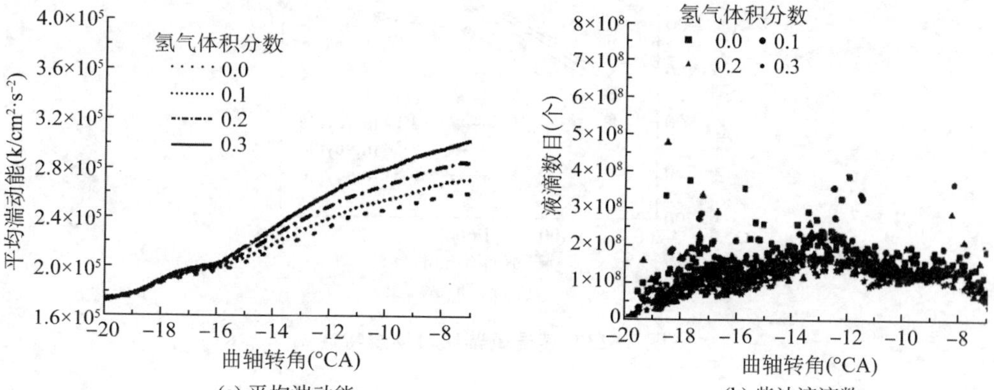

(a) 平均湍动能
(b) 柴油液滴数
(c) 柴油蒸汽质量

图 8-22 混氢柴油机缸内雾化特性

2. 燃烧特性

柴油混氢使用后，随着混氢比增加，着火时刻呈现提前的趋势，燃烧持续时间因燃烧速率加快而缩短；缸内最大爆发压力增大，达到峰值压力的时间提前，放热率峰值上升，放热率曲线整体提前，有利于提高柴油机动力性和经济性；另外，混氢使缸内燃烧最高温度和平均温度升高。某混氢柴油机燃烧特性如图 8-23 所示。

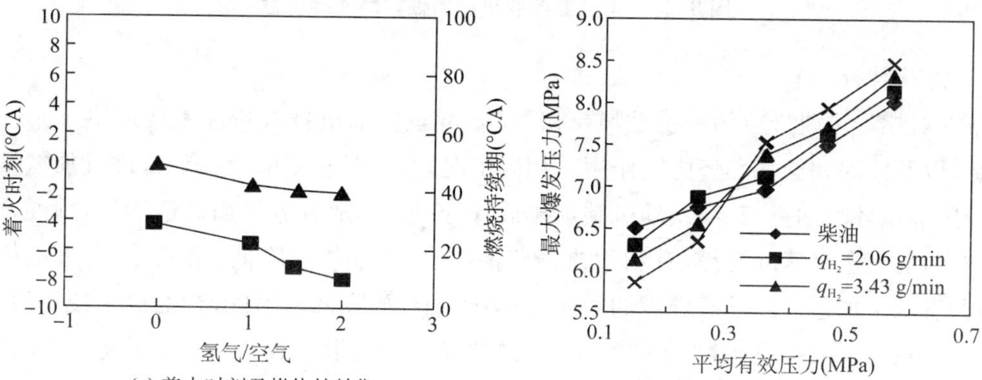

(a) 着火时刻及燃烧持续期
(b) 最大爆发压力

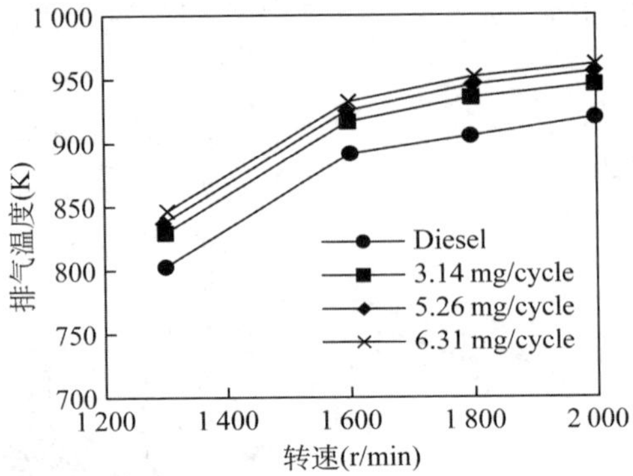

(c) 排气温度

图 8-23　某混氢柴油机燃烧特性

3. 动力性、燃油经济性

与使用柴油比较，柴油混氢使用后，一方面，氢气燃烧热值比较高，柴油机动力性增大；另一方面，柴油混氢使用后突破了燃用柴油时输出功率受限于冒烟极限的限制，使得动力性能优于原柴油机。特别是在中低转速区域，最大转矩增大明显。另外，柴油混氢使用后，最高爆发压力和放热率峰值对应的曲轴转角提前，有利于改善燃油经济性。某混氢柴油机动力性和燃油经济性如图 8-24 所示。

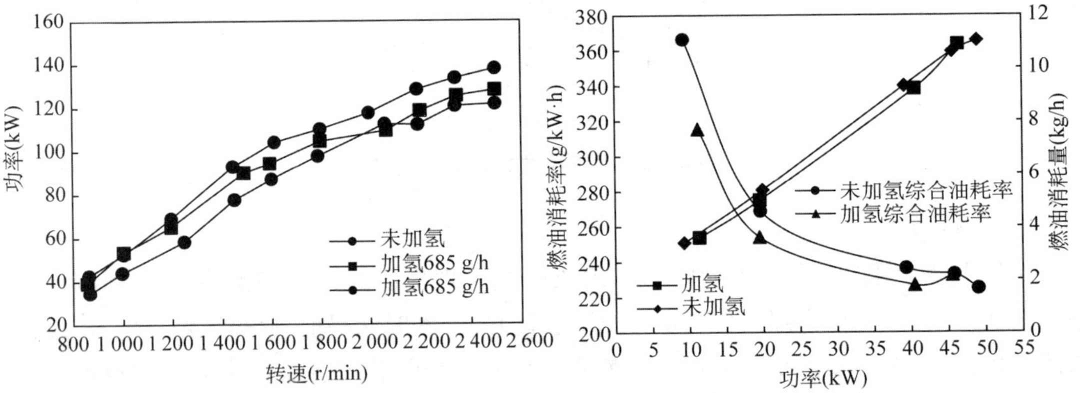

(a)功率　　(b) 燃油消耗率

图 8-24　某混氢柴油机动力性和燃油经济性

4. 排放特性

柴油机燃烧主要排放污染物是颗粒和 NO_x，混氢柴油机排放特性主要取决于柴油和氢气燃烧，以及柴油和氢气燃烧协同作用。相同工况，柴油混氢使用后：第一，进气加氢量增加意味着柴油循环喷油量减少，发动机碳烟排放降低；第二，随着进气加氢量增加，预混合氢气浓度增大，氢气燃烧速度提高，有利于改善柴油燃烧，碳烟排放降低；第三，缸内火焰传播速度提高，有利于加速缸内已有碳烟的后燃氧化，碳烟排放降低。因此，柴油混氢使用后，不同转速、不同负荷下发动机碳烟排放都有较大幅度的下降，混氢比例越大，烟度下降越明显。

另外，柴油混氢使用后，排气温度升高的特点导致 NO_x 排放增加，在大负荷时尤为明显。采用 EGR 技术可改善混氢柴油机 NO_x 排放。某混氢柴油机碳烟和 NO_x 排放如图 8-25 所示。

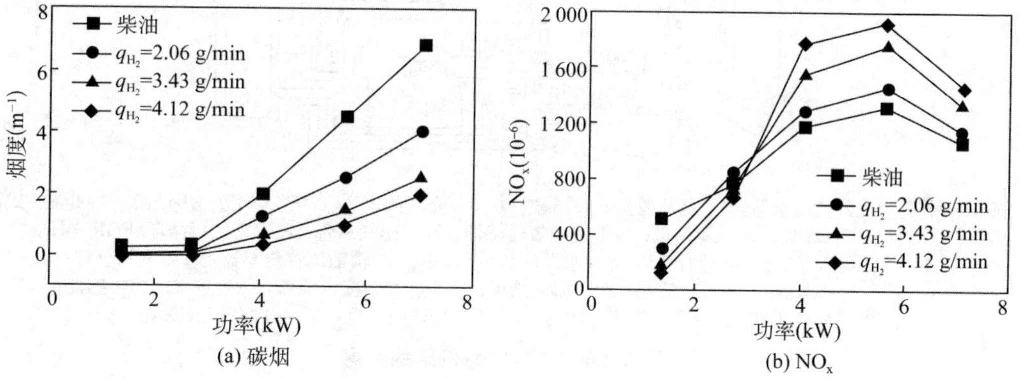

图 8-25 某混氢柴油机碳烟和 NO_x 排放

8.4 纯氢内燃机

纯氢内燃机是以氢气为燃料，使氢气在气缸内燃烧，将其储存的化学能转化为机械能的内燃机。纯氢内燃机属于往复活塞式内燃机，其基本原理与点燃式汽油机类似。纯氢内燃机直接在气缸中燃烧氢气，可充分利用氢气扩散速度快、点火能量低、燃烧速度快、淬熄距离短、热效率高、不产生含碳排放等特点。早在 1820 年，英国学者 Reverend. W. Cecil 就提出了采用氢气作为机械动力的构想，研发了具有较好运行效果的纯氢内燃机。后来，化油器的发明使汽油的使用更加安全，汽油占据了内燃机燃料主导地位。近年来，为降低空气污染，减少内燃机对化石燃料的依赖，纯氢内燃机重新受到关注。

8.4.1 纯氢内燃机构造

纯氢内燃机构造基本保留了传统点燃式内燃机结构，沿用曲柄连杆机构、配气机构、点火系统、冷却系统、润滑系统、起动系统、缸体和缸盖等结构。但是，由于氢气理化性质与汽油存在较大差异，需要根据氢气理化指标及燃烧特点，对内燃机进气系统、燃料供应系统、点火系统、电控系统等进行针对性设计及匹配标定。纯氢内燃机的结构如图 8-26 所示。

1. 氢气供给系统

纯氢内燃机氢气供给系统主要包括氢气瓶、减压阀、氢气过滤器、氢气稳压器、氢气温度传感器、氢气压力传感器、氢气喷射阀和氢气引管等组成。氢气属于易燃易爆特种气体，使用时应严格按照国家标准《氢气使用安全技术规程》(GB 4962—2008)执行，试验用氢气瓶充装纯度≥99.999%，充装压力为(13.5±0.5) MPa(20 ℃)。氢气压力波动大、压力控制比液体燃料难，容易造成各缸供气量不均匀，引起循环波动，动力性、经济性及排放指标变差。因

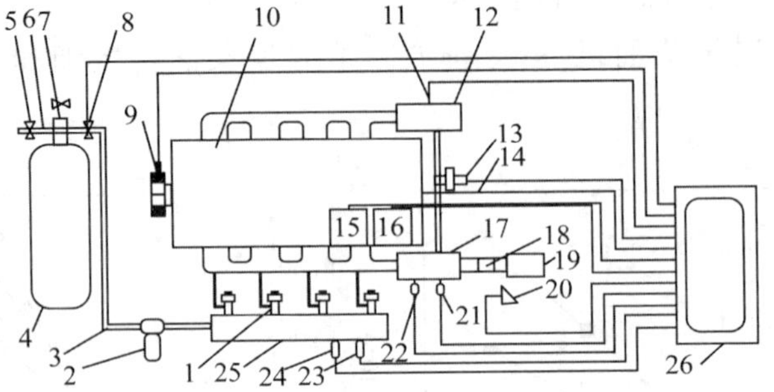

1—氢气喷射阀；2—氢气滤清器；3—低压管路；4—氢气瓶；5—充气阀；6—高压气管；7—手动阀；8—电磁切断阀；9—曲轴位置传感器；10—发动机；11—宽域氧传感器；12—排气总管；13—废气再循环(EGR)阀；14—曲轴箱氢气安全释放阀；15—冷却水温度传感器；16—凸轮轴位置传感器；17—进气总管；18—电子节气门；19—空气滤清器；20—加速踏板；21—进气温度传感器；22—进气压力传感器；23—氢温度传感器；24—氢压力传感器；25—氢稳压气轨；26—电控单元(ECU)

图 8-26　纯氢内燃机结构示意

此，纯氢内燃机的氢气供给系统中应设计容积相对较大的气轨，以消除气体波动带来的供气量不均匀影响。根据氢气喷射位置的不同，纯氢燃料内燃机可以分成缸外喷射式(外部混合式)和缸内直喷式(内部混合式)两种。

缸外喷射式在进气道喷氢，一般喷氢压力为 0.5 MPa。进气道喷氢结构简单，与传统气体燃料内燃机结构相似。但是，由于氢气密度较低，占据较大空间，导致可吸入空气量减少，最终形成氢-空气混合气热值降低，单位工作容积发出的功率有所下降。另外，进气道喷氢内燃机小负荷工况时，氢气-空气混合气燃烧速度慢，致使剩余大量氢气未燃，导致回火；大负荷工况，由于缸内高温残余废气或者缸内未完全冷却热点引燃氢气-空气的混合气，导致早燃。需要对内燃机运行参数进行调整来避免回火、早燃等异常燃烧现象。

缸内喷射式是在压缩过程直接将氢气喷射进入燃烧室，可避免氢气早燃、回火等异常燃烧，但由于氢气-空气混合时间较短，导致混合不均匀，氮氧化物排放相对较高。

2. 氢气-空气混合系统

氢气-空气混合状况影响纯氢内燃机燃烧特性，火花塞处的氢气-空气混合气浓度越高，越容易被点燃，燃烧速度越快。氢气和空气混合越充分，燃烧室内混合气浓度越均匀，则混合气局部过浓可能性越小。一方面，氢气喷射相位和喷射压力对氢气-空气混合速度和混合均匀性产生影响；另一方面，氢气-空气混合状况主要取决于气流搬运作用和扩散面积，换气过程完善程度、进气道结构、充量系数和流动阻力损失等，对纯氢内燃机性能产生重要影响。对纯氢内燃机进气道结构进行优化设计，在实现一定转速和负荷条件下进入气缸内总能量最大的同时避免回火和早燃。切向进气道具有结构紧凑、简单、流动阻力小等特点，进气过程中形成的斜轴涡流在燃烧室排气门附近壁面高温区和火花塞处的流动速度很大，强化火花塞内和壁面狭隙的扫气和冷却效果，减小了排气门附近的局部高温区，减少高浓度氢气-空气混合气在高温区的停留时间，有利于避免早燃，较适合在纯氢内燃机上使用。

使用废气涡轮增压技术可以大幅度提高纯氢内燃机功率密度，有效解决纯氢内燃机功率密度低的问题。与汽油机比较，纯氢内燃机涡轮增压匹配具有新特点，当发动机处于低负荷工况时，空气流量随压比增加变化较小，更接近压气机喘振线，应结合压缩比、配气相位等对纯氢内燃机进行标定匹配。

3. 点火系统

氢气的点火能量较低，着火范围广，且具有很高的火焰传播速度。第一，为抑制早燃的产生，纯氢内燃机必须采用各缸独立点火系统；第二，为克服极稀混合气状态下(180∶1～130∶1)火焰传播速度显著下降引发的断火，应采用双火花塞点火；第三，由于氢气点火能量小，不到汽油的1/10，氢气在气缸内容易发生早燃，应选用冷型火花塞。

4. 电控系统

纯氢内燃机配备的电子控制单元与点燃式内燃机类似，控制系统传感器包括曲轴位置传感器、凸轮轴位置传感器、进气温度传感器、进气压力传感器、氢气温度传感器、氢气压力传感器、冷却液温度传感器、爆燃传感器和节气门位置传感器等。纯氢内燃机电控系统如图8-27所示。

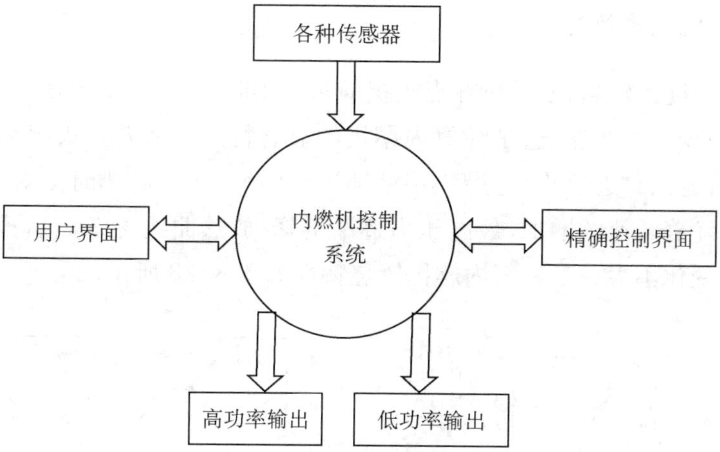

图8-27　纯氢内燃机电控系统

纯氢内燃机不存在汽油机面临的油膜问题，起动时，要求第一次喷射的氢气就直接进入气缸燃烧、做功，起动喷气和点火控制与汽油机区别较大。第一，转速太低时喷射氢气，由于进气歧管真空度小且氢气扩散能力强、扩散速度快，将导致一部分氢气扩散到进气歧管中，产生回火隐患。第二，低转速下内燃机着火条件变差，如果累积几个工作循环点火不成功，则未燃氢气将聚集在排气管中，点火成功后将导致排气管爆燃。因此，纯氢内燃机电控系统对喷气和点火控制的必要条件为缸序判断成功且平均转速高于200 r/min，避免回火和排气管爆燃。第三，氢气所需的点火能量小，可通过修改点火线圈一次绕组通电导通角来降低点火能量。然而，采用太低的点火能量可能会出现失火问题。纯氢内燃机运行过程中，电控系统需监测火花塞驱动点火波形，并通过发动机工作效果，合理调节点火预备期，通过采集进气歧管压力对回火现象进行监测和控制。第四，氢气具有宽广的着火范围，纯氢内燃机转矩控制可采用量调节结合质调节方式，电子节气门不再作为转矩调节机构，而用于空燃比辅助调节。例如，当发动机转速超过 600 r/min 时，电控系统对转速的控制算法是先确定节气门开度至 10%，固定点火提前角、氢气喷射正时、点火线圈导通角等参数，通过氢气喷射脉宽调节实现转速稳定性控制。当发动机转速低于 1 000 r/min 时，可适当减小电子节气门开度，提高混合气浓度，同时辅助调节点火提前角、喷气正时，控制回火。

5. 排气系统

纯氢内燃机排气温度约为 371 ℃，远低于普通汽油机的 815 ℃。纯氢内燃机燃烧将产生大量的水，排气系统保证燃烧生成的水通过排气尾管排出，避免在寒冷气候环境下使用时排气管结冰。另外，纯氢内燃机排气设计应使用不锈钢材料，防止排气系统部件生锈。

6. 其他部件

与传统汽油机比较，纯氢内燃机在压缩冲程中会有极少的未燃氢气通过活塞环进入曲轴箱，需将曲轴箱中未燃氢气通过一个 PCV 阀引回进气系统。纯氢内燃机还需增加氢气温度传感器、压力传感器等零部件。

8.4.2 纯氢内燃机燃烧特性

氢气的燃烧速度比较高，发动机在点火提前角很小时（−2～2°CA BTDC）仍可以及时燃烧，指示热效率减少并不明显，这是纯氢内燃机的显著特点。随着点火提前角增大，缸内最高压力升高，并且逐渐靠近上止点；燃烧持续期逐渐缩短，50%放热时刻对应的曲轴转角逐渐靠近上止点。随着转速的增加，最高压力逐渐下降，放热曲线逐渐向后推迟，50%放热率对应的曲轴转角变化不大。某纯氢内燃机燃烧特性如图 8-28 所示。

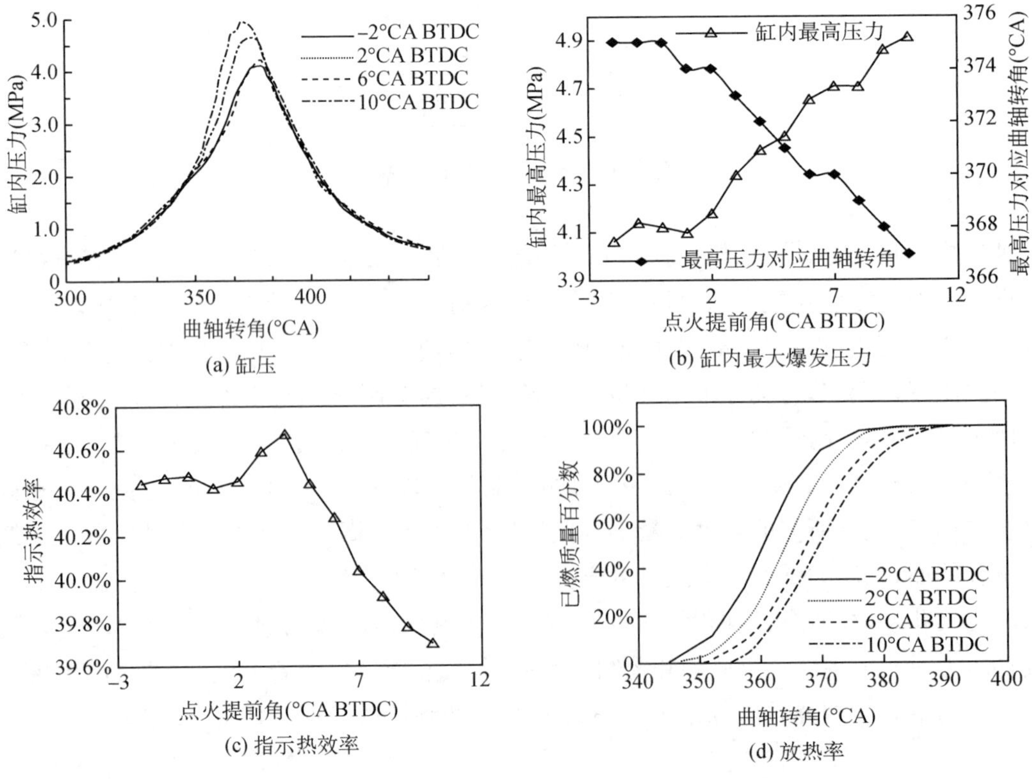

(a) 缸压

(b) 缸内最大爆发压力

(c) 指示热效率

(d) 放热率

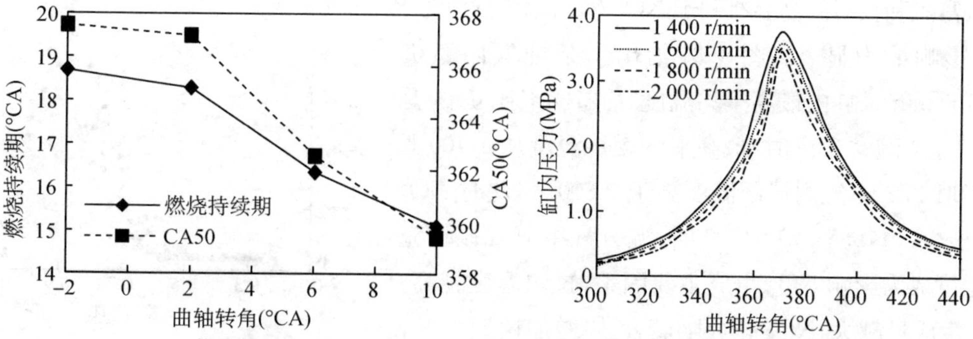

(e) 燃烧持续期　　(f) 缸内压力随转速的变化

图 8-28　某纯氢内燃机燃烧特性

8.4.3　纯氢内燃机动力性、经济性

对于在汽油机基础上开发的纯氢内燃机，由于早燃、回火及爆燃等不正常燃烧现象，使得混合气在大多数情况下没有达到化学计量比；同时，又因为进气道喷射氢气占用了部分气缸体积，使得发动机充量系数下降；另外，氢气-空气混合气体积热值小于汽油-空气混合气体(约低16.5%)；以上诸多因素导致纯氢内燃机转矩和功率比原汽油机下降近 40%。采取增压等技术手段提高纯氢内燃机的功率密度、优化进气、喷氢时刻，消除早燃、回火等不正常燃烧现象，十分必要。某纯氢内燃机动力性如图 8-29 所示。

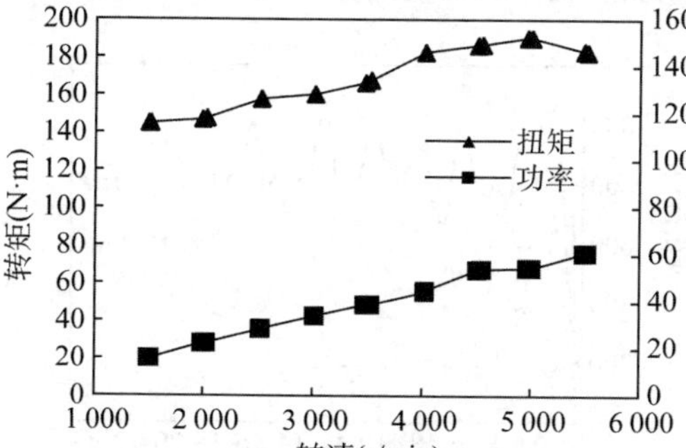

图 8-29　某纯氢内燃机动力性

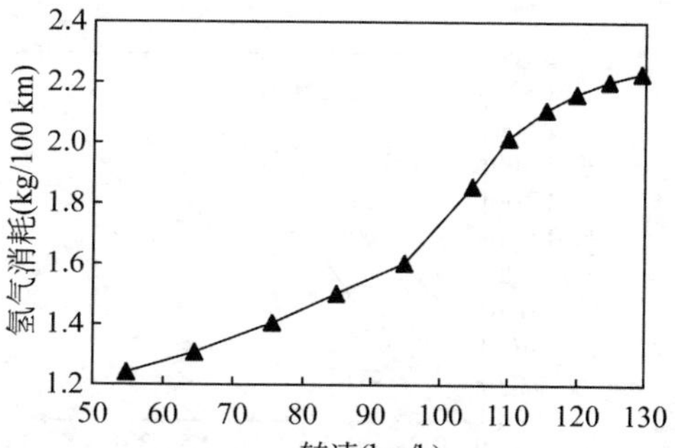

图 8-30　某纯氢内燃机汽车燃料经济性

纯氢内燃机具有热效率高，经济性好等特点。某纯氢内燃机汽车的燃料经济性如图 8-30 所示。当车速达到 80 km/h 时，纯氢内燃机汽车耗氢量增加至 1.43 kg/100 km，随着车速的增加，风阻逐渐成为汽车行驶主要阻力因素。与原汽油机汽车时速为 60 km/h 时最低油耗(5.5～5.8 L/100 km)比较，纯氢内燃机汽车 60 km/h 的汽油消耗量仅为 4.7L/100 km 左右(按等热值计算)。

8.4.4　纯氢内燃机排放特性

纯氢内燃机不产生含碳排放物，仅产生 NO_x 排放。纯氢内燃机中 NO_x 主要为热力型 NO_x，高温、富氧和长时间高温有利于 NO_x 生成，温度对 NO_x 生成影响最为显著。图 8-31 给出了某纯氢内燃机 2 000 r/min 时缸内最高平均温度 T 随燃空比 Φ 的变化规律。当 $\Phi<0.55$ 时，最高平均燃烧温度从 1 400 K 增加到1 970 K，缸内局部温度高于 1 800 K，此时 NO_x 排放极少；当 $0.55<\Phi<0.88$ 时，混合气中氧气比较充足，温度成为影响 NO_x 生成主要因素，缸内温度越高，NO_x 生成量越大，NO_x 排放随着 Φ 的增加快速上升，并且在 $\Phi=0.8\sim0.9$ 时达到峰值 9×10^{-3}。此后，随着 Φ 的进一步增大，缸内最高平均温度虽然继续增加，但此时缸内空气量越来越少，制约了 NO_x 生成。当 $\Phi>1.0$ 时，过量的氢气不仅会还原一部分 NO_x，而且会吸收缸内热量，使得缸内温度降低，温度和氧气不足共同影响 NO_x 生成。

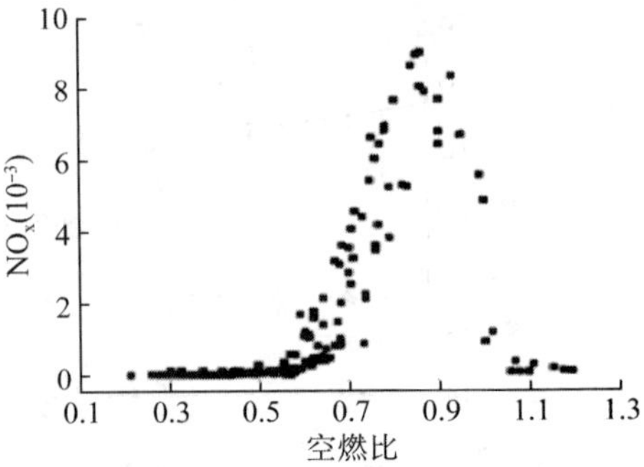

图 8-31　某纯氢内燃机 NO_x 排放随燃空比变化散点图

8.4.5　纯氢内燃机起动性能

起动问题是纯氢内燃机控制难点之一，极易产生由于润滑油进入燃烧室而造成的 HC、CO 排放较高的现象。因此，纯氢内燃机起动时，应对氢气供给压力、空气量、氢气喷射量、点火提前角、喷气正时等参数进行优化控制，克服起动阻力，使纯氢内燃机能够顺利进入怠速工况，同时避免起动过程中出现回火、排放管爆燃等异常燃烧现象。氢气供给压力、喷气脉宽、点火提前角对某纯氢内燃机起动性能的影响及优化后的发动机起动性能如图 8-32 所示。

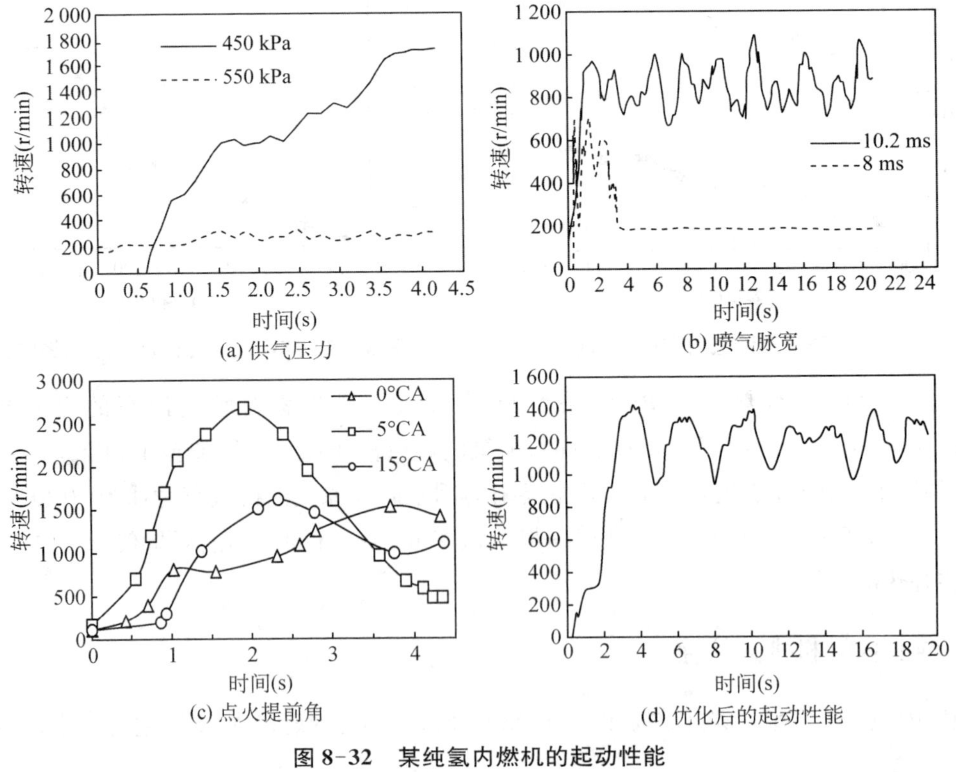

图 8-32　某纯氢内燃机的起动性能

8.4.6 纯氢内燃机怠速及循环变动特性

氢气燃烧速度较高，怠速时可采用过量空气系数 $\lambda>2.5$ 的稀混合气。纯氢内燃机怠速时，随着过量空气系数的增大，指示热效率增加，且最大指示热效率所对应的点火提前角增加，NO_x 排放减小；同一过量空气系数条件下，NO_x 排放随着点火提前角的增大而增加。某纯氢内燃机以 800 r/min 怠速时指示热效率、氢气消耗量、NO_x 排放和过量空气系数及点火提前角的关系如图 8-33 所示。综合考虑气耗、排放，该纯氢内燃机最佳怠速工况为 $\lambda=2.5$、$\theta_i=18$°CA，此时发动机超过 20%，NO_x 排放低于 5×10^{-6}。

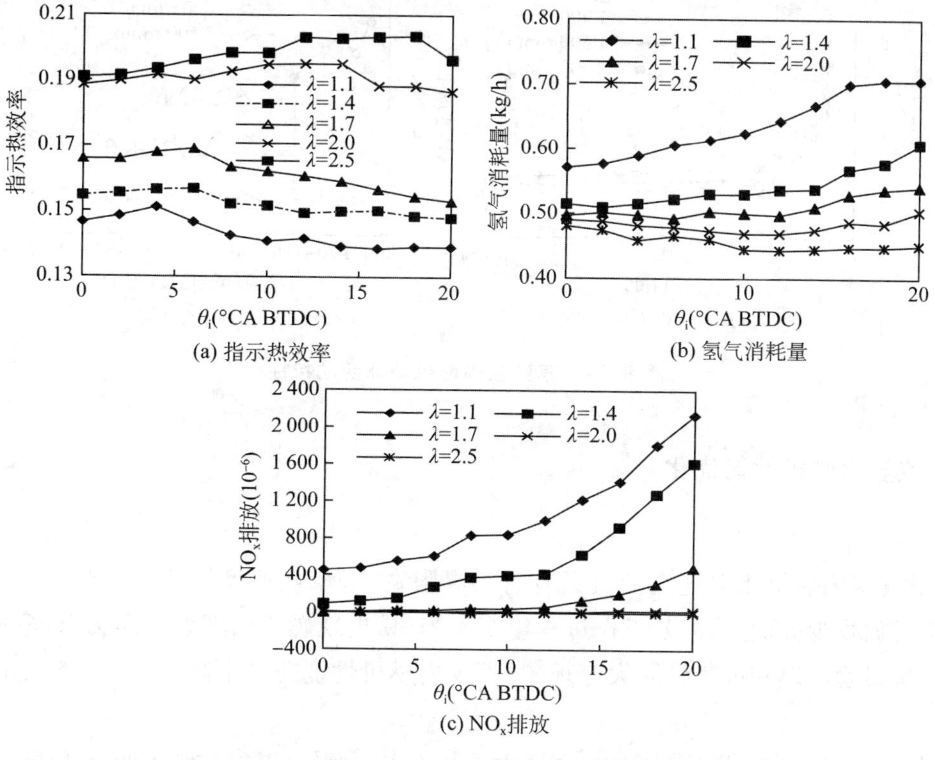

图 8-33 某纯氢内燃机怠速时指示热效率、氢气消耗量、NO_x 排放和过量空气系数及点火提前角之间的关系

平均指示压力循环变动系数是评价纯氢内燃机循环变动特性的理想特征参数，怠速转速、混合气浓度、点火提前角、节气门开度、喷氢时刻等参数影响纯氢内燃机循环变动特性。第一，怠速转速越高、纯氢内燃机的循环变动越小。第二，随混合气浓度提高，纯氢内燃机循环变动显著减小，点火提前角对循环变动影响减弱，且循环变动系数最小时对应的点火提前角逐渐趋近压缩上止点。第三，当节气门开度在 0%～20%范围时，随节气门开度增大，循环变动显著减小。第四，怠速工况下，喷氢时刻对纯氢内燃机循环变动影响较大。某纯氢内燃机的循环变动特性如图 8-34 所示。

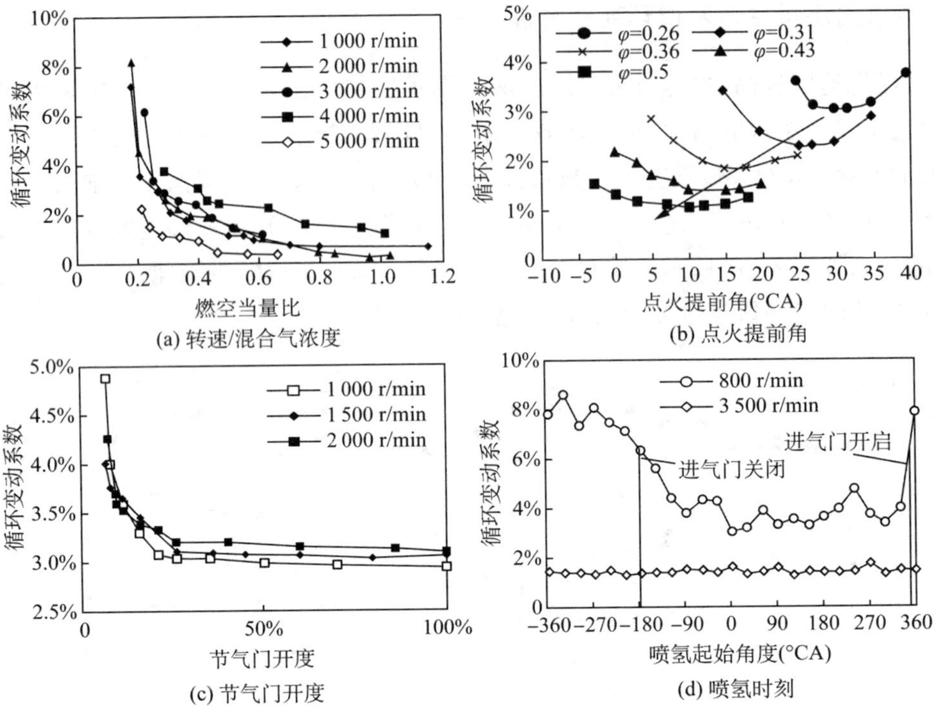

图 8-34　某纯氢内燃机循环变动特性

8.4.7　纯氢内燃机性能优化

1. 不正常燃烧控制

虽然纯氢内燃机比常规汽油机具有着火界限宽广、燃烧速度快、可在稀薄混合气下运转、有害排放物少等优点，但若工作过程组织不当，易出现燃烧初期燃烧压力升高率太高和爆燃、燃烧过程早燃和进气管回火等现象，不仅内燃机性能急剧下降，甚至内燃机无法正常工作。

进气道喷氢内燃机燃烧过程中，会产生一些不正常燃烧问题，主要是回火和早燃。回火是新鲜充量在进气门关闭之前被点燃，造成火焰窜入进气管；早燃指混合气充入汽缸后，在进气门关闭后火花塞点火前就被点燃。回火和早燃对内燃机影响很大，回火严重情况下会造成进气管炸裂，内燃机无法正常工作。纯氢内燃机回火及早燃示意如图 8-35 所示。

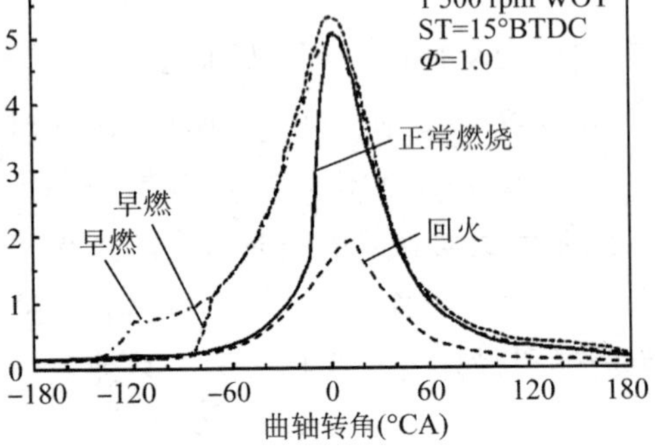

图 8-35　纯氢内燃机回火及早燃示意

回火和早燃的一个重要原因是混合气容易被缸内炙热表面或热点点燃。由于早燃影响，纯氢燃内燃机很难在浓混合气状态下工作，输出功率受到限制。抑制早燃和消除回火的方法主要有以下四个方面。

1）选择合适的火花塞

早燃是由于气缸内壁炽热点和高压缩比造成的，如果选择相对较冷的火花塞和更小的火花塞间隙，以及合适压缩比，能够抑制早燃。国外学者 Kondo 等采用水冷火花塞加速火花塞传热，降低了点火后电极间残余能量。

2）采用废气再循环

降低火焰传播速度、增加点火所需能量和淬熄距离，可以减少回火的发生；采用稀燃和废气再循环能抑制回火，并且废气进入气缸能降低缸内热点的温度，减少早燃发生可能性。同时，废气再循环能够降低燃烧最高温度，减少 NO_x 排放。

3）降低进气温度

利用液氢供氢系统，降低吸入空气温度，使混合气正常燃烧范围加宽，效果较好，但此种方法成本较高，对内燃机部件耐冻能力要求较高。或者采用进气道喷水方法，降低缸内温度，防止表面着火的发生。

4）采取合理的喷射系统

采取缸内氢气直喷，在进气形成后期直接把氢气喷入气缸，换气过程中新鲜气体对燃烧室的冷却作用大大减少了不正常燃烧，使内燃机运转平稳。对于进气歧管多点喷氢方式，S. J. Lee 等对喷射时间进行控制，使喷氢持续期始终处在进气门开启时间内，这样喷入的氢气更容易被吸入气缸，减少了进气管回火可能性。

2. 动力性优化

氢气-空气混合气的理论体积空燃比为 238，远低于汽油-空气混合气的理论体积空燃比 8 586，表明氢气-空气混合气中氢气占了大量的体积，影响充量系数，减小内燃机输出功率。同时，受早燃影响，氢气-空气混合气不能太浓，进一步影响了氢内燃机功率。因此，纯氢内燃机动力性一般低于同排量汽油机，采用进气增压是提高纯氢内燃机功率密度的良好技术手段。

3. NO_x 排放控制

氢气燃烧温度较高，产生一定数量 NO_x 排放，对纯氢内燃机燃烧参数进行优化，采用废气再循环是控制纯氢内燃机 NO_x 排放的主要技术手段。

8.4.8 纯氢内燃机汽车发展状况

1. 欧洲

1978 年，宝马公司开始着手研究氢动力单元。1979 年，宝马公司与 DLR 合作生产了带有液氢燃料罐和氢燃料引擎的汽车。经过不断研究改进，在 2000 年德国汉诺威举办的世博会上，宝马公司第 5 代氢动力汽车 BMW 750 hL 问世。在 2005 年上海国际车展上，宝马公司又推出了 H2R 氢燃料轿车（图 8-36）。2004 年 9 月，这辆原型车在法国 Miramas 高速试车场一天之内连续创造了 9 项世界纪录，以令人印象深刻的方式证明了纯氢内燃机汽车的惊人潜力。2007 年，宝马公司推出了全球首款以氢气为动力的高性能豪华轿车——BMW

Hydrogen7（图 8-37），该车以宝马 7 系轿车为平台，搭载纯氢内燃机技术。2009 年，宝马公司已开发出最高热效率达 42%的纯氢内燃机“H2BVplus”，与当时的涡轮增压柴油机热效率处于同等水平。

图 8-36　宝马 H2R 纯氢内燃机汽车

图 8-37　宝马 Hydrogen7 纯氢内燃机汽车

2. 北美

美国第二大汽车生产商福特公司致力于新能源汽车研发。2001 年，发布了第一款纯氢内燃机演示车。2003 年，在北美国际车展上首次展示了 U 型概念车、基于福特福克斯的演示车和 V-6 动力牵引车。2006 年，福特公司在北美国际汽展会上推出了 Super Chief Concept（超级首领概念车），展示了可使用氢、E-85 乙醇或汽油的三重灵活燃料技术。2007 年 7 月 17 日，福特氢燃料 V-10 内燃机正式投产（图 8-38），成为福特汽车氢技术研发的重要里程碑。福特公司的 F-250 新型氢燃料汽车（图 8-39），装配三种燃料系统的 10 缸内燃机，可以燃用汽油、E85 乙醇和氢。F-250 新型氢燃料汽车续航里程高达 500 mile，氢燃料热效率比使用汽油和 E-85 乙醇提高 12%，CO_2 排放减少 99%。

图 8-38　福特 V-10 纯氢内燃机

图 8-39　福特 F-250 氢动力汽车

3. 日本

日本武藏工业大学自 20 世纪 70 年代开始研发纯氢内燃机汽车，先后推出武藏 1～10 号纯氢内燃机汽车，采用液态储氢、缸内高压氢气喷射和进气道低压氢气喷射技术。日本马自达汽车公司从 20 世纪 80 年代末开始研发纯氢内燃机汽车。2003 年，马自达公司推出装有氢燃料

Renesis 转子内燃机的 RX-8 跑车。马自达 RX-8 RE 转子内燃机可以在氢气和汽油任意一种燃料下运行(图 8-40)。马自达 Premacy 是在 RX-8 RE 基础上研发的新型氢能源汽车(图 8-41),采用氢-汽油双燃料模式,可以方便地在氢气和汽油燃料模式之间切换。

图 8-40　马自达 RX-8 RE 氢燃料转子内燃机汽车

图 8-41　马自达 Premacy 氢燃料汽车

4. 中国

我国对纯氢内燃机的研发始于 20 世纪 80 年代,天津大学、上海交通大学、北京理工大学、西安交通大学、浙江大学、吉林大学等先后开展了纯氢内燃机实验研究。例如,西安交通大学开展了氢燃烧循环和氢燃烧流场研究,完成了"氢火焰性实验方法性能评价"等研究课题;浙江大学新材料所与内燃机所合作,成功完成了一辆混氢汽油中巴车改装;吉林大学内燃机研究所通过实验研究发现,混氢汽油可改善内燃机性能,减少废气排放。

我国汽车生产企业也开展了纯氢内燃机动力循环、点火方式和喷射方式研究,代表企业有奇瑞汽车和长安汽车。奇瑞汽车公司在研发混合动力和电动汽车的同时,也关注氢内燃机研发。2005 年,奇瑞汽车宣布联合研究的首台纯氢内燃机运行成功。长安汽车公司从 2005 年开始研发纯氢内燃机,并获国家"863"计划立项,在 2007 年完成了中国第一台高效零排放纯氢内燃机点火,在 2008 年北京车展上展出了自主研发的中国首款氢动力概念跑车"氢程"(图 8-42)。

图 8-42　纯氢内燃机汽车

8.5　燃料电池

氢气另外一种应用方式是燃料电池(Fuel Cell)。燃料电池是一种化学电池,工作时需要连续地向其供给活性物质(起反应的物质)——燃料和氧化剂,把燃料通过化学反应释放的能量转变为电能输出。燃料电池具有效率高、无污染物排放等优点。

燃料电池由正负两个电极(负极为燃料电极,正极为氧化剂电极)以及电解质组成。燃料电池的工作原理是电解水反应的逆过程,工作时向负极供给燃料(氢),向正极供给氧化剂

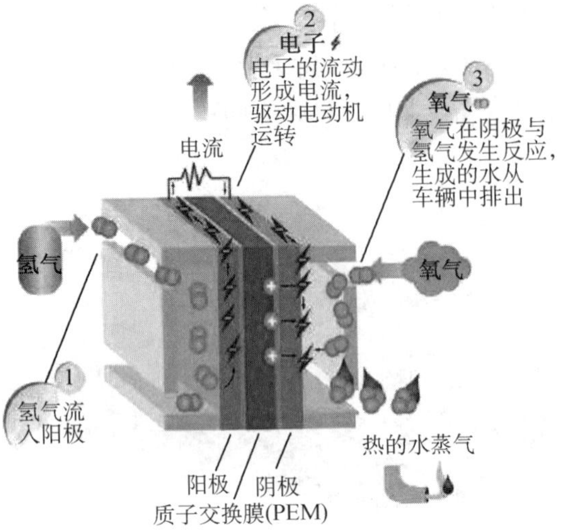

图 8-43　质子交换膜燃料电池工作原理

(空气)。氢在负极分解成正离子 H^+ 和电子 e^-。氢离子 H^+ 进入电解液中，电子 e^- 则沿外部电路移向正极。用电负载就连接在外部电路中。在正极上，空气中的氧同电解液中的氢离子 H^+ 吸收抵达正极的电子 e^- 形成水。这样，燃料电池便可在工作时源源不断地向外部输电，也可称它为一种“发电机”。根据反应温度的不同，燃料电池可分为低温(60～120 ℃)、中温(160～220 ℃)和高温(600～1 000 ℃)燃料电池三类，如表 8-4 所示。燃料电池汽车常用的质子交换膜电池是低温燃料电池的一种，其工作原理如图 8-43 所示。

表 8-4　燃料电池分类及特点

	低温燃料电池(60～120 ℃)		中温燃料电池(160～220 ℃)	高温燃料电池(600～1 000 ℃)	
类型	AFC 碱性燃料电池	PEMFC 或 SPFC 质子交换或固体聚合物燃料电池	PAFC 磷酸燃料电池	MCFC 熔融碳酸燃料电池	SOFC 固态氧化物燃料电池
特性	无污染，效率高，制造费用贵，不适合于工业应用，少维护	效率高，低噪声，固体电解质适合大规模生产，与常规技术相比较贵	低污染，低噪声，连续运行电效率降低	有效利用能源，低噪声，没有外部气体配置，腐蚀性电解液对材料的要求非常苛刻	有效利用能源，低噪声，没有外部气体配置，腐蚀性电解液对材料的要求非常苛刻
电解体	氢氧化钾溶液	质子可渗透膜	磷酸	锂和碳酸钾	固体陶瓷体
燃料	纯氢	氢、甲醇、天然气	天然气、氢	天然气、煤气、沼气	天然气、煤气、沼气
氧化剂	纯氧	大气中的氧气	大气中的氧气	大气中的氧气	大气中的氧气
系统电效率	60%～90%	43%～58%	37%～42%	>50%	50%～65%

8.5.1　燃料电池汽车工作原理

燃料电池汽车(Fuel Cell Vehicle, FCV)是一种用车载燃料电池装置产生的电力作为动力的汽车。作为燃料的氢在汽车搭载的燃料电池中，与大气中的氧气发生氧化还原反应，产生的电能驱动电机工作，由电动机带动汽车中的机械传动结构，进而带动汽车前桥(或后桥)等机械结构工作，从而驱动电动汽车行驶。

车载燃料电池装置所使用的燃料为高纯度氢气或含氢燃料经重整所得到的高含氢重整气，FCV 属于电动汽车的一种，其关键零部件是燃料电池。燃料电池汽车动力特性，如最高速度、爬坡能力等，主要取决于燃料电池动力系统的功率，续航里程取决于该车所能携带的氢气的总量。

8.5.2 燃料电池汽车特点

与传统内燃机车相比，燃料电池汽车有如下特点。

1. 零排放

燃料电池通过电化学的方法，将氢和氧结合，直接产生电和热，副产物只有水，没有一氧化碳、碳氢化合物、氮氧化合物、二氧化硫、烟尘微粒等副产物产生。另外，燃料电池通过催化反应将燃料的化学能直接转化成电能，不需要传动组件，因此燃料电池的噪声比普通内燃机噪声低。

2. 能源效率高

燃料电池的电效率约 58%，是传统内燃机汽车热效率（约为 40%）的 1.45 倍，具有较好的节能优势。

3. 加氢时间短，续航里程长

氢燃料电池汽车 3 min 内可加满氢气，续航里程可达到 500 km 以上，这无疑解决了纯电动汽车充电时间长（快充 30 min、慢充 8 h）、续航里程短（300～500 km）等一系列问题，可以给驾驶员带来更好的驾乘体验。

4. 燃料获取途径多样

燃料电池所需要的氢气主要有四种获取途径，分别是化石原料制氢、工业副产物制氢、甲醇裂解制氢和电解水制氢。综合考虑全生命周期碳排放、环境污染、制氢效率、工艺的实现难易程度等因素，电解水制氢在未来氢能产业链发展比较完善的情况下，具有巨大的发展潜力。

8.5.3 燃料电池汽车关键结构及部件

燃料电池汽车外形和内部空间与传统内燃机汽车基本没有差别，二者的区别主要在于燃料电池汽车的动力由燃料电池提供，取消了内燃机、离合器、传动轴、万向节等传统内燃机汽车部件。燃料电池汽车动力系统主要由燃料电池堆、DC/DC 转换器、氢气瓶、车载供氢系统、冷却系统、空气供给系统等组成。其结构如图 8-44 所示。

1. 燃料电池堆

从燃料种类、工作温度、质量功率密度和燃料电池特性等因素综合考虑，质子交换膜燃料电池具有功率密度高、体积小、起动速度快、低腐蚀性、反应温度适中等特点，适合应用于燃料电池乘用车。

2. DC/DC 转换器

DC/DC 转换器主要作用是把低电压转换为高电压。由于燃料电池堆输出电压通常小于 300 V，低于电动汽车驱动系统的电压输入范围（330～600 V），且燃料电池输出电压随负载变化明显，所以需通过 DC/DC 转换器，将燃料电池变化的低电压转换为稳定的高电压，确保系统稳定及高效率运行。

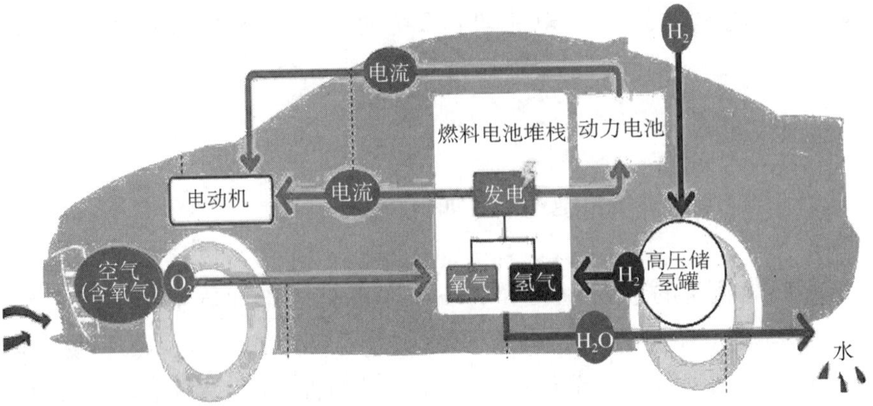

图 8-44　氢燃料电池汽车结构示意

3. 氢气瓶

目前主流燃料电池乘用车厂商均采用高压储氢作为车载储氢方法。综合考虑续航里程、储罐安全等因素，车载储氢系统压力一般分为 35 MPa 和 70 MPa 两个等级。车用氢气瓶一共分为四个类型：Ⅰ型(全金属气瓶)、Ⅱ型(金属内胆纤维环向缠绕气瓶)、Ⅲ型(金属内胆纤维全缠绕气瓶)及Ⅳ型(非金属内胆纤维全缠绕气瓶)。其中，Ⅰ型和Ⅱ型气瓶容重比较大，储氢密度较低，目前燃料电池车用储氢容器为Ⅲ型气瓶和Ⅳ型气瓶。由于Ⅳ型气瓶具有质量轻、储氢密度高等优点，国际主流产品多数采用 70 MPa 的Ⅳ型气瓶。受制于储氢容器内胆加工成型工艺技术，国内企业以生产 35 MPa 的Ⅲ型气瓶为主。

4. 车载供氢系统

在燃料电池乘用车上，车载供氢系统功能类似于传统内燃机汽车的燃料供给系统，其作用是为燃料电池提供燃料。其组成主要包含三部分，第 1 部分是氢气储存及供给系统，包括储氢瓶、减压阀、管路等；第 2 部分是氢气管理系统，主要用于和整车控制器通信，包括储氢瓶电磁阀开关及储氢瓶内气体温度、压力采集与显示等；第 3 部分是氢安全部分，包括氢气泄漏检测以及一些氢安全装置，如溢流阀、安全阀等。

5. 冷却系统

冷却系统主要包括冷却水泵、散热器、散热风扇、冷凝器、去离子器、三通阀等零部件，主要用途是保障燃料电池堆化学反应过程中产生的热量能被及时带走，保证电化学反应正常。

6. 空气供给系统

燃料电池助燃空气从大气直接获得，空气经过滤器过滤，然后被空气压缩机(一般为涡旋式压缩机)压缩，经空气流量计到达进气口。永磁电动机作为空气压缩机的驱动电动机，具有较大传动比。

8.5.4　燃料电池汽车研发进展

随着环境和能源问题日益突出，新能源汽车成为世界各大汽车厂商及研发机构的研究热点，燃料电池汽车以其高效率和近零排放被认为具有广阔发展前景。美国、欧盟、日本和韩国都投入大量资金和人力进行燃料电池车辆研究，通用、福特、克莱斯勒、丰田、本田、奔驰等均已开发出燃料电池车型。近年来，我国在燃料电池方面投入不断加大，北京奥运会、上海世博会期间都有燃料电池轿车和大客车示范运行，燃料电池汽车将在新能源汽车中占据重要地位。

1. 欧洲

欧洲燃料电池汽车示范完成了第6框架计划(2002—2006)和第7框架计划(2007—2012)。例如，在欧洲清洁都市交通(Clean Urban Transport for Europe, CUTE)及欧盟其他项目支持下，开展了燃料电池公共汽车示范运行，示范城市包括阿姆斯特丹、巴塞罗那、汉堡、伦敦、卢森堡、马德里、波尔图、斯德哥尔摩、斯图加特、冰岛等，在燃料电池汽车可靠性和成本控制等方面取得了长足的进步。

戴姆勒-奔驰于2009年推出第二代轮边电机驱动燃料电池客车(图8-45)，燃料电池耐久性达到1.2万h。2011年，戴姆勒-奔驰开展了燃料电池汽车全球巡回展示，验证了燃料电池轿车的性能，证明了燃料电池汽车具备产业化推广的能力。在2017年法兰克福车展上，戴姆勒-奔驰发布了首款氢燃料电池汽车——GLC F-CELL(图8-46)，该车将燃料电池与锂电池结合，除搭载9 kW·h锂电池组，提供50 km纯电里程之外，还增加了燃料电池、两个容量为4 kg的碳纤维储氢罐，总续航里程达500 km，一次充满氢气仅需3 min。

图8-45 奔驰Citaro燃料电池客车

图8-46 奔驰GLC F-CELL

宝马于2015年发布了氢燃料电池版i8，氢燃料续航里程300 mile(约480 km)，加满氢燃料仅需5 min(图8-47)。宝马5系GT FCEV是和丰田共同合作开发的一款产品(图8-48)，外形及内饰与汽油版5系GT几乎相同，采用一台245马力电动机和高压电池，在前后车轴之间安装氢燃料动力系统，续航里程可达310 mile(约500 km)。

图8-47 宝马i8燃料电池超跑

图8-48 宝马5系GT FCEV

2. 北美

美国和加拿大是燃料电池研发和示范主要区域，在美国能源部（DOE）、交通部（DOT）和环保局（EPA）等政府部门支持下，燃料电池技术取得了很大进步。美国通用汽车公司2007年秋季启动的Project Driveway计划，将100辆雪佛兰Equinox燃料电池汽车投放市场，2009年总行驶里程达到160万km。同年，通用宣布开发全新一代氢燃料电池系统，与雪佛兰Equinox燃料电池车上的燃料电池系统比较，新一代氢燃料电池体积缩小了一半，质量减轻了100 kg，铂金用量仅为原来的1/3。

美国在2006年专门启动了国家燃料电池公共汽车计划（National Fuel Cell City Bus Program，NFCBP），进行了广泛的车辆研发和示范工作。2011年，美国燃料电池混合动力公共汽车实际道路示范运行单车寿命超过1.1万h。截至2011年，全美大约有3 000台燃料电池叉车，寿命达到了1.25万h水平。

不同于丰田、本田大力推广的氢燃料电池乘用车，通用计划将氢燃料电池应用在商用车领域。目前，通用推出了燃料电池车型平台——SURUS（图8-49），该平台配有氢燃料电池系统，最大可以提供645 km的续航里程，并配有自动驾驶技术，主要用于商用车和卡车生产。2016年，通用汽车公司与美国军方的陆军坦克与自动车辆研究中心合作，共同研发雪佛兰全新氢燃料电池皮卡概念车——Colorado-ZH2（图8-50）。

图8-49　通用SURUS燃料电池车型平台

图8-50　通用雪佛兰Colorado ZH2

福特公司生产的Fusion 999氢燃料电池车为目前世界上最快的燃料电池车。在进行极速测试时，这款车最高速度达到了207 km/h（图8-51）。

图8-51　福特Fusion 999

3. 日韩

从全球范围看，日本和韩国燃料电池研发水平处于全球领先，尤其是丰田、日产和现代汽车公司，在燃料电池汽车耐久性、寿命和成本方面逐步超越美国和欧洲。丰田2008版FCHV-Adv实现了−37 ℃顺利启动，一次加氢行驶里程达830 km，耗氢量0.7 kg/100 km，相当于汽油3 L/100 km。2013年11月，丰田在第43届东京车展上展出了计划在2015年投放市场的燃料电池概念车，该车的燃料电池组去掉了加湿模块，不但降低了成本、质量和体积，还减少了燃料电池热容量，有利于燃料电池在低温条件下迅速启动。

2017 年，日本提出了“氢能社会”构想，计划到 2040 年完成零碳氢燃料供给体系建设。本田生产的 Clarity Fuel Cell 采用一套突破传统的燃料电池动力系统，把整套燃料电池动力系统全部布置在前舱中，也是首款实现这种布局的燃料电池轿车(图 8-52)。2014 年，丰田发售了量产的第一辆氢燃料电池汽车 Mirai，拥有 2 个高压储氢罐，前置储氢罐 60 L，后置储氢罐 62.4 L，可实现一次加氢 3～5 min，续航达 700 km 的需求(图 8-53)。

图 8-52　本田 Clarity Fuel Cell 燃料电池汽车

图 8-53　丰田 Mirai 燃料电池汽车

韩国现代从 2002 开始研发燃料电池汽车。2005 年，采用巴拉德电堆组装了 32 辆运动型多功能车(Sports Utility Vehicle, SUV)。2006 年推出了自主研发的第 1 代电堆，组装了 30 辆 SUV 及 4 辆大客车，并进行了示范运行。2009—2012 年，开发了第 2 代电堆，装配 100 辆 SUV 进行示范和测试，并对电堆性能做了改进。2012 年，推出了第 3 代燃料电池 SUV 和客车，开始全球示范。2013 年，韩国现代宣布将提前 2 年开展千辆级别燃料电池 SUV 生产，在全球率先进入燃料电池千辆级小规模生产阶段(图 8-54 和图 8-55)。

图 8-54　现代途胜燃料电池汽车

图 8-55　现代 NEXO 燃料电池汽车

4. 中国

目前，我国燃料电池汽车已完成北京奥运会和上海世博会燃料电池汽车规模示范、联合国开发计划(United Nations Development Programme, UNDP)燃料电池城市客车示范，以及“十城千辆”、广州亚运会、深圳大运会等示范应用，取得了良好的社会效益。我国燃料电池轿车采用独具特色的“电-电混合”动力系统平台方案，具有“动力系统平台整车适配、电-电混合能源动力控制、车载高压储氢系统、工业副产氢气纯化利用”技术特征。

在燃料电池汽车产业化背景下，宇通客车公司于 2009 年完成第 1 代增程式燃料电池客车开发。2013 年，宇通推出第 2 代电-电混合燃料电池城市客车。2016 年，宇通推出基于国外成熟燃料电池系统的第 3 代燃料电池城市客车。福田客车公司第 1 代氢燃料电池客车于 2008 年问世，2014 年研发出第 2 代 12 m 氢燃料电池客车，解决了生产成本高、燃料电池寿命短等阻碍氢燃料电池客车发展的瓶颈问题。金龙客车公司历经 3 年精心打造出 12 m 氢燃料电池客车(图 8-56)。在动力方面，金龙 12 m 氢燃料电池客车采用了中等功率燃料电池＋中等容量动力电池匹配方案，搭载 60 kW 高性能质子交换膜燃料电池，峰值效率可达 55%，寿命 10 000 h 以上，具备高安全性、高经济性和高可靠性。在续航里程方面，该车等速试验条件下续航里程达到 800 km。

图 8-56　金龙燃料电池客车

图 8-57　“超越 2 号”燃料电池汽车

同济大学开展了多轮燃料电池轿车研发工作，研制的燃料电池轿车在北京奥运会和上海世博会进行了大规模示范运行。2003 年，同济大学与上汽集团合作研制出燃料电池轿车“超越 1 号”，随后又推出“超越 2 号”(图 8-57)等燃料电池轿车。2018 年，在长城汽车 WEY 举行的两周年品牌发布会上，长城汽车董事长魏建军表示，未来将继续加大投入研发新能源汽车，2022 年计划推出首款氢燃料电池汽车，2030 年新能源汽车销量占比将达到 50%。

8.6　氢能的应用与发展

20 世纪 90 年代以来，氢能源作为一种高效、清洁、可持续发展的“无碳”能源已得到世界各国的普遍关注，世界主要发达国家和国际组织都对氢能源给予极大的重视，纷纷投入巨资进行氢能相关技术的研发。美国、欧盟、日本等更是致力于控制 21 世纪“氢经济”(Hydrogen Economics)发展的制高点。“氢经济”已经成为 21 世纪新的竞争领域。

8.6.1　美国

美国高度重视氢能源开发和利用，致力于推动氢经济的发展。美国氢能发展从时间上分为四个阶段：①技术、政策和市场开发阶段；②向市场过渡阶段；③市场和基础设施扩张阶段；④走进氢时代。2002 年，美国能源部建立了氢、燃料电池和基础设施技术规划办公室，提出《向氢经济过渡的 2030 远景展望报告》。从 2000 年至 2040 年，每 10 年实现一个阶段，大力促进燃料电池汽车的发展。

8.6.2 欧洲

为发展氢能源技术,欧洲于2003年6月发表了《对氢能和燃料电池未来的展望》。同年,欧盟25国促成了包括"欧洲氢能和燃料电池技术平台"(EHFCP)的"欧洲研究区"(European Research Area, ERA)项目,旨在向欧盟委员会推荐燃料电池和氢能技术。2008年,欧洲成立燃料电池和氢能联合组织(FCH-JU),吸引了超250余个合作伙伴,启动了超70个产业项目。2011年,欧盟启动燃料电池汽车示范项目"H2 moves Scandinavi"和欧洲城市清洁氢能项目(CHIC)。2012年,12个欧盟成员国联合实施Ene-filed项目,该项目涉及9家燃料电池系统制造商及1 000套微型CHP系统。2016年,德国在氢能源领域政令频出,计划到2030年建设近400座加氢站,将德国燃料电池和氢气技术国家创新计划(NIP-2)持续至2025年等。2019年,欧洲燃料电池和氢能联合组织(FCH-JU)发布了《欧洲氢能路线图:欧洲能源转型的可持续发展路径》报告,该报告根据欧洲17个主要氢能公司的意见制定,为2050年大规模部署氢能和燃料电池奠定了基础。

8.6.3 日本

在燃料电池领域,日本是最具影响力的国家之一,拥有数项全球第一的专利。2014年,日本提供约46亿日元的财政补贴资金,2015年为89亿日元,这些资金用于补贴50%的加氢站建设成本。2016年,日本投入氢能与氢燃料电池的财政预算达到601亿日元,比2015年的430亿日元大幅增加。

8.6.4 中国

我国对氢能的研究与发展可追溯到20世纪60年代,对液氢生产、燃料电池研制与开发进行了大量研究。我国于20世纪70年代开始将氢作为能源载体和新能源系统研发。2003年,科学技术部代表中国政府在华盛顿与美、日、俄等14个国家以及欧盟代表共同签署了《氢能经济国际合作伙伴计划》。在我国《国家中长期科学和技术发展规划纲要(2006—2020年)》和《国家"十一五"科学技术发展规划》中都列入了氢能开发相关内容。国务院办公厅印发的《能源发展战略行动计划(2014—2020年)》中,氢能与燃料电池已被明确列入能源科技20个重点创新方向。

在科技部和各部委基金项目支持下,我国初步形成了一支由高等院校、中科院、企业等为主的氢能与燃料电池研究、开发和利用专业队伍,研发领域涉及氢经济相关基础研究、技术开发和示范试验等方面。如2000年科技部资助的国家"973"项目"氢能规模制备、储运及相关燃料电池的基础研究",2006年国家"863"计划先进能源技术领域"氢能与燃料电池技术"专题等,参与单位众多,影响较大。

作为国家战略性新兴能源重要组成部分,我国正在加快推动氢能开发和产业应用。未来,我国氢能将在交通运输减排、电能替代等方面发挥重要作用。一是与电动汽车互为补充,共同推动交通运输领域碳减排:国家规划明确2020年实现5 000辆氢燃料电池汽车在特定地区公共服务用车领域的示范应用，建成100座加氢站；2030年实现百万辆氢燃料电池汽车的商业化应用，建成1 000座加氢站。二是建设氢能源发电系统：根据美国拉扎德咨询公司统计，2016年氢燃料电池发电系统成本为0.74～1.16元/kW·h，已经具备一定市场竞争力。未来，在用户侧推广应用小型氢燃料电池分布式发电系统，满足家用热电联供的需要，推动家庭电气化进程，促进电能替代。

2020年10月，中国汽车工程学会在发布了《节能与新能源汽车技术路线图2.0》，将燃料电池商用车作为氢能燃料电池行业突破口，以客车和城市物流车为切入领域，重点在可再生能源制氢、工业副产氢丰富地区推广大中型客车和物流车，并逐步推广至载重量更大、长途运行的中重型卡车、牵引车、港口拖车以及部分乘用车。2030—2035年，实现氢能及燃料电池汽车的大规模应用，燃料电池汽车保有量可达到100万辆左右。

第 9 章　混合动力汽车

混合动力汽车(Hrbrid Vehicle)可分为液压储能式混合动力汽车(Hydraulic Hrbrid Vehicle, HHV)和电动混合动力汽车(Hybrid Electric Vehicle, HEV)两类。其中,HEV 指车载系统中有两个以上动力源的汽车,是传统内燃机汽车与电动汽车的有效组合,HEV 不仅具有电动汽车污染物排放低的优点,同时可以利用化石燃料较高的比能量与比功率,显著改善传统内燃机汽车排放性与经济性,大幅增加电动汽车续航里程、减小对电池与电机的工作要求。HEV 融合了内燃机汽车和电动汽车的优点,在一定时间内将占据新能源汽车市场重要份额。

9.1　混合动力汽车构成

混合动力汽车主要组成部件包括内燃机、发电机、电动机、储能装置、功率转化装置以及控制装置等,继承并沿用了传统内燃机汽车传动系统中内燃机、加速踏板、制动踏板、离合器、变速器操纵装置等基本机构和大部分部件。某构型混合动力汽车结构如图 9-1 所示。

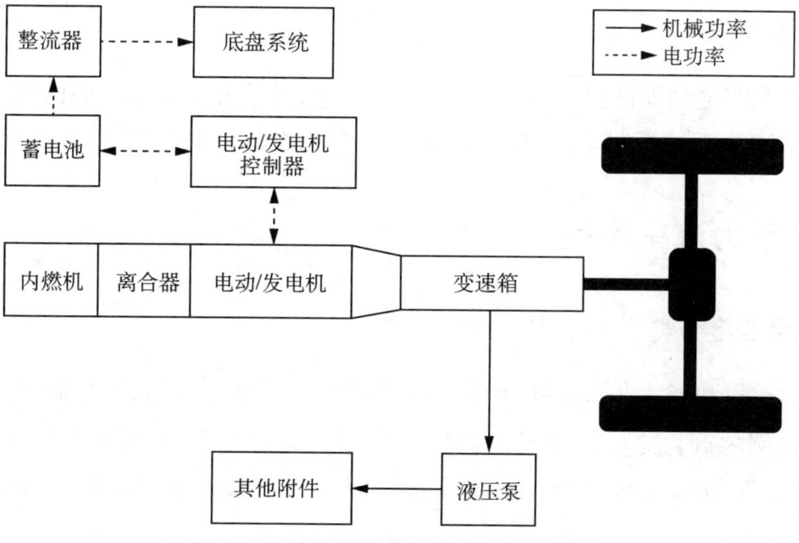

图 9-1　某构型混合动力汽车结构示意

9.1.1　内燃机

混合动力汽车使用的内燃机与传统汽车内燃机没有本质区别,汽油机、柴油机均可使用，其主要区别在于混合动力汽车内燃机常用工况主要集中在高效区。为实现混合动力汽车内燃机的高效节能，米勒循环（Miller）或阿特金森循环（Atkinson）内燃机的进气门推迟关闭，使膨胀比大于有效压缩比，改善内燃机热效率。丰田、雷克萨斯、福特、通用、奔驰品牌的混合动力汽车采用阿特金森循环内燃机作为车辆驱动系统动力源。

9.1.2 发电/电动机

发电/电动机的功能是在起动时作为电动机，内燃机正常工作后切换为发电机，为电池充电并储存电能。对不同的混合动力结构或混合度，发电/电动机功率与布置方式存在差异，部分混合动力汽车电动机可实现车辆制动能量回收，参与或辅助车辆驱动。

9.1.3 驱动电机

驱动电机主要用于车辆纯电动驱动、油电混合驱动与制动能量回收，可以采用的电机类型包括直流式、交流异步式、永磁式等。目前，混合动力汽车常用交流异步电动机和永磁式电动机作为驱动电机。

9.1.4 储能装置

储能装置是混合动力汽车行驶时电动机驱动力的能量源，也是制动能量回收、发电机发电时的电能储存单元。储能装置具有多类形式，可以是蓄电池、电容，也可以是以上多类储能元件的复合体。

9.1.5 电动附件

混合动力汽车电动附件包含电动水泵、电动油泵、具备再生制动功能的制动系统以及电动助力转向系统等，其共同点是由电力驱动，不消耗内燃机功率，改善内燃机机械效率。

9.2 混合动力汽车构型

9.2.1 根据混合度分类

混合度是电动机功率与内燃机功率＋电动机功率之和的比值，是反映整车驱动力中电驱动力所占比例的重要参数。根据混合度可将混合动力汽车分为微混合动力汽车（Micro HEV）、轻混合动力汽车（Mild HEV）、中混合动力汽车（Medium HEV）和全混合动力汽车（Full HEV）四类。

1. 微混合动力汽车

常把混合度小于10％的混合动力汽车称为微混合动力汽车。微混合动力系统常定义为使用皮带驱动式起动电机（Belt-driven Starter Generator，BSG）的混合动力系统，以内燃机为主要动力源，电动机仅作为起动/发电机使用。微混合动力系统可实现发动机起停（Startstop)控制,取消内燃机怠速,降低油耗和排放。具体工作策略为:①车辆短暂停车时内燃机熄火,再次起步行驶时电动机作为起动机立刻起动内燃机;②车辆制动时电动机以发电机形式工作,向蓄电池充电,实现制动能量回收;③车辆正常行驶时仅由内燃机驱动。微混合动力系统可实现5%～15%的节油效果。

2. 轻混合动力汽车

常把混合度10%～20%的混合动力汽车定义为轻混合动力汽车。轻混合动力系统采用集成式起动/发电机(Integrated Starter Generator, ISG),可实现BSG系统起停、制动能量回收,同时可以辅助内燃机驱动车辆。与微混合动力系统比较,轻混合动力系统电动机功率约为内燃机额定功率的5%～15%,车载电池容量也较大,可实现20%～25%的节油效果。

3. 中混合动力汽车

中混合汽车的混合度约为30%。中混合动力系统采用高压ISG系统,电动机最大功率约为内燃机额定功率的15%～40%。当汽车处于加速或大负荷工况时,电动机可实现辅助驱动;车辆低速工况行驶时,可由电动机独立驱动。中混合动力系统可实现约30%的节油效果。

4. 全混合动力汽车

全混合动力汽车的混合度一般大于30%,最高可超过50%。全混合动力系统采用272～650 V高压驱动电机,不仅具有起停、制动能量回收、辅助驱动等功能,而且能实现纯电力驱动车辆行驶。全混合动力系统可基于整车工作策略,在动力系统中灵活地改变机械传动与电气传动比例,实现最佳工作效率与性能,可实现50%～56%的节油效果。

9.2.2 根据动力系统结构分类

根据混合动力系统结构或连接方式不同,可将混合动力汽车分为串联式混合动力汽车(Series HEV)、并联式混合动力汽车(Parallel HEV)、混联式混合动力汽车(Sereis-Parallel HEV)和复合式混合动力汽车(Complex HEV)四类。不同类型混合动力系统能源流动如图9-2所示。

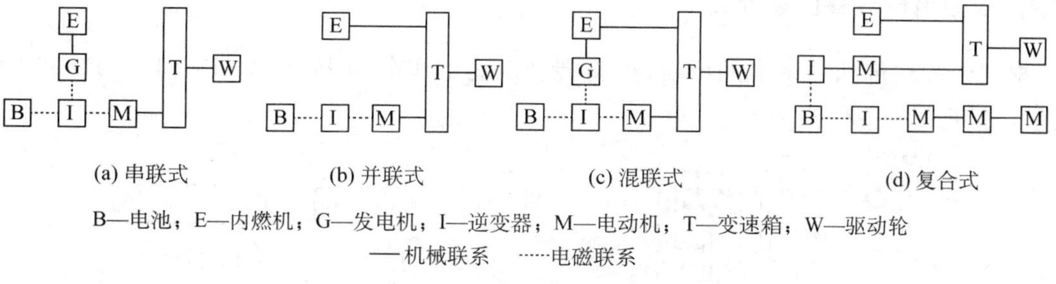

图9-2　混合动力汽车构型

1. 串联式混合动力汽车

串联式混合动力汽车行驶驱动力只源于电动机,具体能量流动如图9-2(a)所示。内燃机带动与之机械连接的发电机发电,将燃料化学能转变为电能,经功率元件将部分电能储存于电池中，其他电能传输至电动机，转化为机械能驱动车辆行驶。串联式混合动力系统较适合于目标与行驶工况相对确定的车辆，如城市公交车等。串联式混合动力系统中电池可视为发电机与电动机之间的缓冲器，既可以独立向电动机供能，也可以与发电机共同驱动电动机，可灵活改变发电机与电动机间的能量比例。

2. 并联式混合动力汽车

并联式混合动力汽车包含内燃机和电动机两套相互独立的驱动系统，既可以由内燃机或电动机单独驱动车辆行驶，也可以由内燃机＋电动机共同驱动，具有结构简单、成本低等特点。并联式混合动力系统能量流动如图 9-2(b)所示。内燃机、电动机与驱动轮间均存在机械连接，内燃机与电池、电动机间无机械连接。

3. 混联式混合动力汽车

混联式混合动力汽车兼具串联、并联混合动力系统的结构与功能，内燃机驱动系统与电动机驱动系统可以有各自的变速机构与驱动车轮相连，也可以借助行星齿轮结构将内燃机驱动和电动机驱动耦合。混联式混合动力系统能量流动如图 9-2(c)所示。

4. 复合式混合动力汽车

复合式混合动力汽车采用四轮驱动，前轮驱动系统可采用串联、并联、混联式结构，后轮驱动系统在驱动轴上加装电动机，或加装轮边电机驱动系统。汽车行驶时，后轮驱动电机可向提供辅助驱动力；车辆制动时，后轮驱动电机可实现制动能量回收。复合式混合动力系统能量流动如图 9-2(d)所示。

9.2.3 根据外部充电能量分类

根据外部充电能量，混合动力系统可分为插电式混合动力汽车(Plug-in HEV, PHEV)和非插电式混合动力汽车两类。PHEV 可以从外界非车载装置获取电能，非插电式混合动力汽车只能从燃料(转换装置)获取电能。

9.2.4 根据电机放置位置分类

根据电机在传动系统中的位置，可将混合动力汽车分为 P0、P1、P2、PS、P3 和 P4，如图 9-3 所示。

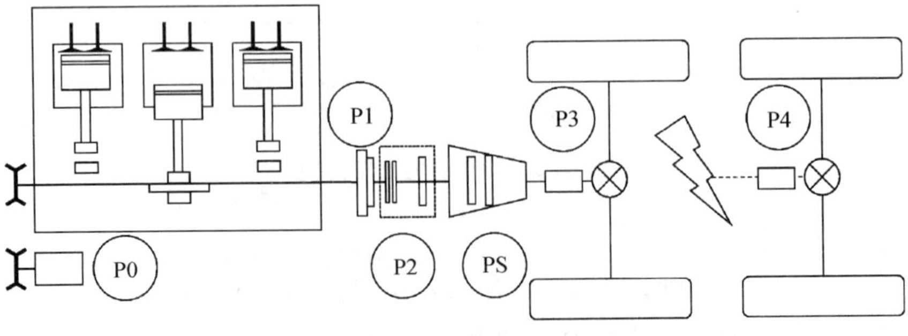

图 9-3 根据电机位置的混合动力构型

1. P0 混合动力系统

P0混合动力系统是把电机放在传统起动机位置的混合动力系统，是一种微混合系统。P0系统的特征是比传统汽车动力系统安装有功率更大的BSG起动/发电机，并配合较大的蓄电池，可以实现发动机起停，也通过BSG电机带动空调压缩机运转，可以实现约5％的节油效果。

2. P1 混合动力系统

P1混合动力系统把电机放在发动机飞轮位置，将ISG盘式起动/发电机固连在发动机上，取代传统飞轮，发动机曲轴成为ISG电机转子，可实现发动机起停、制动能量回收、发电、辅助驱动等功能。P1系统的电池容量比P0系统更大，是一种轻混合动力系统，可实现20％～25％的节油效果。

3. P2 混合动力系统

P2混合动力系统把电机布置在发动机和变速箱中间，纯电动模式下可以和发动机断开连接。P2系统的电机布置形式灵活，可以直接套在变速箱输入轴上，也可以通过皮带与变速箱输入轴连接，甚至可以使用减速齿轮。P2系统是一种并联式混合动力系统，通过在发动机与变速箱之间插入两个离合器、一套电动机来实现混动，也是目前市面混动车型采用最多的构型之一。

4. PS(P2.5)混合动力系统

PS(P2.5)混合动力系统基于双离合变速箱，把电机放置在变速箱内部。PS(P2.5)系统很好地利用了双离合变速箱可以在两个输入轴之间切换的特点，将电机集成到其中一个轴，适合中混、全混、插电以及增程式插电混动等构型。

5. P3 混合动力系统

P3混合动力系统把电机放在变速箱之后，直接驱动主减速器。与电机放置在变速箱前的P0、P1、P2系统比较，P3系统的纯电驱动和制动能量回收效率更高，更适合后驱车辆。同时，P3系统也可与P0系统联合，成为“P0＋P3”串并联混动。

6. P4 混合动力系统

P4混合动力系统把电机放在后桥上或驱动轮边。P4系统适用于各种插电式混合动力系统，可充分发挥电机低速转矩大的特点，提高车辆动力性，在混动跑车、越野车、城市SUV等车型应用较多。

P0、P1、P2、P3和P4混合动力构型具有各自特点，可单独使用，也可联合布置。单电机P0、P1、P2、P3和P4混合动力构型优缺点如表9-1所示。

表9-1 单电机P0、P1、P2、P3和P4混合动力构型优缺点

构型	优点	缺点
P0	结构简单、成本低、自动起停有优势	皮带效率低、电机无法单独驱动、节油效果有限
P1	结构简单、效率相对较高	对电机要求高、成本较高、电机无法单独驱动
P2	驱动和回收可断开与发动机连接，与P3比较，电机成本低、体积小	与P3比较，存在动力中断

（续表）

构型	优点	缺点
P3	纯电驱动、制动回收效率高	电机无法起动发动机、电机转矩大、体积大
P4		电机无法起动发动机、电机转矩大、体积大、成本高、整车结构改变大

9.3 混合动力汽车特点

9.3.1 燃油经济性

与传统汽车比较，混合动力汽车具有良好的燃油经济性，其节油原因主要为：①混合动力汽车可大幅减少甚至消除内燃机怠速工况，短暂停车时可熄火，继续行驶时利用电动机迅速重新起动内燃机，减少了车辆行驶怠速油耗；②混合动力汽车制动时可实现制动能量回收，回收了一部分制动能量；③混合动力汽车可利用电动机辅助驱动车辆，增加了内燃机汽车在较高负荷低油耗区工作的时间，有利于改善内燃机燃油经济性；④汽油低中速行驶时，可利用电机驱动车辆，充分发挥电机低速转矩大的特点；⑤汽车中高速行驶时，使内燃机在驱动车辆行驶的同时驱动发电机发电，储存到蓄电池中，用于车辆驱动低速行驶、辅助驱动车辆等，充分利用内燃机在低油耗区工作的优势。总之，混合动力汽车增加了内燃机在高油耗区工作的机会，节油原理如图 9-4 所示，不同控制策略的节油潜力如表 9-2 所示。

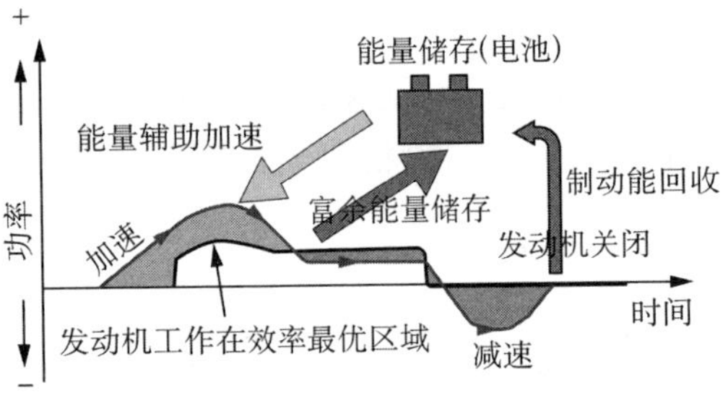

图 9-4　混合动力的节油原理

表 9-2　混合动力汽车节油潜力

工作模式	功能	贡献度
内燃机起停	消除内燃机怠速	3%～5%
电力驱动	内燃机关闭，电动机驱动	5%～10%
混合驱动	电动机辅助内燃机驱动	5%～8%
内燃机驱动	内燃机驱动，电动机不工作	5%～10%
行车充电	内燃机驱动且带动发电机发电	5%～7%
再生制动	发电机利用制动能量发电	7%～10%

9.3.2 排放性

第一，混合动力汽车可使内燃机工作在高效率、低排放的最佳工作区间，取消内燃机怠速与超高速工况，污染物排放显著降低；第二，由于燃料消耗量减少，燃烧产生的 CO_2 污染物排放减少；第三，混合动力汽车在必要时可关闭内燃机，由电动机驱动车辆，实现部分工况零排放。因此，混合动力汽车的CO、NO_x、HC、PM等污染物排放降低。但在混合动力汽车实际行驶中，如果内燃机频繁起停，将导致车辆排放的颗粒数量增加。

9.4 混合动力汽车结构与工作原理

9.4.1 串联式混合动力汽车

1. 系统结构

串联式混合动力汽车驱动系统主要由内燃机、发电机、电动机、蓄电池、功率转换器（逆变器）以及机械传动装置组成。常把内燃机与发电机固连成一体，组成辅助动力单元（Auxiliary Power Unit，APU）。串联式混合动力系统构型如图9-5所示。

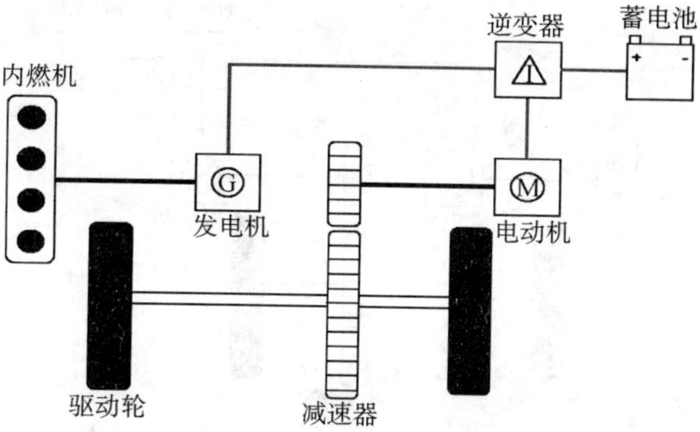

图9-5 串联式混合动力系统构型

2. 工作原理

发电机或APU输出的电能经功率转换器（逆变器）和电动机控制器输入电动机，电动机将电能转化为机械能，驱动车辆行驶。储能装置（电池、电容或飞轮等）位于发电机与电动机之间，起功率平衡作用。若发电机输出功率大于电动机需求功率，多余的电能经功率转换器向储能元件充电；若发电机输出功率小于电动机需求功率，控制器可使电动机取用储能装置中的电能，补充电动机与发电机间的功率差值，满足整车动力性要求。

根据电池补充功率与发电机输出功率比例，可将串联式混合动力汽车细分为“小发电单元＋大容量电池”及“大发电单元＋小容量电池”两类。“小发电单元＋大容量电池”以电池为主要动力源，采用小型内燃机作为车载动力装置以增加续航里程，即增程式电动汽车（EREV）。EREV可采用排量较小的内燃机，其经济性、排放性和NVH性能明显改善，但大容量、高能量密度电池组使整车成本大幅升高。“大发电单元＋小容量电池”以内燃机作为电能主要能量源，成本较低、续航里程较长，但环保效果与NVH性能略差。

3. 工作模式

串联式混合动力汽车典型工作模式包括电力驱动、内燃机驱动、混合驱动、行车充电、再生制动和停车充电。

（1）电力驱动：内燃机关闭，仅利用车载电池储存的电能驱动车辆行驶。

（2）内燃机驱动：车辆行驶功率仅来源于内燃机与发电机组成的APU单元，电动机不从车载电池中取用能量，发电机也不向电池输入能量。

（3）混合驱动：电动机同时从APU电池中取用能量，发电机产生的电能全部用于驱动电动机，不向车载电池充电。

(4) 行车充电:发电机输出功率大于车辆驱动功率,多余的能量分流至车载电池中储存(充电),电动机不从车载电池中取用电能。

(5) 再生制动:当车辆减速或制动时,将电动机作发电机使用,使制动力矩满足车辆制动需求的同时回收制动能量,经逆变器向车载电池充电。

(6) 停车充电:当车辆停止时电动机不工作,只有内燃机驱动发电机输出电能,向车载电池充电。

串联式混合动力汽车典型工作模式如图 9-6 所示。

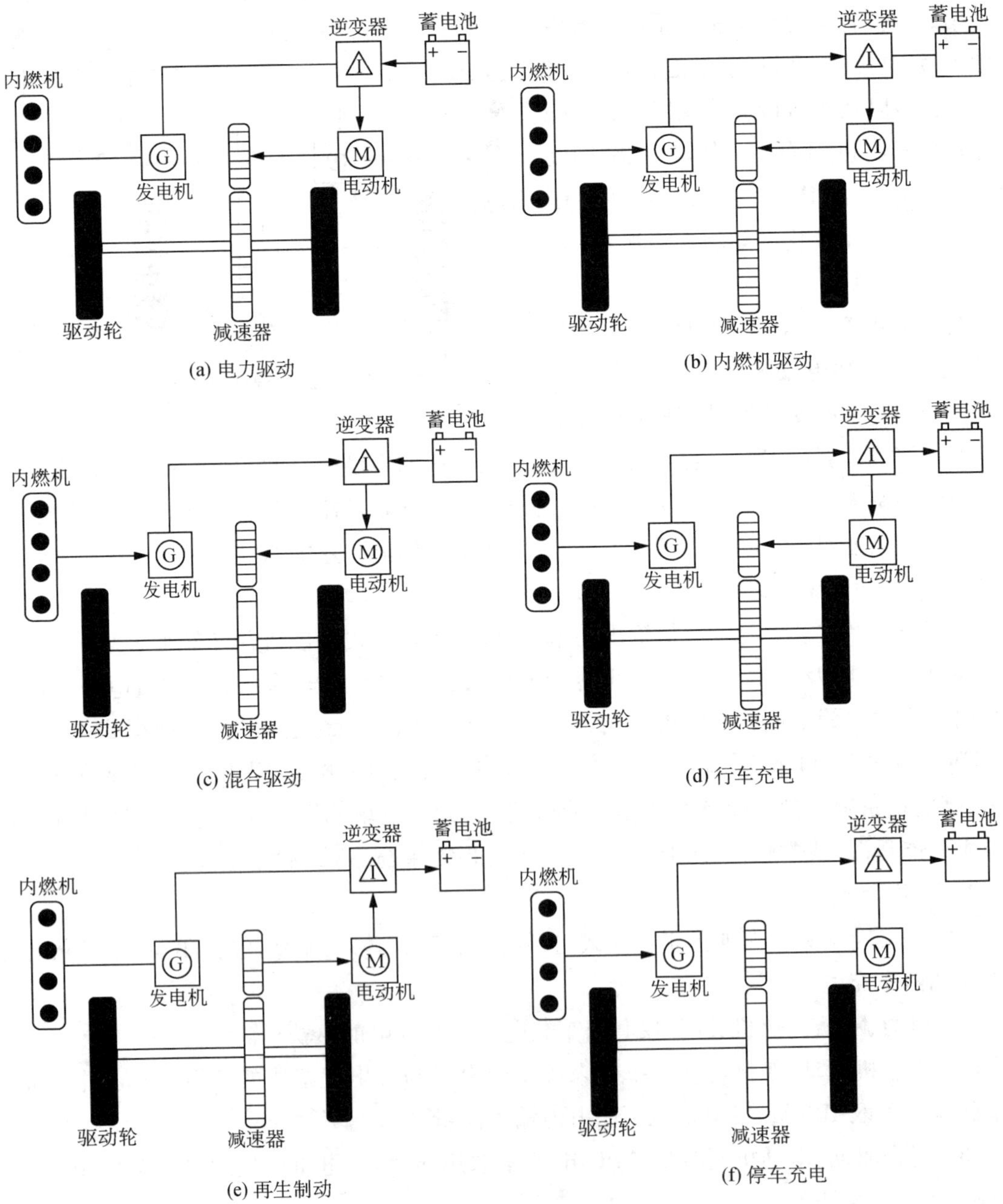

(a) 电力驱动　(b) 内燃机驱动　(c) 混合驱动　(d) 行车充电　(e) 再生制动　(f) 停车充电

图 9-6　串联式混合动力汽车典型工作模式

4. 能量管理策略

混合动力汽车能量管理目标是改变不同行驶工况时内燃机、电动机、发电机、电池等动力部件的能量流动量与方向，使动力系统总成具有最佳工作性能。能量管理具体可以分为功率管理、传动管理、制动能量回收管理，其中功率管理对车辆内部能量流动与整车性能的影响较大，是混合动力汽车能量管理的重点。

功率管理策略是混合动力汽车能量具体实现形式，需要综合考虑多方面因素，不同结构形式、不同混合度各有侧重，其主要目标可归纳为：

(1) 使内燃机工作在最优工况点或工况区间。

(2) 合理分配内燃机、电动机、发电机、电池功率。

(3) 稳定内燃机工况，升高符合率，减少开/关次数。

(4) 使电池电压与电荷量(SOC)位于正常范围。

串联式混合动力汽车的功率管理策略有恒温器式、功率跟随式与复合式。

1) 恒温器式

恒温器式能量管理策略工作原理是将动力电池视为恒温器，电池电荷量类比恒温器温度作为控制信号。若SOC低于蓄电池设定的最低门限值 SOC_{min}，内燃机起动，在最佳经济点工作，一部分功率用于驱动车辆，另一部分功率向电池充电；若SOC上升至高于蓄电池设定的最低门限值 SOC_{max}，内燃机关闭，由电动机驱动车辆。

恒温器式能量管理策略优点是内燃机处于经济点稳定工作，燃烧充分、排放较低。缺点是需要蓄电池实现所有瞬时功率要求，由于目前蓄电池循环充放电效率较低，蓄电池过度循环造成的损失可能会消除内燃机在经济点工作所产生的收益，对蓄电池不利。

2) 功率跟随式

功率跟随式能量管理策略工作原理是内燃机一直开启，输出功率随动力电池SOC和整车需求功率的变化而变化。若行驶功率低于内燃机设定的功率下限值 P_{min}，内燃机以 P_{min} 带动发电机发电，大部分能量用于满足整车动力性需求，多余能量向电池充电；若行驶功率高于内燃机设定的功率上限值 P_{max} 且电池SOC处于上下限之间，内燃机以 P_{max} 带动发电机产生的电能全部用于驱动车辆，缺少的能量由蓄电池补足。

功率跟随式能量管理策略优点是取消了电池充放电工作循环，蓄电池充放电损失较低，但内燃机工作负荷、功率动态变化，对内燃机效率与排放控制不利。可采用无级变速传动(CVT)，改变CVT传动比使内燃机沿最低油耗线工作，减少CO、HC等排放。

3) 复合式

复合式能量管理策略是恒温器式与功率跟随式能量管理策略的结合，可同时充分利用内燃机与电池的高效率区，改善动力系统整体效率。复合式能量管理策略控制参数为SOC和行驶需求功率两个，工作原理如表9-3所示，其中 P_r 为车辆行驶需求功率，P_{min} 为APU最低设定功率，P_{max} 为APU最大设定功率，P_e 为内燃机功率，P_{bc} 为电池充电功率，P_{bd} 为电池放电功率。

表 9-3　复合式能量管理策略的工作原理

状态	$SOC<SOC_{min}$	$SOC_{min}<SOC<SOC_{max}$	$SOC\geqslant SOC_{max}$
$P_r<P_{min}$	$P_e=P_{min}$　$P_{bc}=P_{min}-P_r$	$P_e=P_{min}$　$P_{bc}=P_{min}-P_r$	$P_e=0$　$P_{bd}=P_r$
		$P_e=0$　$P_{bc}=P_r$	
$P_{min}<P_r<P_{max}$	$P_e=P_r+P_{bc}$	$P_e=P_r+P_{bc}$	
		$P_e=P_r$　$P_{bc}=0$	
$P_r\geqslant P_{max}$	极端工况	$P_e=P_{max}$　$P_{bd}=P_r-P_{max}$	$P_e=P_{max}$　$P_{bd}=P_r-P_{max}$

复合式能量管理策略在恒温器式与功率跟随式能量管理策略之间存在最优点，使内燃机与电池混合驱动效率最高，优化点位置由内燃机与电池高效率区间范围决定，偏向具有较高效率方。

9.4.2　并联式混合动力汽车

1. 系统结构

并联式混合动力汽车包含内燃机和电动机两套相互独立驱动系统，动力系统主要包含内燃机、电动/发电机、变速器、逆变器、蓄电池等。根据输出轴结构不同，并联式混合动力系统分为单轴式、双轴式和分路式三种构型，其结构如图 9-7 所示。

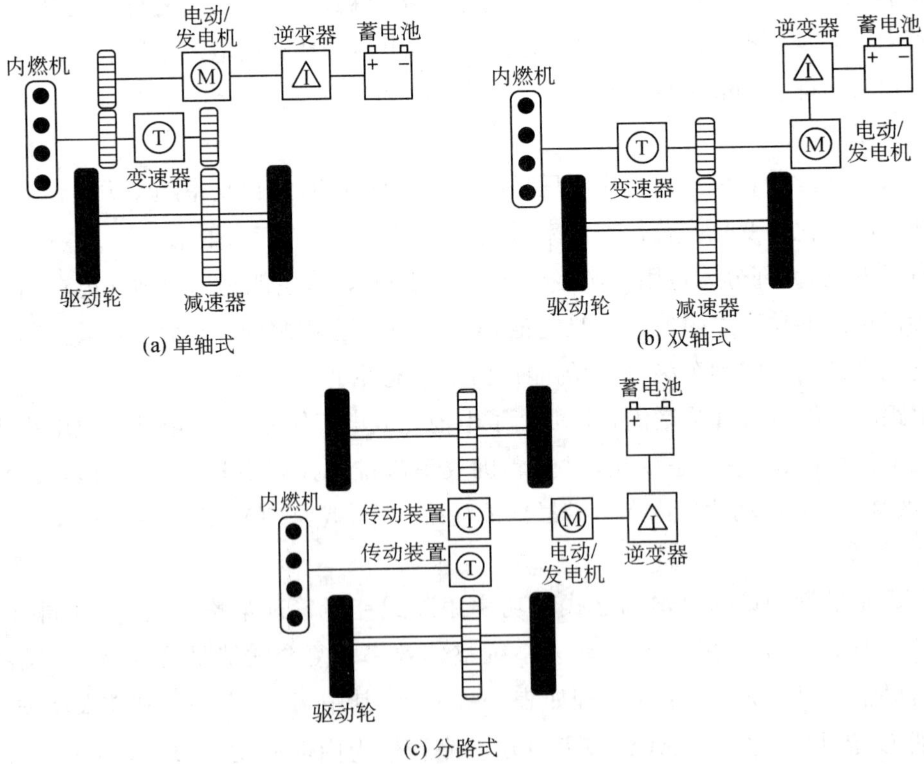

图 9-7　并联式混合动力系统构型

单轴式并联混合动力系统内燃机主传动轴与变速器相连，内燃机输出轴与电动机转子同轴，电动机输出转矩经齿轮与内燃机输出转矩在变速器前复合。单轴式混合动力系统结构中内燃机、电动机与变速器输入轴转速间成一定比例关系。

双轴式并联混合动力系统内燃机与电动机各自具有一套机械式变速器，两个变速器输出转矩经齿轮系（动力合成装置）复合后再经传动系驱动车辆。双轴式动力系统可分别改变内燃机、电动机变速比，灵活改变二者间转速比例，使内燃机工况变化更为自由。

分路式并联混合动力系统内燃机与电动机各自有1套传动系统，分别驱动前轮与后轮，内燃机和电动机驱动力在地面完成复合。分路式并联混合动力车辆驱动力由两个驱动轴分别承载，单轴驱动力较低，不容易超出地面负载极限。通过内燃机、电动机双动力源配置使混合动力车辆具有较强动力性能，比传统四轮驱动燃油汽车具有较低的燃油消耗与污染物排放。

2. 工作原理

并联式混合动力系统内燃机、电动机均是车辆行驶动力源，均与驱动轮有机械联系，利用动力合成装置将内燃机和电动机的驱动力合成。内燃机是并联式混合动力系统主动力源，电动机在必要工况时辅助内燃机驱动。对于部分配置较大功率电动机且电池功率较大的车辆，部分工况时电动机也具有独立驱动车辆行驶能力。并联式混合动力系统具有制动能量回收功能，制动时电动机反转以发电机形式工作，将制动能量转化为电能存储于电池中。

3. 工作模式

并联式混合动力汽车典型工作模式包括电力驱动、内燃机驱动、混合驱动、行车充电、再生制动和停车充电，如图9-8所示。

（1）电力驱动：并联式混合动力汽车配备有1套独立于内燃机的电力驱动系统，当动力电池能量充足时，可单独使用电动机驱动车辆，有效降低传统汽车起步燃油消耗量与污染物排放；当车辆中低速行驶时，采用电动机驱动，最大限度地降低车辆油耗和排放；部分配置大功率电动机和大容量电池并联式混合动力汽车，在高速巡航工况时可实现电力独立驱动。

（2）内燃机驱动：并联式混合动力系统中内燃机动力系统、电动/发电机动力系统相互独立，内燃机可单独驱动车辆行驶。内燃机驱动模式多用于汽车匀速行驶（巡航）工况，内燃机较稳定地工作在高效率、低排放工况点。

（3）混合驱动：当车辆驱动需求功率（如高加速工况）较大时，并联式混合动力系统使内燃机和电动/发电机两套动力系统同时工作，经动力耦合装置耦合后共同驱动车辆行驶。

（4）行车充电：为使并联式混合动力系统综合效率最高，内燃机尽可能工作在高效率工况区间，当车辆驱动功率小于内燃机有效输出功率，且动力电池组电荷量小于最高能量限值时，在使用内燃机驱动车辆的同时利用内燃机多余功率带动发电机发电，为电池充电。

（5）再生制动：车辆减速或制动时，将电力系统中电动机作为发电机使用，在使制动力矩满足车辆制动需求的同时回收制动能量，以电能形式储存在电池中。

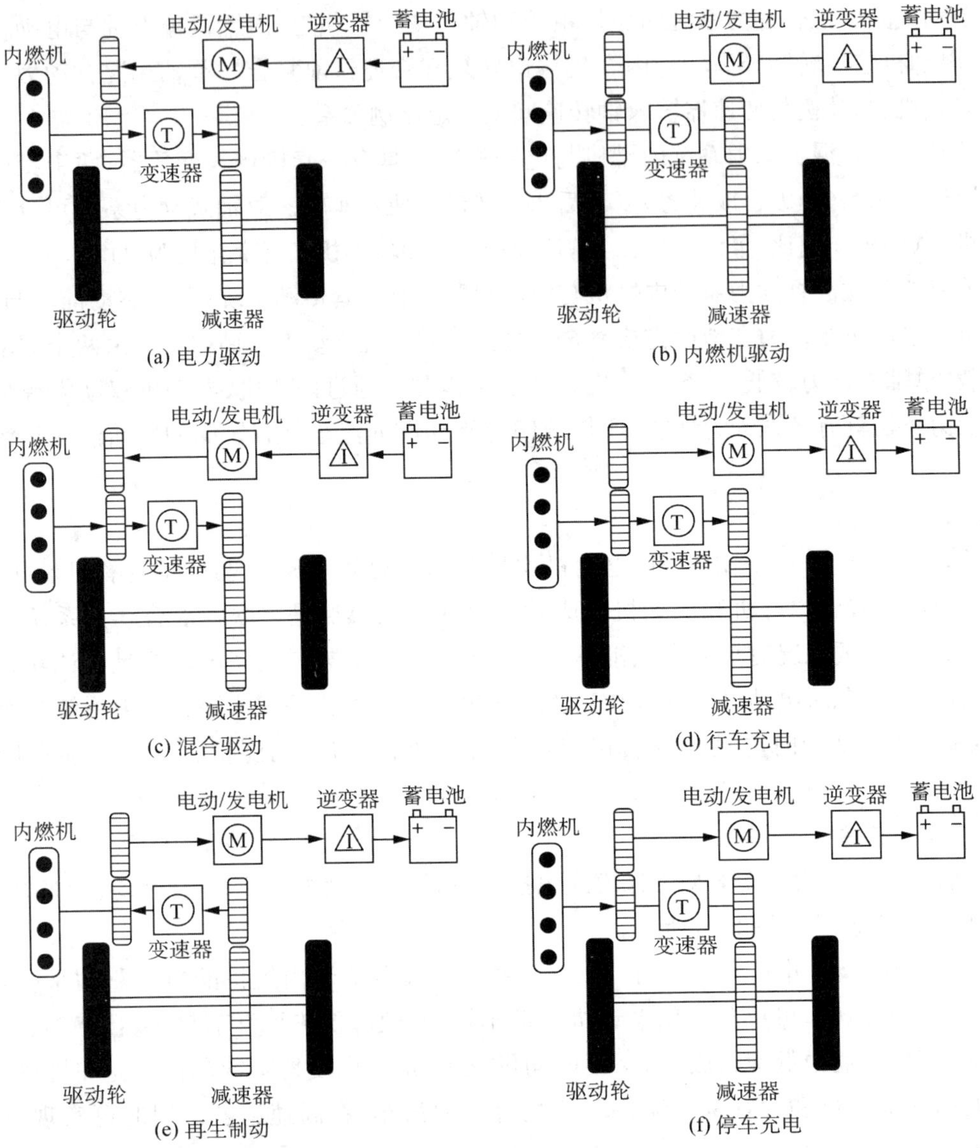

图 9-8　并联式混合动力汽车典型工作模式

（6）停车充电：当车辆停车时，如果此时车载电池电量低于车辆起动所需求的能量，为确保车辆再次起步，可单独使用电动机驱动，尽量延长车辆纯电行驶续航里程，在停车时利用内燃机带动发电机向电池充电，增加电池储存电能。

4. 能量管理策略

从能量控制方式角度看，并联式混合动力汽车能量管理策略可分为基于规则的逻辑门限型、瞬时优化型、全局最优型和智能型四类。

1）基于规则的逻辑门限型

基于规则的逻辑门限型能量管理策略多基于工程师经验与内燃机稳态 MAP 图设定，利用预设的车辆需求功率、车辆行驶速度、电池电荷状态 SOC 等变量，根据预先设定的能量管理规则，判断混合动力系统工作模式、协调内燃机和电动/发电机输出转矩或功率，使内燃机尽可能稳定工作在高效率、低排放工况，在满足整车动力性需求的同时兼顾电池组电能状态，延长电力续航里程。

基于规则的逻辑门限型能量管理策略算法简单、易于实现、具有较高鲁棒性，但未考虑整车和内燃机的工况动态变化，驾驶性较差。另外，能量管理规则与逻辑门限值设定多源于主观经验，不一定匹配车辆实际行驶瞬态多变工况。

2）瞬时优化型

瞬时优化型能量管理策略可实现能量的实时控制，根据控制目标不同，可分为等效燃油消耗量最小和等效功率损失最小两种策略。

等效燃油消耗量最小(Equivalent Minimization Strategy, ECMS)能量管理策略核心理念是针对车辆的某个瞬时工况，将电动机消耗电量折合成对应的内燃机燃油消耗量，再结合制动能量回收组成车辆总燃油消耗量，使车辆总燃油消耗量最小。等效燃油消耗量最小能量管理策略将符合车辆动力性需求且对应最小总燃油消耗量工况点作为内燃机瞬时最优工作点，以获得瞬时最优工作点为基础，对各个状态变量进行动态再分配，不仅可以考虑燃油消耗量，也可以考虑污染物排放，实现多目标优化。

等效功率损失最小能量管理策略原理与等效燃油消耗量最小能量管理策略相似，区别是将总燃油消耗量最小调整为总功率损失最小。从功率损失角度，优化混合动力系统中各部件的瞬时总功率，同时考虑内燃机油耗曲线与电池荷电状态。

3）全局最优型

全局最优型能量管理策略基本思想和瞬时优化型能量管理策略相似，不同点是瞬时优化型能量管理策略只针对某一时间步长的总燃油消耗量进行优化，确保其在一个时间步长内达到最优；全局最优型能量管理策略则对整个工作区域开展寻优计算，建立以车辆燃油经济性与排放性为目标、系统状态变量为约束条件的全局优化数学模型，再使用相关的优化算法，求得多目标最优的混合动力系统的能量分配策略。

4）智能型

智能型能量管理策略基本出发点是把人工智能应用于能量管理策略，从定量和定性信息角度实现对难以模拟的复杂非线性不确定系统的有效控制与管理。目前，应用于并联式混合动力系统的智能型能量管理策略可以分为模糊逻辑型、神经网络型和遗传算法型三种。

模糊逻辑控制基础也是规则，优点是具有较强的自我校正、自我学习功能及一定的抗干扰能力。对于并联式混合动力汽车非线性、多能量耦合不确定动力系统，模糊逻辑控制非常有效。

为增强模糊逻辑控制的自适应能力，可以将神经网络与模糊控制耦合使用，如利用神经网络预测或计算工况特征值，以及改变模糊控制器内置参数等。

遗传算法是模仿生物进化过程的全局最优搜索算法，最大优点是不需要目标函数的梯度信息，同时可以避免陷入局部最优困境。混合动力汽车应用遗传算法的主要目的是对某一特定循环工况求解一组最优能量管理策略参数，优化车辆行驶性能，尤其适用于行驶路线单一、动力系统工况较为稳定的城市公交车。

9.4.3 混联式混合动力汽车

1. 系统结构

混联式混合动力汽车动力系统主要由内燃机、发电机、电动机、动力分配装置、动力合成装置、蓄电池及传动装置组成，可以看作是串联式混合动力汽车和并联式混合动力汽车的有机综合，既能以串联驱动形式工作又能以并联驱动形式工作。混联式混合动力系统需要智能化控制系统合理分配各部件间的能量流动，根据动力分配与合成装置不同，混联式混合动力系统结构分为开关式和分流式两种，如图 9-9 所示。

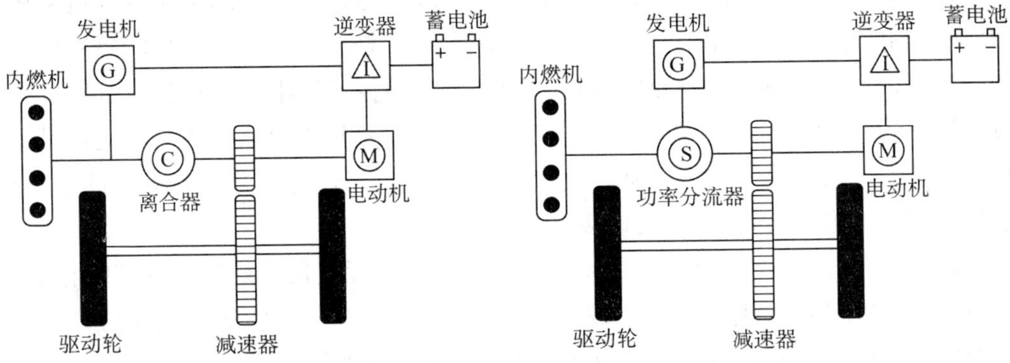

(a) 开关式　　(b) 分流式

图 9-9　混联式混合动力系统构型

开关式混合动力系统以离合器为动力分配装置，利用离合器实现动力系统中驱动力的串联流动或并联流动。当离合器分离时，中断内燃机与电动机、变速箱、驱动轮之间的连接，动力系统以串联模式工作，车辆由电动机驱动。当离合器结合时，内燃机与电动机、变速箱、驱动轮之间形成机械连接，动力系统以并联模式工作，车辆由内燃机和电动机共同驱动。

分流式混合动力系统以行星齿轮为动力分配和动力合成装置，内燃机与电动机、变速箱、驱动轮之间的机械连接不可消除，动力系统串联分支（内燃机—行星齿轮—发电机—蓄电池）、并联分支（内燃机—行星齿轮—变速箱—驱动轮＋蓄电池/发电机—电动机—变速箱—驱动轮）均有能量流动，由行星齿轮传动比变化实现内燃机输出功率在串联流与并联流间的灵活分配。

2. 工作原理

混联式混合动力汽车兼有串联与并联工作模式，工作原理可简化为串联式混合动力汽车与并联式混合动力汽车工作原理的结合。内燃机输出功率分配为两个部分，一部分输入发电机发电，产生电能储存到电池或用于电动机驱动（串联构型）；另一部分经动力耦合装置与电动机功率耦合，再经动力传动装置输入驱动轮（并联构型）。目前，常规控制策略是车辆低速行驶时串联，高速行驶时并联。

3. 工作模式

混联式混合动力汽车工作模式可以分为电力驱动、串联驱动、并联驱动、内燃机驱动、行车充电、全加速、再生制动和停车充电，如图9-10所示。

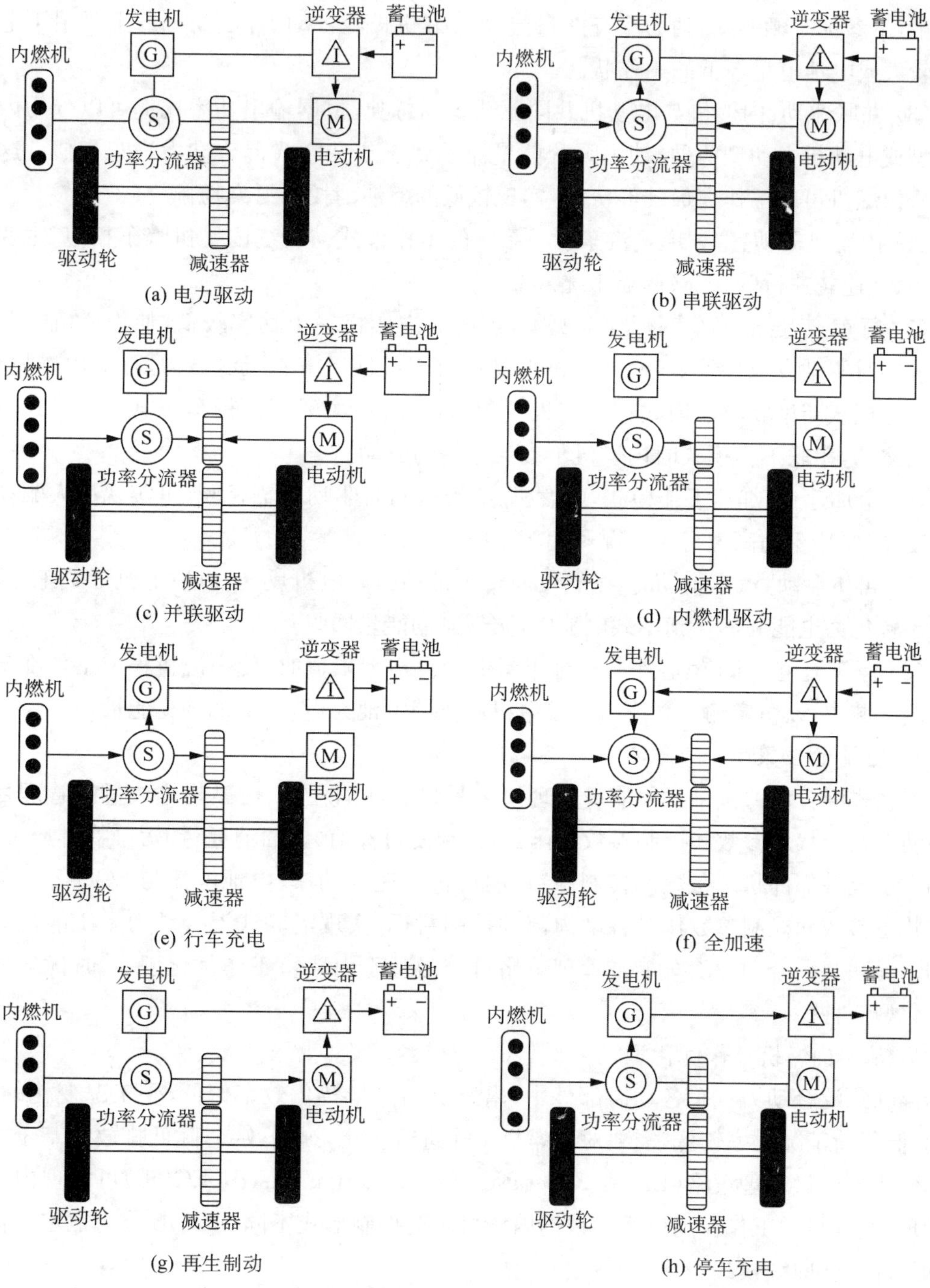

图9-10　混联式混合动力汽车工作模式

(1) 电力驱动:利用车载电池储存的能量,仅使用电动机驱动车辆行驶,燃油消耗量与污染物排放量均为零。

(2) 串联驱动:利用车载电池储存的能量,使用电动机驱动车辆行驶,同时内燃机带动发电机发电并给车载电池充电,补充电动机产生的电能消耗。这种工作模式内燃机与驱动轮解耦,不参加车辆驱动,动力系统能量流动与串联式混合动力汽车相似,主要用于电动机负载较大或电池电量较低的工作状态。

(3) 并联驱动:内燃机与电动机共同驱动车辆行驶,根据输出功率比例可以分为内燃机主动型或电动机主动型两种,动力系统能量流动状态与并联式混合动力汽车相似。这种工作模式内燃机可以工作在最佳经济区,实现较低的燃油消耗与污染物排放。

(4) 内燃机驱动:这种模式汽车动力系统的工作模式与传统内燃机汽车相似,主要用于车辆中、低速匀速行驶工况(巡航工况)。

(5) 行车充电:部分车辆行驶工况下,需要的内燃机输出功率较低,使内燃机在驱动车辆行驶同时驱动发电机发电,使内燃机工况点位于最佳经济工况区域内,降低内燃机油耗。行车充电模式与串联驱动模式在一定程度相似,二者最大区别是行车充电工作模式时内燃机参与驱动,串联工作模式时内燃机不参与车辆的驱动。

(6) 全加速:全加速工作模式,内燃机、电动机同时驱动车辆行驶,可实现最大驱动力及加速度,主要用于超高速行驶工况和超车工况。

(7) 再生制动:汽车制动时,车轮反向转矩带动驱动电机反转,以发电机形式工作,将制动力矩转化为电能并储存到车载电池中,实现制动能量回收。

(8) 停车充电:当车辆驻车且电池电量低于设定下限值时,使内燃机稳定工作在最佳经济工况区域内,以恒定输出功率带动发电机向车载电池充电,为电池补充能量。

4. 能量管理策略

混联式混合动力汽车常用能量管理策略是将燃油消耗量、污染物排放量等管理目标定义为动力系统状态参数和控制参数的函数,得到使目标值(燃油消耗量、污染物排放量)最小的动力系统各部件状态参数和控制参数(内燃机转速与功率、电池电流与 SOC 等),再把得到的状态参数和控制参数作为各动力部件控制目标,实现混联式混合动力系统能量管理及控制。混联式混合动力汽车能量管理策略可分为基于内燃机工作优化型、瞬时优化型与全局优化型三种。

1) 基于内燃机工作优化型

混联式混合动力汽车各动力部件中,内燃机的能量转化效率偏低,受工况变化的影响,低速、低负荷工况效率较低,需要对内燃机工作进行优化,提高效率,降低排放。基于内燃机工作优化型能量管理策略(Engine Operation Optimization Based, EOOB)可实现内燃机效率管理,使其尽量工作在高效区。根据内燃机工况控制形式不同,EOOB 分为恒定工作点模式和最优工作曲线模式。

恒定工作点模式采用内燃机恒定工作点能量管理策略。主要用于以内燃机为基本驱动模式或主要动力源、电机作为辅助动力源工作模式。这种能量管理策略使内燃机工作范围稳定在最佳经济区，并满足动力系统瞬时功率需求。

最优工作曲线模式是以内燃机万有特性曲线为基础，利用动态校正，跟踪随驱动条件变化的内燃机最佳工作曲线，使内燃机尽可能工作在万有特性曲线中最低油耗区。当需要的内燃机功率超过最低油耗区域功率下限时，内燃机起动；当需求的内燃机功率低于最佳经济区下限时，内燃机关闭。当驱动电机工作需求电流超过发电机输出电流或车载电池组最大放电电流，或发电机输出电流超过车载电池组最大充电电流时，内燃机工况点可稍偏离最佳经济区。

2）瞬时优化型

瞬时优化型能量管理策略以内燃机最优工作曲线能量管理策略为基础，在控制目标中加入排放最小约束条件，同时进行优化某一时间步长、某一确定工况油耗、排放，得到瞬时最佳工况点；再基于动力系统瞬时最优工况点，动态分配各个状态变量，考虑电动机效率与电池 SOC 值的同时使油耗与排放最优。与并联式混合动力汽车类似，混联式混合动力系统瞬时优化型能量管理策略可采用等效燃油消耗量最小、等效功率损失最小等。

3）全局优化型

全局优化型能量管理策略基本思想是以车辆燃油消耗量、污染物排放为目标，以系统状态变量为约束条件，对动力系统整个工作区域进行优化，是完全意义的最优能量管理策略。全局优化型能量管理策略的控制与优化算法复杂、计算量大，很难实现混合动力车辆能量实时控制。较常规且可行的做法是以全局优化能量控制策略为参考，与其他能量管理策略结合，实现混合动力系统能量管理优化，改善控制系统可靠性和稳定性。例如，动态规划法、极小值原理与变分法等。

9.4.4 插电式混合动力汽车

1. 系统结构

插电式混合动力汽车在全混型动力系统基础上开发，并可利用外接电源（电网）对车载动力电池充电，既可以使用电力驱动模式长距离行驶，也可以使用混合驱动模式工作。插电式混合动力系统构型包括并联式、串联式和混联式三种，如图 9-11 所示。

插电式混合动力汽车综合纯电动汽车、全混型混合动力汽车的优点，电池功率高于全混型混合动力汽车，内燃机功率低于全混型混合动力汽车。与纯电动汽车采用专用充电设备补充电能不同，插电式混合动力汽车可通过电网充电或内燃机发电补充电能，其电池电能补充更为方便。

2. 工作原理

插电式混合动力汽车工作原理与全混型混合动力汽车相似，主要区别是插电式混合动力汽车以电池作为车辆主动力来源，内燃机仅作为后备动力使用。插电式混合动力汽车行驶时，大部分行驶工况仅依靠驱动电机为车辆提供动力，其工作模式与电动机主动型混联式混合动力汽车类似。

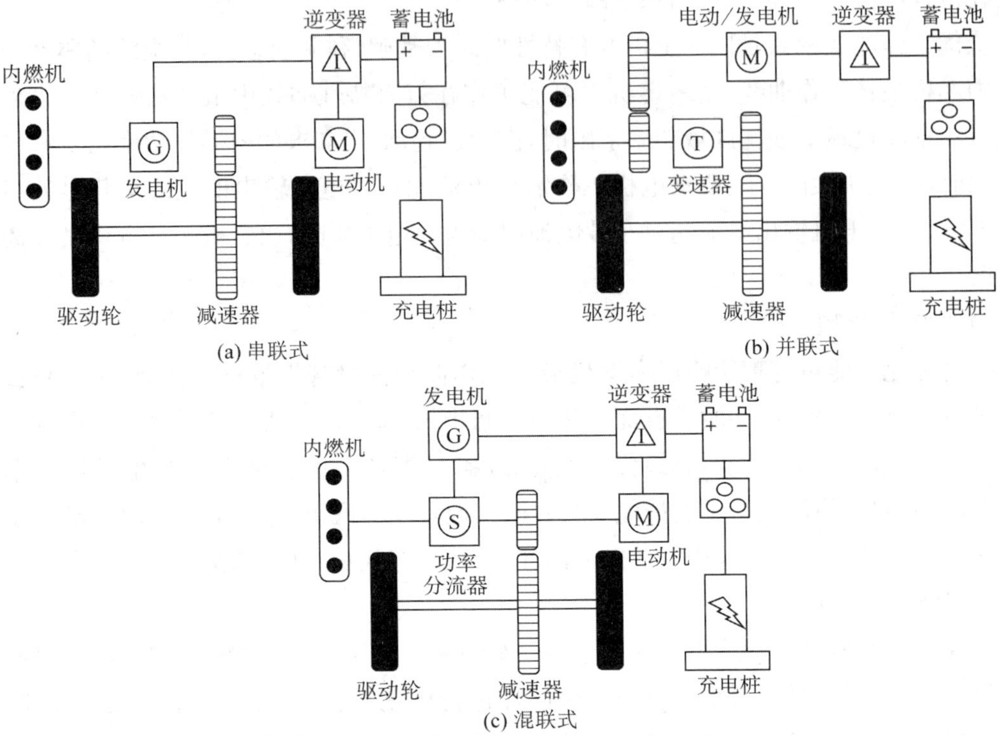

图 9-11　插电式混合动力系统构型

3. 工作模式

插电式混合动力汽车动力系统构型可看作是在串联、并联和混联混合动力系统基础上开发的混合动力系统，其驱动模式或能量分配模式与所对应的混合动力系统构型工作模式相同。根据插电式混合动力汽车车载动力电池组的荷电状态，插电式混合动力汽车工作模式可以分为电量消耗模式(Charging Depleting, CD)、电量维持模式(Charging Sustaining, CS)和电量补充模式(Battery Charging, BC)。当电池电量充足时，插电式混合动力汽车优先采用电量消耗模式。电量维持和电量补充模式间的切换由能量管理策略规则根据电池SOC值及整车需求功率确定。

1) 电量消耗模式

当电池充满电后，车辆主要依靠电池的电能行驶，直至电池SOC低于某设定限值。根据内燃机是否参与车辆驱动，分为两个子工作模式，即纯电动模式和混合动力模式。纯电驱动模式下内燃机关闭，车辆仅以电能为唯一动力源，可实现零油耗与零排放。纯电动模式主要应用于起动、低速、中低负荷工况。混合动力模式下内燃机与电动机共同驱动车辆行驶，电池持续向驱动电机输入电能使其能承受车辆行驶时的部分驱动功率需求，内燃机用于弥补电动机输出功率与实际需求功率间的差值，直至电量SOC降低到设定的下限值。混合驱动模式主要应用于高速或大负荷工况，可满足并保证混合动力汽车的动力性能。

2）电量维持模式

当电池 SOC 设定最低限值时，内燃机取代电动机成为混合动力汽车主动力源，电动机仅起辅助内燃机驱动。当内燃机功率大于车辆行驶需求功率时，内燃机在驱动车辆行驶的同时带动发电机发电，并给电池充电，车辆减速再生制动也向电池提供部分电能，直到电池的 SOC 升高到能量管理策略规定的上限值。插电式混合动力汽车电量维持模式的工作方式与常规混合动力汽车工作模式极为类似。

3）电量补充模式

当电池 SOC 低于预先设定的下限值时，电动机不再工作，内燃机成为驱动车辆的唯一动力源。当内燃机最大功率大于车辆行驶需求功率时，内燃机驱动车辆行驶的同时带动发电机给电池充电，车辆减速再生制动也向电池提供部分电能。这种工作模式电池 SOC 基本处于 SOC 下限值附近，由内燃机驱动车辆，车辆动力性能有所下降。

9.5　混合动力汽车的应用与发展

研制开发更节能、环保、使用低碳替代能源的新型汽车，成为各大汽车公司的当务之急。混合动力汽车兼具电动汽车和传统汽车的优点，具有低油耗、低排放、动力性接近传统汽车、生产成本低于纯电动汽车等特点，是解决环境和能源问题最具现实意义的途径之一，成为世界各大汽车公司、研究机构和大学的研究热点。

20 世纪 90 年代以来，日本、美国、欧洲等著名汽车生产厂商将混合动力汽车作为研发重点之一。日本丰田公司 1997 年 8 月推出第一款混合动力汽车 Toyota Coaster Hybrid EV minibus，同年 12 月推出世界第一款量产混合动力汽车 Toyota Prius（普锐斯），每升汽油可行驶 35.5 km，累计销量超过 300 余万辆。目前，日本有多款混合动力汽车车型，丰田的 Prius 和本田的 Insight 是两款代表车型。在日本混合动力汽车冲击下，美国能源部于 1993 年和通用、福特、克莱斯勒三大汽车公司签订了混合动力汽车开发合同，分别推出 Precept、Prodigy、Dodge ESX2 等混合动力车型。2005 年，美国混合动力汽车销量达 29.03 万辆，占美国汽车总销量 2.85%，并逐年上升。奔驰的 S400 Blue Hybrid 及宝马的 Active Hybrid 是欧洲的混合动力汽车代表车型。

目前，世界各大汽车公司研发了各具代表性的混合动力构型，如福特汽车公司和丰田汽车公司的双 ISG＋行星轮系混合动力系统、通用汽车公司的 BSG＋PHEV 系统、德国大众的 ISG＋PHEV 系统、雪铁龙汽车公司的 BSG＋ISG＋AMT＋Clutch 系统、宝马公司的 ISG＋AT 系统、本田汽车公司的 ISG＋CVT 系统等。2020 年，全球混合动力汽车销量约占汽车总销量的 13%。

我国对混合动力汽车的研发始于 20 世纪 90 年代。在混合动力汽车等新能源汽车自主创新中，以核心技术、关键部件和系统集成为重点，通过政府支持，进而确立了以混合动力汽车、纯电动汽车、燃料电池汽车为“三纵”，以整车控制系统、电机驱动系统、动力电池/燃料电池为“三横”的研发布局。通过产学研紧密合作，我国混合动力汽车自主创新取得一定的进展,形成了具有完全自主知识产权的动力系统技术平台,建立了混合动力汽车技术开发体系,电池、发动机、电动机等核心零部件、整车控制技术、发动机和电动机之间的动力转换和衔接技术等方面取得了良好的进展。一汽、东风、上汽、长安、奇瑞、比亚迪等汽车企业将混合动力汽车作为主流竞争型产品之一,部分车型已实现小批量上市。例如,长安杰勋混动版于 2007 年 12 月开始批量生产,出现了比亚迪秦、荣威 550 Plug-in、传祺 GA5 增程版等代表性车型。2020 年 10 月,中国汽车工程学会发布了《节能与新能源汽车技术路线图 2.0》,混合动力汽车被列入重点技术领域。预计到 2035 年,传统能源动力乘用车将全面转化为混合动力汽车。

第 10 章　纯 电 动 汽 车

纯电动汽车(Battery Electric Vehicle，BEV)是以车载动力电池为唯一动力源，通过电动机驱动汽车行驶的汽车。与传统内燃机汽车相比，纯电动汽车的驱动电机可类比传统内燃机汽车的内燃机，车载储能装置可类比传统内燃机汽车的燃油箱。

10.1　纯电动汽车工作原理

纯电动汽车工作原理是利用车载电源(蓄电池)中储存的能量驱动车辆行驶。即：蓄电池输出电流，经电力调节器输入电动机，电动机产生动力输出，经传动装置驱动车轮，驱动车辆行驶。其能量传递路线为蓄电池→电流→电力调节器→电动机→动力传动系统→驱动系统。纯电动汽车的工作原理如图 10-1 所示。

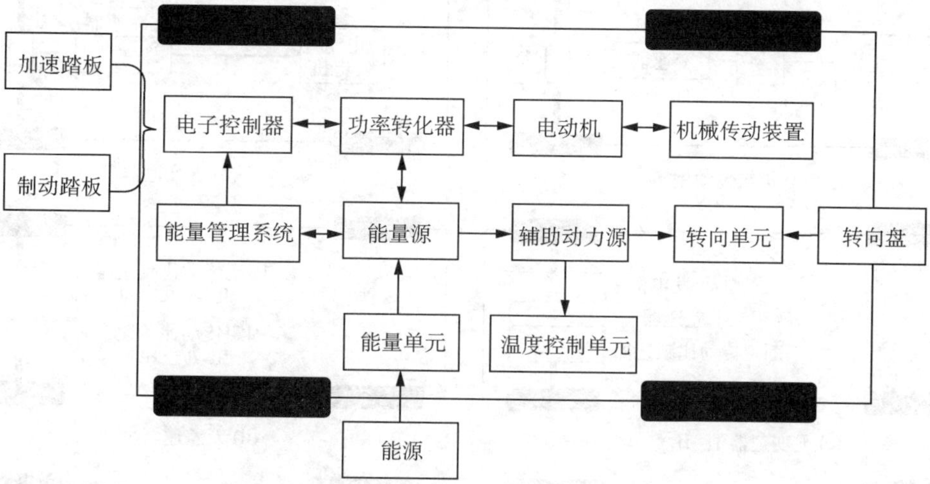

图 10-1　纯电动汽车的工作原理

10.2　纯电动汽车分类

纯电动汽车类型众多，常见的分类方式包含根据车辆动力系统组成、车载储能装置数量、车辆使用范围等。

10.2.1 根据动力系统结构及布置形式分类

根据纯电动汽车动力系统结构及布置形式，可将纯电动汽车划分为机械传动型、无变速器型、无差速器型和电动轮型四种，各类动力系统结构与布置形式如图 10-2 所示。

1. 机械传动型

机械传动型纯电动汽车动力系统结构保留了内燃机汽车传动系统变速器、主减速器等零件，区别是将原内燃机汽车动力源由内燃机改为电动机。此类型结构动力系统需保证车辆起动动力性需求与低速工况后备功率需求，且电动机的输出功率相对较小。

2. 无变速器型

无变速器型纯电动汽车动力系统利用电动机转速范围大的特点实现变速，可使用固定齿轮比主减速器取代原动力系统离合器和变速器。优点是质量轻、体积小，但对电动机要求较高，要求电动机具有高起动力矩同时具备一定的后备功率，满足纯电动汽车实际行驶动力性需求。

无变速器型纯电动汽车传动系统另一结构形式是将电动机、固定齿轮比减速器、差速器集成为一体，再通过 2 个半轴分别连接左、右驱动轮，此类结构形式多见于小型纯电动汽车。

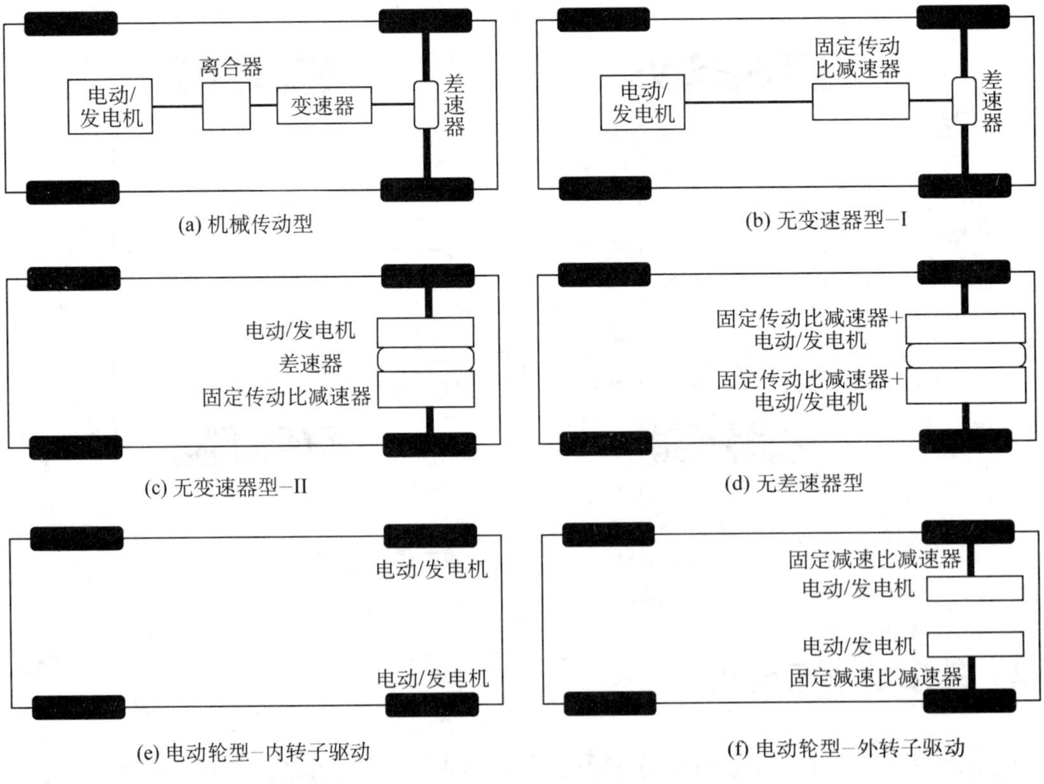

图 10-2 纯电动汽车动力系统结构与布置形式

3. 无差速器型

无差速器型纯电动汽车动力系统采用2台电动机,2台电动机分别与固定齿轮比减速器相连,再通过左、右半轴分别驱动车轮。此类动力系统可利用电子控制系统实现2个驱动力转速独立调节,不需要差速器即可实现车辆转向,其电机控制系统较为复杂。

4. 电动轮型

电动轮型纯电动汽车也可称为轮毂电动机驱动型,其动力系统结构与无差速器型纯电动汽车相似,根据是否配备减速器,可将其细分为内转子驱动型和外转子驱动型两类。

1）内转子驱动型

将高速轮毂电机安装在驱动轮内,可大幅缩短驱动电机至驱动轮间的动力传输路径,大幅降低动力传输过程中的能量损失,有效改善传动系统能量利用率。另外,轮毂电机常附加1个具有大传动比行星齿轮减速器,使车辆正常行驶时的电机转速匹配驱动轮转速或车速。

2）外转子驱动型

将外转子型电机的外部转子安装在驱动轮外缘,且无减速装置,驱动电机和车轮间不存在任何机械传动装置,没有机械传动损失,能有效提高能量利用率。但由于使用低速外转子电机,体积和质量相对较大,且成本较高。

10.2.2　根据电机驱动形式分类

根据电机驱动形式,纯电动汽车可划分为电机集中驱动型和电机分散驱动型两类。

1. 电机集中驱动型

电机集中驱动型动力系统由一个电动机同时驱动左、右车轮,包含传统机械传动型、无变速器型等动力系统。左、右驱动轮间有机械联系是电机集中驱动型动力系统的主要特点。

2. 电机分散驱动型

电机分散驱动型动力系统左、右车轮由不同的电动机分别驱动,电动机数量多为2个或4个,包含无差速器型、电动轮驱动型等。左、右驱动轮间无机械联系是其主要特点。

10.2.3　根据车载电源数量分类

根据车载电池数量多少,纯电动汽车可划分为单一电源型和多电源型两类。

1. 单一电源型

单一电源型纯电动汽车储能装置单一,车载电源仅为1个(铅酸电池、镍氢电池、锂离子电池),结构较为简单,能量管理系统与控制系统也相对简单。此类动力系统由于储能装置单一,蓄电池放电性能对车辆瞬时动力性影响很大,车辆动力性受到限制。另外,车辆减速制动能量回收效率、数量也受蓄电池最大充电电流、荷电状态(SOC)影响,部分工况制动能量回收效果可能较差。

2. 多电源型

多电源型纯电动汽车储能装置超过1个,由动力电池、辅助蓄能装置组成,可以采用动力电池＋超级电容/蓄电池＋飞轮的组合方式。此类动力系统工作时，可以采用多电源协同，大幅降低单一电源对动力电池比容量、比功率、能量密度等要求。例如，多电源型纯电动汽车起步时，辅助储能装置与动力电池协同工作，输出较大的瞬时功率，提高车辆动力性；车辆制动时，辅助储能装置也可以和动力电池共同回收制动能量，提高总充电电流，提升能量回收数量及回收效率。

10.2.4 根据电池类型分类

根据使用电池种类，纯电动汽车可划分为铅酸电池、镍氢电池、锂离子电池和燃料电池汽车等类型。

10.2.5 根据使用范围分类

根据使用范围，纯电动汽车可划分为轿车、货车、客车和专用车等。其中，轿车是目前最为常见的纯电动汽车；纯电动货车主要用于输送货物，多集中使用于工地、港口、矿厂等行驶路线较为固定的地点；纯电动客车是以运载乘客为目的的纯电动汽车，目前多为大型客车，如城市公交车、短途旅客汽车等；纯电动专用车主要包含电动环卫车、电动工程车等。

10.3 纯电动汽车构成

纯电动汽车构成与传统内燃机汽车主要差异是纯电动汽车加入了电力驱动及控制系统，取代了内燃机及控制系统。除车身、底盘等基本构成要素之外，纯电动汽车主要构成部分还包括电力驱动及控制系统、驱动轮传动系统、辅助系统等部分，包含动力电池、驱动电机、电机调速控制装置、传动装置、高压导线、行驶装置、转向装置、制动装置、充电装置以及电动压缩机、电加热器等辅助装置。纯电动汽车结构如图 10-3 所示。

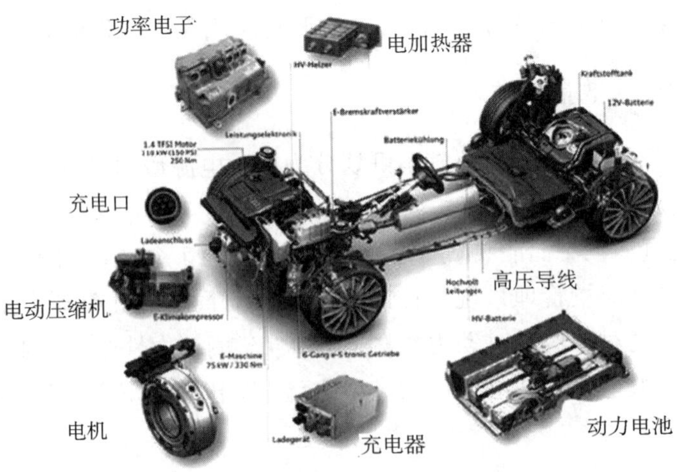

图 10-3 纯电动汽车结构示意

10.3.1　车身

纯电动汽车多以传统燃油汽车为基础开发，其车身造型与传统燃油汽车基本相似。随着纯电动汽车的发展，以及用户对纯电动汽车使用要求的升级，纯电动汽车车身造型也开始具有一定的独特之出。市场上典型的纯电动汽车车型如图10-4所示。

图10-4　纯电动汽车典型车型

10.3.2　底盘

纯电动汽车底盘一般在传统燃油汽车底盘基础上开发，二者之间主要差别可归纳为以下三个方面。

1. 驱动方式

纯电动汽车用电动机取代传统汽车的内燃机作为唯一主动力源，底盘上原内燃机安装位置用于安装蓄电池和电动机，可继续使用传统内燃机汽车传动系统。另外，电动机与蓄电池质量与体积相对较小，可灵活地在底盘上布置，有利于基于不同设计要求开发不同的驱动布置方式。

2. 制动系统

纯电动汽车需配置独立的电动真空泵用于产生负压力，或配置电动液压泵产生高压油，用于输出制动力。同时，为实现制动能量回收（再生制动），纯电动汽车制动系统需要安装制动能量回收装置，实现车辆减速或制动时，驱动电机反转，以发电机形式工作，回收制动能量，并给蓄电池补充电能。

3. 动力转向机构

纯电动汽车一般采用电动助力转向系统，且电动助力转向系统能量利用效率高于传统液压助力转向系统。

10.3.3　电力驱动及控制系统

纯电动汽车电力驱动及控制系统是纯电动汽车电动力系统核心部件，包含电力驱动模块、车载电源模块和辅助模块三个部分。由动力电池、驱动电机、电子控制器、功率转化器、机械传动装置与驱动轮组成，主要作用是将电池中储存的电能尽可能高效地转化为驱动车轮的动能，并在车辆减速或制动时尽可能高效地回收制动能量。驱动电机、电子控制器是纯电动汽车电力驱动系统的关键部件。

1. 电力驱动模块

电力驱动模块是纯电动汽车核心，其作用可视为传统燃油汽车中加速踏板和变速器，用于控制车辆实际行驶速度、加速度、能量转化、能量流动状态等，对汽车行驶工作性能有着极为显著的影响。主要由中央控制单元、驱动控制器、驱动电机、机械传动装置、车轮等组成。电力驱动模块的主要作用有：①将车载电源（动力电池）中储存的电能尽可能高效地转化为驱动车轮以及车辆行驶的动能；②在车辆减速或制动时尽可能高效地将驱动车轮的制动能量转化为电能储存在车载电源（动力电池）中。

1）中央控制单元

中央控制单元主要作用是根据加速踏板与制动踏板输入信号，向驱动器输入相应控制命令，控制驱动电机起动、加速、减速、制动，在车辆行驶时准确地将动力电池的电能转化为车轮的动能，或将车轮的动能转化为动力电池中的电能。

2）驱动控制器

驱动控制器也可称为电机调速控制器，与驱动电机配合使用，根据中央控制单元命令控制驱动电机转速、转矩、旋转方向等，并反馈驱动电机电流、电压信号给中央控制单元。

直流驱动电机调速方式通过串联电阻或改变电机励磁线圈匝数实现，存在结构复杂、附加能量损失大、仅能实现有级调速等缺点。目前纯电动汽车广泛采用晶闸管斩波调速方式，可均匀改变电动机的输入电压，控制流经电动机励磁线圈电流，实现对电动机转速无级调节。另外，直流驱动电机换向需通过接触器改变电枢或磁场中电流方向实现，控制电路相对复杂。

交流异步驱动电机调速控制相对简单，其换向也可通过改变三相电流顺序实现，采用交流驱动电机与变频调速技术可以使纯电动汽车的制动能量回收控制更为方便、有效，控制电路也相对简单。

3）驱动电机

纯电动汽车驱动电机同时具备驱动和发电双重功能。车辆起步、加速、匀速行驶时，驱动电机以电动机形式工作，将蓄电池中储存的电能转化为车轮动能；否则，以发电机形式工作，将车轮动能转化为蓄电池的电能。驱动电机转速应匹配汽车从起动至最大行驶速度范围内的所有要求，且有较高的比功率、功率密度。其应具有以下特点：

（1）电压高：采用高电压可减小电机、导线等设备的尺寸，并可大幅降低逆变器成本。

（2）转速高：纯电动汽车驱动电机转速范围为 8 000～12 000 r/min，具有体积小、质量轻等特点，有利于降低汽车整备质量。

（3）功率高、高效区间宽：纯电动汽车驱动电机具有较高比功率、尽可能宽的转速和转矩高效区间。

（4）起动转矩大、调速范围宽：为满足车辆起动、加速、减速、制动的需求转矩，要求驱动电机具有较大的起动转矩、较宽的调速范围，以减轻驾驶员的操纵强度，改善舒适性。

（5）过载能力强：纯电动汽车采用的驱动电机一般要求具备 4～5 倍过负载能力，以满足车辆行驶时可能出现的短时间大加速、大爬坡度要求，远高于一般电机 2 倍左右的过负载能力。

(6) 可控性强、稳态精度高、动态性能好：纯电动汽车行驶工况复杂，有时要多电机耦合、协调工作，其控制性能、稳态精度、动态响应要求远高于一般工业电机。

(7) 效率高、能耗低：纯电动汽车驱动电机要有尽可能高的能量利用率、尽可能低的能量损失，且能实现制动能量回收。

(8) 噪声低、振动小：为保证纯电动汽车舒适性，驱动电机工作噪声与振动不宜过高。

(9) 可靠性好：纯电动汽车驱动电机要求具有高可靠性、耐温性、耐潮性，能在极为恶劣的条件下长期稳定、可靠地工作，因此应具有较高的可靠性。

(10) 结构简单：纯电动汽车驱动电机结构尽可能简单，以降低电机的生产制造成本。

(11) 安全性好：纯电动汽车电池组与驱动电机工作电压达 300 V 以上，须配备高压保护装置确保工作安全，防止漏电、自燃。

满足以上特点的驱动电机分为直流电机和交流电机两类。采用直流电机的动力系统可以取消离合器、变速器等传动装置，节省了动力系统布置空间，且具有起步、加速工况驱动力大、动力控制系统较简单等优点，但能量利用率相对较差，正逐渐被直流无刷电机、开关磁阻电机等取代。采用交流电机的动力系统具有体积小、质量轻、效率高、转速变化范围大、保养成本低等优点，但交流电机的生产成本相对较高。

4) 机械传动装置

机械传动装置主要作用是将驱动电机输出转矩传输至驱动轴，驱动车辆行驶。

2. 车载电源模块

车载电源模块主要部件由车载电源(一般是蓄电池)、电源能量管理系统、充电与放电控制器等组成，主要作用是向电动机输入电能以驱动电动机、监测电源使用状态、控制发电机向电源(蓄电池)充电等。电源系统主要由动力电池、能量管理系统、充电控制器等组成。与混合动力汽车能量管理系统比较，纯电动汽车能量管理主要是针对电源(蓄电池)能量管理，实时监测车用蓄电池单体或电池组的电荷状态、充放电状态(包含电流、电压等)以及温度等。

(1) 动力电池(蓄电池)：纯电动汽车常用动力电池主要有铅酸电池、镍氢电池、锂离子电池等。目前应用比较广泛的是锂离子电池。

(2) 辅助电源：纯电动汽车辅助电源功能是辅助动力电池工作，主要有钠硫电池、镍铬电池、燃料电池、飞轮电池等。

(3) 电池能量管理系统：电池能量管理系统主要作用是实时监测纯电动汽车车用电池(组)充/放电、巡检、温度等状态。

(4) 充电控制器：充电控制器主要功能是将交流电转化为相应电压的直流电，根据电池能量管理系统的要求控制电流大小，给电池充电。

3. 辅助模块

纯电动汽车辅助模块主要包含辅助动力源、动力转向系统、驾驶室显示操作台以及辅助装置。除辅助动力源外，其他辅助系统零件的选择与车型强相关。

(1) 辅助动力源：辅助动力源主要由辅助电源、DC/DC 功率转换器组成，主要功能是向纯电动汽车动力转向系统、制动力调节单元、照明、空调、电动窗门等辅助设备供电。一般为

12～24 V低压直流电源。

（2）动力转向系统：动力转向系统主要由转向盘、转向器、转向助力机构和转向轮组成，主要功能是实现车辆转弯。车辆转弯时，在转向盘上施加力，借助转向助力机构与转向机使转向轮偏转一定的角度，实现车辆行驶方向的改变。纯电动汽车的转向装置有机械转向、液压转向与液压助力转向等。

（3）驾驶室显示操作台：纯电动汽车的驾驶室显示操作台功能与传统燃油汽车驾驶室仪表盘类似，信息显示多采用数字或液晶屏幕。

（4）辅助装置：纯电动汽车的辅助装置主要包含照明、声光信号装置、车载音箱设备、空调、刮水器、风窗除霜器、电动门窗、电控玻璃升降器、电控后视镜调节器、电动座椅调节器、车身安全防护装置控制器等，其主要功能是改善车辆行驶时的操纵性、安全性和舒适性。

10.3.4 驱动轮传动等机械系统

驱动轮传动等机械系统主要包含传动装置、行驶装置、制动装置以及其他附加装置等。

1. 传动装置

纯电动汽车传动装置的主要功能是将驱动电机的输出转矩传递给驱动车轮，驱动车辆行驶。当采用轮毂电机时，可减少传统传动装置中绝大多数零件。与传统燃油汽车相比，纯电动汽车传动装置主要有以下几点不同：

（1）驱动电动机可带负载起动，不需要安装离合器。

（2）驱动电机可由电子控制系统控制实现换向，不需要设置倒挡或反向齿轮。

（3）当驱动电机采用无级调速控制时，可不使用变速器。

（4）当采用轮毂电动驱动时，可使用电子差速器取代传统燃油汽车机械差速器。

2. 行驶装置

纯电动汽车行驶装置结构、组成与传统燃油汽车、混合动力汽车等其他类型汽车相同，由车毂、轮胎、悬架等组成。

3. 制动装置

纯电动汽车制动装置主要功能是使车辆减速，一般由制动器及操纵装置组成。纯电动汽车制动装置加入电磁制动装置，利用控制电路使电动机以发电机形式工作，可实现再生制动，回收制动能量。

4. 其他附加装置

纯电动汽车其他附加装置主要是工程用纯电动汽车为完成既定作业要求而专门设置的装置，如电动叉车起升装置、门架、货叉等。

10.4 纯电动汽车特点

（1）纯电动汽车行驶时没有任何污染物排放，且噪声低、振动小、效率高。

(2) 纯电动汽车动力系统结构简单、动力传动部件少、布置灵活、故障率低、维修与保养要求低。

(3) 纯电动汽车可使用夜间谷电为电池充电,有利于电网负荷平衡、提高电网能源利用效率、降低使用成本。

(4) 受电池能量密度低、电池容量小制约,纯电动汽车续航里程相对较短。

(5) 受充电电压与电流限制,动力电池充电时间较长,用户使用体验较差。

(6) 纯电动汽车生产成本较高、寿命较短。

10.5 纯电动汽车的应用与发展

纯电动汽车历史悠久,在燃油汽车出现之前,纯电动汽车已开始应用。1839 年,苏格兰的罗伯特·安德森就在四轮马车上安装了电池和电动机,将其成功改造为世界上第一辆靠电力驱动的车辆。1873 年,英国人罗伯特·戴维森发明了用一次电池作动力的电动汽车,成为世界上最初可供实用的电动汽车。1881 年,第一辆使用铅酸电池的电动汽车出现。1900 年,欧美销售的 4 200 辆汽车中,40%是蒸汽机车,38%是电动汽车,22%是燃油汽车。20 世纪初期,随着内燃机技术快速发展、起动机的发明以及生产技术的提高,加之电动汽车充电不便、续航里程短等缺点,纯电动汽车退出了汽车市场。20 世纪 60 年代,石油危机使人们重新重视纯电动汽车,高尔夫球场代步车等小型电动汽车开始占据固定市场。20 世纪 90 年代,由于电池技术没有重大突破,纯电动汽车制造商面临巨大挑战,开始研发混合动力汽车,以克服电池容量小、续航里程短等问题。21 世纪初期,电池技术有所突破,电动汽车的续航水平也以 50 km/年的速度提升,电机动力表现已不弱于一些小排量燃油车,各国开始大规模应用电动汽车。近年来,随着动力电池技术的不断创新和发展,特别是锂离子电池成本大幅下降,全球电动汽车产业发展速度明显加快,市场上出现了越来越多续航里程长、充电时间短的电动汽车车型。据国际能源署(IEA)发布的《全球电动汽车展望 2020》数据显示,2019 年全球电动汽车销量达到 210 万辆,占全球汽车销量 3%左右。2019 年全球电动汽车保有量达到 720 万辆,中国占 47%,美国、日本、法国、英国、德国、挪威和荷兰 7 个国家保有量超过 10 万辆。

美国从 20 世纪 90 年代开始进行电动汽车研发,以通用、福特和克莱斯勒三大汽车公司为主力,联合开发电动汽车关键零部件。2016 年 7 月,美国联邦政府发布了《关于加快普及电动汽车的计划》,宣布将通过政府与私营部门合作,推广电动汽车和加强充电基础设施建设,以应对气候变化、增加清洁能源使用、减少对石油的依赖。2019 年美国电动汽车销量为 32.4 万辆,累计超过 100 万辆,特斯拉公司占美国电动汽车销量的 78%,主导了美国电动汽车产业发展。

欧洲各国高度重视汽车产业对环境的影响,力图通过发展纯电动汽车减少二氧化碳排放,制定了相应法规推动电动汽车的使用。2019 年欧洲电动汽车销售 54 万辆,其中纯电动汽车 35.8 万辆,德国超过挪威成为欧洲最大的电动汽车市场,销量为 10.7 万辆。挪威是全球电动汽车人均保有量最高的国家，新车销售中 56.2%为电动车，2019 年电动汽车销量为 8 万辆，居欧洲国家第二位。另外，2019 年，英国、法国、荷兰、瑞典电动汽车销售分别为 7 万辆、6.8 万辆、6.7 万辆和 4.3 万辆。

日本是世界上最早发展电动汽车的国家。20 世纪 70 年代日本就开始研制电动汽车，在混动技术、燃料电池和电机电控等方面有着深厚的技术积累，混合动力汽车占日本乘用车近 40%的市场份额。日本经济产业省（METI）发布的《EV・PHV 路线图》提出，到 2020 年日本纯电动汽车和插电式混合动力车保有量要达到 100 万辆。

中国的电动汽车发展始于 20 世纪 90 年代，政府先后通过多轮专项计划推进电动汽车的发展。在财政补贴、税收优惠、乘用车排放限值、双积分、新能源汽车专用号牌不限行等众多利好政策推动下，近几年中国电动汽车产能迅速扩大，电动汽车产销量出现爆发式增长，已经成为全球新能源汽车保有量、产量最高的国家。2015 年，中国电动汽车产量超过 40 万辆，比 2014 年增长 299%；2016—2017 年，电动汽车产销量继续保持高速增长；2018—2019 年，我国电动汽车产销超过 120 万辆。2020 年 10 月，中国汽车工程学会发布了《节能与新能源汽车技术路线图 2.0》，预计到 2035 年，传统能源动力乘用车将全面转化为混合动力，新能源汽车占总销量的 50%以上，其中纯电动汽车占新能源汽车的 95%以上。

第 11 章　车用低碳替代燃料生命周期评价

生命周期评价(Life Cycle Assessment, LCA)思想萌芽最早出现于 20 世纪 60 年代末 70 年代初;20 世纪 80 年代,生命周期评价方法日臻成熟;到了 20 世纪 90 年代,在美国环境毒理学和化学学会(Society of Environmental Toxicology and Chemistry, SETAC)和欧洲生命周期评价发展促进会(the Society for the Promotion of LCA Development, SPOLD)大力推动下,生命周期评价方法在全球范围内得到大规模应用。

生命周期评价方法已广泛应用于汽车低碳替代燃料研究和开发,从"摇篮"到"坟墓"整个过程角度系统评价甲醇、乙醇、天然气、氢气、煤/天然气合成油等车用低碳替代燃料,以及混合动力汽车、纯电动汽车、燃料电池汽车等新型动力汽车产生的能量消耗和环境污染物排放,对上述替代燃料、新型动力汽车产生的能量消耗和环境废物排放进行系统辨识和量化,为正确选择合适的汽车低碳替代燃料、新型动力提供参考依据。

11.1　生命周期评价概念

1993 年,SETAC 在《生命周期评价纲要:实用指南》中将生命周期评价基本结构归纳为定义目标与确定范围、清单分析、影响评价和改善分析四个有机联系的部分,如图 11-1 所示。

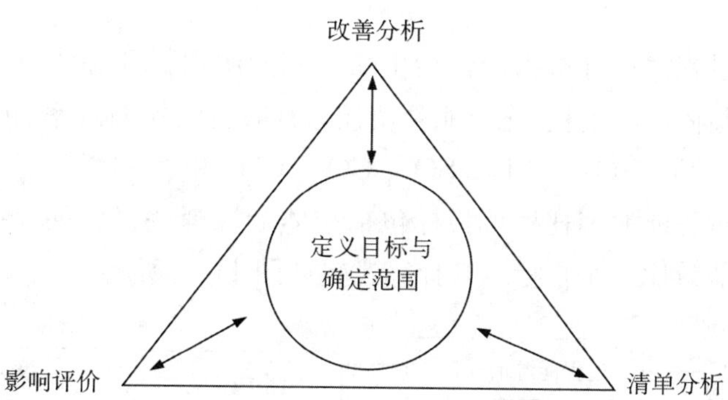

图 11-1　生命周期评价结构框图

(1) 定义目标与确定范围:生命周期评价的第一步,它直接影响整个评价工作程序和最终的研究结论。包括"明确分析目的""明确所分析的产品及其功能"和"确定系统边界"。定义目标即清楚地说明开展此项生命周期评价的目的和原因以及研究结果的可能应用领域。确定范围包括定义所研究的系统、确定系统边界、说明数据要求、指出重要假设和限制等。

(2) 清单分析:是对产品、工艺过程或者活动在其整个生命周期内的能量与原材料需求量以及向环境排放废物(包括废气、废水、固体废弃物及其他环境排放物)进行以数据为基础的客观量化过程。该分析评估贯穿于产品整个生命周期,开始于原材料提取,结束于产品最终消费和处置。

清单分析在 LCA 中是继目标界定后的下一步操作,也是 LCA 整个操作中工作量最大的一步。有关清单分析的操作步骤,美国环境保护署(U.S. Environmental Protection Agency, EPA)制定了详细的指南。

(3) 影响评价:是对清单分析阶段所识别的环境影响压力进行定量或定性表征评价,即确定产品系统的物质、能量交换对其外部环境的影响。该评价应考虑对生态系统、人体健康以及其他方面的影响。由分类、特征化和量化评价三个步骤组成。

(4) 改善分析:是系统地评估在产品、工艺或活动整个生命周期内减少能源消耗、原材料使用以及环境释放的需求与机会。该分析包括定量和定性改进措施,例如改变产品结构、重新选择原材料、改变制造工艺和消费方式以及废弃物管理等。

11.2 能源产品清单分析

煤、汽油、柴油、天然气、电等基本能源产品生产过程是从“能源开采”开始到“能源使用”为止的系统过程,如图 11-2 所示。

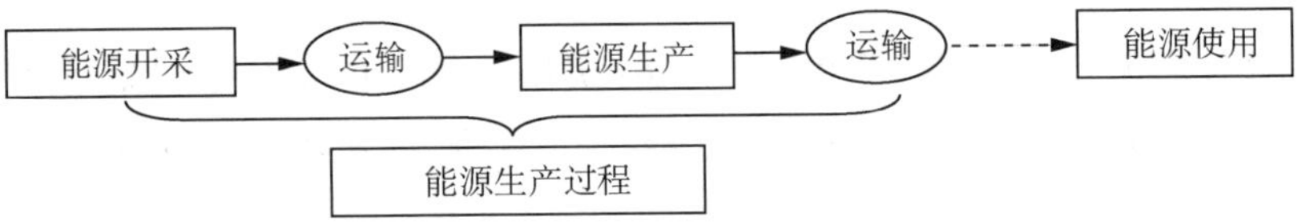

图 11-2 能源产品生产过程

能源产品生产过程清单分析指标包括生命周期能源消耗和环境排放指标两类。其中,能源评价指标包括整体能源消耗、化石能源消耗、石油消耗、能源效率、化石能效比等。环境排放指标包括 HC、CO、NO_x、PM_{10}、SO_x、CO_2、CH_4 和 N_2O 等。

能源产品生产过程能源消耗评价指标包括整体能源消耗、化石能源消耗、石油消耗、整体能源效率和化石能效比五个指标。其计算逻辑如图 11-3 所示。

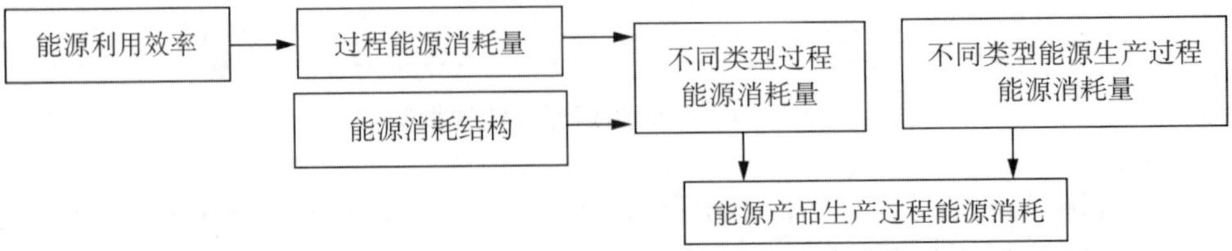

图 11-3 能源产品生产过程能源消耗计算逻辑

$$E_T = E_F + E_P \tag{11-1}$$

式中，E_T——能源产品生产过程的整体能源消耗；

E_F——能源产品生产过程中原料能输入，即煤、原油、天然气、柴油等能源产品生产过程中可直接转化为产品的原料（如天然气、原油）中所包含的能量；

E_P——能源产品生产过程能源消耗。

$$E_P = \sum_i E_{P_i} \tag{11-2}$$

式中，E_{P_i} 为能源产品生产过程 i 阶段过程能源消耗；$E_P = \sum_i E_{P_i}$ 指煤、天然气、柴油等能源产品生产过程中所消耗的过程能源（如电、燃料油等）的总和，所有的过程能源消耗都计算到一次能源水平。

$$E_{P_i} = E_{PR_i} + E_{TR_i} \tag{11-3}$$

式中，E_{PR_i}——能源产品生产过程 i 阶段生产过程产生的能源消耗；

E_{TR_i}——能源产品生产过程 i 阶段运输过程产生的能源消耗。

$$E_{PR_i} = \sum_j E_{P_i} \lambda_{ij} (1 + E_{P_{ij}}) \tag{11-4}$$

式中，E_{P_i}——能源产品生产过程 i 阶段过程能源消耗量；

λ_{ij}——能源产品生产过程 i 阶段第 j 类能源消耗比例；

$E_{P_{ij}}$——能源产品生产过程 i 阶段消耗的第 j 类能源生产过程带入的过程能源消耗。

能源产品生产过程可以分为三类：①所有被处理的能源都作为过程燃料使用（如煤发电过程）；②被处理的燃料一部分作为过程的燃料，另一部分作为过程的原料使用（如煤、石油、天然气的开采过程）；③被处理的能源全部作为原料使用（如天然气的压缩和液化）。

对于第①种情况

$$E_{P_i} = \frac{1}{\eta_i} \tag{11-5}$$

对于第②和第③种情况

$$E_{P_i} = \frac{1}{\eta_i} - 1 \tag{11-6}$$

式中，η_i——能源产品生产过程 i 阶段过程能源效率。

$$\lambda_{ij} = \frac{E_{P_{ij}}}{E_{P_i}} \tag{11-7}$$

$$\sum_i \lambda_{ij} = 1 \tag{11-8}$$

$$E_{TR_i} = \sum_j N_{ij} d_{ij} \tag{11-9}$$

式中，N_{ij} ——能源产品生产过程 i 阶段第 j 种运输方式的能源消耗强度；

d_{ij} ——能源产品生产过程 i 阶段第 j 种运输方式的运输距离。

化石能源消耗和石油消耗分别表示能源产品生产过程中所有来自化石燃料和石油的能量，其计算方法与整体能源消耗类似，只计算整体能源消耗中的化石能源消耗和石油消耗部分。

整体能源效率是能源产品热值与其生产过程整体能源消耗的比值。

$$\eta_{\mathrm{T}} = \frac{H}{E_{\mathrm{T}}} \tag{11-10}$$

式中，H ——燃油产品热值。

化石能效比指单位化石能源消耗产生的能源产品热值。

$$\eta_{\mathrm{F}} = \frac{H}{E_{\mathrm{F}}} \tag{11-11}$$

能源产品生产过程环境排放指标包括 HC、CO、NO_x、PM_{10}、SO_x、CO_2、CH_4、N_2O 等。能源产品生产过程环境排放包括直接排放和间接排放两部分，整体排放是直接排放和间接排放之和。对于直接排放，首先通过过程能量利用效率计算出单位能量(1 GJ)燃料生产所需的能耗，然后根据过程能源消费结构计算出不同类型的能源消耗量，再根据燃料生产过程中所采用的燃烧技术及其所占的比例和能源在特定燃烧技术下燃烧所产生的污染物排放系数计算出能源产品生产过程中由能源消耗产生的排放量，叠加得到能源产品生产过程直接排放。对于能源产品生产过程消耗的过程能量，与其对应的能源产品生产过程产生的排放构成能源产品生产过程的间接排放。其计算逻辑如图 11-4 所示。

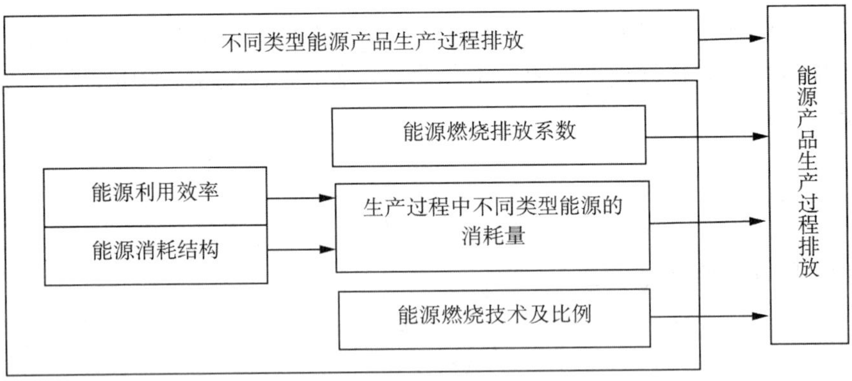

图 11-4 生命周期排放计算逻辑

$$M_i = \sum_k \sum_j \sum_l E_{kjl}(M_{ji} + M_{C_{kjli}}) \tag{11-12}$$

式中，M_{ji} ——第 j 类能源产品生产产生的第 i 类污染物排放系数；

$M_{C_{kjli}}$ ——能源产品生产过程 k 阶段第 j 类能源第 l 种使用方式产生的第 i 类污染物排放系数；

E_{kjl} ——能源产品生产过程 k 阶段第 j 类能源第 l 种使用方式消耗量。

$$E_{kjl}=\frac{1}{\eta_k}\lambda_j\lambda_l \tag{11-13}$$

式中，η_k ——能源产品生产过程 k 阶段过程能源效率；

λ_j ——能源产品生产过程 k 阶段第 j 类能源消耗比例；

λ_l ——生命周期 k 阶段第 j 类能源第 l 种使用方式消耗比例。

显然，煤、重油、柴油、汽油、电等能源产品生产过程能源消耗和环境排放清单分析过程中，会引用自身清单结果和其他能源产品清单分析结果。例如，在柴油的生产过程中，会消耗一部分柴油、电等能源产品；在电的生产过程中，需要消耗煤、天然气、重油等能源产品。这样，柴油清单分析过程中需要引用柴油和电的清单分析结果，而电的清单分析又需要引用煤、天然气和重油清单分析结果。因此，煤、重油、柴油等基本能源产品生产过程清单分析存在自身引用和互相引用的现象，是一个自身迭代和互相迭代的过程。利用 Excel 工作表分别编写煤、石油、天然气、电、柴油、重油等基本能源产品生产过程能源消耗和排放计算清单模型，并利用相互引用和循环计算实现同一工作表内和不同工作表间的迭代计算。

对于能源燃烧产生的 HC、CO、NO_x、PM_{10} 排放系数，通过数据收集获得；对于能源燃烧产生的 SO_x 和 CO_2 排放系数，通过硫平衡和碳平衡计算。

$$EMC_{S_{jl}}=\frac{E_{jl}\rho_{S_j}-S_{jl}}{S_{SO_2}} \tag{11-14}$$

式中，$EMC_{S_{jl}}$ ——第 j 类能源第 l 种使用方式产生的 SO_x 排放系数；

E_{jl} ——第 j 类能源第 l 种使用方式消耗量；

ρ_{S_j} ——第 j 类能源的含硫质量百分比；

S_{jl} ——第 j 类能源第 l 种使用方式的硫回收量；

S_{SO_2} ——SO_2 中含硫质量百分比。

$$EMC_{C_{jl}}=\frac{E_{jl}\rho_{C_j}-EMC_{CO_{jl}}\rho_{C_{CO}}-EMC_{HC_{jl}}\rho_{C_{HC}}-EMC_{CH4_{jl}}\rho_{C_{CH4}}}{C_{CO_2}} \tag{11-15}$$

式中，$EMC_{C_{jl}}$ ——第 j 类能源第 l 种使用方式产生的 CO_2 排放系数；

E_{jl} ——第 j 类能源第 l 种使用方式消耗量；

ρ_{C_j} ——第 j 类能源的含碳质量百分比；

$EMC_{CO_{jl}}$ ——第 j 类能源第 l 种使用方式产生的 CO 排放系数；

$\rho_{C_{CO}}$ ——CO 中含碳质量百分比；

$EMC_{HC_{jl}}$ ——第 j 类能源第 l 种使用方式产生的 HC 排放系数；

$\rho_{C_{HC}}$ ——HC 中含碳质量百分比；

$EMC_{CH4_{jl}}$ ——第 j 类能源第 l 种使用方式产生的 CH_4 排放系数；

$\rho_{C_{CH4}}$ ——CH_4 中含碳质量百分比；

C_{CO_2} ——CO_2 中含碳质量百分比。

HC、CO、CH_4、CO_2 等气体排放含碳百分比分别为 85%、43%、75%和 27%；SO_2 的含硫质量百分比为 50%。

11.2.1 煤

煤炭生产过程包括煤炭开采、洗煤、煤炭运输等。根据中国统计年鉴公布的能源生产总量、原煤产量、煤炭采选业能源消耗量，可计算得到我国生产 1 t 原煤的能源消耗量为 44.48 MJ/GJ，其中化石能源消耗为 38.85 MJ/GJ，石油消耗为 2.24 MJ/GJ。

中国煤炭储量集中在昆仑山—秦岭—大别山以北的北方地区，晋陕蒙（西）地区集中了中国煤炭资源的 60%，另外还有近 9%集中于川、云、贵、渝地区。山西省是资源储量最多的省份，占全国总储量的 30%。与资源分布相对应，煤炭生产也集中在这些地区，但是煤炭消费却相对集中在经济发达的东部省份，这就形成了长期以来中国煤炭业“北煤南运”和“西煤东调”的基本格局。我国煤炭的运输方式主要有铁路运输、水路运输（包括海运和内河运输）和公路运输。

煤炭生产过程的能源消耗及污染物排放如表 11-1 所示。

表 11-1　煤炭生产过程的能源消耗及污染物排放

项目	能源消耗（MJ/GJ）			污染物排放（g/GJ）							
	整体	化石	石油	HC	CO	PM_{10}	NO_x	SO_x	CO_2	CH_4	N_2O
煤炭生产	63.74	53.75	9.34	0.82	3.88	1.23	24.39	80.40	4 774.811	0.19	0.080

11.2.2 电

2019 年我国火电、水电、风电、太阳能发电、核电发电量分别为 11.9 亿、3.6 亿、2.1 亿、2.0 亿和 4 874 万 kW · h，非化石能源发电占 41.9%。火电、水电发电的自用电率分别为 4.65%和 0.49%，其他发电方式的自用电率为 0%，由此计算得到 2019 年我国供电量中火电、水电、火电、风电、太阳能发电、核电比例。我国 2019 年发电煤耗为 0.307 kgce/kW · h，火电厂自用电率为 4.65%，可计算得到我国发电的综合能源效率为 40.38%，再考虑到电力输运过程中的损耗率 6%，可计算得到我国电网供电的能源消耗及污染物排放，如表 11-2 所示。

表 11-2　我国供电能源消耗及污染物排放

项目	能源消耗（MJ/GJ）			污染物排放（g/GJ）							
	整体	化石	石油	HC	CO	PM_{10}	NO_x	SO_x	CO_2	CH_4	N_2O
供电	1 779.80	1 759.09	17.60	8.99	92.67	43.8	539.39	317.96	178 931.88	2.50	1.85

11.2.3 汽油和柴油

汽油、柴油生产包括原油开采及运输、汽油（柴油）炼制及分配两个环节。2019 年，我国共消耗原油 7.03 亿 t，其中国内生产 1.91 亿 t，进口原油 5.1 亿 t，原油进口量占原油消耗量超过 70%。进口原油主要来自中东、非洲、东南亚、俄罗斯等国家和地区，运输方式主要为海运和管道。原油开采过程包括国内原油开采和国外原油开采两部分，包含国内原油开采及脱水、国外原油开采、国外原油运输、国内原油运输等过程，如图 11-5 所示。根据相关数据，可计算出我国原油开采产生的能源消耗为 33.59 MJ/GJ；国外原油开采数据可从国外的相关模型和数据获得。

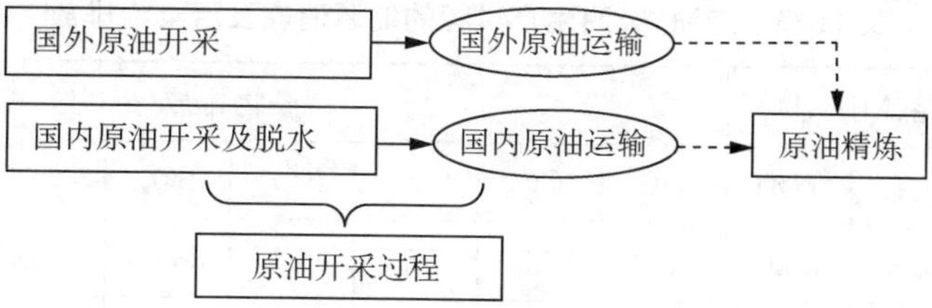

图 11-5　原油开采过程

原油的运输包括进口原油运输和国内原油运输两部分。来自中东、非洲、东南亚的进口原油通过海运方式运输，平均运输距离约为 10 800 km；来自俄罗斯的进口原油通过铁路方式运输，平均运输距离约 1 600 km。国内原油的运输是把国内油田生产的原油或进口原油运输到炼油厂的过程。主要有通过管道直接输送到炼油厂、原油管道运输转海运或河运到炼油厂、原油管道运输转铁路运输到炼油厂三种方式。我国许多炼油厂分布在沿海和沿长江地区。陆上油田供应炼油厂的原油大都经管道输送到沿海和沿江港口，转水运到炼油厂。海上油田生产的原油和进口原油，经沿海港口转运，原油海运量占国内原油运输量的 23%，所以沿海港口在石油运输中起着重要作用。

成品油生产指汽油、柴油、煤油、重油等成品油的精炼，并最终分配到用户的过程，包括原油精炼和汽油、柴油、重油分配等过程，如图 11-6 所示。

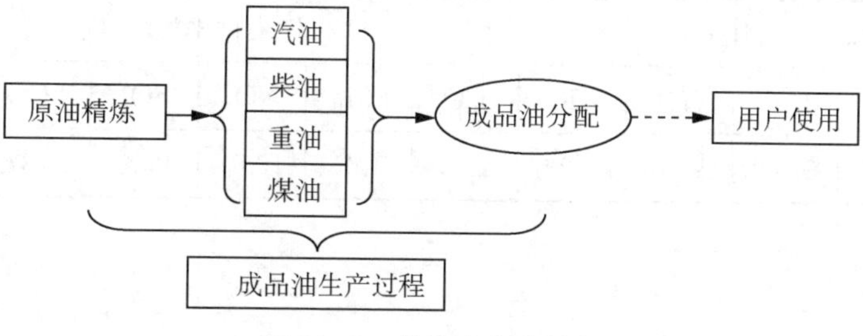

图 11-6　成品油生产过程

由于汽油、柴油、重油等不同成品油加工深度不同，不同成品油加工过程的能源效率不同，设重油加工的能源效率与炼油厂的平均能源效率相同，且重油、柴油、汽油生产能效比为 1∶0.93∶0.85，则柴油、汽油加工的能源消耗分别为 147.59 MJ/GJ 和 199.17 MJ/GJ。

成品油基本上以炼油厂为中心就近供应，也有相当数量长距离跨省运输。东北、西北地区是成品油净输出区，华北、西南是净输入区，华东和中南区输出和输入基本平衡。东北地区生产的成品油除供东北地区外，还向关内运输，供应华北；华北炼油厂的成品油供应中南，再由中南地区供应西南地区；西北地区的成品油供应西南地区。因此，成品油流向与原油流向总的趋势一致，由北向南运输。我国的成品油运输主要包括铁路运输、管道运输、水运运输和公路运输四种运输方式。

成品油的分配是把汽油、柴油等成品油从商业油库运送到加油站的过程，基本上以商业油库为中心就近供应。汽油、柴油生产过程的能源消耗及污染物排放如表 11-3 所示。

表 11-3　汽油、柴油生产过程的能源消耗及污染物排放

项目	能源消耗(MJ/GJ)			污染物排放(g/GJ)							
	整体	化石	石油	HC	CO	PM_{10}	NO_x	SO_x	CO_2	CH_4	N_2O
汽油生产	313.77	282.78	128.03	2.03	17.50	7.52	56.14	33.09	19 274.87	15.65	2.30
柴油生产	250.57	224.98	128.03	1.87	16.34	5.91	48.73	27.86	15 525.74	15.31	2.24

11.2.4　天然气

天然气生产包括天然气开采、运输，并最终分配到用户的过程。我国天然气主要是油田伴生气，根据中国统计年鉴公布的石油和天然气开采业能源消耗数据，计算得到天然气开采生产过程各类能源的消耗量为 37.32 MJ/GJ。

我国天然气生产分两大类，一是油田伴生气，主要产区包括大庆、辽河、胜利、中原、新疆等油田，就近供应工业和民用。二是气田气，主要有川渝、陕甘宁、新疆、南海等气田。除就近供应工业和民用外，已开始跨省长距离输送。如陕甘宁天然气已开始向京、津、冀地区供气。天然气基本通过管道运输。天然气生产过程的能源消耗及污染物排放如表 11-4 所示。

表 11-4　天然气生产过程的能源消耗及污染物排放

项目	能源消耗(MJ/GJ)			污染物排放(g/GJ)							
	整体	化石	石油	HC	CO	PM_{10}	NO_x	SO_x	CO_2	CH_4	N_2O
天然气生产	84.30	61.69	9.50	0.23	2.19	1.61	12.67	8.45	4 737.18	0.22	0.07

11.2.5　甲醇

甲醇是重要的有机化工原料和能源，在化工、医药、轻工、纺织及运输等行业都有广泛应用。我国甲醇生产原料包含煤、天然气、乙炔、重油等，主要以煤为主。甲醇的生命周期是从煤、天然气等甲醇生产原料开采开始到甲醇使用结束的系统过程，如图 11-7 所示。

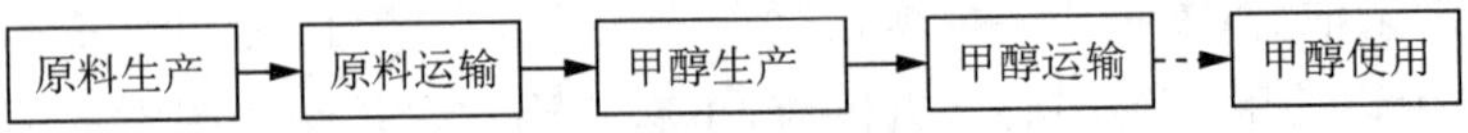

图 11-7　甲醇生命周期

甲醇的生产过程主要包括合成气制备与净化和甲醇合成两个阶段。以煤和天然气为原料生产甲醇的原料消耗、燃料消耗及产品产出如表 11-5 所示。

表 11-5　甲醇生产过程的原料消耗、燃料消耗及产品产出

项目		甲醇生产	
		煤基	天然气基
原料输入	煤(kg/kg)	3.61	
	天然气(m^3/kg)		0.94
能量输入	蒸汽(kg)		
	电(kW·h/kg)	0.63	0.33
产品产出	甲醇(kg)	1.00	1.00
副产品产出	硫黄(kg/kg)	0.11	
	合成气(kg/kg)	4.14	
	渣(kg/kg)	0.80	
	中压蒸汽(kg/kg)	1.09	
	高压蒸汽(kg/kg)		1.07
	低压蒸汽(kg/kg)		1.07

在煤制甲醇的生产过程中,输出的产品除甲醇外,还包括硫黄、合成气、中压蒸汽等副产品;在天然气制甲醇的生产过程中,输出的产品也包括高压蒸汽、低压蒸汽等副产品。采用市场价值法对数据进行分配,区分甲醇和副产品导致的能源消耗和环境排放。甲醇应用广泛,主要通过铁路、公路等方式运输,以我国铁路、公路货物平均运输距离作为甲醇的平均运输距离。煤基甲醇和天然气基甲醇生命周期能源消耗及污染物排放如表 11-6 所示。

表 11-6　甲醇生命周期能源消耗及污染物排放

项目	能源消耗(MJ/GJ)			污染物排放(g/GJ)							
	整体	化石	石油	HC	CO	PM_{10}	NO_x	SO_x	CO_2	CH_4	N_2O
煤基甲醇	215.39	199.80	10.57	1.19	10.16	4.22	54.61	31.40	17 849.66	0.35	0.22
天然气基甲醇	160.44	151.90	20.52	0.93	7.09	3.89	37.59	22.35	12 785.10	0.52	0.20

11.2.6　乙醇

我国乙醇生产历史十分悠久。乙醇是良好的汽油替代燃料之一,E10 乙醇汽油已在我国大规模使用。2019 年,我国燃料乙醇产能为 425 万 t。乙醇的生命周期是从高粱、薯类、小麦、玉米等原料种植开始到乙醇使用结束的系统过程,由原料生产、乙醇生产和乙醇使用三个子过程组成,如图 11-8 所示。

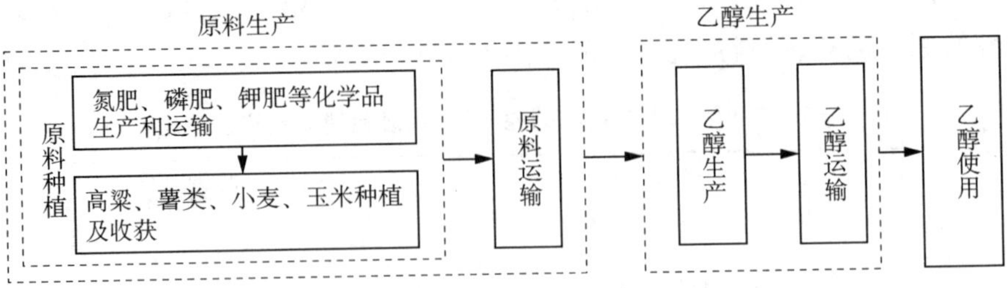

图 11-8　乙醇生命周期

薯类、小麦、玉米等乙醇生产原料的淀粉含量、乙醇产出率及其种植过程施肥量及亩产如表 11-7 所示。化肥生产及运输产生的能源消耗及污染物排放如表 11-8 所示。

表 11-7　乙醇生产原料施肥量

项目		小麦	玉米	木薯(干片)
乙醇产出率		27.03%	31.06%	38.46%
亩产(kg/亩)		333.0	800.0	867.0
施肥量(kg/亩)	N	10.4	22.9	16.1
	P_2O_5	4.0	7.6	33.6
	K_2O	8.4	26.3	18.6

表 11-8　化肥生产及运输产生的能源消耗及污染物排放

项目	能源消耗(MJ/kg)			污染物排放(g/kg)							
	整体	化石	石油	HC	CO	PM_{10}	NO_x	SO_x	CO_2	CH_4	N_2O
N	92.02	91.87	7.34	0.60	4.26	5.14	35.40	31.90	10 125.56	0.24	0.17
P_2O_5	20.96	20.94	13.11	0.11	0.87	0.37	4.62	2.64	1 496.49	0.02	0.02
K_2O	13.13	13.11	3.88	0.21	0.81	0.28	6.21	1.58	973.20	0.04	0.03

发酵法乙醇的生产过程主要包括粉碎、混合、液化、糖化、发酵、蒸馏、后处理等生产工序。以玉米、小麦和木薯为原料生产乙醇的原料消耗、燃料消耗及产品产出如表 11-9 所示。

表 11-9　乙醇生产原料消耗、燃料消耗及产品产出

项目		玉米乙醇	小麦乙醇	木薯乙醇
原料输入	原料(kg/kg)	3.7	3.2	2.6
	淀粉酶(kg/kg)	3.60E-04	1.03E-03	6.64E-04
	糖化酶(kg/kg)	9.75E-03	1.14E-02	1.73E-02
	酵母(kg/kg)	2.70E-08	2.70E-08	4.49E-07

（续表）

项目		玉米乙醇	小麦乙醇	木薯乙醇
能量输入	蒸汽（kg/kg）	3	3	0.72
	电（kW·h/kg）	0.24376	0.02393	0.0023
	内部电（kW·h/kg）	0	0.180	0.237
产品产出	乙醇（kg）	1	1	1
副产品产出	DDGS（kg/kg）	1.350	0.880	0.0545
	玉米油（kg/kg）	0	0.05	0
	沼气（m^3/kg）	0.28	0	0
	CO_2（kg/kg）	3.00E-05		3.00E-05
	肥料（kg/kg）			2.86E-04

乙醇生命周期过程产生的产品产出不单一，除产出乙醇产品外，还产出沼气、DDGS（Dried Distillers' Grain with Soluble，全价干酒糟饲料）、玉米油、CO_2 等副产品。玉米乙醇生产过程产生的沼气作为副产品销售。小麦乙醇和木薯乙醇生产过程中产生的沼气作为内部发电使用。燃料乙醇主要通过铁路、公路等方式运输，以我国铁路、公路货物平均运输距离作为乙醇的平均运输距离。乙醇生命周期能源消耗和污染物排放如表 11-10 所示。

表 11-10　乙醇生命周期能源消耗和污染物排放

项目	能源消耗（MJ/GJ）			污染物排放（g/GJ）							
	整体	化石	石油	HC	CO	PM_{10}	NO_x	SO_x	CO_2	CH_4	N_2O
小麦乙醇	737.75	728.63	45.19	7.53	43.30	39.57	293.32	224.02	78 252.65	1.92	1.34
玉米乙醇	730.48	721.66	43.41	7.30	39.85	44.51	311.06	254.16	79 646.90	1.89	1.47
木薯乙醇	734.37	726.20	29.34	5.91	32.65	44.99	287.48	239.72	74 952.84	1.71	1.44

除玉米、小麦、木薯等原料制燃料乙醇外，纤维素制燃料乙醇是目前较有潜力的燃料乙醇生产原料。纤维素乙醇生产过程主要包括纤维素原料粉碎混合、预处理、纤维素水解、固液分离、糖发酵和乙醇回收。研究表明，生产 1 t 纤维素乙醇的生命周期能源消耗为 0.665 t 标煤。

11.2.7　生物柴油

生物柴油的生命周期是从大豆、油菜籽、光皮树、麻疯树等生物柴油生产原料种植开始到生物柴油燃烧/车辆使用结束的系统过程。由原料生产、燃料生产和燃烧/车辆使用三个子过程组成，包括氮肥、磷肥、钾肥等化学品生产和运输，大豆、油菜籽种植及收获，光皮树、麻疯树果实收获，原料运输，原料油生产，原料油运输，原料油预处理，甲醇生产，生物柴油生产，生物柴油运输及燃烧/车辆使用等阶段。餐饮废油制生物柴油的生命周期是从餐饮废油收集到生物柴油燃烧/车辆使用的系统过程，包括餐饮废油收集、运输、餐饮废油预处理、甲醇生产、生物柴油生产及运输、燃烧/车辆使用等阶段。如图 11-9 所示。

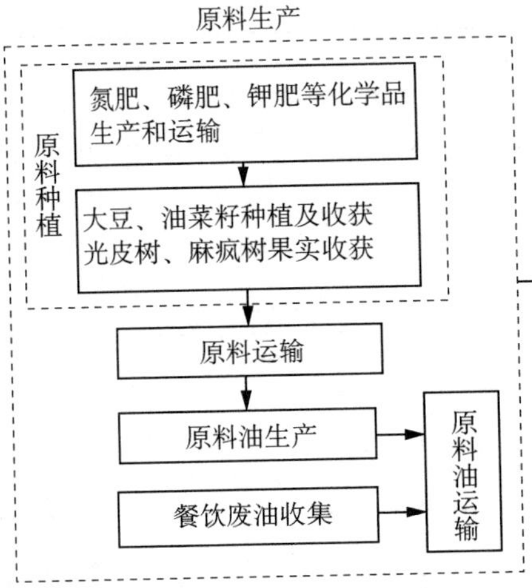

图 11-9　生物柴油生命周期

大豆、油菜籽、麻疯树、光皮树等生物柴油生产原料的亩产量、施肥量及含油率如表 11-11 所示。由于麻疯树和光皮树是野生植物，其种植阶段化肥、除草剂和杀虫剂的用量为零。

表 11-11　生物柴油生产原料施肥量

项目		大豆	油菜籽	麻疯树(干果)	光皮树(干果)
亩产量(kg/亩)		233.33	133.33	650.00	3 000.00
含油率		21.10%	36.90%	54.20%	31.80%
施肥量(kg/亩)	N	14.40	6.00	—	—
	P_2O_5	4.00	2.40	—	—
	K_2O	9.40	8.80	—	—
除草剂(kg/亩)		1.00	1.00	—	—
杀虫剂(kg/亩)		1.00	1.00	—	—

压榨法制油生产过程主要包括清理、调湿、轧坯及蒸炒、压榨等生产工序，如图 11-10 所示。生产过程输入大豆、油菜籽、麻疯树和光皮树等生产原料，消耗煤、电等能源，输出粗制原料油及饲料等副产品。采用压榨法生产原料油的原料消耗、燃料消耗及产品产出如表 11-12 所示。

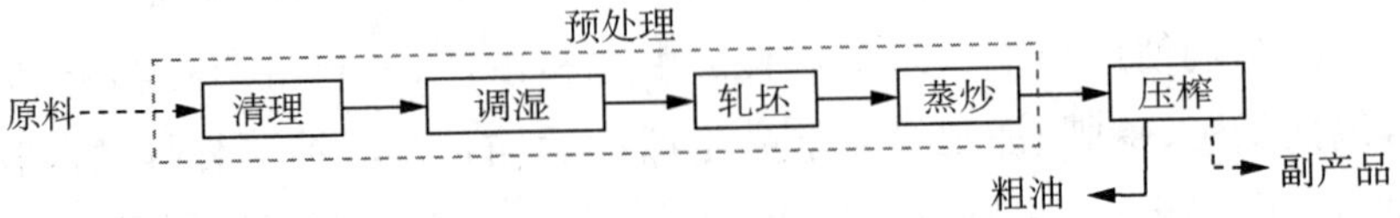

图 11-10　原料油生产过程

表 11-12　原料油生产原料消耗、燃料消耗及产品产出

项目		大豆	油菜籽	麻疯树(干果)	光皮树(干果)
原料输入	原料油(kg/kg)	5.27	3.01	2.05	3.49
能量输入	蒸汽(kg/kg)	1.00	0.56	0.39	0.67
	电(kW·h/kg)	0.33	0.18	0.13	0.22
产品产出	原料油(kg)	1.00	1.00	1.00	1.00
副产品产出	饲料(kg/kg)	2.99	1.37	0.68	1.72

生物柴油生产工艺主要有物理法和化学法两类。物理法有直接混合法和微乳化法，化学法包括高温裂解法和脂交换法。目前生物柴油工业生产主要用化学法，采用植物或动物油脂与甲醇等低碳醇在酸或碱性催化剂作用下进行酯化反应，生成相应的脂肪酸甲酯(生物柴油)。大豆油、菜籽油、麻疯树油、光皮树油和餐饮废油采用酯交换法生产生物柴油的主要工序包括原料油预处理、预酯化、酯交换、后处理、蒸馏等，如图 11-11 所示。采用酯交换法生产生物柴油的原料消耗、燃料消耗及产品产出如表 11-13 所示。

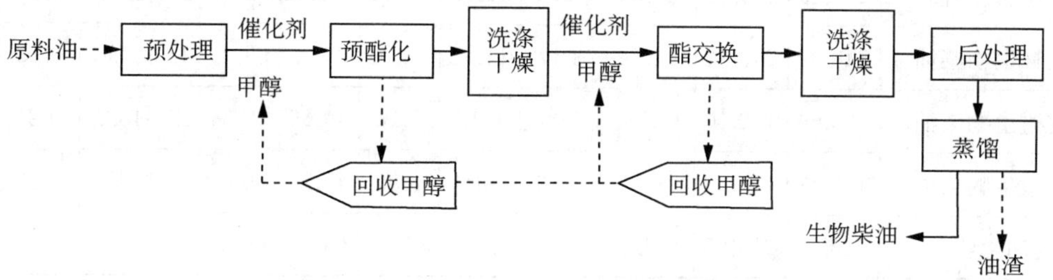

图 11-11　酯交换法生物柴油生产工艺

表 11-13　酯交换法生物柴油生产原料消耗、燃料消耗及产品产出

项目	原料输入(kg/kg)				能量输入		产品产出(kg/kg)	
	原料油	甲醇	NaOH (9.5%)	HCl (10%)	蒸汽 (kg/kg)	电 (kW·h/kg)	生物柴油	甘油 (80%)
数值	1.037	0.090	0.0240	0.0750	0.592	0.0610	1.000	0.213

生物柴油生命周期过程中原料油生产和生物柴油生产阶段的输出不单一，在原料油生产阶段，除产出原料油产品外，还产出豆粕、菜籽粕等副产品；在生物柴油生产阶段，除产出生物柴油外，还产出甘油等副产品。与甲醇、乙醇生命周期能源消耗和排放计算类似，在计算生物柴油的生命周期能源消耗和环境排放时，均采用质量法分配数据，得到大豆油、菜籽油、麻疯树油和光皮树油原料油生产阶段的分配系数分别为 0.18、0.28、0.36 和 0.25；生物柴油生产阶段的分配系数为 0.82。

生物柴油生产原料的运输过程包括农用车运输和轻型卡车运输两部分。首先,大豆、油菜籽、麻疯树果实和光皮树果实先用农用车运输到某个原料集中场所,然后再由轻型卡车集中运输到原料油生产厂。根据大豆、油菜籽、麻疯树和光皮树的亩产量和原料油生产厂的生产能力,设定生物柴油生产原料用农用车和轻型卡车的运输距离分别为 2 km 和 50 km。原料油的运输采用重型卡车,根据原料油生产厂和生物柴油生产厂的生产能力,设定原料油的运输距离为 100 km。餐饮废油的运输采用轻型卡车和重型卡车两种方式,先用轻型卡车把餐饮废油运输到某个场所,再用重型卡车运输到生物柴油生产厂,设定其采用轻型卡车和重型卡车的运输距离分别为 10 km 和 100 km。生物柴油的运输是把生物柴油分配到加油站的过程,包括轻型卡车和火车两种运输方式,运输距离分别为 50 km 和 200 km。

生物柴油生命周期能源消耗和污染物排放如表 11-14 所示。

表 11-14　生物柴油生命周期能源消耗和污染物排放

项目	能源消耗(MJ/GJ)			污染物排放(g/GJ)							
	整体	化石	石油	HC	CO	PM_{10}	NO_x	SO_x	CO_2	CH_4	N_2O
大豆生物柴油	274.49	270.62	24.51	3.15	16.10	10.44	105.42	82.05	26 727.51	0.96	0.50
油菜籽生物柴油	248.62	245.32	24.74	3.17	15.43	12.31	93.03	68.29	22 880.73	0.83	0.43
光皮树生物柴油	123.66	122.40	5.73	1.14	6.12	7.15	49.65	40.54	12 648.83	0.24	0.24
麻疯树生物柴油	118.77	117.56	5.52	1.10	5.87	6.89	47.75	39.04	12 147.42	0.23	0.23
餐饮废油生物柴油	223.92	219.85	102.15	1.61	9.74	47.03	64.12	66.82	19 759.25	2.44	0.37

11.2.8　二甲醚

二甲醚是重要的化工原料和能源,可以由煤、天然气经一步法、二步法合成。二甲醚的生命周期是从煤、天然气等二甲醚生产原料开采开始到二甲醚使用结束的系统过程。由煤、天然气等原料生产、原料运输、二甲醚生产、二甲醚运输、二甲醚使用五个子过程组成,如图 11-12 所示。

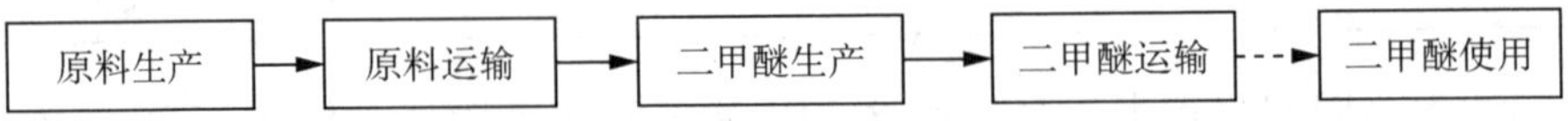

图 11-12　二甲醚生命周期

二甲醚生产工艺主要包括甲醇加热(气相甲醇法)、甲醇脱水氧化(液相甲醇法)、二甲醚合成(气相甲醇法/天然气一、二步法)、冷凝、精馏等。以甲醇或天然气为原料生产二甲醚的原料消耗、燃料消耗及产品产出如表 11-15 所示。

表 11-15　二甲醚生产过程的原料消耗、燃料消耗及产品产出

项目		甲醇生产		
		气相甲醇法	天然气一步法	天然气二步法
原料输入	甲醇(kg/kg)	1.41		
	天然气(m^3/kg)		1.29	1.50
	氧气(m^3/kg)		0.49	0.52
能量输入	蒸汽(MJ/kg)	5.28	7.54	
	电(kW·h/kg)	0.014	0.02	0.030
产品产出	二甲醚(kg)	1	1	1

二甲醚应用广泛，主要通过铁路、公路等方式运输，以我国铁路、公路货物平均运输距离作为甲醇的平均运输距离。二甲醚生命周期能源消耗和污染物排放如表 11-16 所示。

表 11-16　二甲醚生命周期能源消耗和污染物排放

项目	能源消耗(MJ/GJ)			污染物排放(g/GJ)							
	整体	化石	石油	HC	CO	PM_{10}	NO_x	SO_x	CO_2	CH_4	N_2O
气相甲醇法	456.87	441.15	16.94	2.57	19.40	20.44	147.66	120.16	41 847.72	1.20	0.69
天然气一步法	179.86	133.80	22.08	0.72	5.52	3.47	29.50	18.34	10 454.44	0.51	0.17
天然气二步法	512.27	469.29	22.50	2.73	17.36	25.94	162.50	144.16	44 293.37	0.81	0.78

11.2.9　煤/天然气制油

煤/天然气制油是重要的能源，煤/天然气制油生命周期是从煤/天然气原料生产开始到煤/天然气制油使用结束的系统过程。由煤/天然气开采、运输、煤/天然气制油生产、煤/天然气制油运输、煤/天然气制油使用等子过程组成，如图 11-13 所示。

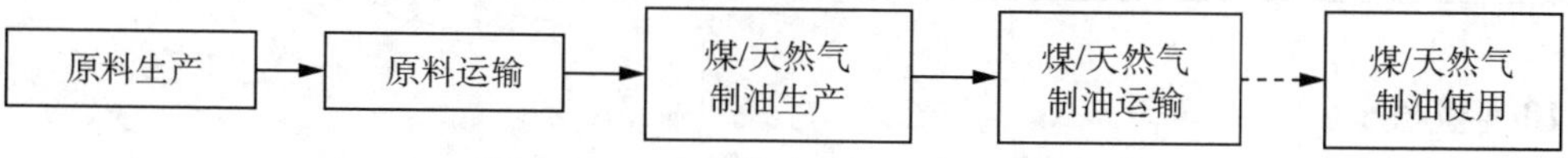

图 11-13　煤/天然气制油生命周期

煤/天然气制油可以通过煤直接液化、煤间接液化、天然气合成等工艺制取，以天然气为原料的费-托工艺合成油的工艺示意图如图 11-14 所示，原料消耗、燃料消耗及产品产出如表 11-17 所示。

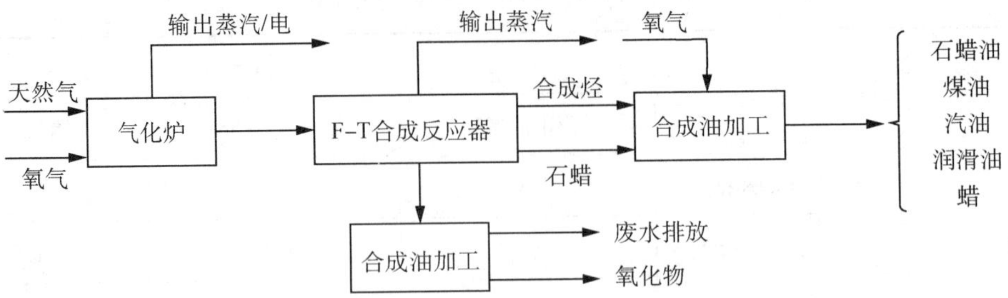

图 11-14　天然气制油工艺流程

表 11-17　煤/天然气制油生产过程的原料消耗、燃料消耗及产品产出

项目		煤间接液化	天然气合成
原料输入	天然气(m^3/kg)		1.85
	煤(kg/kg)	2.15	
	水(kg/kg)	8.00	11.21
能量输入	煤(kg/kg)	1.16	
	电(kW·h/kg)	2.02	
产品产出	煤/天然气合成油(kg)	1	1
	蒸汽(kg/kg)		1.34
	电(kW·h/kg)		0.10

煤/天然气制油主要通过铁路、公路等方式运输，以我国铁路、公路货物平均运输距离作为甲醇的平均运输距离。煤/天然气制油生命周期能源消耗和污染物排放如表 11-18 所示。

表 11-18　煤/天然气制油生命周期能源消耗和污染物排放

项目	能源消耗(MJ/GJ)			污染物排放(g/GJ)							
	整体	化石	石油	HC	CO	PM_{10}	NO_x	SO_x	CO_2	CH_4	N_2O
煤间接液化	365.82	360.51	13.08	1.05	13.66	15.28	118.88	3.57	18 205.71	0.59	0.39
天然气合成	695.10	682.99	4.02	4.07	25.64	43.12	265.41	243.99	69 789.17	0.74	1.22

11.2.10　氢气

目前制氢方式包括通过煤、石油、天然气等化石资源制氢，水、生物质、太阳能等可再生资源制氢，燃料重整制氢等。氢气的生命周期是从煤、天然气开采开始到氢气使用结束的系统过程。由煤等原料开采、运输、氢气生产、氢气运输、氢气使用等子过程组成，如图 11-15 所示。

清华大学的林婷进行了燃料电池车燃料周期能耗与环境效益研究，分析了不同制氢方式的氢气制备效率如表 11-19 所示。

图 11-15　氢气生命周期

表 11-19　不同制氢方式的氢气制备效率

方式	电解水制氢	生物质气化制氢	COG 提取氢	天然气集中制氢	天然气分散制氢	煤气化制氢
氢气制备效率	62.4%	46.1%	91.9%	70%	65%	55.8%

按照运输时氢气存储状态不同，氢气运输方式可以分为气态氢气运输、液态氢气运输和固态氢气运输。气态氢气运输可利用汽车或管道进行，液态氢气利用汽车进行，汽车运输是目前加氢站正在使用的方式。固态氢气储存尚处于研究发展阶段，主要通过金属氢化物的形式进行储存，随着固态储氢技术的发展，未来固氢运输方式可得到使用。表 11-20 给出了三种主要氢气运输方式在运量、能耗、应用等方面的比较。

表 11-20　不同氢气运输方式的比较

运输方式	气氢—卡车	气氢—管道	液氢—卡车
运输量	250～460 kg/车	310～890 kg/h	360～4 300 kg/车
能耗强度	60 590 Btu/ton-mi	5 075 Btu/ton-mi	6 059 Btu/ton-mi
应用情况	广泛用于商品氢运输	主要用于化工厂，未普及	国外应用广泛，国内仅用于航天液氢运输

11.3　车用低碳替代燃料生命周期清单分析

11.3.1　车用低碳替代燃料生命周期

汽车燃料(含替代燃料)的生命周期是从“摇篮”到“坟墓”的整个过程。它贯穿车用燃料的生命全过程——从原材料获取、燃料生产直至燃料燃烧/车辆使用。美国阿贡国家实验室的 M. Q. Wang 把汽车的生命周期分成图 11-16 所示的燃料周期和车辆周期两部分。由于大部分燃料汽车的车辆周期基本没有差别，因此大部分车用低碳替代燃料的生命周期评价可集中到燃料周期。

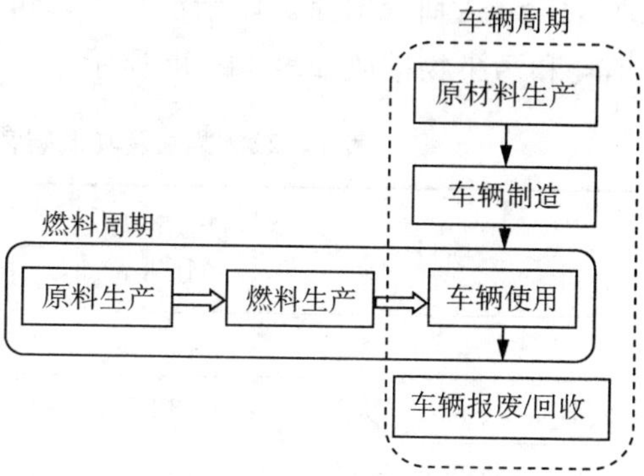

图 11-16　车辆生命周期

11.3.2 汽油低碳替代燃料

汽油低碳替代燃料主要有甲醇、乙醇、天然气等。以一辆百公里油耗为9.0 L(混合工况)的汽油车或功能相当的E10乙醇汽油、M15甲醇汽油、LNG、CNG替代燃料汽车行驶20万km为研究对象。以汽油车为评价参照基准,不同汽油替代燃料的生命周期能源消耗和污染物排放如表11-21所示。与汽油比较,乙醇、甲醇、LNG、CNG的生命周期总体能源消耗降低。同时,从生命周期角度出发,所有汽油低碳替代燃料的生命周期HC、CO、CO_2等排放降低,汽油车使用乙醇等有利于降低车辆产生的碳排放。

表11-21 汽油及其低碳替代燃料生命周期能源消耗及排放

项目	能源消耗(MJ/km)	污染物排放(g/km)							
		HC	CO	PM_{10}	NO_x	SO_x	CO_2	CH_4	N_2O
汽油	3.38	0.19	1.05	0.04	0.23	0.09	232.30	0.09	0.02
E10乙醇汽油(小麦)	3.29	0.16	0.80	0.04	0.25	0.12	219.39	0.12	0.02
E10乙醇汽油(玉米)	3.29	0.16	0.80	0.04	0.25	0.12	219.63	0.12	0.02
E10乙醇汽油(木薯)	3.29	0.16	0.80	0.04	0.25	0.12	218.84	0.12	0.02
M15甲醇汽油(煤)	3.21	0.16	0.79	0.03	0.21	0.09	221.08	0.06	0.02
M15甲醇汽油(天然气)	3.20	0.16	0.79	0.03	0.21	0.09	220.43	0.06	0.02
LNG	2.76	0.10	0.61	0.02	0.15	0.02	152.73	0.26	0.01
CNG	3.15	0.05	0.81	0.02	0.18	0.05	181.21	0.53	0.01

11.3.3 柴油低碳替代燃料

柴油低碳替代燃料主要有生物柴油、二甲醚、煤/天然气制油等。以一辆百公里油耗为30 L(混合工况)的柴油车或功能相当的B10生物柴油、二甲醚、煤/天然气制油汽车行驶20万km为研究对象。以柴油车为评价参照基准,不同柴油低碳替代燃料的生命周期能源消耗和污染物排放如表11-22所示。

表11-22 柴油及其低碳替代燃料生命周期能源消耗及污染物排放

项目	能源消耗(MJ/km)	污染物排放(g/km)							
		HC	CO	PM_{10}	NO_x	SO_x	CO_2	CH_4	N_2O
柴油	13.44	0.79	2.63	0.19	0.70	0.48	968.90	0.18	0.04
B10生物柴油(大豆)	13.27	0.77	2.51	0.19	0.75	0.50	895.28	0.16	0.04
B10生物柴油(油菜籽)	13.44	0.77	2.52	0.19	0.76	0.50	902.38	0.16	0.04
B10生物柴油(光皮树)	13.31	0.76	2.51	0.19	0.71	0.47	592.27	0.16	0.04

（续表）

项目	能源消耗（MJ/km）	污染物排放（g/km）							
		HC	CO	PM_{10}	NO_x	SO_x	CO_2	CH_4	N_2O
B10 生物柴油（麻疯树）	13.31	0.76	2.51	0.19	0.71	0.47	891.78	0.16	0.04
B10 生物柴油（餐饮废油）	13.45	0.76	2.51	0.23	0.73	0.47	897.77	0.16	0.04
二甲醚（甲醇脱水法）	12.78	0.56	2.62	0.31	1.47	1.05	945.44	0.03	0.03
二甲醚（天然气一步法）	10.35	0.55	2.51	0.16	0.44	0.16	670.07	0.03	0.02
二甲醚（天然气二步法）	13.27	0.57	2.61	0.35	1.00	1.27	966.89	0.03	0.03
10%天然气制油	11.06	0.79	2.60	0.08	0.66	0.36	790.64	0.13	0.04

11.3.4　新型动力汽车

新型动力汽车包含混合动力汽车、纯电动汽车和燃料电池汽车。新型动力汽车的共同特点是用电代替部分或全部燃油驱动汽车行驶，改善汽车在行驶过程中的能耗和排放。从生命周期角度出发评价新型动力汽车的性能是目前关注的热点。吉林大学李楠楠对比分析传统内燃机汽车和混合动力汽车生命周期能源消耗和污染物排放如表 11-23 所示。电动汽车生命周期能源消耗和污染物排放如表 11-24 所示。清华大学林婷分析得到的燃料电池轻型车生命周期评价如图 11-17 和图 11-18 所示。

表 11-23　传统燃油车与混合动力汽车生命周期能源消耗及污染物排放

项目	能源消耗（GJ/100 km）	污染物排放（g/km）							
		VOC	CO	PM_{10}	NO_x	SO_x	CO_2	CH_4	N_2O
传统燃油汽车	0.2845	0.111	0.439	0.013	0.046	0.003	213	0.025	0.010
混合动力汽车	0.1686	0.006	0.262	0.013	0.039	0.001	93	0.007	0.006

表 11-24　传统燃油车与纯电动汽车生命周期能源消耗及污染物排放

项目	能源消耗（MJ/km）	污染物排放（g/km）							
		HC	CO	PM_{10}	NO_x	SO_x	CO_2	CH_4	N_2O
传统汽油车	3.38	0.19	1.05	0.04	0.23	0.09	232.30	0.09	0.02
传统柴油车	3.04	0.06	0.54	0.05	0.37	0.07	218.73	0.04	0.02
纯电动汽车	2.53	0	0.09	0.04	0.54	0.32	180	0.002	0.002

11.4　车用低碳替代燃料生命周期影响评价

生命周期影响评价是根据车用低碳替代燃料清单分析所提供能源消耗数据和污染物排放数据，对其可能产生的环境影响进行评价，即对清单分析结果进行定性或定量排序的过程。

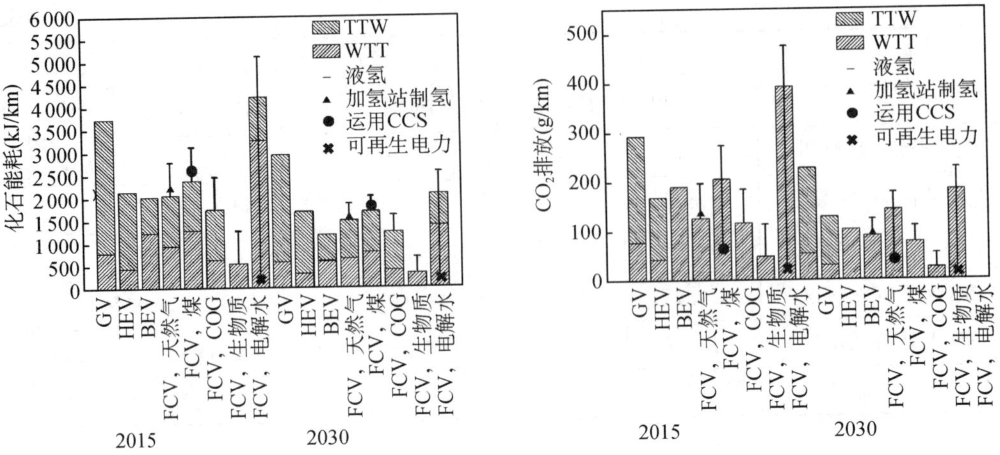

(a) 能源消耗　　　(b) CO_2排放

图 11-17　氢燃料电池轻型车生命周期能源消耗和 CO_2 排放

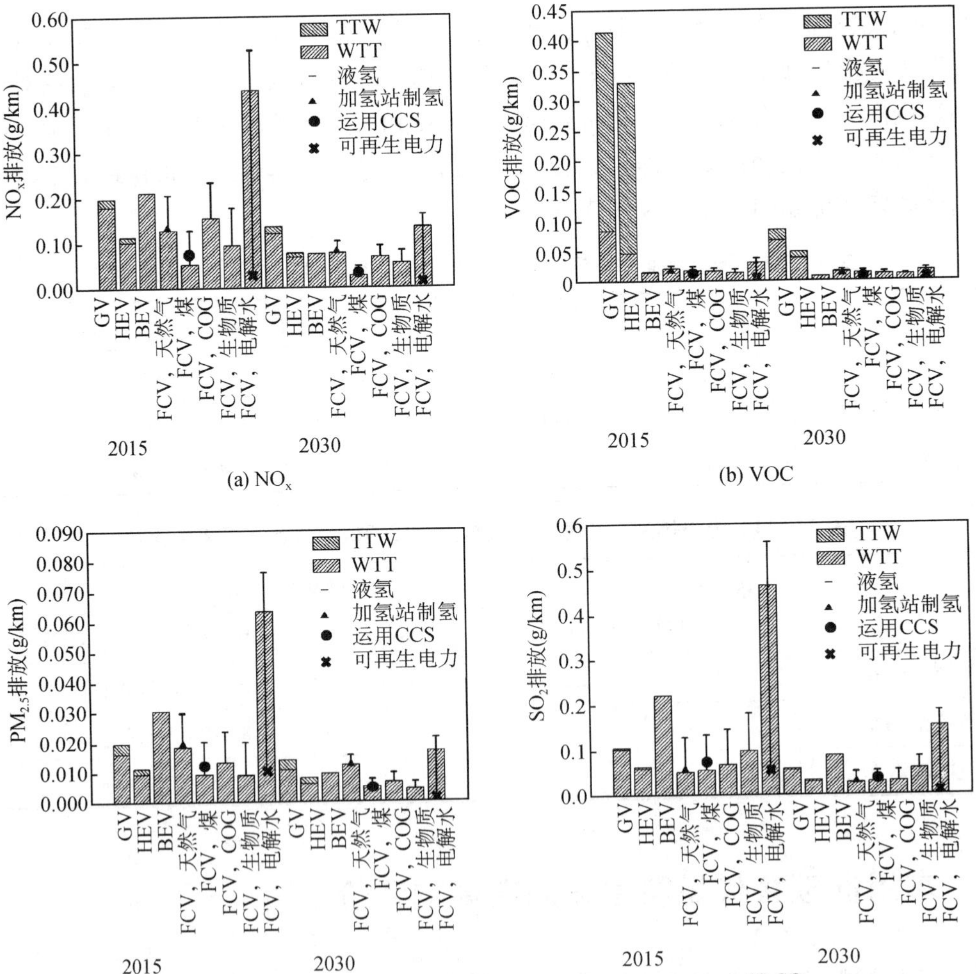

(a) NO_x　　　(b) VOC

(c) $PM_{2.5}$　　　(d) SO_2

图 11-18　氢燃料电池轻型车生命周期排放

11.4.1　生命周期影响评价方法

生命周期影响评价是对车用低碳替代燃料清单分析结果进行定性或定量排序的过程。由分类(Classification)、特征化(Characterization)和量化(Valuation)三步组成。

1. 分类

“分类”是将生命周期清单分析中的输入和输出数据归到不同的环境影响类型的过程。在进行车用低碳替代燃料生命周期影响评价之前，首先要根据一致性、完整性、独立性等确定评价的具体影响类型。车用低碳替代燃料生命周期产生的影响主要指环境影响，具体分为资源影响、非生命生态系统影响、人类健康和生态毒性影响三个大类。

车用低碳替代燃料生命周期过程产生的影响种类繁多，并且也不可能样样重要。结合中国当前的环境状况和研究水平，可确定影响评价涉及的影响类型包括“能源消耗潜力”和“不可再生能源致竭潜力”等资源类影响，以及“人体毒性潜力”“气溶胶潜力”“光化学烟雾潜力”“酸化潜力”“全球变暖潜力”等人类健康和生态毒性类影响七种。

确定了要评价的影响类型后，下面的工作是把得到的车用低碳替代燃料生命清单分析数据归类到具体影响类型。对不同影响类型都有影响的清单数据，如果其产生的影响是相互独立的，则同时归入(如把 NO_x 同时归入人体毒性、酸化和全球变暖)；如果其产生的影响在同一个效应链中，则不能同时归入(如 HC 产生的人体毒性通过光化学烟雾体现，把 HC 归入光化学烟雾后，不再归入体毒性)。车用低碳替代燃料生命周期影响评价影响类型及清单数据归类如表 11-25 所示。

表 11-25　车用低碳替代燃料影响类型及清单数据归类

具体影响类型		清单数据
资源消耗	能源消耗潜力	石油、煤、天然气、生物柴油、电
	不可再生能源致竭潜力	石油、煤、天然气、电
环境污染	人体毒性潜力	CO、NO_x、SO_x
	气溶胶潜力	PM_{10}
	光化学烟雾潜力	HC、CH_4
	酸化潜力	NO_x、SO_x
	全球变暖潜力	NO_x、CO_2、CH_4、N_2O

注：电消耗计算一次能源水平，并根据发电消耗的一次能源类型进行归类。

2. 特征化

“特征化”是将每一个具体影响类型中的不同物质转化和汇总成为统一的单元，即选择一种衡量影响的方式，通过应用特定的评估工具，将不同的负荷或排放因子在各形态环境问题中的影响加以分析，并量化成相同的形态或是同单位的大小。一般情况下，可采用当量系数法对车用替代燃料进行生命周期影响特征化处理。

1）能源消耗潜力

在能量生产过程中，能源消耗潜力（Energy Consumption Potential，ECP）是非常有潜在意义的影响指标，它是生命周期过程中原料消耗带入的能源消耗（燃料、电）和过程能源消耗（燃料、电力）的总和。

$$ECP = \sum_i \sum_j E_{T_{ij}} \tag{11-16}$$

式中，$E_{T_{ij}}$ ——清单分析中每功能单位生命周期 i 阶段 j 类过程能源消耗量。

2）不可再生资源致竭潜力

车用低碳替代燃料生命周期过程消耗的不可再生资源主要包括煤、天然气、石油等化石燃料，不可再生资源致竭潜力（Nonrenewable Resource Depletion Potential，NRDP）表示车用低碳替代燃料生命周期过程对不可再生资源的消耗能力。

$$NRDP = \sum_{i=1}^{3} \omega_i m_i (1 - RC_i) \tag{11-17}$$

式中，$\bar{\omega}_i$ ——第 i 种再生资源的资源稀缺系数；

$$\omega_i = \frac{100}{RE_i} \tag{11-18}$$

式中，RE_i ——第 i 种不可再生资源剩余可采储量（单位为年）；

m_i ——清单分析中每功能单位对第 i 种不可再生资源的消耗量；

RC_i ——第 i 种不可再生资源回收或重复使用率。

3）人体毒性潜力

人体毒性（Health Toxic）指人体暴露于有毒物质环境中产生的健康问题，包括急性毒性、过敏、致癌、神经毒性等。人体毒性潜力（Health Toxic Potential，HTP）表示污染物质对人体产生影响的能力，用 1 kg 污染物质暴露于环境中可能污染的人体重量来表示。

$$HTP = \sum_i \lambda_i \times EM_{HTP_i} \tag{11-19}$$

式中，λ_i ——第 i 种排放的 HTP 系数；

EM_{HTP_i} ——清单分析每功能单位第 i 种人体毒性污染物排放量。

4）气溶胶潜力

气溶胶指悬浮在气体介质中的固态或液态颗粒所组成的气态分散系统，气溶胶潜力（Air Quality Potential，AQP）表示 PM_{10} 排放导致气溶胶的能力，直接引用清单分析的数据对其进行特征化。

$$AQP = \sum_i EM_{pm_i} \tag{11-20}$$

式中，EM_{pm_i} ——清单分析中每功能单位生命周期 i 阶段的 PM_{10} 排放量。

5）光化学烟雾潜力

光化学烟雾是大气中的自由基、NO_x、HC 在紫外线的照射下发生光化学和热化学反应，产生的以臭氧为主的氧化剂及颗粒物混合物，如果其产物高度集中，可能引发健康问题、植物毒性和原有物质的退化。污染物形成光化学烟雾的能力通过光化学烟雾潜力（Photochemical Ozone Creation Potential，POCP）衡量。以化合物乙烯为基准（光化学烟雾潜力系数为 1.0），某种污染物的光化学烟雾潜力为其引起的光化学烟雾浓度与等质量参照物乙烯排放引起的光化学烟雾浓度的比值。车用低碳替代燃料生命周期排放的光化学烟雾潜力为其相关污染物排放数量与相关 *POCP* 系数乘积的和。

$$POCP = \sum_i \lambda_i \times EM_{\mathrm{POCP}_i} \tag{11-21}$$

式中，λ_i ——第 i 种排放物的 *POCP* 系数；

EM_{POCP_i} ——清单分析每功能单位第 i 种光化学烟雾污染物排放量。

6）酸化潜力

污染物的酸化潜力（Acid Potential，AP）指污染物排放导致酸性降雨的能力，以 SO_2 为参考物（系数为 1.0）进行计算。车用低碳替代燃料生命周期排放的酸化潜力为其相关污染物排放与相关 AP 系数乘积的和。

$$AP = \sum_i \gamma_i \times EM_{\mathrm{AP}_i} \tag{11-22}$$

式中，γ_i ——第 i 种酸化排放的 AP 系数；

EM_{AP_i} ——清单分析每功能单位第 i 种酸化污染物排放量。

7）全球变暖潜力

大气中的二氧化碳和其他温室气体的增加会产生“温室效应”，导致全球平均气温升高并引起气候变化、海平面上升、冰川融化等一系列问题。全球变暖潜力值（Global Warming Potential，GWP）用来表征各种温室气体导致全球变暖的能力，用瞬时排放 1 kg 温室气体造成的累积辐射效应与同一瞬时排放 1 kg 二氧化碳造成的累积辐射效应的比值表示。车用低碳替代燃料生命周期排放的全球变暖潜力为其温室气体排放量与相关温室气体 GWP 系数乘积的和。

$$GWP = \sum_i \varphi_i \times EM_{\mathrm{GWP}_i} \tag{11-23}$$

式中，φ_i ——第 i 种温室气体排放的 GWP 系数；

EM_{GWP_i} ——清单分析每功能单位第 i 种温室气体排放量。

3. 量化

量化是根据不同影响类型的权重大小，把所有具体影响类型的特征化结果综合成一个总的影响水平值的过程。

1）标准化

由于车用低碳替代燃料生命周期影响评价各具体影响类型的特征化结果存在量纲和量级上的差异，在进行量化评价之前，首先对特征化结果进行标准化处理，消除它们在量纲和量级上的差异。

$$N_i = \frac{C_i}{S_i} \tag{11-24}$$

式中，N_i ——第 i 类具体影响类型标准化结果；

C_i ——第 i 类具体影响类型特征化结果；

S_i ——第 i 类具体影响类型标准化基准值。

2）综合评价

对各具体影响类型特征化结果进行标准化之后，通过确定不同影响类型的权重，得到各项具体影响类型特征化值标准化结果加权和，把它们综合成一个总的影响水平值。车用低碳替代燃料环境影响总水平值 S 为各具体影响类型特征化值标准化结果的加权和。

$$LCIA = \sum N_i w_i \tag{11-25}$$

式中，N_i ——各具体影响类型特征化值标准化结果；

w_i ——相应影响类型的权重。

11.4.2 典型车用低碳替代燃料生命周期影响评价结果

传统汽油车、传统柴油车、E10 乙醇汽油车、B10 柴油车及纯电动汽车的生命周期影响评价结果如表 11-26 所示。

表 11-26 典型车用低碳替代燃料生命周期影响评价结果

项目	能源消耗潜力	不可资源致竭潜力	人体毒性潜力	气溶胶潜力	光化学烟雾潜力	酸化潜力	全球变暖潜力	综合
传统汽油车（人/10^{-5} km）	7.17	33.15	0.38	0.07	10.34	0.77	5.38	6.51
传统柴油车（人/10^{-5} km）	5.59	25.83	0.99	0.28	5.90	2.29	7.14	5.68
E10 乙醇汽油车（人/10^{-5} km）	6.88	28.45	0.42	0.06	9.53	0.97	5.18	5.91
B10 柴油车（人/10^{-5} km）	5.61	23.62	1.03	0.27	5.72	2.33	7.24	5.48
纯电动汽车（人/10^{-5} km）	4.61	4.14	0.74	0.10	0.53	1.89	2.54	2.49

11.5 车用低碳替代燃料生命周期改善分析

在车用低碳替代燃料生命周期清单分析、影响评价结果基础上，可从生命周期角度出发，对车用低碳替代燃料生命周期进行参数化处理，以能量消耗最小、排放最低、影响最小等为目标，进行车用低碳替代燃料改善分析，确定并落实改善措施，寻找减少能源消耗、原材料使用以及环境释放的需求与机会。